UTB 3197

Eine Arbeitsgemeinschaft der Verlage

Böhlau Verlag · Köln · Weimar · Wien
Verlag Barbara Budrich · Opladen · Farmington Hills
facultas.wuv · Wien
Wilhelm Fink · München
A. Francke Verlag · Tübingen und Basel
Haupt Verlag · Bern · Stuttgart · Wien
Julius Klinkhardt Verlagsbuchhandlung · Bad Heilbrunn
Lucius & Lucius Verlagsgesellschaft · Stuttgart
Mohr Siebeck · Tübingen
Orell Füssli Verlag · Zürich
Ernst Reinhardt Verlag · München · Basel
Ferdinand Schöningh · Paderborn · München · Wien · Zürich
Eugen Ulmer Verlag · Stuttgart
UVK Verlagsgesellschaft · Konstanz
Vandenhoeck & Ruprecht · Göttingen
vdf Hochschulverlag AG an der ETH Zürich

Studium Religionen

herausgegeben von
Hubert Seiwert

Angelika Malinar

Hinduismus

Vandenhoeck & Ruprecht

Angelika Malinar ist Professorin für Indologie an der Universität Zürich.
Promotion 1991, Habilitation 1998 im Fach Indologie und Privatdozentin in Tübingen, 2000–2005 Hochschuldozentin an der Freien Universität Berlin, 2005–2009 Dozentin an der Universität London, School of Oriental and African Studies.
Angelika Malinar hat zahlreiche Veröffentlichungen zur Geschichte und Gegenwart des Hinduismus, Indischen Philosophie und Ästhetik sowie zur Sanskrit- und Hindiliteratur vorgelegt. Sie zählt zu den international bekannten Spezialisten für die Geschichte des Hinduismus.

Mit 10 Abbildungen

Bibliografische Information der Deutschen Nationalbibliothek

Die Deutsche Nationalbibliothek verzeichnet diese Publikation in der Deutschen Nationalbibliografie; detaillierte bibliografische Daten sind im Internet über http://dnb.d-nb.de abrufbar.

ISBN 978-3-8252-3197-2 (UTB)
ISBN 978-3-525-03631-0 (Vandenhoeck & Ruprecht)

Umschlaggestaltung: Atelier Reichert, Stuttgart
Gesamtherstellung: ⊕ Hubert & Co, Göttingen

ISBN 978-3-8252-3197-2 (**UTB-Bestellnummer**)

Inhalt

Vorwort

Die vorliegende Einführung in den Hinduismus verbindet eine Darstellung der Geschichte der religiösen Traditionen und ihrer kulturellen Kontexte mit einer Erörterung wichtiger Themen und Aspekte dieser Religion. Dieser Band wird durch einen Reader ergänzt, der Übersetzungen wichtiger Quellentexte und Auszüge aus ausgewählten wissenschaftlichen Studien enthält.

Bei der Abfassung des Buches erhielt ich von vielen Seiten Anregungen und Unterstützung; insbesondere möchte ich Gregory Bailey, Heinrich von Stietencron, Helene Basu, David G. White und Peter Schreiner für wichtige Hinweise und Diskussionen danken. Christiane Schäfer sei ganz herzlicher Dank für die zahlreichen Verbesserungsvorschläge und kritischen Anregungen zu Form und Inhalt des Manuskripts. Oliver Hellwig hat mir großzügig und spontan Kartenmaterial zur Verfügung gestellt, wofür ich mich herzlich bedanke. Mein ganz besonderer Dank gilt Barbara Miess für die Sorgfalt und geduldige Professionalität bei der Durchsicht des Manuskripts.

Schließlich sei auch den Studierenden für die vielen Diskussionen im Rahmen meiner Lehrveranstaltungen gedankt. Dem Herausgeber und dem Verlag möchte ich für die gute Zusammenarbeit danken.

Januar 2009 — Angelika Malinar

Zur Transkription und Aussprache indischer Worte

Da in indischen Sprachen einige Laute gebildet werden, die im Deutschen in der Regel nicht üblich sind, folgt deren Wiedergabe den Konventionen der wissenschaftlichen Umschrift. Ausgenommen davon sind Ortsnamen und andere geographische Bezeichnungen.

Striche über Vokalen zeigen die Längung des Vokals an. Das ā in *ātman* ist somit lang (wie „Atem") ebenso ī in *jīva* (wie „Liebe"). Die Laute e, o, ai und au werden ebenfalls gelängt; e in *deva* (wie „Leben"). Das Sanskrit kennt weiterhin ein vokalisches r, bei dessen Aussprache die Zunge den Gaumen berührt, wie auch in einigen Dialekten des Deutschen:
ṛ (vokalisch) Ṛgveda ⇒ Rigveda

Punkte unter oder über Buchstaben markieren bestimmte Lautklassen wie Nasalisierungen oder Retroflexe. Deren Aussprache variiert. Bei den retroflexen Lauten berührt die Zunge, leicht zurückgebogen, den Gaumen. Diese Laute werden im Deutschen in der Regel nicht gebildet und haben von daher keine exakte Entsprechung im Deutschen. Die Wiedergabe des Lautes orientiert sich deshalb an den deutschen Lauten:
ḍ (retroflexes d) maṇḍala ⇒ mandala
ṇ (retroflexes n) guṇa ⇒ guna
ṣ (retroflexes s; in etwa: sch) mokṣa ⇒ mokscha
Entsprechend: Kṛṣṇa ⇒ Krischna
ṭ (retroflexes t) maṭha ⇒ matha
ṅ (Nasalisierung des nachfolgenden Lautes; wie etwa in „Angst") Śaṅkara ⇒ Schankara
ṃ (Nasalisierung des vorhergehenden Vokals) ahiṃsā

Weitere Laute:

c (wie: tsch; Klatsch) kacca ⇒ katscha
j (wie: dscha; Dschungel) japa ⇒ dschapa
s (scharfes s; wie etwa ss; hissen)
ś (wie sch) Śiva ⇒ Schiva
y (wie: j; jagen) yoga ⇒ Joga

Teil I. Zum Begriff ‚Hinduismus' – Deutungsvorschläge und Kontroversen

1. Einführung

Der Hinduismus zählt in der Gegenwart zu einer der am weitest verbreiteten Religionen der Welt, der allein in Indien mehr als 700 Millionen Menschen angehören. Hinzu kommen die Hindus in vielen Regionen Süd- und Südostasiens, wie etwa in Nepal oder Indonesien, sowie in Ost- und Südafrika.[1] Während einige Regionen zu den historischen Ausbreitungsgebieten hinduistischer Religionen gehören und sie von daher auf eine lange Geschichte des Religions- und Kulturkontakts zurückblicken, lösen Kolonialherrschaft, Modernisierungsprozesse und Globalisierung neue Migrationsbewegungen aus. Das führte zur Bildung von Diaspora-Gemeinschafen z.B. in den USA, Europa oder den Golfstaaten (s.u. VI.7). Der Hinduismus ist heute global präsent und gilt als ‚Weltreligion' – ein Begriff, der eine Einheitlichkeit suggeriert, die sich bei näherer Betrachtung in eine Vielfalt religiöser Gemeinschaften, Praktiken und Glaubensinhalte auffächert und deshalb schwer zu fassen ist.

Kaum eine andere religiöse Tradition hat eine so intensive und kontroverse Diskussion über ihre Definition ausgelöst wie der Hinduismus. Nicht allein wurde die Sachdienlichkeit des Begriffs ‚Hinduismus' in Frage gestellt, sondern auch die Anwendbarkeit des Begriffs ‚Religion' auf ein komplexes Spektrum religiöser Praktiken, Theologien, Literaturen und dessen Verbindungen zur Geschichte und Kultur des indischen

1 Siehe dazu die Übersicht über die Länderverteilung bei Vertovec 2000, 14f.

Subkontinents.[2] In der Tat scheinen auf den ersten Blick viele der Koordinaten, die eine Religion sowohl aus akademischer Perspektive als auch in der öffentlichen Wahrnehmung oftmals charakterisiert, in Bezug auf den Hinduismus zu fehlen: Es gibt keinen für alle Traditionen geltenden Grundtext (wie etwa die Bibel oder der buddhistische Kanon), kein für alle Hindus verbindliches Glaubensbekenntnis oder eine sie repräsentierende Institution oder Persönlichkeit. Stattdessen gibt es eine Vielzahl von Göttern und Göttinnen mit einem großen Spektrum von Kulten und entsprechenden theologischen und philosophischen Lehren sowie zahlreiche hinduistische Religionsgemeinschaften mit jeweils eigenen Institutionen und Praktiken. Hinzu kommen Traditionen, in denen ein unpersönliches, absolutes Sein bzw. ein namen- und formloser Gott als das ‚Höchste' gilt und die den unterschiedlichen Göttern nur eine relative Wahrheit zugestehen.

Konfrontiert mit dem Hinduismus, beginnen gängige Definitionen und Abgrenzungen von Religion, Philosophie und Theologie zu verschwimmen; sie passen auf einige Aspekte des Hinduismus, auf andere gar nicht. Um den Religionsbegriff zu vermeiden und um anzudeuten, dass Hinduismus nicht in erster Linie auf einem ‚Bekenntnis' basiert, finden sich deshalb in Darstellungen des Hinduismus Begriffe wie ‚Lebensweise', ‚Lebensphilosophie' oder ‚Weltanschauung'. Die lebensweltliche Präsenz dieser Religion zeigt sie als Pluralismus von religiösen Lebens- und Ausdrucksformen, in denen z. B. Asketenorden, Tempelfeste, Pilgerreisen und Besessenheitsrituale mehr oder weniger unverbunden koexistieren. Der Hinduismus erscheint in modernen Medien wie etwa in im Westen populären Bollywood-Filmen als bunt, schillernd und vielschichtig, ohne harte Konturen und dogmatische Engführungen. Der Blick auf die Oberfläche ist jedoch nicht etwa nur oberflächlich, sondern erfasst eine wichtige Ebene in der Präsenz von Religionen, und zwar ihre Erscheinungsformen. Im Falle des Hinduismus sind diese nicht in erster Linie an eine bestimmte Institution, einen relativ einheitlichen Sakralraum oder an die Innerlichkeit der Einzelnen gebunden. Die phänomenologische Perspektive und Deutung von Reli-

2 Die Anwendbarkeit des Religionsbegriffs wird aufgrund seiner Herkunft aus der abendländischen Tradition und des ihm impliziten universalistischen Anspruchs von einigen Autoren bestritten, siehe z. B. Fitzgerald 2005.

gion findet gerade beim Hinduismus zahlreiche Ansatzpunkte, die nicht nur bei der Darstellung, sondern auch bei der Definition zu berücksichtigen sind.

Während über das pluralistische und komplexe Erscheinungsbild des Hinduismus in der Forschung Einigkeit besteht und die Existenz ganz unterschiedlicher Religionsformen kaum geleugnet wird, erhält die Frage nach einer möglichen Einheit bzw. des ‚Wesens' des Hinduismus in der Vielfalt seiner Erscheinungsformen ganz unterschiedliche Antworten. Im Zentrum der Debatten steht dabei oftmals der Begriff ‚Hinduismus' selbst. Dieser Begriff hat sich erst im 19. Jh. im Zuge der britischen Kolonialherrschaft und der damit einhergehenden wissenschaftlichen Beschäftigung mit dem indischen Subkontinent herausgebildet. Nach Ansicht einiger Forscher handelt sich deshalb um ein ‚westliches' bzw. ‚orientalistisches' Konstrukt, das in erster Linie westlichen Interessen und Hegemonieansprüchen dient und mit der Geschichte und der Realität hinduistischer Religion wenig zu tun hat. Bevor diese These näher diskutiert wird, sei zunächst die Geschichte des Begriffe ‚Hindu' und ‚Hinduismus' kurz umrissen.

2. Aspekte der Begriffsgeschichte

Ein Rückblick auf die Begriffsgeschichte und die Anfänge der Erforschung des Hinduismus kann die Probleme erhellen, die bei der Definition und Anwendung auftreten. Die Worte *hind* und *hindu* sind zunächst als geographischer Begriffe verwendet worden. Es handelt sich dabei um das persische Wort *hindu*, das wiederum das Sanskrit-Wort *sindhu* – die Bezeichnung für den Fluss Indus – wiedergibt. Die Bezeichnungen *hind* bzw. *hindu* bezogen sich auf die Indus-Region und deren Bewohner, jedoch nicht auf deren Religion. Erst mit der islamischen Expansion in Nordindien ab dem 12. Jh. erhielt das Wort *hindu* politische und dann auch religiöse Konnotationen. Allerdings behielt das Wort seine geographische Konnotation und ist oftmals am besten mit ‚Inder' zu übersetzen. Daher gibt es auch Quellen, in denen sich Muslime als Hindu-Muslim bezeichnen, d.h. als ‚indische Muslime', um ihre Herkunft aus Indien auszudrücken. Das Wort war als Bezeichnung für die Bewohner des Indischen Subkontinents im Gebrauch, bevor sich damit eine religiöse Identität verband. Die Fokussierung auf die religiöse Bedeutung des Wortes und die damit einhergehenden Versuche einer Definition des Hinduismus als Religion nehmen erst im 19. Jh. ausgeprägte Formen an.

Sprach- und kulturgeschichtlich betrachtet, entstammt das Wort ‚Hindu' einer Außenperspektive. Deshalb findet sich der Begriff nicht in den klassischen Texten und Traditionen, die als Zeugnisse dieser Religion angesehen werden. Er dient, wenn er gelegentlich in den älteren Quellen auftritt, auch nicht dazu, sich von anderen Gruppen oder den Fremden abzugrenzen; vielmehr werden in älteren Texten und Inschriften die ‚Fremden' (z. B. als *mleccha*, ‚unkultiviert') ausgegrenzt, ohne dass das ‚Eigene' mit einem Sammelbegriff bezeichnet wird (Chattopadhyaya 1998). Das bislang älteste Zeugnis für die Verwendung des Begriffs ‚Hindu' als Selbstbezeichnung in einer indischen Sprache ist eine Inschrift aus dem Jahre 1352. Darin bezeichnet sich ein regionaler König als „Sultan unter den Hindu-Königen", wobei sich ‚Hindu' wahrscheinlich eher auf Indien als auf eine Hindu-Religion bezieht (Talbot 1995, 700). In diese Zeit fällt auch die Ausbildung regionalsprachlicher Literaturen und religiöser Traditionen, die als Identität stiftende Faktoren neben die Sanskrittradition treten. In den dabei entstehenden Texten erfolgt die Präsentation eigener religiöser Lehren oft in Auseinandersetzung mit Vertretern anderer Religionen. Dabei wird auch das Wort ‚Hindu' als Selbstbezeichnung verwendet, und zwar vor allem dann, wenn es um Abgrenzung gegenüber Muslimen geht, wie etwa im humorvollen *Hindu-Turka saṃvād* (Dialog zwischen einem Hindu und einem Muslim) des Dichters Eknāth aus dem 16. Jh. (Zelliot 1982). In einer Analyse von Texten einer Tradition der Kṛṣṇa-Verehrung zwischen dem 16. und 18. Jh. stellt O'Connell (1973) fest, dass das insgesamt sehr selten verwendete Wort vor allem in Auseinandersetzungen mit Muslimen verwendet wird, aber für die Darstellung der eigenen Lehren keine Rolle spielt. Bis auf die Feststellung, dass Hindus keine Kühe töten, bleibt das Wort insgesamt relativ unkonturiert. Vor allem in den regionalsprachlichen Dichtungen der die Gottesliebe (*bhakti*) anpreisenden Heiligen werden Worte wie *hindu* oder auch *turka* (Muslim) verwendet, um die institutionalisierten Formen von Religion zu kritisieren. Andere Texte beschreiben die charakteristischen Merkmale des *hindu dharma* mit starken religiösen Konnotationen

(Lorenzen 2005, 68ff). Ein Bewusstsein über religiöse Unterschiede zwischen den verschiedenen sozialen Gruppen und Herrscherdynastien des indischen Subkontinents ist somit auch für die vorkoloniale Zeit zu vermerken. Es gibt jedoch keinen vereinheitlichenden Begriff für alle Bewohner des Subkontinents, die nicht Muslime, Christen, Buddhisten usw. sind. Das Wort scheint in der Selbstwahrnehmung einzelner religiöser Traditionen keine zentrale Rolle gespielt zu haben. Wichtiger sind die Zugehörigkeit zu einzelnen Traditionen und Lehrtraditionen, die religiöse Praxis und die sozialen Beziehungen. Religiöse Identität erscheint nicht allein als eine Sache des Einzelnen, sondern spielt sich auch in verschiedenen sozialen Kontexten mit ihren je eigenen Formen der Grenzziehung ab. Exklusivität beim Zugang zu bestimmten Ritualen kann z.B. durchaus mit einem alle religiösen Gruppen einschließenden Tempelfest einhergehen (s. Ballard 1999).

Auch die Prägung des Begriffs ‚Hinduismus' ist Resultat eines Kulturkontakts und der Außenperspektive, denn er findet sich erstmals in europäischsprachigen Texten des frühen 19. Jh. Einen der ältesten Belege für das Wort *hinduism* enthält ein Text des bedeutenden indischen Reformers Ram Mohan Roy aus dem Jahre 1816 (Smith 2005, 53ff). Der Begriff gewinnt sowohl in Europa als auch in Indien relativ schnell an Popularität. ‚Hinduismus' wird zum Oberbegriff bzw. zur Sammelbezeichnung für die lebendigen Religionsformen und Kultpraktiken der Hindus und der von den brahmanischen Gelehrten überlieferten Texttraditionen (v. Stietencron 2001). Im Zuge der britischen Kolonialherrschaft und der damit einhergehenden Etablierung einer wissenschaftlichen, vor allem indologischen, ethnologischen und religionswissenschaftlichen Beschäftigung mit Indien wurde der Begriff dann zu einer festen Größe. Die wissenschaftliche Beschäftigung mit den Texten und Traditionen der Hindus konzentrierte sich zunächst auf die philologische Erschließung der Quellen, auf Übersetzungen und Editionen. Bereits 1785 erschien die erste englische Übersetzung der Bhagavadgītā und insbesondere durch die Arbeiten der Gebrüder Schlegel wurden die Erforschung Indiens und das Studium des Sanskrit auch an deutschen Universitäten etabliert.[3] Auf der Basis der Quellen wurden die

3 Insbesondere F. Schlegels 1808 erschienene Abhandlung „Über die Sprache und Weisheit der Indier" hatte auch in der breiteren Öffentlichkeit eine große Wir-

Geschichte, Literatur, Philosophie und Theologie Indiens und des Hinduismus erforscht. Weiterhin etablierte sich im Laufe des 19. Jh. die Ethnologie als wissenschaftliche Disziplin. Dadurch wurden die lebendigen Religionen und Gesellschaften auch in Indien ins Blickfeld gerückt und ihre religiösen Praktiken und sozialen Strukturen analysiert.

‚Hinduismus' wurde zum Namen für eine Vielfalt religiöser Praktiken, literarischer und philosophischer Traditionen und regionaler Kulte und Gegenstand ganz unterschiedlicher Deutungen. Das Bewusstsein über die Problematik eines solchen Unterfangens aufgrund der Vielfalt dieser Religion wird in zahlreichen Darstellungen zum Ausdruck gebracht. Gleichwohl suchte man eine Geschichte des Hinduismus zu rekonstruieren und gemeinsame Merkmale herauszuarbeiten, wodurch verschiedene religiöse Gemeinschaften, Texte und Kulte nachträglich als ‚hinduistisch' identifiziert werden konnten. Man suchte die Vielfalt zu ordnen oder auch zu reduzieren, indem man etwa Elemente des ‚Aberglaubens' von ‚respektableren' Formen der Religionsausübung oder ‚echte' Texte und ‚reine' Praktiken von späteren ‚Verfallserscheinungen' trennte. Solche Konstruktionen des Hinduismus als einer bei aller Vielfalt doch einheitlichen Religion orientierten sich zum einen am Paradigma der christlich-jüdischen Religionstraditionen, die deshalb als relativ klar definierbar erschienen, weil sie z. B. einen bestimmten Textkanon, allgemeingültige Glaubensinhalte oder repräsentative Organisationsstrukturen vorweisen. Zum anderen basierten die frühen Darstellungen hinduistischer Religion nicht allein auf den Konstruktionen westlicher Orientalisten und Kolonialbeamter, sondern auch und vor allem auf den Informationen und Texten, die ihnen die einheimischen Eliten – vor allem die brahmanischen Gelehrten – präsentierten. Durch diese Kollaboration wurden die Selbstwahrnehmung und die Machtstellung der einheimischen Eliten nochmals im westlichen Diskurs reproduziert. Das darf allerdings nicht den Blick darauf verstellen, dass die Wertung und Verwendung des Materials den westlichen Forschern, Kolonialbeamten oder auch z. T. christlichen Missionaren überlassen blieb. Deren Prioritäten und Interessen schlagen sich auch in der Auswahl der Texte, Themen und Praktiken nieder, die für

kung. 1818 erhielt A. W. Schlegel den ersten Lehrstuhl für Sanskrit in Deutschland an der Universität Bonn. Siehe dazu Windisch 1992.

die wissenschaftliche Erforschung hinduistischer Religionen herangezogen wurden.

Von Anfang an führte die Beschäftigung mit hinduistischer Religion zu ganz unterschiedlichen Einschätzungen auch außerhalb des Kreises der Spezialisten, die von Begeisterung bis zu vehementer Ablehnung reichten. Vor allem in Deutschland standen ein ‚romantisches' und ein ‚skeptisches' Indien-Bild einander gegenüber. Friedrich Schlegel etwa betont die Bedeutung der indischen Tradition in seiner *Rede über die Mythologie* von 1800 wie folgt: „Welche neue Quelle von Poesie könnte uns aus Indien fließen, wenn einige deutsche Künstler mit der Universalität und Tiefe des Sinns, mit dem Genie der Übersetzung, das ihnen eigen ist, die Gelegenheit besäßen, welche eine Nation, die immer stumpfer und brutaler wird, wenig zu brauchen versteht. Im Orient müssen wir das höchste Romantische suchen [...]."[4] G.W.F. Hegel plädiert demgegenüber für Ernüchterung und mahnt, den wirklichen Wert der fremden Kultur zu prüfen und auch die Schattenseiten wahrzunehmen. So weist er z.B. auf folgende ‚Defekte' in der Moral der Hindus hin: „Die Menschlichkeit des Inders charakterisierend ist es, daß er kein Tier tötet, reiche Hospitäler für Tiere, besonders für alte Kühe und Affen, stiftet und unterhält, daß aber im ganzen Land keine einzige Anstalt für kranke und altersschwache Menschen zu finden ist."[5] Diese beiden ganz unterschiedlichen Bewertungen der indischen Kultur drücken recht deutlich den Zwiespalt in der westlichen Wahrnehmung aus, der bis heute zur Ambivalenz der Gefühlsregungen gegenüber dem Hinduismus beiträgt. Nicht nur in Medienberichten, sondern auch z.B. in der Literatur wird diese Ambivalenz in regelmäßigen Abständen bedient. Fast immer erscheinen die heilige Kuh und der Rattentempel neben indischen Yogis und bunten Festen – eine Mischung, die sowohl Irritation als auch Faszination hervorruft.

Im weiteren Verlauf des 19. Jh. sahen sich Hindus eher mit den kritischen Stimmen konfrontiert, die oft genug mit der Forderung nach grundlegenden Reformen in der indischen Gesellschaft einhergingen. Die Frage nach der Definition und dem Wesen des Hinduismus wurde

4 Friedrich Schlegel 1967, Werke. Kritische Edition Bd. 2, Darmstadt, 319 f.

5 G. W. F. Hegel 1970, Vorlesungen zur Philosophie der Geschichte, Frankfurt a. M., 198.

zu einem zentralen Streitpunkt zwischen Kolonialherrschern und indischen Gelehrten und Reformern. Auf indischer Seite führte die Konfrontation mit einer z.T. vehementen Kritik an der eigenen religiösen Tradition in Kombination mit der Schaffung neuer politischer, ökonomischer und sozialer Infrastrukturen (wie etwa die Einführung britischer Erziehungsmodelle) zu einer neuartigen Beschäftigung mit der Tradition. Dabei wurde der Begriff ‚Hinduismus' als Bezugspunkt für die kulturelle und später auch nationale Identitätsbildung generell akzeptiert. Er wurde zum Leitbegriff verschiedenster Konstruktionen seiner Geschichte und seiner Lehren. Einige indische Reformer bemühten sich um eine vereinheitlichende Definition des Hinduismus und beeinflussten damit auch die wissenschaftliche Forschung. Ganz allgemein kann man zwei Tendenzen in den einheimischen Konstruktionen des Hinduismus erkennen: Zum einen eine nationalistisch-fundamentalistische Tendenz, die den Hinduismus durch ein bestimmtes Repertoire von Texten und Glaubensvorschriften als eine Religion definiert, die in Indien ihre Heimat hat. Damit geht das Bestreben einher, eine übergreifende, den Hinduismus insgesamt repräsentierende Institution zu schaffen (Jaffrelot 2001). Die andere Tendenz besteht darin, die Vielfalt religiöser Praktiken und Lehren als Zeichen einer dem Hinduismus immanenten Toleranz zu werten und als Vorzug gegenüber anderen, dogmatischeren Religionen hervorzuheben. Zahlreiche, bis heute gelesene Vertreter und Interpreten des Hinduismus stehen für diese Deutung: M.K. Gandhi und S. Radhakrishnan sind vielleicht am bekanntesten. Obwohl beide Positionen mittlerweile recht einflussreich sind, verkörpern sie nicht unbedingt die Haltung oder den Glauben der Mehrheit. Beide Positionen sind nicht zuletzt auch deshalb wichtig, weil sie in ihrer Suche nach dem ‚Wesenskern' der Religion Argumente stützen, die auch in der wissenschaftlichen Forschung für die Einheit der Hinduismus beigebracht werden. Sie bilden wichtige Referenzpunkte auch in den neueren Debatten um die Definition von ‚Hinduismus'.

3. Gegenwärtige Diskussion

Die meisten neueren Forschungen bezeugen ein Bewusstsein über die historischen Umstände für die Prägung des Begriffs ‚Hinduismus' und die Probleme, die bei der Anwendung eines nicht weiter hinterfragten Religionsbegriffs entstehen (vgl. die Aufsätze in Llewllyn 2005). Vor allem gegen Ende des 20. Jh. wurde der mit dem Begriff ‚Hinduismus' einher gehende Einheitsanspruch problematisiert und seine Genese in den Kontext der Wissenschafts- und Kolonialgeschichte des 19. Jh. gerückt. Nach Ansicht zahlreicher Wissenschaftler suggeriert der Begriff fälschlicherweise die Existenz einer einheitlichen Religion dieses Namens, die dann als ‚Weltreligion' neben das Christentum oder den Islam gestellt werden kann. Nach H. v. Stietencron (2001) verführt der Begriff dazu, alle Informationen über diese Religion zu einem kohärenten System zusammenfügen zu wollen – ein Unterfangen, das regelmäßig scheitert. Ein Indiz dafür ist, dass die drei Strukturelemente, die immer wieder als feste Bestandteile des Hinduismus angesehen werden – die Anerkennung des Veda als heiliger Schrift, der Glaube an die Wiedergeburt und die Akzeptanz des Kastensystems –, nicht von allen Traditionen akzeptiert werden.

Aus dieser Perspektive betrachtet, wird eine essentialisierende bzw. auf der Auflistung bestimmter Elemente basierende Definition nicht nur der Realität nicht gerecht, sondern führt auch zur Ausgrenzung solcher religiösen Traditionen und Praktiken, die nicht zum ‚wahren' Hinduismus passen. Der Begriff kann deshalb für ideologische oder politische Zwecke verwendet werden. Das zeigt sich nicht allein in den diversen Gruppen des sog. Neo-Hinduismus, sondern auch im zeitgenössischen Hindu-Nationalismus. Die Aufgabe der Forschung besteht demnach darin, solche ausgrenzenden Konstruktionen des Hinduismus kritisch zu kommentieren und demgegenüber auf die Koexistenz verschiedener Religionen als charakteristisches Merkmal hinduistischer Traditionen hinzuweisen (s. z. B. v. Stietencron 2001, Frykenberg 2001).

Der ‚konstruktivistischen' Position stehen kritische Stimmen gegenüber, die z. B. darauf verweisen, dass es auch im vorkolonialen Indien ein Bewusstsein über eine Hindu-Identität gegeben habe (Lorenzen 2005). Andere weisen darauf hin, dass es durchaus Einheit stiftende Elemente im Hinduismus gibt, wie etwa die Akzeptanz der vedischen Texte (Halbfass 1991, 1–17; Smith, B.K. 1987). Besonders einflussreich war und ist die These, dass der Hinduismus vor allem durch seine Verwurzelung im Kastensystem seine strukturelle Einheit gewinnt. Diese

These wurde zunächst von Max Weber entwickelt, indem er die ‚Wirtschaftsethik' des Hinduismus mit dem protestantisch fundierten ‚Geist des Kapitalismus' verglich.[6] An Weber anknüpfend, doch unter etwas anderen Vorzeichen, rückt der französische Soziologe L. Dumont (1967) die religiöse Fundierung des Kastensystems ebenfalls ins Zentrum seiner Analysen. Dieser vor allem in der Ethnologie und Soziologie erfolgreiche strukturalistische Ansatz wurde auch in der Indologie z.B. von M. Biardeau aufgenommen (Biardeau 1994). Nach Dumont basiert das Kastensystem auf den religiösen Werten des Hinduismus. Sie werden fassbar, wenn man das Zusammenspiel bzw. das Komplementärverhältnis zwischen Gegensätzen untersucht, wie etwa ‚Reinheit' *versus* ‚Unreinheit' oder ‚Erfüllung der sozialen und rituellen Pflichten' *versus* ‚asketische Weltentsagung' (vgl. Dumont 1960). Diese Werte bilden Strukturelemente, welche die Geschichte und die Traditionen des Hinduismus prägen und ihm eine innere Kohärenz und Logik verleihen.

Andere Wissenschaftler beschäftigen sich mit den politischen Aspekten der Debatte um die Deutung von ‚Hinduismus'. Sie weisen darauf hin, dass das Insistieren auf der Künstlichkeit des Begriffs vor allem dazu dient, den Gültigkeitsanspruch einiger von Hindus vorgetragenen Deutungen des Hinduismus zu bestreiten, die aus westlicher Perspektive politisch oder moralisch unerwünscht scheinen. Dazu gehören etwa die im Rahmen des Hindu-Fundamentalismus entwickelten Positionen. Es gehe demnach in der Debatte um Deutungshoheit und Autorität, d.h. darum, wer den Hinduismus repräsentiert und für wen das geschieht. B.K. Smith weist darauf hin, dass die Sorge über das Anwachsen fundamentalistischer Strömungen im Hinduismus zwar ein respektables Motiv für die Erinnerung an dessen traditionelle Toleranz ist. Darüber dürfe jedoch nicht vergessen werden, dass die westliche Skepsis gegenüber einer klaren Definition des Hinduismus überhaupt erst den Raum für den gegenwärtigen Fundamentalismus eröffnet hat (Smith, B.K. 2005, 118f). Diese Debatten zeigen, dass die Frage nach der Definition des Hinduismus in der Forschung nach wie vor umstritten ist und deshalb wissenschaftliche Darstellungen zumeist Erklärungen über die Verwendung des Begriffs enthalten.

Die bisherige Diskussion mag vielleicht die Frage provozieren, ob

6 Siehe Weber 1923 und die Aufsätze in Schluchter 1984.

man in wissenschaftlichen Werken nicht überhaupt auf den Begriff ‚Hinduismus' verzichten sollte. Die einfachste und zugleich schwerwiegendste Antwort darauf ist, dass es sich um einen inzwischen unverzichtbaren Begriff handelt, der Teil der persönlichen Identität von Hunderten Millionen von Menschen geworden ist. Gegenüber den Hindus in aller Welt darauf zu insistieren, dass es ‚Hinduismus' streng genommen gar nicht gibt, führt schnell in politische Debatten. Ein anderer Grund für die Beibehaltung des Begriffs besteht darin, dass ein Verzicht auf ihn und die daraus folgende Beschränkung auf die Darstellung einzelner religiöser Traditionen Gefahr läuft, den inneren Zusammenhang zwischen den verschiedenen Traditionen und ihre gemeinsame Geschichte auszublenden. Ein solcher Zusammenhang wurde und wird nicht zuletzt dadurch gestiftet, dass sich die einzelnen religiösen Gruppen über einen langen geschichtlichen Zeitraum hinweg auf mehreren Ebenen miteinander auseinandersetzen. Die Auseinandersetzungen dokumentieren zwar die Differenzen, sie spiegeln aber auch, z.B. im theologischen Bereich, einen Konsens über bestimmte Themen oder Termini wider, die man für die Erklärung der jeweiligen Positionen heranzieht. Weiterhin bietet die phänomenologische Präsenz hinduistischer Religionen genügend ‚Familienähnlichkeiten', die ihre Verbindungen belegen. Dazu gehören etwa Ähnlichkeiten in der Tempelarchitektur oder in der Ikonographie der Gottheiten. Ich halte daher am Begriff Hinduismus fest.

Angesichts der divergierenden wissenschaftlichen Interpretationen und der Vielfalt der religiösen Traditionen und theologischen Systeme erscheint ein Versuch einer historisch-thematischen Darstellung des Hinduismus wie der vorliegenden gewagt. Denn eine solche Darstellung bedeutet die Auseinandersetzung mit der reichen und komplexen Geschichte und Gegenwart eines vielleicht einzigartigen religiösen Pluralismus. Es gibt nicht den ‚archimedischen Punkt', von dem aus sich das ‚Ganze' erschließt. Deshalb kann die Antwort auf die Frage, was Hinduismus sei, nicht mit einer Liste fester Bestandteile oder einer eindeutigen Definition gegeben werden. Allerdings lassen sich durchaus wiederkehrende Elemente, repräsentative Strukturen, konsensfähige Begriffe und Beispiele herausarbeiten. Dennoch ist jederzeit mit der Möglichkeit zu rechnen, dass nicht alle charakteristischen Elemente überall auftreten oder sie für alle Hindus gleichermaßen wichtig sein müssen. Es muss sogar zugelassen werden, dass manche Komponenten gar nicht vorkommen oder abgelehnt werden. In der Philosophie wird eine solche Form der Definition und Analyse eines Sachverhalts, Gegenstandsbereichs oder Begriffs als ‚polythetisch' bezeichnet. Während einer ‚monothetischen' Definition eine festliegende Liste von Eigenschaften zu Grunde liegt, die allen Mitgliedern einer zu definierenden Gruppe oder eines Sachverhalts zukommt, ist das bei einer ‚polythetischen' Definition nicht der Fall. In Anlehnung an Ludwig Wittgensteins Konzept einer nicht-essentialisierenden Beschreibungsweise der Lebenswelt aufgrund der in ihr beobachtbaren ‚Familienähnlichkeiten', benennt Rodney Needham das Charakteristikum einer ‚polythetischen' Beschreibung wie folgt: „In einer polythetisch (definierten) Gruppe besitzen deren Mitglieder nicht notwendigerweise alle eine bestimmte Eigenschaft, und jedes einzelne Mitglied besitzt nicht alle jene Eigenschaften, die im Allgemeinen die Mitglieder der Gruppe charakterisieren." (Needham 1975, 363; Übersetzg. AM). Demnach erfüllt z.B. ein weißer Elefant zwar nicht das generelle Kriterium des Grau-Seins bei Elefanten, er ist jedoch aufgrund anderer ihm zukommender Merkmale zu den Elefanten zu zählen.

Eine ‚polythetische' Beschreibung von Hinduismus bedeutet somit, dass nicht ein einziges charakteristisches Element oder eine feste Gruppe von Charakteristika den Hinduismus oder ‚die' Hindus definiert, sondern die jeweilige Kombination bestimmter, wiederkehrender, aber nicht für alle gleichermaßen zutreffender Elemente. Zwar trifft es z.B. in vielen Fällen zu, dass der Hinduismus als eine Religion verstanden wird, die die Erlösung von der Welt als Ziel formuliert. Es gibt aber auch Hindus, die das nicht so sehen, aber doch als Hindus akzeptiert werden, weil sie vielleicht andere Aspekte akzeptieren wie z.B. bestimmte Reinheitsgebote. Dieser ‚polythetische' Ansatz wird die folgende Beschäftigung mit hinduistischen Traditionen begleiten (s. auch, mit etwas anderer Zielrichtung, Eichinger-Ferroluzzi 2001).

Vor dem Hintergrund dieser Diskussion werde ich den Begriff ‚Hinduismus' wie folgt verwenden: Er dient erstens der Bestimmung einer historischen Entwicklung, indem das Entstehen hinduistischer Religionen einer bestimmten Epoche der indischen Religionsgeschichte zugeordnet wird, in der sich die charakteristischen Merkmale solcher religiöser und philosophischer Traditionen herausbilden, die man nunmehr als ‚hinduistisch' bezeichnet. Damit wird der Begriff ‚Hinduismus' retrospektiv auf die indische Religionsgeschichte angewandt und dient der Benennung und Identifikation der neuen gesellschaftlichen und religiösen Entwicklungen, die sich ab dem ca. 4. Jh. v. Chr. in Auseinandersetzung mit asketischen Bewegungen (wie dem Buddhismus oder Jainismus) sowie mit der altvedischen Opferreligion abspielten. Zweitens ist ‚Hinduismus' der sich aus diesen Anfängen entwickelnde Zusammenhang zwischen den verschiedenen literarischen und theologischen Traditionen, regionalen Kulten, sowie geographischen und sozio-politischen Verflechtungen auf dem indischen Subkontinent. Der Begriff ‚Hinduismus' wird ‚polythetisch' verwendet und dient dazu, die Differenzen und Gemeinsamkeiten zwischen den verschiedenen Traditionszusammenhängen zu beschreiben. Die Herausbildung des Hinduismus als eines komplexen und regional diversifizierten religiösen Pluralismus wurde über weite Phasen der Geschichte nicht nur durch das Zusammenspiel von religiösen Traditionen und politisch-historischen Kontexten geprägt, sondern auch durch die Auseinandersetzung mit den Lehren und Anhängern anderer Religionen, wie dem Buddhismus, Jainismus und tribalen Religionen sowie in späterer Zeit mit dem Islam und dem Christentum. Obwohl – wie gezeigt – ‚Hinduismus' ein relativ junger Begriff ist, der nicht als Selbstbezeichnung in den älteren Traditionen fungiert, erscheint seine Anwendung auf die indische Religionsgeschichte nicht nur aufgrund seiner allgemeinen Akzeptanz, sondern auch wegen der Familienähnlichkeiten zwischen den einzelnen Traditionen nicht nur legitim, sondern auch sachdienlich.

Teil II. Geschichte

1. Vorbemerkung

Wie bereits im vorhergehenden Kapitel dargelegt, kann der Versuch eines historischen Überblicks über die Religionsgeschichte nicht von der Frage getrennt werden, was mit Hinduismus gemeint ist. Im Gegensatz zu anderen Religionen, die sich z.B. auf einen Religionsstifter oder Offenbarungstext zurückführen lassen und ihren Ursprung als eine historische Zäsur deuten, gibt es eine solche Gründungsgeschichte des Hinduismus nicht. Das hat seinen Grund u.a. darin, dass sich die Herausbildung hinduistischer Traditionen weniger an einem Neuanfang festmachen lässt als vielmehr anhand bestimmter Merkmale, die sie von älteren Religionsformen unterscheiden, aber auch mit ihnen verbinden. Zu solchen Merkmalen zählen z.B. neuartige Lehren von der Erlösung eines ‚unsterblichen Selbst' oder monotheistische Konzepte eines einzigen und höchsten Gottes. Über die Festlegung solcher Merkmale und die damit zusammenhängende Periodisierung der Religionsgeschichte besteht nicht immer Einigkeit unter den Forschern. Das ist angesichts der Kontroverse um die Definition des Hinduismus auch nicht verwunderlich. Die Stellung der vedischen Religion wirft z.B. folgende Fragen auf: Ist sie die älteste Form des Hinduismus oder bildet sie eine seiner Komponenten? Wie stark ist der Bruch bzw. die Kontinuität zwischen vedischer Opferreligion und den Erlösungskonzepten asketischer und dann auch theistischer Traditionen? Entsprechend wird die vedische Religion in einigen Darstellungen als eine separate Religion behandelt, in anderen als Urform des Hinduismus. Solche Unterschiede verweisen nicht allein auf divergierende Einschätzungen, sondern auch auf fehlende

Quellen, die eine genauere historische Rekonstruktion erlauben würden.[1]

Trotz dieser Schwierigkeiten bei der Bestimmung der Anfänge des Hinduismus wird im Folgenden ein allgemeiner historischer Rahmen abgesteckt, in dem die vedische Religion als Vorläufer und wesentliches Element hinduistischer Gottes- und Erlösungslehren verstanden wird. In einer historischen Periodisierung können die Anfänge hinduistischer Traditionen in den Übergang zwischen dem Ritualverständnis der spätvedischen Zeit (9.–5. Jh. v. Chr.) und dem Auftreten neuer religiöser Heilslehren und asketischer Bewegungen (ab dem 5. Jh. v. Chr.) lokalisiert werden. In dieser Zeit erlebt Indien eine Phase der Urbanisierung und der Herausbildung größerer Königreiche sowie intensive Auseinandersetzungen mit anderen Völkern und Kulturgütern, die sowohl von kriegerischen Auseinandersetzungen als auch von Übernahme und Assimilation geprägt waren. Die Zeit des Umbruchs zwischen ca. 400 v. Chr. und der ersten Konsolidierung eines hinduistisch geprägten Großreichs mit der Gupta-Dynastie (320–500 n. Chr.) ist von einem starken kulturellen und religiösen Pluralismus geprägt und weist somit eine Komplexität auf, die aufgrund der derzeitigen Quellenlage nur fragmentarisch erfasst werden kann. In diese Epoche fällt auch die Formierung der religiösen Traditionen, die dann später als ‚buddhistisch', ‚jainistisch' oder ‚hinduistisch' identifiziert werden. Für die Herausbildung der frühen hinduistischen Lehren sind folgende Faktoren entscheidend: Es kommt zur Formulierung einer neuartigen Theologie, in der ein höchster Gott nicht nur zum Hüter und Schöpfer der vedischen Ritualtradition erhoben wird, sondern auch zum Garanten der ‚Befreiung' (*mokṣa*, *mukti*) des Einzelnen von der Welt. Die Befreiung wird nicht in erster Linie durch vedische Rituale, sondern durch andere religiöse Praktiken wie z. B. Askese und liebevolle Hingabe an den Gott erlangt. Damit geht die Ausbreitung von Kultbildern und deren Verehrung in Tempeln einher, die zumeist unter königlicher Patronage erbaut werden. Diese Phänomene sind an vielen Orten in Indien und in verschiedenen Quellen greifbar. Zudem werden die neuen Lehren und Verehrungsformen nicht nur in bezug auf einen Gott entwickelt, son-

1 Siehe dazu z. B. die Beiträge in Oberhammer 1997 sowie Heesterman 1985 oder Bronkhorst 2007.

dern für verschiedene Götter. Die hinduistischen Traditionen sind bereits zu Beginn vielfältig. Der Hinduismus entsteht als ein religiöser Pluralismus.

Die in den erhaltenen Quellen greifbaren hinduistischen Traditionen scheinen einem gemeinsamen historisch-kulturellen Kontext anzugehören und stehen in Wechselwirkung mit dem frühen Buddhismus und Jainismus. Trotz aller Unterschiede weisen sie gegenüber Buddhismus und Jainismus zahlreiche Gemeinsamkeiten auf, wie z.B. die prinzipielle Akzeptanz des Veda als autoritativer Text und des Ritualismus als zentrale religiöse Praxis im sozialen Raum. Auch im weiteren Verlauf der Religionsgeschichte, die von einer zunehmenden Diversifizierung der verschiedenen religiösen Traditionen geprägt ist, sind die einzelnen Religionsgemeinschaften und theologischen Schulen gemeinsam vom historischen und kulturellen Wandel betroffen. Der Wandel verläuft nicht homogen, sondern weist zahlreiche regionale und lokale Eigenheiten und Sonderentwicklungen auf, die eine Gesamtdarstellung erschweren. Eine Möglichkeit, mit der Auffächerung und Vervielfältigung hinduistischer Traditionen umzugehen, besteht in der Darstellung der Geschichte einzelner Traditionen, wie etwa der Göttinnenverehrung oder des Tantrismus. Zwar beinhaltet die Geschichte des Hinduismus vor allem die Geschichte einzelner Traditionen, diese werden jedoch oft gemeinsam von neuen Ideen oder veränderten kulturellen Konstellationen betroffen, auf die sie reagieren. Deshalb wird im Folgenden die Entwicklung und Vervielfältigung der hinduistischen Traditionen nicht allein anhand von Einzeldarstellungen verfolgt, sondern auch durch deren Einordnung in ihnen gemeinsame, größere kultur- und ideengeschichtliche Zusammenhänge. Dadurch kann gezeigt werden, dass bestimmte religionsgeschichtliche Entwicklungen nicht allein auf eine religiöse Tradition oder Region beschränkt sind, sondern sich vielmehr über den indischen Subkontinent ausbreiten und deshalb vergleichbare Phänomene an ganz verschiedenen Orten auftreten. So betrifft z.B. der Aufschwung der Traditionen der ‚Gottesliebe' (*bhakti*) auf der Basis regionalsprachlicher Texte ab dem 11. Jh. nicht allein den Kult des Gottes Kṛṣṇa, sondern auch z.B. den des Śiva. Ähnliches gilt für den Tantrismus, der spätestens ab dem 6. Jh. n. Chr. nicht nur in hinduistischen Traditionen, sondern auch im Buddhismus an Bedeutung gewinnt.

Über die Identifikation der Faktoren, die Wandel signalisieren und historische Epochen markieren, besteht nicht immer ein wissenschaftlicher Konsens. Außerdem sind Interpretation und Bezeichnung der einzelnen Phasen umstritten (vgl. Chattopadhyaya 1994). Dennoch besteht eine gewisse Einigkeit in Bezug auf die generelle Periodisierung, worauf sich auch der folgende Überblick stützt.[2] Die besondere Komplexität einer historischen Darstellung beruht nicht allein auf einer bestehenden Vielfalt der hinduistischen Traditionen, sondern auch auf deren kontinuierliche Vervielfältigung etwa durch neue religiöse und philosophische Lehren, das Auftreten neuer Religionsstifter sowie die Gründung von Tempeln und klösterlichen Institutionen. Hinzu kommen die zahlreichen lokalen und regionalen Kulte sowie populäre bzw. sog. ‚volksreligiöse' Konzepte und Praktiken. Es geht daher im Folgenden nicht allein um die Skizzierung einer komplexen religionsgeschichtlichen Entwicklung, sondern auch um die Synchronizität und Interaktion von religiösen Phänomen und Religionsformen, die z.T. ganz unterschiedlichen Kontexten entstammen. Eines der markantesten Merkmale hinduistischer Traditionen auch in der Gegenwart ist ihre kontinuierliche Neuformierung und Vervielfältigung, die durch Migrationsbewegungen und das Entstehen von Diaspora-Gemeinschaften in der Moderne nochmals an Dynamik gewinnt.

Der geschichtliche Überblick basiert vor allem auf den Konzepten und Praktiken, die in den erhaltenen Texten beschrieben werden und in den verschiedenen Überlieferungsgemeinschaften einen kanonischen Rang erhielten. Die mündlich überlieferten Text- und Ritualtraditionen, die zahlreiche lokale bzw. ‚volksreligiöse' Kulte prägen, werden erst in neuerer Zeit durch ethnographische Feldforschungen zugänglich und können von daher nicht in die Vergangenheit zurückverfolgt werden. Solche Traditionen stehen in weiten Teilen Indiens im Zentrum des religiösen Lebens von Hindus, die nach wie vor mehrheitlich in Dörfern und kleinen Städten leben. Es ist mit einiger Sicherheit davon auszugehen, dass solche Traditionen auch in den vergangenen Epochen der Religionsgeschichte die ‚Mehrheitsreligion' darstellten.

2 Siehe dazu Kulke/Rothermund 1982 sowie die umfassenden Einzeldarstellungen der einzelnen Epochen und Themen der indischen Geschichte, die in der *Cambridge History of India* versammelt sind.

Die Präsenz dieser Kulte kann zwar aufgrund der Quellenlage oft kaum nachgewiesen werden, ihr Einfluss ist aber immer wieder erkennbar, wie etwa in der Aufnahme tribaler Götter in den brahmanischen Tempelkult (s. Kulke 1985; reader, 124–126). Manche Phänomene erscheinen nur im Rückbezug auf solche Traditionen erklärbar, wie etwa bestimmte tantrische Göttinnenkulte oder Praktiken ritueller Besessenheit bei religiösen Festen. Es wird im Laufe der folgenden Darstellung immer wieder auf solche Interaktionen und Phänomene hingewiesen, eine zusammenhängendere Diskussion des ‚populären Hinduismus' findet sich im Abschnitt über religiöse Praktiken.

2. Anfänge: Industal-Kultur (ca. 2600–1900 v. Chr.) und Vedische Religion (ab 1500 v. Chr.)

Die vedische Literatur und Religion bildet nicht nur eine historische Grundlage für die Entstehung hinduistischer Traditionen, sondern auch eines ihrer Elemente. Besonders wichtig ist die vedische Ritualtradition und das darin entwickelte Konzept eines auf rituellen Austauschbeziehungen basierenden Kosmos. Im Zentrum der vedischen Religion steht das vedische Opfer (*yajña*). Es wird von den Brahmanen, den Opferpriestern, durchgeführt, und ihnen obliegt die Überlieferung der Veden, der das Ritualwissen enthaltenden heiligen Texte. Die vedische Religion wurde von Stammesverbänden praktiziert, die wahrscheinlich ab ca. 1500 v. Chr. in Nordwestindien einwanderten. Einige Aspekte des vedischen Götterpantheons sowie des vedischen Sanskrit verbinden die vedischen Stämme mit den Kulturen Vorder- und Zentralasiens. Der älteste Beleg für vedische Götter ist ihre Erwähnung in einer Mittani-Inschrift, die um ca. 1400 v. Chr. datiert werden kann. Hier werden im Rahmen eines Vertrags zwischen den Mittani und den Hethitern u. a. die Götter Mitra und Varuṇa genannt (Thieme 1960). Etwa zur selben Zeit werden Indo-Arische Worte und u. a. der Gott Sūrya in Kassitischen Quellen erwähnt. Besonders stark erscheint die Verbindung zur altiranischen Religion. Das zeigt sich nicht nur in der zentralen Rolle des Feuerkults, sondern auch darin, dass einige vedische Götter (z. B. Mitra und Varuṇa) auch im alt-iranischen Avesta (ca. 1800 v. Chr.) erscheinen. Die vedischen Stämme bezeichneten sich selbst als *ārya* und grenzen sich damit u.a. von den Bevölkerungsgruppen ab, auf die sie bei ihrer Einwanderung in Nordwestindien, im heutigen Panjab, trafen. Das Wort *ārya* bedeutet ‚gastfreundlich' bzw. ‚Klan-Mitglied' und bezeichnet jemanden, der Gastfreundschaft anbietet bzw. verdient und für Heiratsallianzen in Betracht kommt. Es hat keine rassische Konnotation etwa im Sinne faschistischer Ideen von ‚Ariertum' und ‚Herrenrasse'. Mit der Transformation der vedischen Stammes- und Klanorganisation im Zuge der Etablierung größerer politischer Einheiten und Königreiche wird das Wort *ārya* im klassischen Sanskrit im Sinne von ‚edel' verstanden, wobei es den Bezug zu gesellschaftlich erwünschtem Verhalten und damit zur Eignung zum sozialen Austausch nicht verliert.

Nicht allein die Herkunft und die Geschichte der Migration der vedischen Stämme, sondern auch ihre historischen und kulturellen Beziehungen zu den bereits in Indien lebenden Bevölkerungsgruppen werfen nach wie vor zahlreiche Fragen auf. Wesentlich älter als die erhaltenen Zeugnisse der vedischen Kultur sind diejenigen der sog. ‚Industal-Kultur' (auch: ‚Harappa-Kultur'), deren Blütezeit zwischen 2600 und 1900 v.Chr. angesetzt wird. Die Überreste einer reichen und weitreichende Handelsbeziehungen unterhaltenden Stadtkultur wurden im Jahre 1924 entdeckt und führten zu umfangreichen Ausgrabungen entlang des Indus und in den benachbarten Küstenregionen. Die Städte wurden planmäßig angelegt und unterhielten ein ausgefeiltes Kanalisierungssystem. Im Gegensatz zu den vedischen Stämmen war die Harappa-Kultur eine Schriftkultur, wie die zahlreichen Siegel bezeugen, auf denen Bilddarstellungen mit Schriftzeichen kombiniert sind. Es ist bislang noch nicht gelungen, die Schrift zu entziffern und die Industalbewohner einer Sprachfamilie zuzuordnen, obwohl einige Indizien auf eine Verwandtschaft mit den dravidischen Sprachen Südindiens hindeuten (vgl. Erdosy 1995). Einige Forscher meinen, auf einigen Siegeln Vorläufer späterer hinduistischer Götter erkennen zu können, so etwa in der Abbildung einer weiblichen, von Löwen begleiteten Figur, die als Göttin Durgā bzw. allgemein als ‚Muttergottheit' interpretiert wird, oder in der Darstellung einer Figur im typischen ‚Yogasitz', in der man den Gott Śiva bzw. einen Yogin zu erkennen meint. Die Identifikationen sind jedoch recht zweifelhaft. Da in den Veden weder von einer Göttin Durgā noch von Yoga die Rede ist, greifen manche

Religionshistoriker auf jene Darstellungen zurück und erklären deren Bedeutung im späteren Hinduismus aus dem Kontakt der vedischen Religion mit den älteren indischen Religionen.[3]

Andere sehen in solchen scheinbaren Parallelen einen Beweis für die These, dass die vedische Kultur sich aus der Industal-Kultur entwickelte und von daher die Āryas gar nicht nach Indien eingewandert seien, sondern vielmehr die ursprüngliche indische Kultur repräsentieren. Die These von der Existenz einer angeblichen alten sog. ‚Indus-Sarasvatī-Kultur' gewinnt vor allem im Zuge Hindu-Nationalistischer Bewegungen an Bedeutung und entspringt den historisch-politischen Kontexten der Moderne (vgl. Trautmann 2005). Diese Idee wird von der Mehrheit der Wissenschaftler als Spekulation angesehen und abgelehnt (s. Beiträge in Erdosy 1995). Sie akzeptieren vielmehr die ‚Migrationsthese', wonach die vedischen Stämme sich ab ca. 1500 v. Chr. in Nordwestindien und dann entlang des Ganges ausbreiteten. Die ältere Ansicht, dass es sich dabei um eine ‚Invasion' gehandelt habe, erscheint im Lichte der neueren Forschung nicht haltbar. Die Migration erfolgte anscheinend schrittweise und ging sowohl mit gewalttätigen Auseinandersetzungen als auch mit friedlichen Kontakten einher. Die Migrationsthese stützt sich vor allem auf die gravierenden Unterschiede zwischen der vedischen und der Industal-Kultur. Im Gegensatz zur urbanen Lebensweise im Industal waren die vedischen Stämme halbnomadisierende Viehzüchter, die auch Sammelwirtschaft bzw. saisonalen Ackerbau betrieben. Sie führten Pferde und Streitwagen mit sich und konnten Eisen verarbeiten. Insbesondere die Bedeutung der Pferde weist auf die mögliche Herkunft der vedischen Stämme aus Zentralasien hin, da Pferdehaltung in Indien von großen Problemen begleitet ist. Das älteste und nach wie vor gewichtige Argument für die Einwanderung ist ein linguistisches. Die Sprache der vedischen Texte ist Sanskrit und gehört zur sog. ‚Indo-Europäischen-Sprachfamilie', der u. a. auch Griechisch, Latein, Germanisch und die slavischen Sprachen angehören. Diese unterscheiden sich prinzipiell von den sog. ‚Dravidischen Sprachen', die heute vor allem in Südindien gesprochen werden und schon vor der Ankunft der Āryas in Indien verbreitet waren. Der

3 Eliades (1985) Deutung der Ursprünge des Yoga folgt z. B. diesem Erklärungsmuster.

Kontakt der vedischen Stämme mit diesen Sprachen zeigt sich in der Übernahme bestimmter Charakteristika des Dravidischen (wie z.B. retroflexer Laute), die sich in keiner der älteren indo-europäischen Sprachen finden (Trautmann 2005).

2.1 Die Veden

Kultur und Religion der vedischen Stämme werden in der vedischen Literatur greifbar, die wahrscheinlich bereits während der Migrationsbewegungen als mündliche Überlieferung entstanden ist (ab ca. 1500 v.Chr.). Sie wurde erst dann in Textsammlungen zusammengestellt und kanonisiert, als die Stämme sesshaft wurden und sich in größeren sozio-politischen Einheiten formierten. Dieser Prozess wird zwischen ca. 1000–800 v.Chr. datiert und beinhaltet auch die Kanonisierung der vedischen Ritualpraxis (s. dazu Witzel 1995, 2005). Die Āryas waren in einer Vielzahl einzelner Stämme und Familienverbände (*kula*) organisiert. An die Spitze des Stammes oder auch einer Stammeskonföderation wurde ein Oberhaupt bzw. ein König gewählt, der dann von den brahmanischen Priestern geweiht wurde. Eine dritte Gruppe bildet die ernährende Bevölkerung wie Viehhirten und Bauern (*viś*). Erst mit der Herausbildung von größeren Königreichen entsteht auch eine gesellschaftliche Hierarchie, in der die verschiedenen sozialen Gruppen arbeitsteilig eingeordnet werden. Indizien dafür liefern vor allem die spätvedischen Texte, allen voran der sog. *Puruṣa-Hymnus* (RV 10.90; s. reader, 13ff). In dem Hymnus werden die Hierarchie und wechselseitige Abhängigkeit zwischen vier gesellschaftlichen Schichten aus dem vedischen Opfer begründet, wobei die vierte Gruppe – die Diener und Knechte (die sog. *śūdra*s) – auf die unterste Ebene eingeordnet werden. Es scheint, dass in dieser Zeit die Zugehörigkeit zu einer dieser Schichten noch nicht auf der Geburt basierte (wie später im Kastensystem; vgl. Rau 1957).

Die brahmanischen Priester komponierten und überlieferten die ältesten erhaltenen literarischen Zeugnisse Indiens: die Texte des Veda, verfasst im sog. vedischen Sanskrit. Die vedischen ‚Seher', die *ṛṣi*s, dichteten die Hymnen ursprünglich in einem ekstatisch-visionären Zustand (Thieme 1952) und wurden durch ihre Dichtungen Mitglied einer Priester-Bruderschaft. *Vāc*, die Welt schaffende, als Göttin gepriesene Sprache geht in den Dichter-Priester ein und befähigt ihn, die Götter und ihre Taten zu schauen und sie durch sein ‚dichterisches Wahrheitswort' (*brahman*) kundzutun. Der Bezug zwischen Göttern und Menschen im Opfer ist somit nicht nur ein ritueller, sondern auch ein dichterischer und poetischer Bezug. Die Verbindung zwischen Göttern und Menschen im Opfer eröffnet den Raum für die Sprache des Opfers, dessen kontinuierliche Durchführung für den Erhalt der kosmischen Ordnung notwendig ist. Diese Sprache ist das Sanskrit (wörtlich: ‚wohl gefügt', ‚perfektioniert'), das bis in die Gegenwart als Ritual- und Kultursprache schlechthin gilt und dessen Vermittlung traditionell den Brahmanen vorbehalten war. Die gewöhnlichen Alltags-bzw. Regionalsprachen, die sog. Prakrit-Sprachen, waren vom vedischen Ritual ausgeschlossen. Die Kommunikation mit den Göttern erfolgte in Sanskrit. Die überragende Bedeutung des Sanskrits zeigt sich auch darin, dass eine Kritik vedischer Religion mit der Verwendung der Alltagssprache einhergehen kann. Ein Beispiel dafür ist der älteste buddhistische Kanon, der in einer Prakrit-Sprache abgefasst wurde und allein schon dadurch den Bruch mit der vedischen Ritualtradition signalisiert. Zugleich bleibt aber festzuhalten, dass solche Ereignisse die Vorrangstellung des Sanskrits nicht nachhaltig in Frage stellte, was wiederum den anhaltenden und sich im Laufe der Zeit immer weiter in Indien ausbreitenden Einfluss der brahmanischen Überlieferungstradition belegt. Auch in späterer Zeit sind die vielfältigen Beziehungen zwischen brahmanischer Sanskrittradition und den Regionalsprachen ein charakteristisches Merkmal in der Geschichte des Hinduismus.

Der älteste Teil des Veda lässt sich zwischen auf ca. 1500–1000 v. Chr. datieren. Aus dem Veda, dem Namen für die älteste Literatur ist die Bezeichnung ‚vedisch' abgeleitet. Veda heißt wörtlich ‚Wissen'. In der ältesten Zeit wurden drei Veden unterschieden. Später wurde noch ein vierter Veda hinzugefügt, der auch jüngeres Hymnenmaterial enthält (s. Oldenberg 1917; Oberlies 1998). Insgesamt besteht der Veda aus vier Teilen, den sog. *saṃhitā*s, den vedischen Textsammlungen.

Die vier Veden

1. Der *Ṛgveda* ist der älteste Veda und enthält hymnische Preislieder (*sūkta*) an die verschiedenen Götter, die von dichtenden Sehern

(*ṛṣi*) beim Opfer vorgetragen und ursprünglich während des Opfers selbst komponiert wurden. Die Sammlung umfasst 1028 Hymnen aus verschiedenen Perioden, die in zehn sog. ‚Liederkreisen' (*maṇḍala*) unterteilt und nach Priesterfamilien angeordnet sind.

2. Der *Sāmaveda* enthält dasselbe Textmaterial wie der Ṛgveda, das nur anders arrangiert ist, und gibt die Melodien an, nach denen die Hymnen zu singen sind.
3. Der *Yajurveda* ist eine Sammlung der bei den einzelnen Ritualhandlungen zu rezitierenden Opfersprüche (*mantra*).
4. Der *Atharvaveda* ist die jüngste Textsammlung und enthält neben weiteren Hymnen auch Zauberformeln und Opfersprüche für bestimmte Anlässe sowie kosmologische Gedichte.

Die einzelnen Teile des Veda wurden in einer bestimmten Phase der Siedlungsgeschichte kompiliert und von den Priestergruppen überliefert, die beim Opfer die entsprechenden Aufgaben erfüllen. Das rituelle Wissen autorisiert sie dazu, als Priester tätig zu werden und ihren Lebensunterhalt in Form des Opferlohns (*dākṣiṇā*) zu erhalten. Bis ins 19. Jh. wurde der Veda in sog. *śākhā*, in den ‚Familienzweigen' und Vedaschulen mündlich von Generation zu Generation weitergegeben. Die Brahmanen agierten als Priester, aber auch als Lehrer und waren die Bildungselite des alten Indien. Ihr Name verweist auf ihren besonderen Bezug zum *brahman* – das Ritualwissen und Wahrheitswort –, das die Grundlage jeder Opferhandlung und damit auch der Weltordnung ist, die durch das Opfer erhalten wird (Thieme 1952). An die vier Veden schließen sich weitere Literaturgattungen an, die sich mit verschiedenen Aspekten des Rituals beschäftigen und zumeist einer der vedischen Schulen angehören. Dazu zählen (1) die Brāhmaṇas, in denen die Opfer und die einzelnen Opferhandlungen kommentiert und in ihrer Funktion begründet werden; sie liefern mythologische Erklärungen und kosmologische Interpretationen der verschiedenen Opfer (s. reader, 22f); (2) die Āraṇyakas, ‚Wildnis-Texte', die sich mit besonders riskanten bzw. geheimen Ritualen beschäftigen; (3) die Upaniṣaden (s. u. II.3.1). Das Textkorpus der vedischen Literatur wird in späterer Zeit insgesamt als *śruti* bezeichnet, als das ‚Gehörte', womit ihr besonderer autoritativer Status und die mündliche Überlieferungstradition angezeigt wird. Nach Meinung der mit der Auslegung des Veda befassten philosophischen Schule der Mīmāṃsā (s.u. VI.5.1) handelt es sich deshalb um eine direkte Offenbarung der Wahrheit, weil die Texte keinen Autor und somit einen nicht-menschlichen Ursprung haben. In späterer Zeit beruft sich die Mehrzahl hinduistischer Traditionen und Theologien zur Absicherung ihres Wahrheitsanspruchs auf die Autorität des Veda und begreift sich als dessen ‚Weiterentwicklung'. Das gilt auch dann, wenn sie sich in ihren Inhalten weit von der vedischen Literatur entfernen (Smith 1987; Halbfass 1991). Zur vedischen Literatur gehören weiterhin die Dharmasūtras, in denen die Normen und Gesetze der Ritualgemeinschaft kodifiziert werden, und die Kalpasūtras, in denen die Hausrituale und feierlichen Opfer beschrieben sind. Nach traditioneller Auffassung wurden diese Texte von vedischen Weisen verfasst und haben somit einen Autor. Zum vedisch-brahmanischen Wissen gehören weiterhin die sog. Vedāṅgas, die vedischen Hilfswissenschaften, die zur korrekten Überlieferung des Veda und zur Durchführung des Opfers notwendig sind, wie z.B. Grammatik, Astronomie bzw. Astrologie oder Metrik.

2.2. Die Vedische Ritualpraxis

In den Veden und vor allem in den Brāhmaṇas wird die Weltordnung als ein ritueller Zusammenhang dargestellt, der von der Durchführung der vedischen Opfer (*yajña*) abhängt. Das Opfer aktiviert und reproduziert die Verbindungen (*bandhu*) zwischen den verschiedenen Sphären und Kräften des Kosmos zum Nutzen des Opferherrn. In der vedischen Literatur wird eine Vielzahl von Opfern beschrieben. Die Klassifikation richtet sich nach Anlass, nach der Art der Opferspeise und nach dem Gott oder den Göttern, denen sie gewidmet sind. Es gibt neben Dank-, Sühne- oder Weiheopfern (wie der Königsweihe oder dem Hochzeitsritual) auch kalendarisch festgelegte Opfer sowie Opfer auf Wunsch des Opferherrn. Es werden verschiedene Ritualtypen unterschieden, die im weiteren Verlauf der Religionsgeschichte ihre Bedeutung, wenngleich auch in unterschiedlichem Ausmaß, behielten:

1. Obligatorische Rituale (*nitya*). Sie sind regelmäßig vom Haushälter an seinem Hausfeuer durchzuführen, wie z.B. der morgendliche und abendliche ‚Opferguss ins Feuer' (*agnihotra*).
2. Rituale bei besonderem Anlass (*naimittika*). Dazu zählen insbesondere die Initiations- bzw. Lebenszyklusrituale, für die der Familienpriester zuständig ist.
   Die beiden Ritualformen zählen zu den sog. ‚Hausritualen' (*gṛhya*), die mit Hilfe der Hausfeuer durchgeführt werden. Davon zu unterscheiden sind:
3. Rituale auf Wunsch des Opferherrn (*kāmya*). Im Gegensatz zu den Hausritualen müssen hier verschiedene Priester gerufen und eigens ein Ritualplatz mit verschiedenen Opferfeuern und einem Opferaltar angelegt und geweiht werden. Diese Opfer werden auch als *śrauta*-Rituale bezeichnet und waren wohl sehr kostspielig und zeitintensiv. Es war eine eigene rituelle Weihe für den Opferherrn vorgesehen. Dieser Ritualtyp wird als Prototyp des vedischen Opfers angesehen und beschrieben.

Ohne auf die Details der Opferhandlung einzugehen, seien doch im Folgenden einige Strukturelemente genannt, die rituelles Denken und Handeln auch in späteren hinduistischen Traditionen prägen. Das betrifft zum einen die fortlaufende Praktizierung bestimmter Ritualtypen, wie z.B. Lebenszyklusrituale (Geburt, Heirat etc.). Zum anderen akzeptieren spätere hinduistische Traditionen zentrale Konzepte der Ritualtradition, wie z.B. Konzepte von ritueller Reinheit, die wechselseitige Abhängigkeit der Lebewesen oder die Bindung der Handlung an ein Resultat (*karman*). Vor allem die Haus- und Lebenszyklusrituale bleiben im späteren Hinduismus bedeutsam (vgl. Smith, B.K. 1998). Obwohl die feierlichen, auf speziellen Wunsch einzelner Opferherren veranstalteten *śrauta*-Rituale durch die Ausbreitung des Tempelkults einem gewissen Verfall ausgesetzt waren, blieb deren Durchführung dennoch insbesondere für die Könige von großer Bedeutung, da sie Prestige und Statuslegitimation beinhalteten. Anhand dieses Opfertyps werden die mit dem vedischen Opfer verbundenen kosmologischen und religiösen Konzepte besonders deutlich. Diese sind auch für das hinduistische Ritualverständnis grundlegend und werden daher im Folgenden erörtert.

Agni, der Gott des Opferfeuers, steht im Zentrum des vedischen Rituals. Im Gegensatz etwa zum altiranischen Feuerkult, der der Verehrung des reinen und rein zu haltenden Feuers gewidmet ist, wird das vedische Opferfeuer durch das Geopferte nicht verunreinigt, sondern reinigt im Gegenteil noch eventuell vorhandene Unreinheit. Als Opferspeise dienen die Nahrungsmittel der Stammesgesellschaft, wie etwa Milch in verschiedenen Formen, (geklärte) Butter, Gerste und Reis. Bei Tieropfern werden vorzugsweise domestizierte Tiere (*paśu*) geopfert wie z.B. Ziegen, Schafe oder Pferde. Eine der wertvollsten Opfergaben ist Soma, der auch als Gott bzw. König verehrt wird. Es handelt sich dabei um eine Pflanze, die in einem komplizierten Ritual gepresst und zu einem wohl recht belebenden, ekstatische Zustände bewirkenden Rauschtrank verarbeitet wird (Falk 1989). Die im Opferfeuer dargebrachten Opfergaben werden einem Gott oder mehreren Göttern geweiht, die dadurch geehrt und gestärkt werden. Die vedische Religion ist polytheistisch und besteht aus einem Pantheon, das numerisch und namentlich nicht streng festgeschrieben ist, auch wenn an manchen Stellen von 33 Göttern die Rede ist. Die einzelnen Götter (*deva*) herrschen jeweils über bestimmte Bereiche des Kosmos. Einige Götter regieren die Kräfte der Natur, wie etwa Sūrya, der Sonnengott, oder Uṣas, die Göttin der Morgendämmerung. Andere sind für die sozialen Beziehungen und die zentrale Werte der Klangesellschaft zuständig, wie etwa Aryaman, der Gott der Gastfreundschaft und Heiratsallianzen. Gemessen an der Anzahl der an einen Gott gerichteten Hymnen rangiert Agni, das Opferfeuer, an erster Stelle. Weiterhin werden häufig genannt: Indra, der König unter den Göttern, Soma, der vergöttlichte Rauschtrank, Mitra, der Gott des Vertrags, Varuṇa, wacht über den Eid und die Rechtsordnung, Sūrya, der Sonnengott, und Vāc, die Göttin der Sprache (s. reader, 10–17). Die Götter sind miteinander verbündet und bilden die Götterwelt als die Sphäre, die die Opfergemeinschaft zwischen Göttern und Menschen und damit die kosmische Ordnung insgesamt schützt. Um diese Aufgabe erfüllen zu können, bedürfen sie der rituellen Speisung. Jeder einzelne Gott kann während des ihm geweihten Opfers als ‚Höchster' angerufen werden, ohne damit zum Allherrscher zu werden. Um die Eigenart des vedischen Verständnisses der Götter zu erfassen, wurde von Max Müller (1880), einem der Pioniere der Veda-Forschung, der Begriff ‚Henotheismus' geprägt, d.h. ein

Glaube „an einzelne abwechselnd als höchste hervortretende Götter". Der Begriff hat sich aber als Bezeichnung für die vedische Religion nicht allgemein durchgesetzt. Neben den Göttern gibt es auch Gegengötter, die *asuras*, die mit den Göttern um die Herrschaft und den Besitz der rituellen Macht streiten. Der Streit bzw. die permanente Bedrohung der göttlichen Ordnung durch ‚Dämonen' ist ein Element, das auch in den späteren hinduistischen Gotteslehren eine wichtige Rolle spielt. Wichtige vedische Götter werden auch in die Kosmologie späterer hinduistischer Theologien aufgenommen und an Tempelwänden abgebildet, wobei ihnen zumeist eine untergeordnete Rolle zukommt. Viele der bedeutenden hinduistischen Götter – wie etwa der Gott Viṣṇu – werden im Veda nur selten genannt. Andere scheinen unbekannt, wie der Gott Kṛṣṇa oder die Göttin Durgā. Erst spätere Texte erwähnen sie und bezeugen den Kontakt mit anderen Kulten.

Die Berechtigung zur Durchführung von Opfern und damit den vollen sozialen Status erwerben männliche Angehörige der obersten drei Schichten bzw. Kasten durch die Aneignung des traditionellen Opferwissens. Das erfolgt durch das Studium bei einem brahmanischen Lehrer. Nur die Brahmanen besitzen das gesamte Ritualwissen und sind daher als einzige in der Position, Rituale für andere durchzuführen, d.h. Familien- und Opferpriester zu werden. Im Anschluss an die Studienzeit erhält man die sog. Opferschnur (*yajñopavīta*), eine aus Baumwollschnüren bestehende Schnur, die je nach Kaste unterschiedlich gefärbt und geknotet ist. Sie wird auch heute noch verliehen und zeigt den sozialen Status und die damit verbundenen rituellen Rechte an (s.u. IV.5). Allerdings können diese in der Regel nur nach der Heirat in Anspruch genommen werden, denn nur dann darf der Initiierte ein eigenes Hausfeuer anlegen. Am Hausfeuer verrichtet er die täglichen Rituale und mit ihm werden alle anderen notwendigen Opferfeuer entzündet. Der Haushälter kann auf eigenen Wunsch bestimmte Opfer für sich durchführen lassen und wird dann, zusammen mit seiner Ehefrau, zum Patron des Opfers. Ohne die Ehefrau kann das Opfer nicht durchgeführt werden (vgl. Jamison 2005).

Der Opferherr (*yajamāna*) lässt ein Opfer veranstalten, weil es entweder vorgeschrieben ist oder um sich damit einen Wunsch zu erfüllen. Für die ‚feierlichen' Rituale (*śrauta*) muss jeweils ein neuer, temporärer Opferplatz errichtet werden. Das Opfer wird als ein ‚Gastmahl' gestaltet, das der Verehrung und Speisung der Götter dient. Dadurch werden sie um den Erhalt der kosmischen Ordnung, Abwendung von Gefahr bzw. um Gunsterweise gebeten und für die Durchführung dieser Aufgaben durch die Opfergaben gestärkt. Obwohl die Verleihung der Opferschnur einem Haushälter die prinzipielle Berechtigung dafür verleiht, zum Opferherrn zu werden, muss er sich vor Beginn des Opfers zusammen mit seiner Ehefrau einer rituellen Weihe (*dīkṣā*) unterziehen. Die Weihe bereitet ihn auf den rituellen Kontakt mit den Göttern vor, indem er seinen irdischen Körper reinigt und ‚neugeboren' wird (s. Lommel 1955). Die rituelle Weihe wird in einer eigens in der Nähe des Opferfeuers errichteten Hütte vollzogen. Zusammen mit seiner Frau begibt sich der Opferherr mit verhülltem Haupt in die Hütte und setzt sich auf das Fell einer schwarzen Antilope, nachdem ihm das Haupthaar geschoren wurde. Während des Aufenthalts in der Hütte sind verschiedene Observanzen einzuhalten, wie Fasten oder Nachtwache. Die Weihe wird als eine Geburt gedeutet, die dem Opferherrn den Kontakt mit den Göttern ermöglicht. In der *Maitrāyaṇi-Saṃhitā* wird festgestellt (3.6.1): „Einer, der sich weiht, geht wahrlich aus dieser Welt; er geht nämlich zur Geburt, er steigt zur Götterwelt auf." Ist die Weihe vollzogen, so zieht der Opferherr zum Opfer aus. Das Opferbad am Ende des Opfers dient dazu, sich vom Kontakt mit der göttlichen Sphäre zu reinigen und wieder in das normale Leben zurückzukehren.

Die eigentliche Opferhandlung – das sog. *karman* – beginnt mit der Formulierung einer bestimmten Absicht oder Wunschvorstellung (*saṃkalpa*), die den Opferherrn mit den Resultaten seiner Opferhandlung verbindet. Das *karman* autorisiert den Einzelnen für die Frucht des Opfers, es bindet ihn aber auch daran. Der Opferherr übt in Form der Opfergabe immer auch einen Verzicht (*tyāga*), der die Vorbedingung für den Erfolg darstellt und in Form der Opfergabe dargereicht wird. Die mit der Opferung von Tieren und Pflanzen verbundene Gewalt wird dadurch relativiert, dass man ein ‚Befriedungsritual' durchführt (*śānti*), mit dem symbolisch die Einwilligung des Geopferten eingeholt wird. Zudem zählt die für die Durchführung des Opfers notwendige Gewalt nicht als solche, da sie nicht „dem Wunsch zu töten bzw. zu verletzen" (*hiṃs*) entspringt und daher als *ahiṃsā*, gewaltlos gilt (s.u. VI.4). Dazu heißt es später im Gesetzbuch des Manu (*Manusmṛti* 5.44): „Gewalt, die im Veda vorgeschrieben ist und die bewegliche und unbewegliche Lebewesen (Pflanzen) betrifft, die soll eben als Gewaltlosigkeit (*ahiṃsā*) angesehen werden. Denn diese Vorschrift (*dharma*) geht klar aus dem Veda hervor." (s. auch reader, 61 ff).

Das Opfer vergegenwärtigt, dass Leben und Tod ineinander gegründet sind und dient der Verwandlung des Todes in Leben. Das Opfer basiert auf „this paradoxical pretense of destroying life in order to gain life" (Heesterman 1993, 34). Man soll nicht essen, ohne des Opfers zu gedenken, und man soll nicht essen, ohne zuvor denen, die für den Erhalt der Lebensgrundlage sorgen, zu geben, d.h. den Göttern. Das Opfer verschafft ‚reine' Nahrung, indem die mit dem Nahrungserwerb einhergehende Gewalt verhandelt wird. Das Opfer erlaubt die Schlachtung von Tieren und ihren Verzehr, ohne dass man Schuld auf sich lädt. Daraus folgt das Diktum, dass die Nahrungsaufnahme nur dann legitim ist, wenn man zuerst jemanden anderem gegeben hat und wenn man die Nahrung als Rest eines Geopferten und als Teil des zyklischen Opferaustausches anerkennt. So heißt es: „Wer nur für sich selbst kocht, der isst Sünde" (Ṛgveda 10.117.6; s. reader, 16). Das Geopferte wechselt bei der Opferung seine Position in einer als Kreisbewegung interpretierten Nahrungskette: Die Tiere, die sich von den ebenfalls als Lebewesen geltenden Pflanzen ernährt haben, werden jetzt selbst zur Nahrung. Auch der Tod des Opferherrn wird als ein letztes Opfer angesehen, in dem sein verstorbener Körper im Opferfeuer des Scheiterhaufens als Gabe dargebracht wird (s. Caland 1896).

Die Schöpfung und der Erhalt der Welt werden durch das Opfer in den Rahmen einer kosmischen Ordnung gestellt. Zugleich sichert der einzelne Haushälter durch die Durchführung der Rituale für sich und seine Familie Wohlergehen und Prosperität. Die sozio-kosmische Ordnung ist der Ort für die Verwirklichung dieser Ziele. Die Ordnung wird in den vedischen Texten als *ṛta* bezeichnet, was in etwa mit ‚Wahrheit' bzw. ‚Kraft oder Macht der Wahrheit' übersetzt werden kann (s. Lüders 1959). Diese Kraft zeigt sich in der wechselseitigen Abhängigkeit aller den Kosmos bewohnenden Lebewesen. *Ṛta* meint die wahrheitsgemäße Zusammenfügung und den dadurch entstehenden Zusammenhalt der verschiedenen Lebensbereiche dergestalt, dass alle Lebewesen gedeihen können. Damit ist zunächst die Wahrheit der Wohlgeordnetheit der Natur angesprochen, wie sie etwa in der Abfolge der Jahreszeiten erkennbar ist. Im *Atharvaveda* wird dieser Sachverhalt wie folgt formuliert: „Wie kommt es, daß der Wind nicht stillsteht? Wie kommt es, daß der Geist nicht rastet?" (10.7.37; vgl. Lüders 1959, 570). Auch jedes einzelne Lebewesen besitzt *ṛta* im Sinne einer spezifischen Fähigkeit bzw. Aufgabe, die zum Erhalt der Lebensmöglichkeiten aller beiträgt. Beim Menschen zeigt sich *ṛta* als die Fähigkeit und Pflicht zum Opfer. Agni, das Opferfeuer, wird durch *ṛta* zum Mittler zwischen Göttern und Menschen. Auch die Verzehrbarkeit von Getreide oder Früchten verweist auf die ‚Wohlgeordnetheit'. Die kosmische Ordnung ist nicht nur ein Funktionszusammenhang oder beschreibt die Unabänderlichkeit starrer Naturgesetze, sondern hat auch ästhetische Dimensionen. So ist das *ṛta* in poetischer Form als *brahman* (das dichterische Wahrheitswort) beim Opfer aktiv. Einer, der sich an die Wahrheit hält, sichert nicht allein seine Lebensgrundlagen, sondern er lebt auch gut: „Gut zu gehen ist der Pfad, dornenlos... für den Wahrheitssprecher." (*Ṛgveda* 1.41.4; Lüders 1959, 483) Die hier genannten Aspekte sind auch im Begriff *dharma* erkennbar, der in den späteren hinduistischen Traditionen den Begriff *ṛta* ablöst.

Dieser Grundordnung sind alle Wesen verpflichtet, und man lädt große Schuld (*pāpman*) auf sich, wenn man sie missachtet. Mitra und Varuṇa sind in der vedischen Literatur die Götter, die über den Erhalt der Ordnung wachen und Verstöße dagegen bestrafen. Die Menschen sind den Göttern und dem Erhalt der Lebensordnung durch die Opfertätigkeit verpflichtet: In der Opfertätigkeit wird der mit Gewalt verbundene Gewinn von Nahrung und der Sachverhalt, dass Leben und Tod ineinander gegründet sind, vergegenwärtigt. Es muss deshalb so geopfert werden, dass Leben erhalten wird: Maßlosigkeiten des Einzelnen im Rahmen des Opferkontexts haben ebenso ruinöse Folgen wie eine Verweigerung ritueller Gegengaben. Darüberhinaus geht es darum, die Schulden (*ṛṇa*), die der Einzelne durch seine Existenz mit sich trägt, abzutragen. In den älteren Texten ist von drei bzw. vier solcher Schulden die Rede. Im *Śatapathabrāhmaṇa* heißt es dazu:

„Jeder, der ist, kommt mit seiner Geburt in die Schuld bei Göttern, Ṛṣis (vedischen Weisen), Manen und Menschen. Daß er opfere, das schuldet er den Göttern ... Und daß er (die heilige Schrift) studiere, das schuldet er den Ṛṣis, denn darum tut er das für sie, denn von einem Studierten sagt man, er sei der Schutzbewahrer der Ṛṣis. Und daß er Nachkommenschaft erstrebe, das schuldert er den Manen, denn darum tut er das für sie, damit ihre Nachkommenschaft fortdauere... Und daß er (Gäste beherberge), das schuldet er den Menschen, denn darum tut er das für sie, daß er sie beherberge, daß er ihnen Speise gibt. Wer alles dieses tut, der hat seine Pflicht getan, der erlangt alles, ersiegt alles."[4]

Durch das Abtragen der Schulden tritt man in die Struktur wechselseitiger Abhängigkeit ein und kann dabei auch die Position wechseln, indem man z.B. seinen eigenen Nachkommen gegenüber zum ‚Gläubiger' wird. Daher zählen auch in den späteren Rechtslehrbüchern (Dharmaśāstra) die sog. ‚fünf großen Opfer' – an die Götter, die Seher, die Vorfahren, die Geister und die Menschen – zu den wichtigsten Pflichten des Haushälters (vgl. *Manusmṛti* 3.69 ff).

Die vedische Ritualpraxis ist der zentrale Referenzpunkt im Selbstverständnis der vedischen Gesellschaft und von daher markiert ihre Ausbreitung auch die räumlichen Grenzen der Gesellschaft. Da es sich in den Anfängen um eine migrierende Stammesgesellschaft handelte, wurden die Grenzen der eigenen Lebenswelt durch die Grenzen des Rituals markiert. Zum einen erfolgt die Markierung der Grenzen durch die für das Opfer verwendeten Opfertiere, da, wie gesehen, nur domestizierte Tiere dafür vorgesehen sind. Sie leben im Dorf (*grāma*), dem Siedlungsraum der sesshaft gewordenen vedischen Stämme schlechthin. Jenseits des Dorfes beginnen die Wildnis bzw. die Einöde und damit das Siedlungsgebiet der Wildtiere, das aber durch die Ausbreitung des Opferfeuers schrittweise erobert und in ein ritualfähiges Gebiet transformiert wird. Dieser Prozess wird in vedischen Texten durch ein weiteres Tier markiert, und zwar anhand der Ausbreitung der schwarzen Antilope, deren Fell im vedischen Ritual vielseitige Verwendung findet. Die Unterscheidung zwischen dem ‚Dorf' als Kultur- und Ritualraum und dem ‚Wald' bzw. der ‚Einöde' (*araṇya, vana*) als Ort ohne rituell geregeltes Sozialleben bleibt auch in späteren religiösen Traditionen wichtig, wenn z.B. bestimmte Formen der Askese oder auch manche Gottheiten dem Wald zugeordnet werden (s. dazu Malamoud 1996; Sontheimer 1994). In späteren Texten entwickelt sich ein Bewusstsein über größere Territorien, die ‚ritualfähig' sind und deshalb als Siedlungsgebiete für die ‚Zweimalgeborenen' (*dvija*), d.h. für die ins vedische Ritual initiierten Männer, empfohlen wird. In diesem Zu-

4 *Śatapathabrāhmaṇa* 1.7.2; zit. nach Geldner 1928, 53.

sammenhang wird *āryavārta*, das ‚Land der Āryas' als die Region definiert, die sich zwischen dem Himalaya und dem Vindhya-Gebirge erstreckt (d.h. in etwa die gesamte Gangesregion) und im Westen und Osten vom Meer begrenzt wird. Weiterhin heißt es: „Es ist das natürliche Ausbreitungsgebiet der schwarzen Antilope und gilt als das Land, das für vedische Opfer geeignet ist (*yajñīyo deśa*); jenseits dessen ist das ‚Land der Fremden' (*mlecchadeśa*)".[5] Dort sollte man besser nicht leben, da weder Opfer durchgeführt werden noch der Lebenswandel der Bewohner dieser Region als vorbildlich gilt. Es sei darauf hingewiesen, dass die hier vorgenommenen Abgrenzungen auf rituellen und sozialen Kriterien basieren und nicht etwa auf rassischen. Das rassistische Verständnis von ‚Ariertum', das sich im 19. Jh. entwickelte und auch in Indien einen nicht unerheblichen Einfluss ausübte, um die ‚ursprüngliche' indische Kultur zu definieren, wurde dabei oft aus politischen Motiven in die Vergangenheit projiziert (vgl. Leopold 1970). Die moderne und gegenwärtige hinduistische Debatte um die ‚arische Kultur' ist Resultat dieser Konstellation und sollte nicht mit dem verwechselt werden, was aus wissenschaftlicher Sicht über die vedischen Inder bekannt ist.

3. Asketische Bewegungen und Frühe Königreiche (6. Jh. v. Chr.–4. Jh. v. Chr.)

Ab dem ca. 6. Jh. werden neue Ideen, religiöse Praktiken, soziale Gruppen und kulturelle Einflüsse greifbar, die z. T. mit einer Kritik und Relativierung des vedischen Opfers und der Opferpriester einhergehen und insgesamt zu einer Transformation ritueller Praktiken führen. In dieser Zeit werden Konzepte entwickelt, die für die nachfolgenden Traditionen eine grundlegende Bedeutung erhalten. Dazu gehören: die Lehre von einem unsterblichen Selbst (*ātman*), das sich in einem sterblichen Körper aufhält; die Idee von einem Kreislauf von Geburt und Tod (*saṃsāra*), den das Selbst als Resultat seiner Taten aus früheren Existenzen (*karman*) durchwandert sowie das Konzept einer endgültigen Befreiung (*mokṣa*) des Selbst aus dem Körper (s. u. VI.1). Als Metho-

5 Gesetzbuch des Manu (*Manusmṛti*) 2.17–24; ca. 2. Jh. v. bis 2. Jh. n. Chr.

den für das Erreichen der Erlösung werden asketische Praktiken sowie Meditation etwa im Rahmen des Yoga oder auch neue Erkenntniswege gelehrt. Die mit den neuen Erlösungskonzepten einhergehende asketische Lebensweise schlägt sich in neuen religiösen Bewegungen nieder, die sich dann als Jainismus, Buddhismus und in den verschiedenen Traditionen des Yoga institutionalisieren. Im Zentrum der buddhistisch-jainistischen Kritik am vedischen Opfer steht die mit dem Opfer einhergehende Gewalt. Aber auch die Begehrlichkeiten, die das Opfer bei den Opferherren und den Priestern weckt, werden kritisiert und damit die Struktur der Opferhandlung, des *karman*, d.h. der für den Erfolg des Rituals grundlegende Zusammenhang zwischen Wunsch, Handlung und Resultat. Alles, was aus solchen Ritualen entsteht, wird als vergänglich und deshalb leidvoll erklärt. Auch der Wert einer Wiederverkörperung nach dem Tod in einem durch die Ritualhandlungen erworbenen himmlischen Körper wird in Frage gestellt. Denn: Wieso sollen die jenseitigen Resultate des Opfers weniger vergänglich sein als die diesseitigen? Dementsprechend werden die durch das Opferhandeln, das *karman*, zu erlangenden Himmelswelten allesamt als vergänglich angesehen. Solche Kritik und die damit einhergehenden neuen Vorstellungen über den Kosmos und das spirituelle Heil des Einzelnen sind die Kontexte, in denen wahrscheinlich die Lehre vom *karman* und vom ‚Kreislauf von Geburt und Tod' (*saṃsāra*) entwickelt wurde. Sie hat sich dann nicht nur im Hinduismus, sondern in fast allen asiatischen Religionen durchgesetzt.

3.1 Upaniṣaden

Während das historische Verhältnis zwischen den verschiedenen Gruppen, wie z.B. die Frage nach der Herkunft der *karman*-Lehre, bei der derzeitigen Quellenlage weitgehend ungeklärt ist, sind die Parallelen zwischen ihnen deutlich. Recht unterschiedlich wird auch die Beziehung zwischen den Upaniṣaden und der vedischen Ritualtradition gedeutet. Im Gegensatz zur älteren Forschung, die den Bruch zwischen dem Ritualismus der älteren vedischen Texte und den philosophischen Spekulationen der Upaniṣaden betonte, verweist die neuere Forschung auf die zahlreichen Verbindungslinien und betont die Kontinuität zwischen den Texten (Heesterman 1985, Witzel 2005). Umstritten ist auch die Bewertung der Tatsache, dass in den Upaniṣaden nicht nur Brahmanen, sondern auch Kṣatriyas (Adel bzw. Krieger) bzw. Könige als Lehrer hervortreten. Einige Forscher werten das als Indiz für die gewachsene Macht dieser Gruppe, aber auch für den Einfluss von Bevölkerungsschichten, die außerhalb der vedischen Tradition standen (Olivelle 1996). Andere sehen darin nur ein rhetorisches Stilmittel (Witzel 2005). Bronkhorst (2007) postuliert hingegen eine klare kulturelle und geographische Grenzlinie, die ursprünglich die vedische Kultur im Westen Indiens von den mit Buddhismus und Jainismus verbundenen Ideen und Praktiken im östlichen Indien trennte. Aufgrund der unsicheren Datierung der vorhandenen Quellen ist eine eindeutige Klärung dieses Prozesses schwierig.

Es spricht in der Tat vieles dafür, dass manche der neuen Konzepte nicht nur von außen an die vedische Tradition herangetragen wurden, sondern Ansätze dafür bereits in der Ritualtradition selbst zu verzeichnen sind. Besonders wichtig ist hier die Literatur der Brāhmaṇas. In diesen Texten werden die einzelnen Opfer minutiös kommentiert und in ihren kosmischen Bezügen gedeutet. Dabei wird eine Tendenz zur Verinnerlichung der Opfervollzüge erkennbar. Bei der ‚Verinnerlichung' des Opfers spielt das Wort *ātman* bereits eine wichtige Rolle. Es wird primär als Reflexivpronomen verwendet und dient somit der Bezeichnung der opfernden Person, die z. B. ‚in sich selbst' oder ‚für sich selbst' ein Opfer darbringt. So wird in einigen Brāhmaṇa-Texten das ‚Selbst', d. h. die opfernde Person, als der Ausgangs- und Zielpunkt sowie als Vollzugsort der Opfertätigkeit genannt. Das gilt vor allem für die täglichen Rituale, die immer mehr ohne Zutun der brahmanischen Opferpriester durchgeführt werden. Dabei werden der Körper des Opfernden zum Opferplatz und der Opferherr zum Opferpriester. Der einzelne Körper (*ātman* genannt, im Sinne der Gesamtheit der Person) wird nunmehr zum Ort einer Opfertätigkeit, die der Opfernde selbst durchführen kann. Die Opfertätigkeit kann dann z. B. die Form einer rituellen Selbst-Speisung annehmen, wie beim *prāṇāgnihotra*, dem ‚Opferguss in das Feuer der Atemwinde'. Dabei werden die fünf Atemwinde zu Opferfeuern bzw. zu Göttern erklärt, denen Speise geopfert wird. Derartige Praktiken können durchaus als Modell für bestimmte Formen der Meditation und Askese angesehen werden, die in späteren

Texten beschrieben werden (Heesterman 1985). Die Verinnerlichung von Opfervollzügen führt auch zu einer Individualisierung der Opfertätigkeit, die auch die Rolle der Priester relativiert. Diese Entwicklung ist ein möglicher Grund für die veränderte Auffassung vom *karman*, der Opferhandlung. Der Begriff wird nun in einem erweiterten Sinne verstanden und bezeichnet alle von Einzelnen vollzogenen Handlungen und ihre Resultate. *Karman* wird zu einem ‚Gesetz der Retribution', wonach jeder die Folgen seiner gesammelten Taten an sich selbst erfahren muss.

Die neuartige Akzentuierung der Vorzüge von Wissen und Erkenntnis für das Erlangen ‚wahrer' Unsterblichkeit bzw. der ‚Befreiung' führt zu einer Relativierung bzw. Umdeutung der vedischen Opferpraxis auch in der Literaturgattung der Upaniṣaden, deren älteste Texte wahrscheinlich vorbuddhistisch und zwischen ca. 700–500 v. Chr. zu datieren sind. Die ältesten Upaniṣaden sind in Prosa abgefasst, wie etwa die *Chāndogya-* und *Bṛhadāraṇyaka-Upaniṣad*, spätere Texte auch in Versen, wie etwa die *Kaṭha-* und *Muṇḍaka-Upaniṣad* (ca. 4.–2. Jh. v. Chr.). Die Textgattung der Upaniṣaden bildet mitsamt den neuen Lehren den Abschluss der vedischen Literatur. Deshalb werden die Upaniṣaden auch als Vedānta bezeichnet, d. h. als ‚Ende' bzw. ‚Vollendung' des Veda. Diese Bezeichung dient dann auch als Name für eine der bedeutendsten philosophischen Traditionen des Hinduismus, die sich bei der Darlegung ihrer philosophischen Positionen auf die Autorität dieser Texte stützt und mit ihrer Exegese befasst ist (sog. Vedānta-Philosophie, s. u. II.5.2; VI.5.2). Das Wort *upaniṣad* bedeutet ‚Sich-Niedersetzen' bei einem Lehrer und bezieht sich auf die konkrete Situation, in der die Texte wohl am Ende der traditionellen Studienzeit vom Lehrer an seinen Schüler mündlich weitergegeben wurden. Das bedeutet eine ‚Unterordnung' unter die Autorität des Lehrers und dieser Umstand erlaubt ein erweitertes Verständnis von ‚Upaniṣad' als Hinweis auf ein Strukturprinzip der in den Texten enthaltenen Lehren. Dabei geht es oftmals um die Etablierung von Abhängigkeiten und kausalen Hierarchien, d. h. der ‚Unterordnung' von Wirkungen unter Ursachen, von Untergeordnetem unter Übergeordnetem etc. (vgl. Falk 1986). Die zyklische Struktur des vedischen Rituals wird nun durch eine vertikale Anordnung von Prinzipien und Wesenheiten abgelöst bzw. in diese integriert. Eine solche Hierarchie bzw. Stufenfolge von Ursachen und Unterordnungen endet oftmals bei einem einzigen ‚Höchsten' (*eka*), von dem alle anderen Wesen abhängen.

3.2 Erlösung des ‚Selbst'

Besonders einflussreich wird das neue Konzept eines ‚unsterblichen Selbst', des *ātman*. Als *ātman* wird die unsterbliche und immer schon befreite Wesenheit bezeichnet, die sich für die Dauer eines Lebens in einem Körper aufhält und ihn beim Tod verlässt: Entweder um sich erneut zu verkörpern oder um erlöst zu sein und nicht mehr wiederzukehren (s.u. VI.1; reader, 29f). In den älteren Upaniṣaden wird die Lehre von der Wiederverkörperung noch nicht durchgängig an die Qualität des früheren Lebens gebunden. Dadurch, dass das Selbst von grundsätzlich anderer Natur ist als der Körper, wird es durch die Bedingtheiten der körperlichen Existenz nicht angetastet. Der Ruhe, Unsterblichkeit und Glückseligkeit des aus dem Körper befreiten ‚Selbst' wird die Vergänglichkeit der durch das rituelle Handeln entstehenden Früchte und der unangenehme Wechsel von Glück und Leid gegenübergestellt. Das Wissen um das ‚Selbst' wird über das Ritualwissen gestellt, weil man dadurch das Leid überschreiten kann (s. reader, 24ff; vgl. Edgerton 1929; Frauwallner 1965; Olivelle 1996).

Die neue Idee einer im sterblichen Körper weilenden, immer schon unsterblichen Wesenheit, die es von der irdischen Existenz zu befreien gilt, hat auch Konsequenzen z.B. für die Vorstellungen von der Weltschöpfung und vom Schicksal nach dem Tod. In der Kosmologie zeigt sich der Einfluss der neuen Ideen darin, dass die Weltschöpfung nicht mehr in erster Linie durch die rituelle Zusammenfügung der verschiedenen Bereiche und Wesensgruppen in einem ‚ersten Opfer' erklärt wird (wie ṚV 10.90). Vielmehr wird der Anfangspunkt der Welt nun in eine einzige Sphäre bzw. eine einzige Wesenheit verlagert, die sich stufenweise in der Welt manifestiert und diversifiziert. Das ‚Höchste' wird mit unterschiedlichen Begriffen, recht häufig aber als *brahman* bezeichnet. Die sichtbare Welt wird als Gestaltnahme bzw. Verkörperung dieser unsichtbaren, höchsten Entität interpretiert. Entsprechend verändert sich das Denken über Tod und Unsterblichkeit. Nicht länger wird die Wiederverkörperung in einem durch rituelle Handlungen erworbenen Himmelskörper in einer Himmelswelt als erstrebenswert angesehen bzw. als Erlangen der Unsterblichkeit definiert. Als das höchste Ziel gilt nun die endgültige Befreiung (*mokṣa*) des Selbst, des *ātman*, aus dem sterblichen Körper und aus einer nunmehr als leidvoll beschriebenen Welt (s. u. VI.3).

Wie aber kann der *ātman* erkannt bzw. erreicht werden? Vor allem in den älteren Upaniṣaden spielt die Belehrung durch einen Lehrer und die damit verbundene Lehrzeit (*brahmacārya*) eine entscheidende Rolle für die Erlangung der gewünschten Erkenntnis. Eine asketische Lebensführung wird in vielen Fällen als die Voraussetzung für die Belehrung angesehen, andere Texte betonen die Notwendigkeit asketischer Übungen (*tapas*). Auch die Verinnerlichung der Opfertätigkeit bzw. die Parallelisierung asketischer Praktiken mit der Durchführung eines Opfers dienen der Erkentnis des *ātman*. In den mittleren und jüngeren Upaniṣaden werden noch andere Erkenntnismöglichkeiten genannt, die für die spätere Tradition paradigmatisch werden: Allen voran die Yoga-Lehren und der Erkenntnisweg der Sāṃkhya-Philosophie (s. u. VI.5.5–6). Im Yoga sucht man die Erkenntnis und Befreiung des Selbst durch asketische Praktiken und Körpertechniken, die zur Beherrschung der Selbsttätigkeit der körperlich-geistigen Vermögen führen, sowie durch meditative Versenkung. Gelingt die Selbstbeherrschung, so ist der Yogin in der Lage, das unsterbliche, ‚höchste' Selbst zu erkennen und zu befreien. Dabei erreicht der Yogin auch das *brahman* als den Anfangsort aller körperlich-sichtbaren Existenz und bringt sich selbst zum Verschwinden. Es gibt upaniṣadische Texte, in denen bereits ein Gott den höchsten Ort bewohnt und sich demnach der Yoga auf den Gott richtet (sog. theistischer Yoga). Sāṃkhya und Yoga werden bereits in upaniṣadischen Texten erwähnt und vor allem im Mahābhārata-Epos recht häufig behandelt. Eine systematische Darstellung der Lehren dieser Schulen erfolgt erst zu Beginn unserer Zeitrechung, als sich die verschiedenen philosophischen Schulen (*darśana*) durch Abfassung ihrer grundlegenden Lehrwerke etablierten. Für den Yoga geschieht das mit dem Yogasūtra des Patañjali (ca. 4.–5. Jh.) und für das Sāṃkhya mit der Sāṃkhyakārikā des Īśvarakṛṣṇa (4. Jh.). Beide Schulen sind für die Formulierung der frühen hinduistischen Gotteslehren von großer Bedeutung.

4. Frühe Großreiche und Tempelbauten, Epen und Purāṇas (ca. 4. Jh. v. Chr. – 6. Jh. n. Chr.)

Die upanisadischen Texte sowie die Konzepte aus den Traditionen des Yoga und Sāṃkhya bilden zusammen mit der vedischen Ritualtraditon historisch gesehen die Grundlagen für die Formulierung der ältesten hinduistischen Theologien. Wie bereits im Kapitel über die Definition des Begriffs ‚Hinduismus' dargelegt, verwende ich den Begriff u. a. historisch, d. h. zur Bezeichnung der Ergebnisse bestimmter religionsgeschichtlicher Entwicklungen in Indien, die ab dem ca. 4. Jh. v. Chr. greifbar werden. In dieser Periode wird in epigraphischen, numismatischen und ikonographischen Zeugnissen ein neuartiges Gotteskonzept greifbar, das in mehreren Texten in Form einer direkten und persönlichen Offenbarung des Gottes formuliert wird. Das Nebeneinander der verschiedenen Quellen zeigt, dass es sich hierbei um das Hervortreten neuer Religionsformen handelt. Materielle Zeugnisse dafür liefern die noch aus dieser Zeit erhaltenen Tempel und Götterskulpturen. Im Gegensatz zu den immer wieder neu zu errichtenden vedischen Opferplätzen gibt es nun permanente, in Holz oder Stein gebaute Verehrungsstätten. Es werden Tempelanlagen verschiedenster Art errichtet, z. B. Kultplätze für die Ahnen von Königsfamilien, und es werden Kultbilder angefertigt, die dann in diesen Anlagen verehrt werden. Alles das verweist auch auf grundlegende Veränderungen in der gesellschaftlichen Struktur durch die Etablierung landwirtschaftlicher Produktionsweisen und zentralisierter Administrationsformen. Die Transformation der klanorientierten vedischen Gesellschaft in eine hierarchisch organisierte Kastengesellschaft ist weitgehend vollzogen. Damit verbunden sind eine fortschreitende Urbanisierung und Vernetzung des Subkontinents durch Handelsbeziehungen sowie die Etablierung eines territorial gebundenen und vererblichen Königtums. Auch der Einfluss aus anderen Kulturräumen, wie dem Iran oder den hellenistischen Reichen, spielt eine große Rolle. Es ist von daher kein Zufall, dass die archäologischen Zeugnisse aus dieser Zeit in den Umkreis von Dynastien gehören, die gute Handelsbeziehungen pflegten und über breite militärische und wirtschaftliche Ressourcen verfügten. Es sind hier vor allem die Maurya-Dynastie mit dem König Aśoka (268–233 v. Chr.), die indo-griechischen Könige und Satrapen, die Kuṣānas und ab

320 n. Chr. die Gupta-Dynastie zu nennen (s. dazu die Beiträge in Olivelle 2006). In diesen Zeitraum fallen die Einführung der Schrift in Indien, die Formierung neuer religiöser Bewegungen, die Integration lokaler und regionaler Religionsformen sowie die Entstehung neuer Literaturgattungen und philosophisch-logischer Argumentationsmuster.

Die neuen Entwicklungen – wie z. B. die Förderung des Buddhismus und anderer asketischer Gruppen durch den König Aśoka – scheinen zumindest von einigen Teilen der brahmanischen Priesterschaft als Bedrohung angesehen worden zu sein. Insbesondere die Lehre von einer für alle sozialen Gruppen möglichen Verehrung Gottes sowie asketische Bewegungen, die Mitglieder aus allen Schichten und auch Frauen zulassen, eröffneten religiöse Möglichkeiten unabhängig von der Vermittlung durch einen brahmanischen Priester. Die Könige erhielten ihre Legitimation nicht mehr ausschließlich durch die vedisch-brahmanische Königsweihe, sondern auch durch ihren besonderen Bezug zu einem ‚höchsten' und ‚einzigen' Gott, als dessen Verehrer und Repräsentanten sie nun galten. Es scheint, dass insbesondere die ursprünglich aus Zentralasien eingewanderten Kuṣāṇa-Könige die Verbindung zwischen Herrscher und Gott betonten, indem sie Götter auf ihren Münzen abbildeten (wie z. B. Śiva) und sich selbst mit göttlichen Emblemen ausstatteten. Das bestärkte eine Herrscherideologie, die dann mit den Guptas ihren ‚klassischen' Ausdruck erhielt, indem der König zum Schützer einer von Brahmanen verwalteten und gedeuteten Welt- und Sozialordnung erhoben wurde, der zugleich der Verehrung (*bhakti*) eines höchsten Gottes bzw. Göttin verpflichtet war. Das Ideal überlebte die verschiedensten historischen Verwerfungen und ist auch heute noch im hindu-nationalistischen Konzept des *ramrājya*, der Wiederkehr der Herrschaft von Rāma, virulent (s. u. I.8.1; III.1.2.3). In dieser Entwicklung spielt der Tempel eine zentrale Rolle, der sowohl als religiöses als auch als soziales Zentrum zu einer der wichtigsten, Kontinuität stiftenden Institutionen des Hinduismus wurde (Michell 1979).

Trotz dieser Veränderungen und des für die Brahmanen sicherlich bedrohlichen Verlusts von rituellen Einkünften und ihrer exklusiven Rolle als Gelehrte und religiöse Spezialisten, erfolgte ein, wenn auch konfliktreiches, Arrangement mit den neuen Praktiken. Brahmanen wurden zu Tempelpriestern und nutzten die neuen Formen der Patronage. Dabei behielten sie ihre Position als diejenigen, die die Normen und Werte der Gesellschaft formulierten und auf deren Einhaltung pochten. Zudem blieben die alten Ritualformen (insbesondere die Lebenszyklusrituale) intakt und vor allem die Könige legten Wert auf ihre Legitimation durch vedische Rituale. Die Brahmanen behielten ihren Status als Ritualexperten, Lehrer und Gelehrte auch deshalb, weil sie die intellektuelle Auseinandersetzung mit der neuen Situation nicht scheuten und eine maßgebliche Rolle bei der Formulierung und Kanonisierung der neuen Konzepte spielten. Das Ausmaß der Herausforderung zeigt sich bereits im Umfang der Texte, die in diesem Zeitraum abgefasst wurden und bis heute zu den grundlegenden Quellen des Hinduismus zählen. In den Texten wird versucht, die neuen Situationen und Ideen zu erfassen, literarisch auszugestalten und zu bewerten, ohne dass das zur Formierung eines allgemeinverbindlichen Textkanons oder zu einer Dogmenbildung führt. Vielmehr kommt es dabei zu einer Bestandsaufnahme unterschiedlicher Lebenswelten und Weltsichten, die zwar an bestimmten normativen Vorgaben (wie etwa dem *dharma*-Konzept oder Vorstellungen von ‚Reinheit') gemessen, zugleich jedoch immer wieder pragmatisch (etwa durch Ausnahmeregelungen) integriert werden. Nicht allein die beiden Sanskrit-Epen, das *Mahābhārata* und das *Rāmāyaṇa*, werden in dieser Periode verfasst, sondern auch zahlreiche neue Rechtstexte (*dharmaśāstra*) sowie die ältesten Purāṇas und die autoritativen Grundtexte der bedeutenden philosophischen Schulen. Vor allem die letzteren bezeugen ein gewandeltes Autoritätsverständnis, indem nicht mehr allein das gelernte Wissen oder die Rezitation der tradierten Texte den Status eines Gelehrten bestimmt. Vielmehr wird er auch an der Stärke seiner Argumente und seiner Fähigkeit zum (logischen) Debattieren gemessen. Vielleicht wie kein anderer Text aus dieser Periode beinhaltet und spiegelt das *Mahābhārata* die verschiedenen Facetten des Diskurses, der Konflikte und ihrer Lösungsversuche sowie die Entstehung der neuen theologischen Lehren.

Das *Mahābhārata* (Das große bzw. lange Bhārata-Epos) erzählt die Geschichte der Nachkommen des mythischen Königs Bharata, von dessen Namen auch die indigene Bezeichnung der Region „Indien" (skt. Bhāratavarṣa; s. u. III.7) sowie des heutigen indischen Staates (Hindi: Bhārat) abgeleitet ist. Durch Unregelmäßigkeiten in der Thronfolge kommt es zu einem Konflikt zwischen den beiden Zweigen der Familie, der zu einer für alle Seiten ruinösen kriegerischen Auseinandersetzung führt. Die eine Partei bilden die Pāṇḍavas: fünf Brüder, die mit einer einzigen Frau, Draupadī, verheiratet sind. Yudhiṣṭhira ist der älteste Bruder und hat Anspruch auf den väterlichen Thron. Der Vater der Pāṇḍavas stirbt relativ früh, und deshalb werden die Brüder gemeinsam mit ihrer Mutter am Hofe ihres Onkels väterlicherseits, König Dhṛtarāṣṭra, aufgenommen. Es kommt recht bald zu Spannungen zwischen den Pāṇḍavas und dem Sohn des Onkels, ihrem Cousin Duryodhana. Die Kontrahenten werden zunächst dadurch getrennt, dass die Pāṇḍavas ihre eigene Residenz erhalten und Yudhiṣṭhira zum König geweiht wird. Kurze Zeit später lädt Duryodhana seine Cousins zu einem Würfelspiel an seinen Hof ein. Im Verlauf des Würfelspiels und unter den Augen der versammelten Familie verspielt Yudhiṣṭhira seinen gesamten Besitz, seine Brüder, sich selbst und seine Ehefrau. Die Niederlage bedeutet für die Pāṇḍavas die Versklavung. Das wird nach einer Intervention durch Draupadī abgewendet und durch die beim Spiel anwesenden Familienpatriarchen in ein zwölfjähriges Wald-Exil umgewandelt. Im Anschluss daran müssen sie ein weiteres Jahr unerkannt in der Welt verbringen und erst danach sollen sie ihr Königreich zurückerhalten. Am Ende der Exilzeit verweigert Duryodhana seinen Cousins die Rückgabe ihres Besitzes, und nach langen, vor allem vom Helden Kṛṣṇa geführten diplomatischen Verhandlungen kommt es schließlich zum Krieg. Die Schlacht dauert 18 Tage und deren Schilderung bildet das Kernstück des Epos.

Am Ende der Schlacht sind fast alle Familienmitglieder getötet, und allein die siegreichen Pāṇḍava-Brüder, deren Frauen und Kinder sowie ihre Mutter überleben sowie auf der Gegenseite Duryodhana und seine Eltern. Der Sieg konnte jedoch nur durch den Einsatz von List und andere Verstöße gegen den Ehrenkodex eines Kriegers erlangt werden. Dieser Sachverhalt und die unaufhaltsame Dynamik von Fluch und Rache treiben die Überlebenden dazu, mit dem Töten fortzufahren. Als schließlich sowohl Duryodhana und auch, mit einer einzigen Ausnahme, sämtliche Nachkommen der Pāṇḍavas getötet sind, wird Yudhiṣṭhira zum König geweiht. Er lässt ein Pferdeopfer durchführen, um die Gewalt des Krieges zu sühnen und seine Herrschaft zu festigen. Bei diesem auf die vedische Zeit zurückgehenden Ritual wird ein Pferd freigelassen, und der König ist verpflichtet, das Territorium, in dem sich das Pferd aufhält, zu erobern. Nach einem Jahr wird das Pferd eingefangen und geopfert. Im Anschluss an das Ritual übergibt Yudhiṣṭhird seinen Thron dem einzigen überlebenden Nachkommen, Parikṣit, dem Enkel seines Bruders Arjuna. Parikṣit wurde von Kṛṣṇa wieder zum Leben erweckt, nachdem er zunächst ebenfalls dem allgemeinen Morden zum Opfer gefallen war. Den Abschluss bildet die Schilderung der sog. „großen Ausfahrt" der Pāṇḍavas und ihrer Gattin, d.h. ihr Auszug in den Himalaya, wo sie umherwandern bis sie vor Erschöpfung sterben. Die Schilderung des Nachlebens der Hauptfiguren des Epos in einer der Himmels- bzw. Höllenwelten beschließt die Geschichte.

In seiner überlieferten Form, die wahrscheinlich auf eine im 4.–5. Jh. n. Chr. anzusetzende Endredaktion zurückgeht, umfasst das Epos 18 Bücher mit insgesamt fast 100.000 Versen. Das Epos erzählt nicht allein eine Geschichte, sondern enthält auch zahlreiche Debatten über Herrschaftsansprüche und die Definition des rechtmäßigen Königs, des Rechts (*dharma*) und des rechten Handelns sowie über die Erlösungssuche, den Yoga und darüber, was Göttlichkeit bedeutet. Diese Besonderheiten des Textes sowie die epische Handlung und ihre Protagonisten selbst haben eine reiche Rezeptionsgeschichte begründet. Bis in die Gegenwart hat der Text die Imagination und Kreativität, aber auch die Reflexion auf die im Epos aufgeworfenen Fragen nach Recht und Unrecht herausgefordert. Die mündliche Überlieferung hat sich neben und trotz der Texttradition nicht nur erhalten, sondern auch auf beeindruckende Weise vervielfältigt, so dass es nunmehr nicht nur zahlreiche Versionen in Sanskrit gibt, sondern auch in den indischen Regionalsprachen sowie in Regionen außerhalb des indischen Subkontinents, zu denen kulturelle Austauschbeziehungen bestanden. Weiterhin enthält das Epos bedeutende religiöse Lehrtexte wie die *Bhagavadgītā*, in denen die ältesten hinduistischen Theologien formuliert werden.[6]

6 Für eine ausführliche Inhaltsangabe und Analyse s. Brockington 1998; zum Rāmāyaṇa s. u. III. 1.2.3.

4.1 Theologie der Bhagavadgītā

Einige charakteristische Merkmale der frühen hinduistischen Theologien lassen sich aus der Auseinandersetzung mit der altvedischen Opferreligion einerseits und den Erlösungslehren der Upaniṣaden, des Buddhismus und Jainismus andererseits erklären. Dabei wurden Elemente aus den beiden Traditionen in die neuen Gotteslehren aufgenommen: Erstens wird die aus der vedischen Tradition stammende Forderung nach dem Erhalt einer auf rituellen Austauschbeziehungen basierenden Weltordnung (*dharma*) übernommen und die damit einhergehenden sozialen und rituellen Pflichten akzeptiert. Zweitens wird das in den asketischen Traditionen formulierte Streben nach Befreiung von der Welt und damit vom Kreislauf von Tod und Geburt an die liebende Verehrung (*bhakti*) eines höchsten Gottes gebunden. Die Idee von der Befreiung des ‚unsterblichen Selbst' (*ātman*) erhält dadurch einen neuen Zielpunkt, dass nun ein einziger, höchster Gott zum ‚höchsten Selbst' (*paramātman*) und damit zum Garanten des Erlösungsstrebens erhoben wird. Die Transzendenz des Gottes impliziert, dass er, im Gegensatz zu den vedischen Göttern, keiner rituellen Speisung bedarf. In den verschiedenen Gotteslehren geht es einerseits um die Frage, wie sich das verkörperte, individuelle Selbst zur Gottheit als dem ‚höchsten Selbst' in Beziehung setzen bzw. die Erlösung finden kann, und andererseits darum, wie sich das Ziel der Befreiung von der Welt zur gesellschaftlichen Existenz des Einzelnen verhält. Neue Lehren wie die ‚Liebe zu Gott' (*bhakti*) oder die Verkörperungen Gottes in der Welt (*avatāra*) zur Rettung der kosmischen Ordnung stellen Verbindungsglieder zwischen der Welt zugewandten und der Welt abgewandten Seite des Gottes dar. Das Neuartige der Gotteslehre besteht darin, dass der Gott die beiden konkurrierenden Werte von Weltentsagung und Sorge um den Erhalt der Welt miteinander vermittelt. Der Gott ist einerseits – so wie ein Yogin – durch seine asketische Kraft, also durch seine Wunschlosigkeit charakterisiert, und andererseits – dem König vergleichbar – durch sein Interesse am Erhalt der gesellschaftlich-kosmischen Ordnung. Das erlaubt auch den Gläubigen, sich auf verschiedenen Wegen dem Gott zu nähern.

Solche Gotteskonzepte werden in der *Bhagavadgītā*, im sog. *Nārāyaṇīya-Abschnitt*, der ebenfalls Teil des Epos ist (2.–4. Jh. n. Chr.;

Schreiner ed. 1997), und in der *Śvetāsvatara-Upaniṣad* (ca. 1.Jh. v.Chr. bis 1.Jh. n.Chr.; Oberlies 1988) entwickelt. Insbesondere die *Bhagavadgītā* bildete eine der Grundlagen für die späteren philosophischen und theologischen Traditionen und für die Reformbewegungen des Hinduismus. Der Text ist Teil des *Mahābhārata*. Er ist ein Gespräch zwischen dem Kriegerhelden Arjuna und seinem Wagenlenker Kṛṣṇa, in dessen Verlauf sich Kṛṣṇa als der höchste Gott offenbart (s. Malinar 2007; reader, 32–61). Vor Beginn der Schlacht kommen Arjuna, dem Repräsentanten der Familienloyalität, im Angesicht seiner auf dem Schlachtfeld versammelten Verwandtschaft Zweifel am Sinn des Krieges, und er weigert sich zu kämpfen. Er möchte einem Leben als Bettelasket den Vorzug vor der Erfüllung seiner sozialen Pflicht geben und sich so von der Schuld und dem Leid befreien, das die bevorstehende Schlacht verursachen wird. Die Antwort Kṛṣṇas auf diese Verweigerung ist die *Bhagavadgītā*; es ist eine Antwort, die Arjuna schließlich zum Kämpfen bewegt. Er wird dazu aufgefordert, das Interesse am Schutz der Weltordnung vor ihren Feinden über das Wohl der Familie und über seine persönlichen Wünsche zu stellen und im Sinne asketischer Entsagung zu handeln. Diese Lösung des Konflikts zwischen Erlösungswunsch und sozialer Verpflichtung wird in der Lehre von der ‚wunschlosen Erfüllung der sozialen Pflichten', dem ‚desinteressierten Handeln' formuliert: dem *karmayoga*, der ‚asketischen Selbstbeherrschung im Handeln'. Dadurch sollen mögliche negative Konsequenzen des Handelns (*karman*) abgewehrt und das Handeln in eine Yogaübung verwandelt werden, wodurch es der Erlösung dient. Ein solches Handeln ist nicht allein für die individuelle Erlösungssuche von Vorteil, sondern fördert auch den ‚Zusammenhalt der Welt' (*lokasaṃgraha*) und damit den Erhalt der sozio-kosmischen Ordnung (*dharma*). Im Fortgang des Textes wird Kṛṣṇa zum göttlichen Vorbild dieses Handelns, indem er sich als der höchste, einzige Gott offenbart, der für das Entstehen, Bestehen und auch den Untergang der Welt verantwortlich ist. Er ist das immer schon erlöste ‚höchste Selbst', das sich dennoch um die von ihm geschaffene Welt kümmert und sogar in ihr erscheint, wenn die Ordnung (*dharma*) bedroht ist. Dabei verfolgt er keine persönlichen Interessen, sondern handelt wie ein Yogin zum Wohle der Wesen und aus Zuneigung zu denen, die ihn als Gott verehren. Dadurch wird es möglich, die Erfüllung der Pflichten ebenso wie die Yogapraxis zu Formen der Verehrung des Gottes Kṛṣṇa zu erheben: das ‚wunschlose Handeln' erfolgt aus *bhakti*, d.h. aus Liebe und Loyalität zum Gott und der von ihm geschaffenen Welt. *Bhakti* meint die Zuneigung, Teilhabe und Anteilnahme, die zwischen einem Gott und seinem Anhänger besteht. Es ist eine persönliche, auf wechselseitiger Anteilnahme und Loyalität basierende Beziehung. Als eine Erfüllung dieser Beziehung wird in den Texten immer wieder das persönliche, leibhaftige Erscheinen des Gottes (*darśana*) bei seinem Anhänger geschildert. Die prächtige oder auch Furcht erregende Gestalt des Gottes, die Wunschgewährungen und andere Gunstbezeugungen sind ein immer wiederkehrendes Thema hinduistischer Literatur. Das Kapitel elf des Textes liefert dafür ein Vorbild (s. reader, 55–60).

Die *Bhagavadgītā* ist vor allem auch deshalb so einflussreich geworden, weil in ihr erstmalig wichtige Elemente späterer hinduistischer Theologien zusammenhängend dargelegt werden. So steht am Anfang der Welt nicht mehr die Opfertätigkeit, sondern ein einziger, höchster Gott, der zwar die Welt als eine auf rituellen Austauschbeziehungen basierende hierarchische Ordnung schafft, zugleich aber keiner rituellen Speisung bedarf. Der Gott wird als das höchste und in Glückseligkeit ruhende Selbst zum Garanten der Erlösung erhoben. Er wird hier als ein Yogin charakterisiert, der am Ausgangsort der Kosmogonie weilt und von daher in seiner Zuwendung zur Welt oder in der Abwendung von ihr durch keine persönlichen Verstrickungen gebunden ist. Seine körperlichen Erscheinungsformen (*tanu*, *avatāra*) sind Resultate seiner Macht über die Wirkkräfte der Natur; der Gott kann sie nach Wunsch produzieren und verschwinden lassen. Zugleich aber verkörpert er in Bezug auf die von ihm manifestierte Welt das Idealbild eines Königs, der sich um das Wohl seiner Geschöpfe sorgt und am Erhalt der rituellen Gemeinschaft interessiert ist. Entsprechend können Ritualtätigkeit und Erfüllung der sozialen Verpflichtungen als Formen der Gottesverehrung (*bhakti*) gedeutet werden. Auf der anderen Seite repräsentiert der Gott die Erlösung von der Welt und wird zum Garanten der Befreiung des Selbst aus dem Kreislauf der Wiedergeburt und von den Leiden der körperlichen Existenz. Der Gott wird durch zwei Bezugsweisen zur Welt charakterisiert, die auch als *pravṛtti* und *nivṛtti* bezeichnet werden, d.h. In-der-Welt-Hervortreten bzw. Aus-der-Welt-Verschwinden (Bailey 1985). Entsprechend gibt es auch für die Gläubigen (*bhak-*

ta) prinzipiell zwei Möglichkeiten, sich dem Gott zu nähern: Entweder durch eine als Gottesverehrung aufgefasste Erfüllung der sozialen Pflichten (entspr. *pravṛtti*); oder durch ausschliessliche Zuwendung zu Gott, die mit Weltentsagung und einer asketischen Lebensweise einhergeht (entspr. *nivṛtti.*). Die Ausgestaltung beider Möglichkeiten erlaubt zahlreiche Variationen und Mischformen, die in den religiösen Traditionen des Hinduismus im Laufe ihrer Geschichte entwickelt werden.

Das Interesse an einer Vermittlung zwischen den Werten der Erlösung und den sozialen und rituellen Pflichten ermöglicht auch die Integration des vedischen Götterpantheons und auch anderer Götter in die neue Theologie, wobei ihnen jeweils ein eigener ritueller Aufgabenbereich zugewiesen wird. Die Ablösung der vedischen Religion durch die neuen Gotteslehren geht somit nicht mit einer Abschaffung der ‚alten Götter' einher. Vielmehr werden sie auf einer bestimmten Ebene der kosmischen Hierarchie eingeordnet: Sie sind zuständig für die täglichen rituellen Belange der Menschen. Ihre Macht reicht nur so weit, wie es ihre Zuständigkeit zulässt. Sie treten nicht in Konkurrenz zum höchsten Gott, weil ein Ritual z.B. für Sarasvatī, die Göttin der Weisheit, anlässlich einer bevorstehenden Prüfung nichts mit dem Erlösungsstreben zu tun hat, das allein einem einzigen Gott gilt. Die Integration und Unterordnung anderer Götter ändert nichts an der Einzigartigkeit und Ausschließlichkeit des höchsten Gottes. Es handelt sich hierbei um eine besondere Form des Monotheismus, wonach dem Gott eine kosmische Präsenz zukommt und die verschiedenen Götter als Manifestationsformen seiner göttlichen Macht angesehen werden. Das kann als ‚kosmologischer Monotheismus' bezeichnet werden (Malinar 2007). Als eine Besonderheit hinduistischer Religion ist weiterhin festzuhalten, dass diese Theologie nicht allein für Kṛṣṇa, den Gott der Bhagavadgītā, sondern auch für andere Götter und dann auch Göttinnen entwickelt wurde.

In den ersten nachchristlichen Jahrhunderten treten die einzelnen Theologien und Gotteskonzepte in einer immer stärker konturierten Form hervor. Texte, die der *Bhagavadgītā* zeitlich sehr nahe stehen, verkünden andere Götter als ‚höchste', wie etwa die *Śvetāśvatara-Upaniṣad* den Gott Śiva oder der sog. *Nārāyaṇīya-Abschnitt* den Gott Nārāyaṇa. Es wurde bereits darauf hingewiesen, dass der Status eines singulären und höchsten Gottes eben nicht nur einem Gott, sondern verschiedenen Göttern zugeschrieben wird. Der höchste Gott oder die höchste Göttin kann nunmehr Kṛṣṇa, Viṣṇu, Nārāyaṇa, Śiva, Durgā, Śrī-Lakṣmī oder Kālī heißen. Dementsprechend gibt es z.B. Hindus, die Śiva als höchsten Gott verehren und Śivaiten heißen, andere verehren den Gott Viṣṇu und sind Viṣṇuiten. Daraus folgt beim Versuch einer Definition des Hinduismus, dass man den Glauben an einen bestimmten, namentlich genannten höchsten Gott nicht als definierende Eigenschaft eines Hindu postulieren kann: Denn ein Śivait würde nicht die Erlösung bei Viṣṇu suchen, auch wenn er den Gott bei anderen Gelegenheiten rituell verehrt. Schon gar nicht würde dieses Kriterium für einen Anhänger einer monistischen Lehre zutreffen, wonach das ‚Höchste' ein namen- und formloses Absolutes (*brahman*) ist.

Bemerkenswert scheint, dass die verschiedenen religiösen Traditionen zwar miteinander konkurrieren und sich auch zeitweise bekämpfen, zugleich jedoch miteinander koexistieren, indem sie sich als verschieden anerkennen. Die Koexistenz von Göttern beruht wahrscheinlich auch auf den unterschiedlichen sozialen und historischen Kontexten, in denen sie hervortreten. Während zwei der populärsten Götter des Hinduismus, Viṣṇu und Śiva (unter dem Name Rudra), bereits in vedischen Texten gepriesen werden, lässt sich in anderen Fällen nicht genau bestimmen, woher die Götter kommen, die nun als ‚höchste Götter' gelten, wie z.B. im Falle von Kṛṣṇa oder der Göttin Durgā. Plausibel scheint in ihrem Fall die These, dass sie vielleicht ursprünglich in nicht-vedischen Stammesverbänden verehrt wurden. Die Integration von zunächst nicht-brahmanischen Göttern in hinduistische Formen der Verehrung ist noch heute im modernen Indien nachweisbar, etwa bei zahlreichen Stammes-Göttinnen, die zu Familiengöttinnen von Königen wurden (Kulke 1992). Eine solche Herkunft aus einem nicht-vedischen Milieu bzw. einer in Klanen organisierten Hirtengesellschaft kann auch für den Gott Kṛṣṇa angenommen werden. Kṛṣṇa wurde anscheinend als gottähnlicher Held in seinem Klan verehrt und ist dann in den Rang eines Gottes aufgestiegen. Die Bedeutung königlicher Patronage für die Erhebung eines Gottes zum ‚Höchsten' zeigt sich beim vedischen Gott Viṣṇu, der von einigen Gupta-Herrschern favorisiert wurde. Oftmals wird dem Familiengott des Königshauses auch die zentrale Kultstätte des Königreichs gewidmet. Es gibt in späterer Zeit aber auch zahlreiche Beispiele für das Auseinandertreten von

Familiengottheit (*kuladevatā*) und ‚Staatskult'. Warum aber ein Klan oder ein König überhaupt anfing, den einen oder anderen Gott zu verehren und seinen Kult entsprechend zu fördern, muss oft im Unklaren bleiben. Allianzbeziehungen mit anderen Herrschern durch Heiraten spielen dabei ebenso eine Rolle wie die Zusammensetzung der Bevölkerung im Herrschaftsgebiet des Königs. In Berichten über die mythische Herkunft von Dynastien wird zuweilen die rettende Tat eines Gottes oder einer Göttin als Grund für den Kult genannt.

Die Koexistenz vom verschiedenen ‚höchsten Göttern' verweist auf eine Gesellschaftsstruktur, die getrennte soziale Milieus erlaubte. Da man über weite Strecken der indischen Geschichte in Familienverbänden lebte, die mit anderen Familienverbänden der gleichen Statusgruppe interagierten, konnte man in relativ abgeschlossenen Milieus leben. Zugleich waren die Interaktionen mit den anderen gesellschaftlichen Gruppen idealtypischerweise durch die Normen der Kastengesellschaft (*dharma*) geregelt. Die starke gesellschaftliche Verankerung einzelner Götter durch königliche Patronage und gemeinschaftliche religiöse Feste einerseits und das akzeptierte Nebeneinander relativ abgeschlossener Kastengruppen und religiöser Gemeinschaften andererseits hat anscheinend den religiösen Pluralismus und die kontinuierliche Vervielfältigung religiöser Traditionen auf dem indischen Subkontinent unterstützt. Konflikte um Patronage haben im Laufe der Geschichte des Hinduismus durchaus nicht immer zu friedlich verlaufenden Auseinandersetzungen geführt. Diese spielten sich nicht nur z. B. zwischen Hindus und Buddhisten ab, sondern auch zwischen verschiedenen hinduistischen Gemeinschaften (Clementin-Ojha 2001). Auch auf einer intellektuellen Ebene suchte man gegnerische Lehren durch Schriftexegese oder auch in öffentlichen theologisch-philosophischen Debatten (sog. *śāstrārtha*) zu widerlegen und so die Überlegenheit der eigenen Position zu beweisen. Die Bedeutung solcher Auseinandersetzungen belegen auch die zahlreichen, von verschiedenen Seiten verfassten Doxographien, in denen die verschiedenen Lehrmeinungen so angeordnet werden, dass die Vorzüge der eigenen Position hervortreten (z. B. in Mādhavas *Sarvadarśanasaṃgraha*; 14. Jh.; s. u. VI.5.7).

4.2 Rechtstexte und Purāṇas

Ein verbindendes Element zwischen den verschiedenen religiösen Gruppen ist die Akzeptanz des *dharma*-Konzepts: Die Welt wird insgesamt als eine sozio-kosmische Ordnung angesehen, in der die verschiedenen Lebewesen und Lebensformen ihren Ort finden und eine bestimmte Funktion erfüllen (s.u. IV.2). Diese Ordnungsstruktur wird als *dharma* bezeichnet und ist mit dem vedischen *ṛta* verwandt. Damit ist auf einer kosmischen Ebene der Zusammenhang der Gesetzmäßigkeiten gemeint, der die natürliche Lebensgrundlage für alle Wesen gewährleistet. Die Menschen sind Teil und Hüter der Ordnung, indem sie ihren rituellen und sozialen Pflichten (*svadharma*) nachkommen. Diese Pflichten werden nun in der Literaturgattung der Dharmaśāstras in neuer Weise kodifiziert (ab ca. 2. Jh. v. Chr.; s. dazu Kane 1968–75). Besonders einflussreich wurde das ‚Gesetzbuch des Manu' (*Manusmṛti*; 2. Jh. v. bis 2. Jh. n. Chr.). Wie in den Epen werden auch in den Rechtstexten kulturelle Veränderungen greifbar, die sich in der Formierung neuer gesellschaftlicher Hierarchien in Form des Kastensystems ebenso zeigen, wie in der Etablierung eines auf Erbfolge basierenden Königtums und neuer administrativer Strukturen. Könige fördern und nutzen die neuen Kulte zur Legitimation ihrer Herrschaft; Tempelbau wird prestigeträchtig. Zugleich geht damit eine Neupositionierung der alten Eliten, und zwar insbesondere der Brahmanen einher, für die die Relativierung der vedischen Opfertradition zunächst eine Bedrohung bedeutet haben mag. Nicht zuletzt durch ihre Bedeutung als Bildungselite und als Spezialisten für alle häuslichen Rituale, aber auch z. B. für die rituelle Weihe eines Königs, konnten sie in der neuen Situation ihren Status weitgehend wahren. Die privilegierte Position der Brahmanen wird auch in den Dharmaśāstras festgeschrieben, indem z. B. das Königtum auf die rituellen Vorschriften und Dienste der brahmanischen Priester verpflichtet wird. Erst in dieser Zeit wird das sog. ‚Kastensystem' greifbar, in dem die verschiedenen sozialen Gruppen nach Maßgabe ihrer rituellen und sozialen Pflichten hierarchisch angeordnet werden. Es ist die Aufgabe des Königs, den *dharma*, auch im Sinn einer Rechtsordnung, zu schützen, und, wenn nötig, mittels seiner Strafgewalt (*daṇḍa*) durchzusetzen. Nach Ansicht der Rechtstexte gehört zu den vornehmsten Pflichten des Königs der Schutz der Brahmanen und damit auch der von ihnen überlieferten vedischen Texte. Die Rechtstexte betonen die Kontinuität mit dem Veda und anerkennen seine Autorität. Der Veda wird nun in der philosophischen Schule der Mimaṃsā (s. u. VI.5.1) als ein autorloses Textkorpus interpretiert, in dem sich die Wahrheit selbst offenbart. Die vedischen Texte gelten nunmehr als sog. *śruti*, als direkt vermittelte (‚gehörte') Offenbarung. Im Gegensatz dazu gelten die Dharmaśāstras als von menschlichen ‚Weisen' (*ṛṣi*) verfasste Texte und gehören zur Literatur der *smṛti* (das ‚Erinnerte' oder ‚Gelehrte'). Die prinzipielle Anerkennung der Autorität der *śruti*- und *smṛti*-Literatur wird zu einem Kriterium, um eine religiöse Tradition oder Praxis entweder als ‚normenkonform' (sog. *āstika*) zu bestätigen oder als ‚häretisch' (sog. *nāstika*) auszugrenzen.

Zum Textkorpus der *smṛti*-Literatur gehören zwei weitere Literaturgattungen, in denen u. a. auch Rechtsfragen bzw. gesellschaftliche Wertkonflikte thematisiert werden: die beiden altindischen Epen, das *Mahābhārata* und das *Rāmāyaṇa* (Brockington 1998) sowie die Literatur der Purāṇas (Rocher 1986; Brown 1986). Während die beiden Epen eine äußerst einflussreiche Erzähltradition mit markanten und die Imagination bis heute bewegenden Charakteren begründeten, lieferten die Purāṇas die Mythologie und kosmo-historische Einbettung der verschiedenen hinduistischen Götter. Beide Gattungen sind sowohl miteinander als auch mit der vedischen Literatur verbunden, indem sie darin erzählte Mythen verarbeiten und neu interpretieren. Die Ausbreitung des Hinduismus auf dem indischen Subkontinent und auch über diesen hinaus, insbesondere nach Südostasien, geht mit der Verbreitung und auch künstlerischen Umsetzung der beiden Epen und der Purāṇa-Literatur einher.

Die Purāṇas bilden die Grundlage für die Entfaltung der einzelnen hinduistischen Traditionen in verschiedenen theologischen Schulen und Religionsgemeinschaften (*sampradāya*). Die Purāṇas sind Textsammlungen, die wahrscheinlich in Laufe mehrerer Jahrhunderte von verschiedenen Autoren verfasst worden sind. Ein Purāṇa trägt in der Regel den (oder einen) Namen des Gottes oder der Göttin, von dem es hauptsächlich handelt. Es enthält vor allem Mythen, Ritualtexte, Heldengeschichten, Königslisten, eine Beschreibung der Geographie Indiens und Preisungen (*māhātmya*) besonders heiliger Stätten. Ein Purāṇa hat einen gewissen enzyklopädischen Charakter. Die älteste Purāṇa-Literatur ist in den ersten nachchristlichen Jahrhunderten entstanden, und es werden autoritative Texte dieser Gattung bis ins 12. Jh. verfasst. Die älteren Purāṇas werden dann in einer Liste von 18 ‚Großen Purāṇas' (*mahāpurāṇa*) zusammengefasst. Dazu gehören z. B. *Viṣṇu-Purāṇa*, *Śiva-Purāṇa*, *Bhāgavata-Purāṇa* (über den Gott Kṛṣṇa) und *Devībhāvagatava-Purāṇa* (der Devī bzw. Ambā gewidmet). Die Mythen der Purāṇas, ebenso wie die Geschichten aus den beiden Sanskritepen, prägen den hinduistischen Glauben in hohem Maße. Das zeigt sich auch darin, dass das literarische Genre lebendig geblieben ist und auch heute noch Purāṇas verfasst werden. Viele der in den Purāṇas glorifizierten Gottheiten standen im Zentrum von Staats- oder Regionalkulten und ihnen wurden oft Tempelanlagen in der Kernregion einer Dynastie geweiht. Umgekehrt verweist die Abfassung eines Purāṇas auf den ‚Aufstieg' einer Gottheit in einen regionalen oder überregionalen Tempelkult, wie z. B. das *Gaṇeśapurāṇa*. Die Geschichten und Mythen der Götter wurden durch wandernde Rezitatoren bzw. Asketen sowie durch die oft von Musik und Tanz begleitete Aufführung der Texte bei Festen auch unter der ländlichen und zumeist illiteraten Bevölkerung verbreitet. Es ist wahrscheinlich, dass solche Textrezitationen dem Muster folgten, das auch heute noch bei sog. *kathā*- oder *pārāyaṇa*-Veranstaltungen zu beobachten ist. Dabei wird zuerst der Sanskrittext rezitiert und dann in der Regionalsprache wiedergegeben. Die Purāṇas schaffen so eine der wichtigsten Grundlagen für die in den nachfolgenden Epochen weiter fortschreitende Ausdifferenzierung der Kulte und Theologien der in ihnen geschilderten Götter und Göttinnen, allen voran Śiva, Viṣṇu, Kṛṣṇa, Durgā, Kālī und andere mehr (zu den einzelnen Gottheiten s. u. III.1).

4.3 Philosophische Schulen

Die Intensität des religiösen und philosophischen Diskurses in dieser Epoche der Religionsgeschichte, verstärkt durch die Präsenz von Buddhismus und Jainismus sowie von hellenistischen Einflüssen, zeigt sich auch in der Abfassung der grundlegenden Texte der wichtigsten philosophischen Schulen des Hinduismus, der sog. ‚sechs *darśana*' (*ṣaḍdarśana*, s. u. VI.5). Diese Schulen repräsentieren insofern das ideelle

Spektrum ihrer Zeit, als einige von ihnen grundlegende Texte der vedischen Literatur ins Zentrum der Analyse stellen (Mīmāṃsā und Vedānta), während andere neue Lehren und Weltanschaungen formulieren und argumentativ darlegen (Sāṃkhya, Yoga, Vaiśeṣika und Nyāya). Ihrer jeweiligen Lehrmeinung entsprechend erhalten sie in den verschiedenen hinduistischen Traditionen ein unterschiedliches Gewicht. Während z. B. die Kosmologie der Sāṃkhya-Schule Eingang in zahlreiche hinduistische Theologien gefunden hat, erstreckt sich der Einfluss des Nyāya vor allem auf Argumentationstechniken, was sich z. B. in den in dieser Schule entwickelten Gottesbeweisen niederschlägt (s. Jacobi 1923). Die Entwicklung eines argumentativ-philosophischen Diskurses ist für die Formulierung und Darstellung religiöser Lehren in den späteren hinduistischen Traditionen von großer Wichtigkeit, denn auch religiöse Lehrer müssen sich der Rationalität scholastischer Debatten stellen. Zu den zentralen Aufgaben einer Lehrerpersönlichkeit gehören die Abfassung gelehrter Kommentare zu den kanonischen Texten und auch eigenständiger Werke in den Gelehrtensprachen Sanskrit und Tamil. Philosophische Argumentation und religiöse Orientierung schließen einander nicht aus, sind jedoch getrennte Ebenen der Auseinandersetzung (s. Malinar 2006, s. u. VI.5.7).

Der ‚episch-purāṇische' oder auch ‚klassische' Hinduismus ist durch die Etablierung verschiedener Kulttraditionen gekennzeichnet. Dieser Prozess schlägt sich in zahlreichen Tempelbauten und der Abfassung verschiedener Purāṇas nieder. Die episch-purāṇische Literatur liefert nicht nur die Mythologie der einzelnen Götter, sondern entwirft auch eine Kosmographie und Sakralgeographie, welche die Geschichten auf dem indischen Subkontinent verankert, sowie bestimmte Zeitkonzepte, welche die Ereignisse in eine gemeinsame ‚kosmische Zeit' einordnen (s. u. III.7). Diese Traditionen akzeptieren sowohl die vedische Literatur als auch die Dharmaśāstras, die Rechtstexte, in denen die rituelle Vorrangstellung der Brahmanen im Rahmen der Kastenhierarchie sowie die Normen des Soziallebens festgeschrieben werden. Die Texte werden nunmehr als ein zusammengehörendes Textkorpus angesehen. Dieses umfasst zum einen die vedische Literatur, die nunmehr als *śruti* (wörtl. das ‚Gehörte') bezeichnet wird, und zum anderen die von menschlichen Weisen verfassten Epen, Purāṇas und Dharmaśāstras, die sog. *smṛti* (das ‚Gelehrte'). Die *śruti*- und *smṛti*-Literatur bildet einen

'Kanon-Fundus' (s. Malinar 2009a), das heißt, ein Inventar autoritativer Texte, deren normative, sakrale, liturgische oder narrative Verbindlichkeit zwar konsensfähig ist, ohne dass sie aber insgesamt in einer religiösen Gemeinschaft überliefert oder als 'kanonisch' befolgt werden müssen. Es handelt sich somit nicht um einen Kanon, dessen Pflege institutionell bzw. zentralisiert betrieben wurde. Die Traditionen und Praktiken, die sich auf diese Texttradition beziehen, werden auch als '*smarta*-Hinduismus' bezeichnet, abgeleitet vom Wort *smṛti*, was die besondere Betonung der Rechtsnormen und der Kastenordnung anzeigt. Die Verbreitung vor allem der episch-purāṇischen Literatur erfolgt zudem durch Barden und Rezitatoren aus anderen sozialen Gruppen sowie durch wandernde Asketen. Obwohl sich in der folgenden Zeit viele neue Gemeinschaften bilden, bleiben diese Texte normativ und werden zu einem immer weiter variierten Fundus von Geschichten und Mythen, die sich über den Subkontinent ausbreiteten. Vor allem die Purāṇa-Literatur entwickelte sich in den verschiedenen Regionen und Orten weiter und trug dazu bei, die ältere Sanskrit-Literatur lokal zu verankern bzw. lokale Traditionen in einen mythisch-kosmischen Gesamtrahmen einzubinden. Wie die Pilgerfahrten und die Tempelarchitektur gehören die Sanskrit-Literatur und die mit ihren Geschichten verbundenen künstlerischen Traditionen (wie Tanztheater, Musik, Malerei und Dichtung) zu den Gemeinsamkeiten hinduistischer Religionen, die sicherlich dazu beigetragen haben, bei allen Unterschieden ein Zusammengehörigkeitsgefühl zu erzeugen.

Die Abfassung der Epen, Dharmaśāstras, älteren Purāṇas und der philosophischen Grundtexte fällt mit der Institutionalisierung der verschiedenen Kulte in Tempeln zusammen. Diese Entwicklung erreicht mit der Herrschaft der Gupta-Dynastie (320–500) ihren Höhepunkt und zugleich ihre Konsolidierung. Das Gupta-Reich wird für nachfolgende Herrscher ebenso zum Idealbild wie das von den Gupta-Königen repräsentierte Modell eines die kosmisch-soziale Ordnung beschützenden 'Weltherrschers' (*cakravartin*), der seine Legimitation sowohl aus der Verehrung (*bhakti*) eines höchsten Gottes als auch aus der rituellen Allianz mit den brahmanischen Priestern bezieht. Die Idee vom Königtum und seiner rituell-religiösen Basis beinhaltet die Verpflichtung des Königs zum Tempelbau und zur Patronage religiöser Gemeinschaften und Institutionen sowie zu Landschenkungen an Brahmanen (s. reader, 126ff). Dieses Ideal bleibt ein auch in den nachfolgenden Epochen angestrebtes und vor allem in den mittelalterlichen Staatskulten auch realisiertes Ideal. Damit wird eine Verbindung zwischen der politischen Einheit eines Königreichs und der religiösen Legitimation des Herrscherhauses geschaffen, die mindestens ebenso stark zur Kontinutität hinduistischer Religion beiträgt wie die Rolle der Brahmanen als Ritualspezialisten und Gelehrte.

Auch nach dem Ende der Gupta-Dynastie bleibt die Purāṇa-Literatur ein zentrales Textgenre für die Propagierung von Kulten und Mythen, und die Rezitatoren sorgen für die Ausbreitung in vielen Regionen Indiens. Umgekehrt dient die Abfassung der Purāṇas auch der Theologisierung und Autorisierung von lokalen oder regionalen Kulten im größeren Rahmen der Sanskritliteratur. In den Purāṇas erfolgt auch eine kosmologisch-kosmographische Kartographierung des indischen Subkontinents, die auch die Integration regionaler dynastischer Geschichte in einen größeren mythisch-historischen Rahmen ermöglicht (s. u. III.7). Die Bedeutung regionaler Entwicklungen nimmt gegen Ende der Gupta-Zeit immer mehr zu und führt zur Ausbildung distinkter regionaler Traditionen in den folgenden Jahrhunderten sowie zur weiteren regionalen Diversifizierung religiöser Gemeinschaften.

5. Diversifizierung religiöser Traditionen und mittelalterliche Reiche (7.–13. Jh.)

Die geschichtliche Situation nach dem Ende der Gupta-Dynastie und dem Zerfall des Imperiums von König Harṣa (606–647) ist durch die Abwesenheit einer Großmacht und einer daraus resultierenden stärkeren Regionalisierung und politischen Fragmentierung gekennzeichnet. Die einzelnen Dynastien versuchen kontinuierlich ihr Herrschaftsgebiet zu sichern und durch Unterwerfung lokaler Herrscher zu erweitern, die dadurch zu Tributärfürsten und Vasallen werden. Letztere streben oftmals selbst nach Stärkung ihrer Position, und jede Schwäche im Zentrum wird für die eigenen Machtinteressen genutzt. Gleichwohl gelingt es immer wieder einzelnen Dynastien, größere Territorien zu erobern und durch Landschenkungen an loyale Brahmanengruppen sowie durch Klostergründungen zu stabilisieren. Die Schenkungen sind mit der Errichtung großer Tempelanlagen im Zentrum des dynastischen Kernlandes verbunden. Die brahmanischen Dörfer im Umland dienen auch der Versorgung von Tempeln und Klöstern. Da die Schenkungen steuerfrei waren und den Institutionen Immunität gewährten, wurden sie einerseits zu einem stabilisierenden Faktor in der Aufrechterhaltung eines Tempelkults über die politischen Veränderungen hinweg, andererseits entzogen sie dem lokalen Herrscher Ressourcen und Einfluss.

5.1 Regionalreiche und Staatstempel

In dieser Zeit entstehen im Norden die Königreiche der Rajputen mit bedeutenden Tempelbauten, wie z.B. unter der Solanki-Dynastie in Gujarat, den Cauhans in Rajasthan oder den Chandellas, deren Tempel in Khajurao (um 1000) zu den berühmtesten Beispielen hinduistischer Tempelarchitektur zählen. Zugleich entwickeln sich in Südindien erstmals starke Regionalreiche mit jeweils eigenen religiösen Formationen, die mit einer zunehmenden Ausbreitung der brahmanisch-sanskritischen Kultur Nordindiens einhergeht. Auch hier wird der Bau neuer Tempelanlagen und damit die Ausbreitung sowohl brahmanisch-vedischer Normen und Rituale, episch-purāṇischer Mythen und Theologien sowie tantrischer Kultformen von den verschiedenen Dynastien vorangetrieben (vgl. Kulke/Rothermund 1982, 139–195; Kulke 1985 und reader, 126ff). Hervorzuheben ist hier insbesondere die Chālukya-Dynastie, die ab dem 6.Jh. in Zentral- und Südwestindien expandierte und große Tempel in der Hauptstadt Badami, sowie in Aihole, Ellora und Elephanta errichtete. Im südindischen Tamilnadu gewann die Coḷa-Dynastie an Einfluss, die mit der Errichtung des zentralen Staatstempels – des Rājarājeśvara-Tempels in Tanjore (ca. 1012) – einen eindrucksvollen Höhepunkt erreichte. Besonders bekannt wurden auch die Bronzeskulpturen von Śiva und anderen Göttern aus der Coḷa-Zeit. In Orissa entstanden drei Großtempelanlagen, der Liṅgarāja-Tempel in Bhubaneshwar (ca. 1060), der Jagannātha-Tempel in Puri (um 1135) sowie der Sonnentempel in Konarak (um 1250). Diese großen Anlagen unterhielten einen aufwändigen und kostspieligen Kult, der viel Personal und ein Versorgungssystem – zumeist durch Landschenkungen und durch Pilgersteuern abgesichert – erforderte. Charakteristisch für die meisten Dynastien waren Versuche der Stabilisierung und Einigung ihres Königreichs, die immer wieder durch den Aufstieg ‚zentrifugaler' Kräfte in Form von Nachbarreichen oder Vasallenfürsten gefährdet wurden. Eine wichtige Rolle bei der Stabilisierung spielten neugeschaffene religiöse Zentren, in deren Mittelpunkt eine das Königreich schützende und den Herrscher legitimierende Gottheit stand, wie es etwa der Jagannātha-Kult in Orissa bezeugt (s. Kulke 1975). Der König wurde zum ersten Diener, aber auch zum Repräsentanten des Staatsgottes erhoben. Zugleich wurden in den ‚Staatskult' auch die Götter von neu in das Königreich – sei es durch Unterwerfung oder durch mit Tributen verbundene Allianzen – integrierten Bevölkerungsgruppen aufgenommen. Dazu gehören etwa die vielen ‚tribalen' Göttinnen, die als ‚Verkörperungen' oder ‚Schwestern' der Göttin Durgā ihren Weg aus den Bergen oder dem Wald (wo sie zumeist in anikonischer Weise verehrt wurden) in die Tempel in der Ebene oder der Stadt finden (vgl. Eschmann 1978, Kulke 1985; s. reader 125f). Die einzelnen Dynastien verehrten neben der zentralen Staatsgottheit oft auch ihre Klan- bzw. Familien-Gottheit (*kuladeva* oder *kuladevī*).

Charakteristisch für diese Zeit ist auch der zunehmende Einfluss tantrischer Priester und Asketen am Hofe (vgl. Gupta / Gombrich 1986) sowie die Patronage von religiösen Überlieferungsgemeinschaften und Kultformen, die auf tantrischen bzw. nicht-vedischen Quellen basieren. Die magisch-yogischen Kräfte tantrischer Asketen und ihre überlegene Spiritualität, die den König immer wieder an die höheren Werte der Weltentsagung erinnert, werden zu beliebten Themen der Literatur. Im Zuge der neuen Staatskulte kommt es auch zur Abfassung regionaler bzw. lokaler Purāṇas (sog. *sthala-purāṇa*) und Māhātmyas (Glorifizierungen), in denen die Entstehungsgeschichte und die besondere Heilsamkeit des Tempels und der in ihm zu verrichtenden Rituale und Feste dargelegt und gepriesen wird. Ein Beispiel dafür ist das *Cidambaramāhātmya*, die Preisung der Tempelstadt Cidambara (in der Nähe des heutigen Chennai bzw. Madras), in deren Zentrum der Kult von Śiva, insbesondere als ‚König der Tänzer' (*naṭarāja*) steht. Der Text spielte eine bedeutende Rolle im Staatskult der Coḷa-Dynastie (Kulke 1970). Solche Texte schaffen auch mythische Verbindungslinien zu den unterworfenen bzw. alliierten Kulten außerhalb des Kerngebiets des Herrscherhauses sowie zu lokalen Traditionen.

Religionsgeschichtlich betrachtet, ist somit die Zeit vom 7.–13. Jh. von einer anhaltenden Diversifizierung und Vermehrung religiöser Traditionen geprägt. Dabei spielen tantrische Kulte, neue theologisch-philosophische Schulen und Traditionen der Gottesverehrung (*bhakti*) sowie Prozesse der Integration lokaler und z. T. tribaler Kulte eine tragende Rolle (s. Kulke 1985). Die einzelnen religiösen Gemeinschaften werden deutlicher erkennbar und unterscheiden sich nicht nur durch den Namen, die Ikonographie und Mythologie des Gottes oder der Göttin, den sie verehren, sondern auch durch die Interpretation des göttlichen Seins und der göttlichen Handlungen. Hier treten dann die theologischen Differenzen in der Deutung der Weltschöpfung, der Erlösung und des Verhältnisses zwischen Gott und Einzelseele zu Tage. Dabei folgt man meistens den Techniken der argumentativ-rationalen Darlegung der eigenen Position, die in den philosophischen Systemen des alten Indien entwickelt wurden. Textuell und z. T. auch institutionell greifbar wird diese Entwicklung ab dem ca. 7. Jh. In dieser Zeit erleben philosophische Lehrer (wie etwa Śaṅkara), aber auch neue religiöse Lehren und Kulte eine Art Hochkonjunktur. Es bilden sich sog. *sampradāya*s bzw. *panth*s, Überlieferungsgemeinschaften religiöser Tradition, die bis in die Gegenwart eine bedeutende Komponente des Hinduismus darstellen (s. u. V.3).

5.2 Monistische Philosophie (Advaita-Vedānta)

Eine wichtige Rolle in dieser Entwicklung spielt die philosophische Schule des Vedānta, da sie die vedische Literatur in Gestalt der Upaniṣaden ins Zentrum philosophischer und theologischer Debatten hob. Sie setzte damit Maßstäbe auch für die theologischen Schulen, die sich in den mittelalterlichen *bhakti*-Bewegungen herausgebildet haben (s. u. II.6.2). Sie repräsentiert die anhaltende Bedeutung der vedischen Texte – vor allem der Upaniṣaden – nicht allein für die brahmanische Elite, sondern auch gegenüber den neuen und sich z. T. vom Veda abgrenzenden Traditionen wie etwa dem Yoga oder dem Tantrismus. Der philosophische Grundtext der Schule ist das *Brahmasūtra* des Bādarāyaṇa (ca. 2. Jh. n. Chr.), das Gegenstand unterschiedlicher Deutungen der Natur des höchsten Seins, des *brahman* wurde. Besonders einflussreich wurden die monistischen Deutungen, der sog. Advaita-Vedānta. Das beruht vor allem auf der vom Philosophen Śaṅkara (7.–8. Jh.) geleisteten Systematisierung der Lehre und einer damit einhergehenden Widerlegung anderer Positionen, die für seine Nachfolger zum Maßstab und für seine Opponenten zum Gegenstand der Kritik wurden. Im Zentrum von Śaṅkaras Philosophie steht die Erkenntnis des absoluten Seins bzw. des allein Seienden, des *brahman.* Diese wird erreicht, wenn der Einzelne realisiert, dass alle Unterschiede und Gegensätze in der Welt illusorisch sind. Sie sind *māyā*, Manifestationen einer scheinhaften Kraft, die die einzig wahre Realität, d. h. die Identität alles Seienden verdeckt. Zu den grundlegenden Illusionen gehört z. B. die Identifikation des Subjektes mit seiner körperlichen Existenz sowie die Aneignung der Welt durch die Vorstellung von einem ‚Ich' (*aham*) und den dem Ich zugeschriebenen Eigenschaften. Solche Irrtümer werden durch das Studium und die Meditation über das in den Upaniṣaden offenbarte *brahman* beseitigt. Der Begriff *brahman* umfasst verschiedene Bedeutungsebenen, die Śaṅkara im Rückbezug auf die Texttradition bestimmt: es ist das allein und einzig Seiende, Ursprung aller Einzelwesen (*ātman* bzw. *jīva*) und der Welt, es ist die Quelle des Veda und das zentrale Thema aller Upaniṣaden. Die Betonung der Erkenntnis und des Textstudiums als Weg zur Erlösung führt zu einer Ablehnung bzw. Abwertung anderer Methoden wie etwa der Verehrung eines Gottes oder der Durchführung von Ritualen (*karman*). Deshalb kann die wahre Erkenntnis nur durch Abkehr vom sozialen und rituellen Leben erfolgen, d. h. durch *saṃnyāsa*, ein Leben in Entsagung. In späterer Zeit wird Śaṅkara zum Begründer einer eigenen Asketengemeinschaft erhoben, des sog. Daśanāmī-Sampradāya, die auch heute noch zu den einflussreichsten hinduistischen Gemeinschaften zählt (Cenkner 1983).

Ein Grund für den Erfolg der Vedānta-Philosophie liegt in der Systematisierung der Lehren der Upaniṣaden und einer dadurch etablierten Interpretation des Veda als einer sich selbst offenbarenden Wahrheit, die sich nicht in der Durchführung der vedischen Rituale erfüllt. Die Vedānta-Philosophie bildet einen facettenreichen Traditionszusammenhang, der sich sowohl vom brahmanischen Ritualismus abgrenzt als auch von den hinduistischen Theologien und *bhakti*-Traditionen, in denen die Verehrung eines höchsten Gottes oder einer Göttin im Zentrum des Erlösungsstrebens steht. Die monistische Philosophie Śaṅkaras und seiner Nachfolger war und ist nicht zuletzt auch deshalb so einflussreich, weil sie eine Alternative vor allem zu den (mono)theistischen Traditionen bietet, die das ‚wahre Sein' in einem persönlichen Gott ansiedeln. Für die Advaita-Philosophen sind Götter letztlich nur Namen und Formen des unpersönlichen, absoluten Seins, die bedeutungslos werden, wenn die Identität alles Seienden erkannt wird. Vor allem für die *bhakti*-Theologen wird die Widerlegung des Monismus zum zentralen Anliegen und führt ca. ab dem 11. Jh. (ausgehend u. a. vom Philosophen Rāmānuja) zu neuen Interpretationen und scholastischen Traditionen des Vedānta.

Zwischen dem 7. und 13. Jh. wird ein Großteil der kanonischen, mythologischen, poetischen und philosophisch-theologischen Sanskrit- und Tamil-Literatur, aber auch der hinduistischen Tempel und Bildwerke geschaffen, die zum festen Bestandteil der kulturellen Überlieferung Indiens gehören. Diese Epoche lässt sich nicht allein durch die veränderte historische Konstellation und die Verbreitung und Vervielfältigung der purāṇischen Literatur charakterisieren, sondern auch durch eine zunehmende Ausdifferenzierung und Konturierung von einzelnen religiösen Gemeinschaften, die vornehmlich Götter und Göttinnen aus der epischen und purāṇischen Literatur ins Zentrum ihrer Aspirationen rücken. Im Unterschied zu den vielfältigen Kontexten, in denen die Purāṇas rezitiert und überliefert werden, konstituieren sich die Gemeinschaften durch die Abfassung neuer Offenbarungstexte, Ritualliteratur und Kultformen, ohne sich dabei völlig von der vedisch-purāṇischen Überlieferung loszusagen. Ein weiteres charakteristisches Merkmal dieser Gemeinschaften ist die Etablierung von Lehrtraditionen (*guruparamparā*), die zumeist verschiedene Formen der Initiation eines Adepten durch den Lehrer (*ācārya*, *guru*) vorsieht. Der Lehrer repräsentiert die Überlieferungsgemeinschaft, und ihm obliegt nicht allein die Überlieferung der kanonischen Literatur, sondern auch die Abfassung theologisch-philosophischer Kommentare. Diese Struktur prägt auch die tantrischen Traditionen, die ab dem 9. Jh. an Einfluss gewinnen und neben den purāṇischen, brahmanischen, asketischen, devotionalen und lokal-populären Traditionen zu einer wichtigen Komponente des Hinduismus werden und ein bedeutendes, in vieler Hinsicht noch unerschlossenes Textkorpus hinterlassen haben.

5.3 Tantrismus

Zwar stammen die frühesten Quellen des Tantrismus aus dem 5.–6. Jh. und ihre philosophisch-theologische Systematisierung hat zwischen dem 9. und 13. Jh. ihre Blütezeit erlebt, die kultischen Traditionen sind aber vermutlich sehr viel älter. Ganz allgemein gesprochen, wird als Tantrismus ein Spektrum von Doktrinen und Praktiken bezeichnet, die nicht auf vedischen Texten basieren und nicht allein die Erlösung beim Gott oder der Göttin, sondern auch den Erwerb von übernatürlicher Macht zum Ziel religiöser Praxis machen. Der Tantrismus ist weder eine hinduistische ‚Sekte' noch für eine einzige Religionsgemeinschaft charakteristisch, sondern findet sich in der einen oder anderen Form in zahlreichen Traditionen des Hinduismus und auch des Buddhismus. Die tantrischen Traditionen sind vor allem in der älteren Forschung immer wieder als eine ‚niedere' bzw. ‚degenerierte' Religionsform angesehen worden, deren Ursprung nicht selten bei den nicht-vedischen Bevölkerungsgruppen gesucht wurde. In den letzten Jahrzehnten hat sich diese Einschätzung verändert, und es erfolgt eine stärkere Erforschung der Texttradition und der komplexen Rolle des Tantrismus in den verschiedenen Epochen der indischen Religionsgeschichte (s. Sanderson 1988; White 2003). Die tantrischen Lehren werden in eigenen Überlieferungstraditionen vermittelt, die eine relativ geschlossene Struktur aufweisen und in denen die religiösen Praktiken sich nicht mehr ausschließlich nach den Normen der Rechtsliteratur oder der vedischen Texte richten. Vielmehr wird Mitgliedschaft durch Initiationsrituale ermöglicht.

Die Gemeinschaften konstituieren sich im Rückbezug auf ihre eigenen Offenbarungstexte, die in der Regel als *saṃhitā*, *āgama* oder *tantra* bezeichnet werden. In diesen Texten werden Lehren und Praktiken in Form einer direkten Offenbarung durch den Gott oder die Göttin dargelegt, die auch im Zentrum des Kultes stehen: Śiva, Viṣṇu, Kālī oder auch Śrī-Lakṣmī. Die Offenbarungstexte werden in den einzelnen Traditionen in einem numerisch festgelegten Kanon zusammengefasst: so anerkennen z.B. die viṣṇuitische Pāñcarātra-Tradition 108 *āgamas* bzw. *saṃhitās*, die śivaitischen Āgama-Traditionen 28 *āgamas* und die śāktistischen[7] Traditionen 64 *tantras* (vgl. Goudriaan / Gupta 1981, 13ff; Gonda, 1981, 42ff, 180–183). Viele Texte sind zwischen dem 7. und 15. Jh. entstanden und bilden u.a. die Grundlage für die Rituale in den großen, zumeist von Königen gestifteten Tempeln. In dieser Zeit formiert und institutionalisiert sich der Hinduismus in zahlreichen religiösen Gemeinschaften und Kulttraditionen, in deren Mittelpunkt die Verehrung der einen oder anderen Gottheit steht. Diese Gemeinschaften akzeptieren zwar alle im Prinzip den Veda als einen heiligen Text, verwenden aber für ihre Rituale und ihre Theologie ihren eigenen Kanon. Gegenüber dem Veda bezeichnen sich die Interpreten der neuen Offenbarungstexte nicht nur mit dem Namen ihrer religiösen Orientierung, d.h. als z.B. als Śaiva oder Śākta, sondern auch mit dem Begriff *tāntrika*, d.h. Tantra-Anhänger. Damit ist zunächst gemeint, dass man seine religiöse Lehre und Praxis aus den Tantras, den neuen, nicht-vedischen Offenbarungstexten bezieht. Der Begriff Tantra bezieht sich zunächst auf die Textgattung der Tantras, die sich sowohl im viṣṇuitischen, śivaitischen als auch im śāktistischen Kontext findet. Rituale, Gottheiten und Priester werden danach unterschieden, ob rituelle Formeln (*mantra*) aus dem Veda oder den Tantras zum Einsatz kommen. An vielen großen Tempeln werden Rituale sowohl von brahmanischen Priestern mit vedischen *mantras* durchgeführt, als auch von Priestern der den Tempel unterhaltenden Religionsgemeinschaft. Letztere verwenden bei ihren Gottesdiensten die *mantras* aus den kanonischen Texten ihrer Gemeinschaft (s. Fuller 1984).

Der Zugang zu tantrischen Lehren und Praktiken erfolgt – unabhängig von Herkunft und Kastenstatus – durch spezielle Initiationsrituale, die dem Adepten eine Art spirituellen Neubeginn ermöglichen: „The Tantric rituals of initiation (*dīkṣā*) were held to destroy the rebirth-generating power of individual's past actions (*karman*) in the sphere of Veda-determined values, and to consubtantiate him with the deity in a transforming infusion of divine power." (Sanderson 1988, 660). Die tantrischen Praktiken werden zumeist in einer Stufenfolge ‚höherer'

7 Die Bezeichnung ‚śāktistisch' für die Kulte der Göttinen ist abgeleitet von der ihnen zugeschriebene Macht, der *śakti*.

und ‚niederer' Ebenen der spirituellen Verwirklichung angeordnet und durch verschiedene Initiationsstufen voneinander unterschieden. In einigen tantrischen Traditionen sind die höheren Ebenen mit Praktiken verbunden, die die Regeln der vedischen Tradition bzw. der Rechtstexte verletzen, wie z.B. Alkoholkonsum oder Geschlechtsverkehr mit ansonsten ‚verbotenen' Partnern. Solche Praktiken waren zumeist in asketischen Orden oder geheimen Kultzirkeln (*kula*) angesiedelt, während die ‚niederen' Kultformen, die eher mit brahmanischen Reinheitsregeln harmonieren, zumeist den Haushältern zur Verfügung standen und eher mit dem Alltagsleben vereinbar waren. Allerdings war ein asketischer Lebensstil nicht unbedingt die Vorbedingung für die Teilnahme an solchen Ritualen oder für die Initiation in eine tantrische Tradition, wie die zahlreichen Geschichten und Berichte über tantrische Lehrer und Kulte an diversen indischen Königshäusern belegen (Gupta und Gombrich 1986). Eine in tantrischen Quellen überlieferte Sentenz besagt, dass man im Privaten ein Mitglied eines Kultzirkels sein mag, aber in der Öffentlichkeit sich ‚orthodox' verhalten und die Normen der Kastengesellschaft befolgen solle (Sanderson 1988, 699). Die einzelnen Überlieferungsgemeinschaften unterscheiden sich danach, in welchem Maße sie solche Transgressionen als Teil der religiösen Praxis fordern. Zumeist bilden sich innerhalb der einzelnen Traditionen verschiedene Zweige, die entweder die Orientierung an den Normen der Gesellschaft betonen (sog. ‚rechtshändiger' Tantrismus) oder die Überschreitung eben dieser Normen in den Mittelpunkt der religiösen Praktiken rücken (sog. ‚linkshändiger' Tantrismus). Die Geschichte der tantrischen Traditionen zeigt eine gewisse Tendenz zur stärkeren Betonung und Institutionalisierung der ‚rechtshändigen' Kulte, die auch viel eher mit dem Haushälterdasein vereinbart werden können (Sanderson 1988, 661f). Die Bezeichnungen ‚rechts' und ‚links' beziehen sich auf die ansonsten mit diesem Begriffspaar verbundenen Bewertungen, z.B. als ‚rein' und ‚unrein' oder ‚männlich' und ‚weiblich'.

Obwohl der Begriff ‚Tantrismus' weniger eine spezifische, klar identifizierbare Religionsform bezeichnet, sondern vielmehr als Sammelbegriff für ganz unterschiedliche Religionsgemeinschaften und Kultformen fungiert, können doch folgende Merkmale hervorgehoben werden, die den tantrischen Traditionen gemeinsam sind (vgl. auch White 2003, 7ff):

(1) Tantrische Kosmologien beschreiben die Welt als Manifestation der verschiedenen Dimensionen des absoluten, göttlichen Bewusstseins (*cit*) und der damit verbundenen Schaffenskraft (*śakti*). Die Idee der Identität von Mikro- und Makrokosmos spielt eine zentrale Rolle.

(2) Tantrische Rituale zielen auf die Identifikation des Adepten mit den verschiedenen Ebenen des Kosmos und der sie regierenden Gottheiten. Die Praxis kulminiert in der schrittweisen Transformation des Adepten in einen gottgleichen Status, der mit dem Erwerb übernatürlicher Macht (*siddhi*) einhergeht bzw. in der Erlösung (*mukti*) kulminiert. Das Streben nach Erwerb übernatürlicher (‚magischer') Kräfte und deren Genuss wird als Ziel der religiösen Praxis neben das Streben nach Erlösung gestellt. Die korrekte und kontinuierliche Durchführung der tantrischen Rituale führt, je nach Initiationsstufe des Praktizierenden, zu Machterwerb bzw. zur Erlösung.

(3) Generell gilt bei der Durchführung eines tantrischen Rituals, dass ‚innere' Rituale (wie Meditation oder Visualisierung) den äußeren (wie Verehrung des Kultbildes) vorausgehen. Tantrische Rituale werden mit Hilfe verschiedener Mittel durchgeführt, die die erwünschte Transformation unterstützen: a) kosmische Diagramme, sog. *maṇḍala*s bzw. *yantra*s; sie unterstützen die meditative Visualisierung der kosmischen Ebenen und der verschiedenen Aspekte des göttlichen Seins (vgl. Bühnemann 2003); b) *mantra*s, formulaische Anrufungen bzw. Gottesnamen; sie gelten als Manifestationen der im *mantra* bezeichneten Gottheit und ihrer göttlicher Macht (*śakti*). Deren Meisterung führt dazu, dass der Adept sich die Kraft des *mantra* aneignet (s. u. III.9). Ein spezielles Ritual (*nyāsa*) zielt auf die meditative Substitution des sichtbaren Körpers des Adepten durch einen aus *mantra*s bestehenden Körper. Die in den Ritualen verwendeten *mantra*s stammen nicht aus vedischen Texten. c) *mūdrā*s, Handgesten und Körperpositionen; sie unterstützen und repräsentieren die verschiedenen Phasen des Rituals.

Einige dieser Praktiken und Konzepte haben auch Eingang in den öffentlichen Tempelkult und in die individuelle Praxis von Hindus gefunden. Sanderson weist darauf hin, dass die Ausdehnung und Intensivierung ritueller Praktiken im Tantrismus eine Parallele zum vedischen Ritualismus darstellt. Die Betonung des Rituals hat wahrscheinlich nicht allein die ‚Domestizierung' vor allem der transgressiven und esoterischen Praktiken gefördert, sondern auch deren Ausbreitung (vgl.

Sanderson 1988). Die extremeren, an asketische Initiationen gekoppelten, sog. ‚linkshändigen' Kulte waren in der Minderheit. Dennoch blieben sie in klösterlichen Institutionen und Asketenorden bis in die Gegenwart lebendig und prägten das Bild vom Tantrismus. Diesen Asketen begegnen Haushälter nicht selten mit einer eher ambivalenten Haltung, in der sich Faszination durch die ihnen zugesprochene Macht mit der Ablehnung ihres Lebenstils mischt. Symptomatisch dafür ist der auch in älteren Quellen immer wieder erhobene Vorwurf der ‚Scheinaskese', d.h. dass den Tantrikern der Deckmantel der Askese nur dazu dient, ein ausschweifendes Leben zu führen (s. Lorenzen 1972). Die den tantrischen Yogins und Ritualisten zugesprochenen übernatürlichen Kräfte sind vielleicht der Grund dafür, warum sie regelmäßig an Königshöfen Einfluss gewannen und auch bei offiziellen Staatsritualen wichtige Funktionen übernahmen (vgl. Gupta/Gombrich 1986; Basu 2004, 137–164). Das bedeutet jedoch keineswegs, dass nicht auch brahmanische Hofpriester, Lehrer und Berater am Hofe zugegen waren, die für die orthodoxen Rituale zuständig blieben. Die folgende kurze Darstellung einiger bedeutender tantrischer Traditionen zeigt, dass Tantrismus keine ‚Sonderform' des Hinduismus ist, sondern zahlreiche Kulte und theologische Schulen umfasst. Der Tantrismus hat nicht nur Unterstützung durch königliche Patronage erhalten, sondern konnte sich auch in zahlreichen Tempeln institutionalisieren. Die ‚esoterischen' Praktiken wurden wohl immer nur von einer – wenngleich auch die religiöse Ziele eindrücklich repräsentierenden – Minderheit ausgeübt, die ein religiös-asketisches Spezialistentum und auch eine Machtelite besonderer Art darstellte. Im Hinduismus entwickelten sich die ältesten tantrischen Überlieferungsgemeinschaften zunächst in Nordwestindien mit einem Schwerpunkt in Kashmir. Die tantrischen Schulen verloren zwar mit der Ausbreitung des Islam in Indien seit dem 12. Jh. in Kashmir weitgehend ihre Basis, blieben aber in anderen Regionen lebendig, vor allem in Zentralindien, Nepal und Südindien, und erlebten später auch in Ostindien einen Aufschwung. Tantrische Theologien und Kulte entwickelten sich zunächst in Bezug auf die Götter Śiva, Kālī und Viṣṇu und sind in ihren Anfängen oftmals mit den z.T. extremen Praktiken von älteren asketischen Orden und exklusiven Kultzirkeln verbunden.

5.3.1 *Śivaitische Traditionen*

Zwischen den ältesten śivaitischen Asketengemeinschaften und der ältesten tantrischen Literatur gibt es zahlreiche Verbindungslinien, nicht nur weil diese Asketen in den Texten erwähnt werden, sondern auch weil sie sich außerhalb der brahmanischen Normen und Rituale ansiedeln. Die Asketen erscheinen aber auch in anderen Literaturgattungen, wie den Purāṇas, Theaterstücken oder späteren Hagiographien. Sie werden zudem in Inschriften und Landschenkungsurkunden erwähnt. Einen der ältesten asketischen Orden des Hinduismus bilden die Pāśupatas (vgl. Hara 2002). Der älteste Text ist das Pāśupata-Sūtrā mit dem Kommentar des Kauṇḍīnya, das ins 2.–4. Jh. n. Chr. datiert wird und damit in eine Zeit, in der sich auch bereits ikonographische Zeugnisse finden. Die Pāśupatas knüpfen an die Darstellung Śivas als Paśupati, als ‚Herr der Nutztiere' an. Allerdings erhält das Wort *paśu* eine etwas erweiterte Bedeutung und bezeichnet alle ‚in Fesseln existierende Wesen'. Damit wird Śiva zum Ziel aller Erlösungsbemühungen und zum Inhalt devotionaler Praktiken (*bhakti*). Die Formen der frühen śivaitischen Askese spiegeln dabei die Positionierung des Gottes an den Rändern der Gesellschaft wider, indem ein Leben in gesellschaftlichen Randzonen und in bewusster Überschreitung der gesellschaftlichen Konventionen zum Ideal erhoben wird. Śivas ‚Unangepasstheit' prägt auch die älteste Mythologie und ist Thema zahlreicher Geschichten (s. u. III.2.4). Er ist nicht nur ein transzendenter, sondern auch ein transgressiver Gott in dem Sinne, dass Transgressionen ein heilsträchtiges Potenzial erhalten, wenn sie als Form der Gottesverehrung praktiziert werden. Deshalb provozieren die Pāśupatas gesellschaftliche Ablehnung durch abstoßendes bzw. verrücktes Benehmen (Ingalls 1962). Wesentliche Züge der Theologie der Pāśupata-Tradition werden im Śaiva Siddhānta weiter ausgearbeitet (s. u. II.5.1). Der andere bedeutende ältere Asketenorden, der noch deutlicher von Praktiken geprägt ist, die später dem ‚linkshändigen' Tantrismus zugeordnet werden, sind die Kāpālikas bzw. Kalāmukhas (s. u.).

Die ältesten sivaitischen Tantras und Āgamas wurden zwischen dem 5. und 8. Jh. verfasst. Zwischen dem 9. und 13. Jh. erfolgte deren theologisch-philosophische Auslegung in zwei miteinander konkurrierenden Lehrtraditionen, die beide ihren Ursprung in Kashmir hatten und Liturgie und Theologie im späteren südindischen Śivaismus prägten: Zum einen der Kashmirische Śivaismus (auch Trika oder Krama genannt), zum andern der Śaiva-Siddhānta. Die beiden Schulen unterscheiden sich nicht nur hinsichtlich ihrer theologischen Ausrichtung, sondern auch in ihrem Verhältnis zur brahmanischen Orthodoxie. Gemeinsam ist ihnen, dass sie sich vor allem an den Erlösung suchenden (und weniger an den nach Machterwerb strebenden) Asketen und an die Haushälter wenden. Einigkeit besteht weiterhin darüber, dass nicht nur der Weg der Entfaltung des erlösenden Wissens, sondern auch die korrekte Durchführung der Rituale bereits erlösungsträchtig ist. Damit signalisieren beide Schulen eine Annäherung an die vedisch-brahmanische Orthopraxie, die für die mittelalterlichen Traditionen signifikant ist. Dadurch gewinnen die tantrischen Schulen an Boden gegenüber den brahmanischen Hütern der auf vedischen Texten basierenden Ritualpraxis, die die Tāntrikas als Häretiker ablehnen. Zugleich werden aufgrund der ‚Domestizierung' neue Anhängergruppen und Patronagemöglichkeiten erschlossen (Sanderson 1988). Insbesondere der Śaiva Siddhānta Südindiens gilt heute als Repräsentant brahmanischer Orthodoxie.

Die theologische Positionierung des Kashmirischen Śivaismus ist vor allem dem Philosophen Abhinavagupta (ca. 975–1025) zu verdanken, der nicht allein bedeutende Kommentare zu den Werken seiner Vorgänger verfasste, sondern mit seiner umfangreichen Darlegung der Lehre im mehrbändigen *Tantrāloka* die autoritative Formulierung der monistischen Theologie seiner Schule vorlegte. Das Entstehen der Welt wird als ein Prozess der Selbst-Bewusstwerdung des göttlichen Seins gedeutet, der sich im Wechselspiel der Reflexion zwischen Śiva und seiner Śakti, der Schaffenskraft, entfaltet. Dieser Prozess umfasst die ersten fünf sog. reinen Stufen (*śuddha-adhvan*) der Entfaltung des göttlichen Seins zur Welt, die insgesamt 36 Seinsprinzipien (*tattva*) umfasst. Die Weltschöpfung beinhaltet auch die Manifestation von ‚Einzelseelen' (*jīva*), die als wesensidentische Teile von Śiva gelten. Ihre Verkörperung signalisiert die Unwissenheit über ihre wahre Identität. Das führt zu einem Zustand der Kontraktion (*saṃkoca*) des eigentlich freien und unbeschränkten Selbst durch sog. ‚Verpanzerungen' (*kañcuka*), wie z.B. die Begrenzungen durch Raum und Zeit. Deshalb geht es in der religiösen Praxis darum, die Beschränkungen der verkörperten

Einzelseele aufzuheben und zu ihrer ursprünglichen Fülle, Lichthaftigkeit und Glückseligkeit zurückzukehren. Die Erkenntnis des Selbst beinhaltet eine Erfahrung der Expansion des Bewusstseins, die den erfolgreichen Adepten in Verzückung (*camatkāra*) versetzt. Entsprechend wird die philosophische Lehre auch als *pratyabhijñā-darśana*, die Lehre vom Wiedererkennen bezeichnet. Demnach besteht die höchste Stufe der Erkenntnis und damit die Erlösung im Wiedererkennen der Identität der Einzelseele mit dem göttlichen Sein und dessen ‚Fülle' (*pūrṇatva*). Der kashmirische Śivaismus unterscheidet verschiedene Methoden (*upāya*), um zur befreienden Erkenntnis zu gelangen. Sie beinhalten u.a. meditative Visualisierungen im Rahmen tantrischer Rituale, die spontane Realisierung der Einheit mit Gott Śiva durch göttlichen Eingriff (*śaktipāta*; s. reader, 88–91) sowie ekstatische Praktiken, die zur Identifikation mit der göttlichen Energie (*śakti*) führen sollen.

Im Gegensatz zum Kashmirischen Śivaismus vertritt der Śaivasiddhānta eine dualistische Theologie, die sich stark von ‚linkshändigen' Formen tantrischer Rituale und der damit einhergehenden Verwendung ‚unreiner' Substanzen abgrenzt. Die Schule basiert auf den Schriften des Gelehrten Sadyojyoti (ca. 9. Jh.) und seines Nachfolgers Rāmakaṇṭha (ca. 900–950). Beide vertreten die Lehre von einer vollkommenen Trennung zwischen göttlichem Bewusstsein und der materiellen Welt der Körper und knüpfen dabei an die Lehren der Pāśupata-Schule an. Gott wird als der absolute Herr angesehen (*pati*), von dem getrennt die einzelnen Seelen als *paśu* (wörtl. ‚Nutztier') in einem Zustand der Unwissenheit und der Beschränkung durch Bindungen (*pāśa*) leben. Die Ursache dafür liegt nicht in einem fehlgeleiteten Bewusstsein, sondern darin, dass das Selbst durch die Existenz in einem Körper materiell verschmutzt ist. Die Beschmutzung (*mala*) kann nicht durch Erkenntnis, sondern nur durch die in den śivaitischen Offenbarungstexten gelehrten, reinigenden Rituale beseitigt werden. Deshalb gilt rituelles Handeln, einschließlich der Befolgung der in der Dharmaśāstras vorgeschriebenen täglichen Rituale, als bestes Mittel zur Erlösung. Im Gegensatz zur monistischen Lehre von der Verschmelzung des einzelnen Selbst mit Śiva, bedeutet Erlösung hier die vollkommene Trennung von der verschmutzenden Materie und das Erlangen des Status eines ‚befreiten Śiva' (*muktaśiva*). Das bedeutet jedoch nicht, dass man mit dem höchsten und immer schon erlösten Śiva (*anādiśiva*) identisch wird (s. Gengnagel 1996). Der Śaivasiddhānta ist auch heute noch in Südindien lebendig und wird von einer Gruppe śivaitischer Tempelpriester, den sog. Ādiśaivas, praktiziert. Es sind im Laufe der Zeit zahlreiche Texte aus der *bhakti*-Tradition aufgenommen worden, woraus sich der sog. Tamilische Śaivasiddhānta mit einem eigenen Textkanon entwickelte und zur wichtigsten, orthodoxen Form des südindischen Śivaismus wurde (s. u. II.6.2).

5.3.2 Śāktistische Schulen

Kālī-Kulte

Die Beziehung zwischen den Kulten um den Gott Śiva und seinen verschiedenen Erscheinungsformen und denen der Göttin Kālī ist komplex, und die Übergänge sind fließend. Grundsätzlich lässt sich festhalten, dass mit der Bezeichnung ‚śivaitisch' die Orientierung am Gott Śiva und einem von männlichen Göttern dominierten Kultpantheon verbunden ist, in dem die Göttin bzw. *śakti* als Teil des Gottes eine untergeordnete Position einnimmt. Das Kennzeichen śāktistischer Kulte ist demgegenüber die Unterordnung Śivas und männlicher Götter bis hin zur Verehrung einer singulären bzw. das Pantheon dominierenden Göttin, wie die Göttin Kālī. Es scheint, dass der Unterschied zwischen śivaitischen und śāktistischen Kulten in den ältesten Texten in Form einer Hierarchie von Kultpraktiken gefasst wurde, die im Kult der singulären Göttin kulminierte (Sanderson 1988, 669–675). Der Aufstieg in der Hierarchie der Kulte war mit zunehmend esoterischen Praktiken verbunden wie der Verwendung von Schädeln, Sexualsekreten und Menstruationsblut als rituelle Gaben. Diese Kulte basierten auf einer asketischen Lebensweise und sind mit alten, śivaitischen Asketengemeinschaften wie den Pāsupatas, Kāpālikas und Kalāmukhas verbunden. Insbesondere bei den Kāpālikas zeigt sich die enge Verbindung zwischen Śiva und Kālī, die auch den sog. ‚linkshändigen' Tantrismus charakterisiert. Dieser ist oft auf den Kult einer Göttin bzw. dem Erwerb von *śakti* (weiblicher Energie und Macht) konzentriert, weshalb die Tradition hier diskutiert wird, auch wenn sie ebenso gut in die Rubrik ‚śivaitisch' eingeordnet werden könnte. Das ist ein Beispiel dafür, dass einzelne Traditionen sich nicht immer eindeutig klassifizieren lassen, was aber wiederum auch den religionsübergreifenden Charakter des Tantrismus demonstriert.

Die Kāpālikas, die ‚Asketen mit der Schädelschale', lassen sich seit ca. dem 6. Jh. n. Chr. nachweisen; ihre Ursprünge reichen wahrscheinlich aber bis ins 2. Jh. n. Chr. zurück (Lorenzen 1972). Die Kāpālika-Asketen verehren sowohl Śiva als auch Kālī, denn beide Gottheiten repräsentieren den Zustand der Erlösung als machtvolle Überschreitung aller Dualitäten. Die Asketen versuchen, die sorgsam gezogenen Grenzen der sozialen und rituellen Welt und insbesondere einer auf ‚Reinheit' zielenden Lebensführung im Namen der metaphysischen Identität alles Existierenden aufzuheben. Die Grenzen der körperlichen und sozialen Existenz werden durch die asketische und rituelle Aufhebung sozialer Normen gezielt durchbrochen. Das beinhaltet auch die Verwendung und Einverleibung von Substanzen, die allgemein als ‚unrein' bzw. ekelerregend gelten: Blut, Leichenasche, Körpersekrete aller Art, aber auch die im sozialen Kontext des Brahmanentums als unrein geltenden Substanzen wie Fleisch, Fisch oder Alkohol. Um die Versorgung mit der für das tägliche Bad notwendigen Leichenasche zu gewährleisten, wohnen die Asketen oft an Leichenverbrennungsplätzen. Die Asche ist unrein als Überrest des Toten. Sie wird aber für den Asketen gerade deshalb zur Macht verleihenden Substanz, denn durch den materiellen Kontakt mit dem Tod suchen sie ihn zu überwinden. Diese Form tantrischer Askese lebt heute noch unter den sog. Aghoris fort (s. Parry 1994) und sie besitzen auch in der Gegenwart noch ihre eigenen religiösen Institutionen.

Auf diese Kulte gehen z. T. auch die Kālī-Kulte zurück, die in sog. Kula- bzw. Kaula-Tantras, den nördlichen und östlichen Überlieferungszweigen, beschrieben werden und einen zentralen Platz im Kashmirischen Śivaismus einnehmen. Dabei wird Göttin Kālī in verschiedenen, immer esoterischeren Formen meditativ visualisiert, in denen der Gott Śiva (zumeist in seiner Form als Bhairava) eine untergeordnete Position innehat. Die ikonographische Darstellung symbolisiert diese Transzendenz der Göttin, indem Kālī auf der Leiche Śivas stehend dargestellt wird: ohne die weibliche Energie (*śakti*) ist der Gott Śiva machtlos (*śava*; wörtl.: Leiche). Der Prozess der Erkenntnis Kālīs als das absolute, lichthafte Bewusstsein, das in verschiedenen Formen und Graden den Kosmos durchzieht, wird z. B. im *Jayadrathayāmala*-Tantra

Abb. 1: Śivaitischer Asket mit Asche bedeckt.

geschildert. Der Kosmos nimmt von ihr seinen Ausgangspunkt und kehrt in sie zurück, was der Verehrer und Yogin in seinen Meditationen realisiert, bis er schließlich die befreiende Erkenntnis erlangt. Die meditativen Praktiken finden auch ihren Ausdruck in Ritualen, in denen die Göttin in verschiedenen, auch durchaus furchterregend-machtvollen Formen, etwa mit Tierköpfen und Waffen, verehrt wird. Der auch noch heute populäre Kult der Göttinn Guhyakālī in Nepal bezeugt diese Tradition. Der Kult ist verbunden mit einer anderen wichtigen Göttin des Kaula-Tantrismus, der Göttin Kubjikā, der ‚Buckeligen', deren Kult sich – von den westlichen Himalaya-Regionen ausgehend – in viele andere Teile des Subkontinents ausgebreitet hat. In dem ihr gewidmeten Tantra, dem *Kubjikāmata-Tantra*, ist erstmals die Rede von den sechs inneren ‚Energiezentren', den sog. *cakra*s, durch die der Yogin die göttliche Energie, die *śakti*, in Form der ‚zusammengerollten' Göttin Kuṇḍalinī aufsteigen lässt und dadurch seinen Körper in einen göttlichen transformiert. Die Lehre von den *cakra*s ist in verschiedenen ‚New-Age'-Zirkeln und Therapie-Bewegungen auch im Westen populär geworden, die den Tantrismus im Zeichen der sexuellen Befreiung bzw. des Feminismus deuten und den Intentionen dieser Praktiken in den indischen Traditionen dabei nicht immer Rechnung tragen.[8]

8 Siehe dazu die Aufsätze in Hiltebeitel/Erndl 2000 (Hg.) und Mc Dermott/Kripal 2003 (Hg.).

Linkshändiger Tantrismus

Es wurde bereits darauf hingewiesen, dass vor allem die mit Göttinnen verbundenen Kulte und Askesetraditionen auch die Verehrung ihrer mächtigen und furchterregenden Formen und die Darbringung von Substanzen beinhaltet, die im brahmanischen Verständnis als ‚unrein' gelten (s.u. IV.4). Dazu gehören Tieropfer, Leichenasche, Alkohol, Menstruationsblut und Sexualsekrete. Für tantrische Yogins repräsentieren solche Substanzen die besondere Macht der Göttinnen, die auch aus ihrer Überschreitung des Gegensatzes zwischen rein und unrein resultiert. Durch den Umgang mit diesen Substanzen beweist der Yogin die von ihm bereits erworbenen asketischen Qualitäten und spirituellen Kräfte. Für das brahmanische Verständnis ist der Umgang mit solchen Substanzen äußerst kontaminierend, und die Beseitigung von Unreinheit wird als Voraussetzung auch für das spirituelle Heil angesehen. Tantrische Traditionen, die die rituelle Verwendung solcher Substanzen ablehnen, werden als ‚rechtshändig' (*dakṣiṇacāra*) bezeichnet, während deren Akzeptanz dem ‚linkshändigen' (*vāmacāra*) Tantrismus zugerechnet wird. Die fraglichen Substanzen bzw. Praktiken werden unter dem Begriff der ‚fünf Ms' zusammengefasst (*pañcamakāra*), da sie alle mit dem Sanskritbuchstaben ‚m' beginnen. Es handelt sich dabei um Alkohol (*madya*), Fisch (*matsya*), Fleisch (*māṃsa*), aphrodisierende Getreidesorten (*mudrā*) und Geschlechtsverkehr (*maithuna*). Während Fleisch und Alkohol als Opfergaben auch in Tempelkulten und in lokalen Kontexten relativ häufig vorkommen, um die Göttin für ihre Schutzaufgaben zu stärken oder ihren Zorn abzuwenden (s.u. III.1.5), erscheint die Instrumentalisierung der Sexualität bzw. der Sexualsekrete für kultische Zwecke als spezifisch tantrisch. Im Rahmen tantrischer Kulte wird Sexualität zu einem asketischen Ritual, bei dem die Absorption und Transformation der Sexualsekrete sowie die bewusste Missachtung der gängigen sexuellen Normen im Zentrum stehen. So ist die bevorzugte Partnerin beim Ritual nicht die Ehefrau, sondern eine sog. Yoginī, die vorzugsweise aus einer niederen, unreinen Kaste stammt. Das Ziel des Rituals besteht nicht im Vollzug des Geschlechtsverkehrs; es soll nicht zum Samenerguss kommen. Deshalb werden Asketen und auch der Gott Śiva zuweilen mit einem erigierten Penis dargestellt. Das wird immer wieder einseitig als Signum von Potenz und Zeugungsbereitschaft interpretiert, obwohl es den nicht vollzogenen Zeugungsakt anzeigt und auf die Fähigkeit zur Transformation der Samenflüssigkeit im Körper des Yogin in ‚Unsterblichkeitsnektar' (*amṛta*) verweist. Einer in Indien weit verbreiteten Auffassung zufolge schwächt einen Mann nichts so sehr wie ein Samenerguss, weil er dadurch eine wichtige Körpersubstanz an die Frau verliert, die dann den Samen absorbiert und sich dadurch stärkt. Deshalb geht es für den Asketen um zweierlei: Zum einen soll er den Samen nach oben zurückleiten und ihn in ‚Unsterblichkeitsnektar' verwandeln. Nach oben heißt ganz konkret: bis an die Schädeldecke bzw. die Fontanelle. Zum anderen soll er die Fähigkeit entwickeln, das Vaginalsekret der Frau mit seinem Penis aufzusaugen und dadurch die Machtverhältnisse beim Austausch der Körperflüssigkeiten umzukehren. Der rituelle Geschlechtsverkehr wird auch in einigen *bhakti*-Traditionen zur Form der Gottesverehrung erhoben, wie etwa bei den kṛṣṇaitischen Sahajiyās, deren Vorstellungen in die Bengalische Baul-Tradition eingegangen sind (Dimock 1966). Es geht hier nicht, wie manche moderne westliche und z. T. auch feministische Deutung von Tantrismus suggeriert, um die ‚sexuelle Befreiung' oder ‚Erhöhung' der Frau, sondern um die Aneignung ihrer *śakti*, ihrer Kraft. Das alles dient dem Asketen zur Erweiterung seines Bewusstseins, die aus der Aufhebung der sozialen Normen resultiert.

Nach Sanderson stellt die geforderte Umwandlung der Sexualsekrete bereits das Ergebnis einer ‚Domestizierung' des Kultes dar. Ursprünglich wurden die Sexualsekrete – ebenso wie Menstruationsblut – als Opfergaben beim Ritual verwendet (Sanderson 1988). Die Studien von White (1996, 2003) zeigen, dass diese Form des Tantrismus durch die besagte theologische und rituelle ‚Domestizierung' keineswegs zum Verschwinden gebracht wurde. Vielmehr spielen solche Praktiken auch in den folgenden Jahrhunderten eine wichtige Rolle und stellen durchaus den ‚main-stream' des tantrischen Yoga dar. Besonders einflussreich wurde dabei die sich auf Gorakhnāth (um 1200) zurückführende Tradition des Siddha-Yoga. Dabei stehen die Transformation des yogischen Körpers in einen unsterblich-göttlichen und der damit verbundene Erwerb übernatürlicher Macht (*siddhi*) im Vordergrund. Verschiedene asketische Gruppen und deren (klösterliche) Institutionen (*maṭha*) wurden von Gorakhnāth zu einer eigenen Überlieferungsgemeinschaft, dem sog. Nāth-Sampradāya zusammengeschlossen (White 1996, 95–100). Die Praktiken der Nāth-Yogins basieren auf Techniken des Haṭhayoga, des ‚Yoga der Kraft', der die Einübung extremer Körperpositionen beinhaltet.[9] In dieser Zeit entwickelt sich auch ein Kult von 64 Yoginīs, vergöttlichten Aspekten der Macht und Schaffenskraft (*śakti*), aber auch des speziellen Wissens (*vidyā*) der Göttin. Die ihnen gewidmeten Rituale wurden zumeist in der Nacht an einsamen bzw. unreinen Orten wie Leichenverbrennungsplätzen, aber auch in eigens dazu errichteten Tempeln durchgeführt. Die Tempel sind architektonisch markant, da es sich um ansonsten in Indien eher seltene Rundtempel handelt. Das furchterregende Aussehen der Yoginīs, ihre Fähigkeit zu fliegen und ihr Verlangen nach Blut machen den Kontakt mit ihnen zu einem gefährlichen Unterfangen. Dementsprechend werden die Yogins, die ihren Kult betrieben als ‚Helden' (*vīra*) bezeichnet, denen außergewöhnliche Kräfte nachgesagt werden (White 2003, 10 ff). Diese Form der Askese lebte fort in den Klöstern von Asketen-Orden, wie etwa der Kānpaṭha-Tradition (vgl. Briggs 1973; Unbescheid 1980) und in den frei umherziehenden Asketengruppen der sog. ‚Krieger-Asketen', den sog. Nāgas (wörtl. nackt). Für letztere stehen der Erwerb physischer Stärke und außergewöhnlicher Kräfte im Zentrum. Deshalb sind ihre Orden nach dem Wort für ‚Übungsplatz' bzw. ‚Ringkampfarena' – *akhāṛā* – benannt. Sie sind für ihre Kämpfe untereinander ebenso bekannt wie für ihre militärischen Dienste für verschiedene Könige und Herrscher (vgl. Pinch 2006).

Śrī Vidyā

In Kashmir und Südindien entwickelte sich ca. ab dem 8. Jh. eine Tradition des śāktistischen Tantrismus, die als Śrīvidyā, Śrīkula bzw. Saubhāgya-Sampradāya bezeichnet wird und den südlichen Zweig der tantrischen Überlieferungstradition darstellt. Die friedvollen (*saumya*) und auch erotischen Aspekte der Göttin werden hervorgehoben. Im Zentrum steht die Verehrung der Göttin Lalitā-Tripurasundarī, auch Tripurā oder Śrīdevī genannt. Sie wird als die höchste Göttin verehrt, die in ihrer allerhöchsten Existenzform mit Śiva vereint ist. Die Theologie und die Erklärung der Entstehung der Welt sind in ihrer Termi-

9 Diese auf Körperertüchtigung zielende Form des Yoga ist auch in der Gegenwart von Bedeutung und wird in vielen Yogaschulen auf der ganzen Welt unterrichtet. Der wichtigste Lehrtext dieser Tradition ist die im 15. Jh. von Svātmarāma verfasste *Haṭhayogapradīpikā*.

nologie dem Kashmirischen Śivaismus verwandt. Im Zentrum steht die Annäherung an die Göttin mit Hilfe der sie evozierenden *mantra*s und mit Hilfe des als *śrīcakra* bekannten kosmischen Diagramms, das die Visualisierung der Erscheinungsformen der Göttin unterstützt. Im Kommentar zum *Yoginītantra* von Amṛtānanda wird die Schule durch die folgenden fünf Lehrinhalte (sog. *śrīpañcakam*) definiert: 1. *ātman*, das mit *brahman* gleichgesetzte ‚Selbst', das als Teil der Göttin angesehen wird und das es zu erkennen gilt. 2. *guru*: der Lehrer, der den Adepten durch Unterricht und verschiedene Initiationen (*dīkṣā*) in die Tradition aufnimmt. 3. *śrīvidyā-mantra*: Im Zentrum der Praxis steht die Rezitation (*japa*) der 15 silbigen, die Göttin und die mit ihr verbundenen Kräfte evozierenden Anrufungsformel (*mantra*). 4. *śrīmātā*: Die Göttin Lalitā-Tripurāsundarī. 5. *śrīcakra* bzw. *śrīyantra*: Visualisierung der Struktur des Kosmos durch die Entfaltung der ursprünglichen Einheit von Śiva und Śakti mit Hilfe dieses kosmischen Diagramms. Diese Form des Śāktismus ist heute vor allem in Südindien lebendig. Zwei bedeutende südindische Tempeltraditionen sind mit der Śrīvidyā-Tradition verbunden, zum einen die Göttin Kāmākṣī in Kāñcipuram und zum anderen Śivakāmasundarī, die Gefährtin von Śiva Naṭarāja in Cidambaram (vgl. Brooks 1990).

5.3.3 Viṣṇuistische Traditionen

Auch wenn die tantrischen Traditionen der Viṣṇu-Verehrung in ihrer Ritualtradition die typischen Merkmale einer vom Veda unabhängigen Kulttradition aufweisen (eigene Offenbarungstexte, Mitgliedschaft durch Initiation etc.), wird die Rückbindung an die Autorität des Veda doch stärker thematisiert. Zugleich werden ‚linkshändige' Praktiken seltener empfohlen als in den śivaitischen und śāktistischen Schulen.

Pāñcarātra

Das Korpus der Offenbarungstexte der viṣṇuitischen Ritualtradition und Theologie des Pāñcarātra umfasst traditionellerweise 108 sog. *āgamas* bzw. *saṃhitās*. Die ältesten Texte gehen auf das 6.–7. Jh. zurück (z. B. die *Jayākhya-Saṃhitā*) und dienen als Basis für die Weiterentwicklung des Kanons vor allem zwischem dem 9. und 13. Jh. Theologie und Ritual sind jedoch älter, wie etwa der sog. *Nārāyaṇīya-Abschnitt* des Mahābhārata (Buch 12, Kap. 321–339) belegt. Letzterer enthält nicht allein die Grundzüge der Gotteslehre, sondern auch den Begriff *pāñcarātra* zur Bezeichnung dieser Lehre (vgl. die Aufsätze in Schreiner 1997). Ikonographische Zeugnisse, in denen Viṣṇu-Nārāyaṇa bzw. Vāsudeva in einer auf die Pañcarātra-Lehre verweisenden, vierfältigen Form dargestellt wird, sind bereits aus dem 1. Jh. v. Chr. erhalten. Charakteristisch für die Theologie des Pāñcarātra ist die Lehre von den sog. ‚vier Formationen' (*catur-vyūha*), d. h. den vier Erscheinungsformen des Gottes Viṣṇu-Nārāyaṇa, die aus Kombinationen der sechs ihm zugeschriebenen, göttlichen Eigenschaften (*ṣaḍguṇa*) entstehen. Die Manifestation dieser Formationen stellt die erste Stufe der Schöpfung der Welt dar und umgekehrt die letzten Stufen der Gotterkenntnis für eine die Erlösung anstrebende Einzelseele. Ähnlich wie der frühe śivaitische Tantrismus war auch die Pāñcarātra-Tradition in Kashmir verbreitet und hat sich dann in Südindien sowie in Teilen Ostindiens ausgebreitet, wo sie auch heute noch lebendig ist. In vielen südindischen Tempeln basieren die Rituale und die in ihnen verwendeten *mantra*s auf dieser Tradition (Rastelli 1999). Den Einfluss des kashmirischen Śivaismus und des śāktistischen Tantrismus bezeugt das *Lakṣmī-Tantra*, in dem die Göttin im Zentrum der Verehrung, der meditativen Visualisierungen und der Erlösungssuche steht (s. reader, 88 ff).

Die Pāñcarātra-Saṃhitās wurden ebenfalls bald einer philosophisch-theologischen Interpretation unterzogen, wobei die Legitimierung der Lehre gegenüber den Vertretern der vedischen Tradition zunächst im Mittelpunkt stand. Letztere lehnten nämlich die Pāñcarātra-Schule ebenso als ‚nicht-vedisch' ab wie die anderen tantrischen Schulen. Der Philosoph Yāmunamuni (ca. 10. Jh.) reklamierte demgegenüber eine vedische Grundlage für die Pāñcarātra-Lehre und stellte sie als Repräsentanten einer verlorenen Vedaschule (der sog. *ekāyana-śākhā*) dar. Dementsprechend wurde die Vorrangstellung der Brahmanen als Ritualspezialisten hervorgehoben (vgl. sein Traktat *Āgamaprāmāṇya*). In seiner Nachfolge fand die philosophische Deutung in Rāmānuja (11. Jh.) ihren einflussreichsten Vertreter. In seinem Kommentar zu einem der wichtigsten Texte der Vedānta-Philosophie, dem *Brahmasūtra*, suchte er den Monismus des Śaṅkara durch seine Lehre vom ‚qualifizierten Monismus' (sog. Viśiṣṭādvaita-Vedānta) zu ersetzen und lieferte damit die Grundlage für die Vermittlung der Traditionen der Gottesverehrung (*bhakti*) mit der Vedānta-Tradition. Rāmānuja zufolge ist der Gott Viṣṇu zwar das höchste und allein seiende Bewusstsein (*brahman*), jedoch nicht vollkommen von der Welt und den verkörperten Einzelseelen getrennt. Damit wird in der Einheit alles Seienden in Gott eine Unterscheidung zugelassen, und die Welt und die Einzelseelen können als Aspekte Gottes angesehen werden. Die Beziehung zwischen Gott und der vom ihm unterschiedenen, aber doch ihm zugehörenden Welt erläutert Rāmānuja anhand der Beziehung zwischen ‚Körper' und ‚Besitzer des Körpers'. So wie das einzelne Selbst einen Körper lenkend besitzt, so besitzt Gott die Einzelwesen in einer unaufhebbaren Abhängigkeit. Deshalb stehen Verehrung und Erkenntnis Gottes in einer von Liebe (*bhakti*) zu Gott geprägten völligen Hingabe (*prapatti*) im Zentrum der religiösen Praxis. Die sich auf diese Lehre beziehenden religiösen Gemeinschaften bilden den Śrī-Vaiṣṇava-Sampradāya, in der Gott Viṣṇu zusammen mit seiner Ehefrau, der Göttin Śrī-Lakṣmī verehrt wird.

Vaikhānasas

Noch viel stärker als die Pāñcarātra-Anhänger betonen die Vaikhānasas ihre vedische Herkunft. Das zeigt sich nicht allein in der Integration des vedischen Feuerkults in die Tempelrituale, sondern auch darin, dass man nur durch Geburt Zugang zur Ritualtradition erhält. Dieses Geburtsrecht wird in einem besonderen vorgeburtlichen Ritual bestätigt, der sog. ‚Initiation des Embryo' (*garbhadīkṣā*), durch die bereits im Mutterleib dem Embryo die Embleme des Gottes Viṣṇu verliehen werden. Nicht zuletzt deshalb handelt es sich bei den Vaikhānasas heutzutage weniger um eine religiöse Gemeinschaft (*sampradāya*), die neue Mitglieder durch Initiation zulässt (s. u. V.3), sondern um einen in Südindien beheimateten brahmanischen Priesterklan. Der Klan ist einflussreich und mächtig, denn ihm obliegt die Durchführung der Rituale in einigen der bedeutendsten und reichsten Tempel, wie z. B. im Śrīveṅkaṭeśvara Tempel in Tirupati (Andhra Pradesh). Der Großteil des Vaikhānasa-Kanons wurde zwischen dem 9. und 14. Jh. verfasst (nach einigen Quellen umfasst der Kanon 28 Texte; vgl. Colas, 1986, 8). Die Ritualtradition weist viele Parallelen zu śivaitischen und Pāñcarātra-Texten auf. Die Texte beziehen sich auf die sehr viel ältereren *Vaikhānasa-śrauta-* und *smārta-sūtras* (ca. 4. Jh. n. Chr.), die einer vom

Lehrer Vikhanas begründeten vedischen Schule zugehören. Darin werden die Verehrung des Kultbildes des Gottes Viṣṇu sowie zur Erlösung führende meditative Praktiken gelehrt, die an ältere Yogatraditionen anknüpfen. Die Deutung der Ursprünge der Vaikhānsas findet eine Bestätigung zumindest darin, dass sich das Wort *vaikhānasa* in älteren vedischen Texten als Bezeichnung für Asketen bzw. Entsager (*saṃnyāsin*) findet (Colas 1996). Dieser Aspekt spielt in den mittelalterlichen kanonischen Texten kaum mehr eine Rolle. Markant ist vielmehr die Verehrung des Viṣṇu in seinen fünf Erscheinungsformen sowohl mit vedischen als auch tantrischen *mantras*. Es geht dabei in erster Linie um das Wohlergehen hier auf Erden. Eine spezielle, auf asketischer Lebensführung bzw. speziellen Initiationsritualen beruhende Erlösungslehre wurde nicht entwickelt.

Die Epoche zwischen dem 7. und 13. Jahrhundert ist zum einen von einer allgemeinen Tendenz zur Regionalisierung (andere Historiker sprechen von Feudalisierung bzw. Fragmentierung der politischen Landschaft) und dem Aufstieg neuer lokaler Machteliten (wie z. B. den Rajputen) gekennzeichnet, zum anderen von Migrationsbewegungen von brahmanischen Priestern, welche die Etablierung und Legitimation regionaler Herrscher begleiten. Solche Prozesse der Legitimation stützen sich mehrheitlich auf die brahmanische Ritualtradition sowie auf *śruti-* und *smṛti-*Literatur. Das bedeutet in der Regel die Akzeptanz der Kastenhierarchie als Bezugsrahmen für die Bewertung sozialer Positionen, ökonomischer Ressourcen und ritueller Rechte. Die Kastenhierarchie bleibt als idealtypische Formulierung auch dann gültig, wenn sich lokale bzw. regionale Sozialstrukturen erheblich vom ‚Vier-Kasten-Modell' unterscheiden. Eine mögliche Erklärung für ihre Fortdauer kann u. a. darin gesehen werden, dass das Kastensystem nicht allein eine Hierarchie der Macht darstellt, sondern auch eine Wertehierarchie, die den übergeordneten rituellen Status der Brahmanen auch dann gelten lässt, wenn andere Gruppen die politische oder ökonomische Herrschaft innehaben (vgl. Dumont 1972). Die Brahmanen waren in der Regel für deren Legitimation unverzichtbar, ebenso wie umgekehrt die Brahmanen auf Patronage und Landschenkungen nicht verzichten konnten. Zugleich blieb die Position der Brahmanen als rituelle Spezialisten nicht zuletzt deshalb unangetastet, da nur sie die für alle Hindus notwendigen Lebenszyklusrituale (*saṃskāra*, s. u. IV.5) durchführen konnten. Diese Struktur ist zumeist gemeint, wenn von ‚brahmanischer Orthodoxie' oder ‚orthodoxem Hinduismus' die Rede ist. Das ist für Hindus vor allem dann verbindlich, wenn sie sich über ihren sozialen Status und die damit einhergehenden rituellen Rechte und Pflichten definieren. Aufgrund der Verschränkung von rituellen Rechten und sozialem Status ist es auf dieser Ebene auch nicht möglich, zum Hindu zu werden, da der Kastenstatus in der Regel durch Geburt und die entsprechenden Lebenszyklusrituale erworben wird.

Die Exklusivität in Bezug auf die rituellen und sozialen Interaktionen bedeutet jedoch nicht, dass die religiöse Identität des Einzelnen darauf beschränkt bzw. allein dadurch definiert wird. Vielmehr steht es dem Einzelnen durchaus offen, sein persönliches Heilsstreben etwa in den unterschiedlichen religiösen Kulten und Religionsgemeinschaften zu verwirklichen. Dadurch werden unterschiedliche religiöse und soziale Identitäten möglich, deren Vereinbarkeit davon abhängt, wie stark die Ansprüche des sozialen Lebens im Gegensatz zu denen des religiösen Heilsweges stehen. Manche Traditionen postulieren den Verzicht auf die soziale Existenz durch Eintritt in eine asketische Gemeinschaft. Andere wiederum erheben das Befolgen der sozialen Normen zur Vorbedingung für das religiöse Heil und unterstützen die privilegierte Position der Brahmanen, indem etwa nur sie als Repräsentanten der Gemeinschaft zugelassen werden. Dann gibt es Traditionen – etwa im Tantrismus –, in denen gefordert wird, die Zugehörigkeit zur Kultgemeinschaft geheim zu halten oder zumindest nicht erkenntlich zu machen und ansonsten normenkonform zu leben. Das Verhältnis zwischen der von Brahmanen repräsentierten sozio-rituellen Ordnung und den verschiedenen hinduistischen Gemeinschaften bildet eines der dynamischen Felder in der Geschichte des Hinduismus und ist ein wichtiger Faktor für die Vervielfältigung religiöser Traditionen in den nachfolgenden Epochen.

6. Staatskulte, regionale *bhakti*-Traditionen und die Auseinandersetzung mit dem Islam (13.–18. Jh.)

Die seit dem 11. Jh. stattfindenden Eroberungszüge islamischer Herrscher signalisieren einen Einschnitt nicht nur in der politischen, sondern auch in der Religionsgeschichte des indischen Subkontinents, der mit der Errichtung des Sultanats von Delhi im Jahr 1206 vollzogen wird. Das Herrschaftsgebiet des Sultanats erstreckte sich zwischen dem heutigen Punajb und Bengalen. Dem ging der Sieg eines afghanisch-türkischen Heers über die zwar zahlenmäßig überlegene, strategisch jedoch unterlegene Armee einer Hindu-Konförderation unter der Führung Pṛthivīrājas in der Schlacht von Tarain (bei Delhi) im Jahre 1192 voraus. Eingeleitet wurde diese Epoche durch die verheerenden Raubzüge türkischer Heere unter Mahmud von Ghazni (1000–1027), denen u.a. sakrale Zentren des Hinduismus wie Mathura und Kanauj zum Opfer fielen. Bis zum Beginn der Herrschaft der Mogul-Dynastie im Jahre 1526 war Nordindien zunächst in weitaus größerem Ausmaß von der Expansion und den Herrschaftsformen der islamischen Herrscher betroffen als Südindien. Dort entwickelten sich z.T. unabhängige Regionalreiche und Kulturen, die auch dem Hinduismus eine eigene Ausprägung verliehen. Zugleich hielten sich vereinzelt hinduistische Königreiche an den Rändern des Sultanats, und es bildeten sich auch neue Reiche außerhalb des Machtbereichs des Sultans von Delhi. Dazu gehören das Königreich von Orissa, sowie seit dem 14. Jh. das Bahmani-Sultanat in Zentralindien sowie das Reich von Vijayanagara in Südindien. Sie verloren ihre Eigenständigkeit erst während der Mogul-Herrschaft. Eine bedeutende Rolle spielt dabei die Herrschaft von Kaiser Akbar (1556–1605), der das Imperium einte und vor allem grundlegende und nachhaltige Verwaltungsreformen durchführte.

6.1 Auseinandersetzung mit dem Islam

Das Auftreten neuer religiöser Gemeinschaften bzw. die Ausbildung bestimmter Kulte (wie etwa um den Gott Rāma) werden, mit guten Gründen, von manchen Forschern mit der Präsenz von Herrschern und Volksgruppen islamischen Glaubens in Verbindung gebracht. Ein markantes Merkmal dieser Zeit ist die Ausbreitung von neuen Formen der Gottesliebe (*bhakti*). Allerdings ist festzuhalten, dass deren Theologisierung und Ausbreitung bereits in den Jahrhunderten vor der muslimischen Herrschaft zunahm. Weiterhin ist zu beachten, dass die Regionen des Subkontinents nicht alle in gleichem Ausmaß von den Eroberungen betroffen waren. Es kommt im Laufe der nächsten Jahrhunderte zu ganz unterschiedlichen Formen der Auseinandersetzung zwischen muslimischen und hinduistischen Herrschern sowie zwischen islamischen und hinduistischen Traditionen, die sowohl Gewalt und Zerstörung als auch kulturellen Austausch und das Entstehen neuer kultureller, künstlerischer und religiöser Formen beinhalten. Auch schreitet die Etablierung bedeutender Regional- und Staatskulte weiter voran, die von hinduistischen Herrschern gefördert werden und mit einer Erweiterung der religiösen Infrastruktur einhergehen. Das zeigt sich in der Zunahme von Landschenkungen an Brahmanen, Tempel- und Klosterstiftungen oder in der Errichtung neuer sakraler Zentren und Tempelstädte mit entsprechender ökonomischer Basis. Wie in den vergangenen Jahrhunderten prägen nicht nur das brahmanisch-vedische Schrifttum, sondern auch purāṇische und tantrische Texte und Praktiken die staatstragenden Tempelkulte. Es kommt dabei zu ganz unterschiedlichen Arrangements mit den muslimischen Herrschern. Die jeweilige Konstellation hängt dabei auch vom Verhältnis der jeweiligen muslimischen Herrscher zu ihren hinduistischen Untertanen und Vasallen ab. Dabei spielt nicht allein politisches Kalkül, sondern auch das Selbstverständnis als Muslime immer wieder eine wichtige Rolle. Die beiden Mogul-Kaiser Akbar (1556–1605) und Aurangzeb (1658–1707) können als Beispiele für zwei ganz unterschiedliche Haltungen dienen. Akbar schaffte nicht nur die Kopfsteuer (*jizya*) für Hindus ab, sondern zeigte auch ein ausgeprägtes Interesse am Hinduismus und lud Vertreter verschiedener Religionen an seinen Hof. Demgegenüber führte Aurangzeb die Kopfsteuer wieder ein und befahl die Zerstörung zahlreicher, vor allem auch neu errichteter Hindu-Tempel (s. Richards 1993, 171–77). Ähnlich unterschiedliche Haltungen bekunden auch muslimische Historiographen und Doxographen in ihren Darstellungen der hinduistischen Religion (vgl. dazu Friedmann 1975). Das Interesse der muslimischen Herrscher an der indischen Tradition zeigt sich auch in den Übersetzungen von wichtigen religiösen, philosophischen und literarischen Sanskrittexten ins Persische. Ebenso kontextabhängig erscheint die Reaktion von Hindus auf die neuen Machtverhältnisse und kulturellen Einflüsse. Die Aufnahme theologisch-religiöser Ideen des mystischen Islam in die *bhakti*-Traditionen, die Entwicklung indopersischer Malerei- und Musiktraditionen oder die Übernahme bestimmter Aspekte des islamischen Herrscherideals durch hinduistische Könige sind Beispiele für einen harmonischen Kulturkontakt und die kreativen Aspekte der Zusammenlebens unterschiedlicher Traditionen und Sprachen. Demgegenüber steht die Klage über die Zerstörung von Tempeln und Skulpturen, und die Idee einer spirituellen Wiedereroberung Indiens durch Vertreibung von Häretikern aller Art erscheint in mehreren Quellen.

Das Bemühen um ein Wiedererstarken des brahmanischen Hinduismus kennzeichnet auch das ab dem 14. Jh. in Südindien expandierende Königreich von Vijayanagara. Hier versuchten die Herrscher, an die großen Regionalreiche und Staatskulte des frühen Mittelalters anzuknüpfen. In Vijayanagara erfolgte das vor allem durch die Anknüpfung an die brahmanische Orthodoxie und an die Tradition des von Śaṅkara begründeten monistischen Vedānta. Besonders einflussreich bei dem Bemühen, dem Kampf gegen die ‚Häresie' eine institutionelle und textuelle Basis zu verleihen, war Mādhava-Vidyāraṇya, der Anfang des 14. Jh. nicht allein eine bedeutende Hagiographie über Śaṅkara verfasste, sondern auch das Kloster von Śṛṅgerī zum Gründungskloster der Śaṅkara-Tradition erhob. Die Oberhäupter der vier zentralen Klöster dieser Tradition wurden nun alle als direkte Nachfolger des als Inkarnation des Gottes Śiva gedeuteten Philosophen angesehen und erhielten den Titel ‚Śaṅkarācārya'. Bis heute gehören die Śaṅkarācāryas, insbesondere der reichen und populären Klöster von Kāñcī, Puri und Śṛṅgerī, zu den einflussreichsten Repräsentanten des Hinduismus (vgl. Cenkner 1983). Mādhava-Vidyāraṇya wird auch das doxographische Werk *Sarvadarśanasaṃgraha* (Abriss aller philosophisch-theologischen Schulen) zugeschrieben, und sein Bruder Sāyaṇa verfasste einen Kommentar zum Ṛgveda, der bis heute konsultiert wird. Im Zusammenhang mit der Ausweitung und Konsolidierung der Mogulherrschaft unter Akbar ging auch das Reich von Vijayanagara unter, und Mitte des 16. Jh. wurde die Herrschaft des hinduistischen Königs von Orissa gebrochen. Das militärische Erstarken von Hindu-Königen während des bereits vom Verfall gezeichneten Mogulreiches unter Aurangzeb demonstriert die Expansion der in Maharashtra beheimateten Marathen unter Shivaji im 17. Jh. (vgl. Gordon 1994).

6.2 Bhakti-Bewegungen und Dichter-Heilige

Spätestens seit ihrer theologischen Formulierung in der *Bhagavadgītā* bilden *bhakti*-Traditionen ein bedeutendes Feld des religiösen Lebens. Zwischen dem 6. und 9. Jh. werden weitere bedeutende Texte (allen voran das *Bhāgavatapurāṇa*; 9. Jh.) verfasst. Die Liebe zum Gott oder zur Göttin wird zu einem zentralen Thema der Dichtkunst und erhält dadurch neue poetische und ästhetisch-erotische Dimensionen. Besonders betont werden nun die verschiedenen emotionalen Zustände, die diese Liebe auslösen kann. Der Glaubende wird zum Liebenden, der nun ganz in seinem Liebesdienst und in seiner Sehnsucht (*viraha*) zu seinem zumeist unerreichbaren Gott aufgeht (Hardy 1983). Es entsteht eine umfangreiche Literatur, die sich wohl unter dem Einfluss südindischer Dichter schnell über den gesamten Subkontinent verbreitete. Die Dichtung behandelt die Leiblichkeit Gottes, die Geschichten seines Erscheinens auf Erden sowie die Charakteristika der Erscheinungsorte. Für viele *bhakti*-Traditionen stellen die Dichtung sowie die ihr angeschlossenen Aufführungs- und Bildtraditionen das Fundament der Gemeinschaftsbildung dar. Letztere tragen bis heute zu ihrer Lebendigkeit und Attraktivität bei und sind nicht weniger bedeutsam als das theologische Schrifttum. Es ist weiterhin signifikant, dass die Poeten nicht allein aus der Oberschicht stammen, sondern auch aus den unteren Kasten. In Südindien handelt es sich dabei erstens um die Āḻvārs, eine Gruppe von zwölf Dichter-Heiligen, die dem neuen Gefühl gegenüber dem Gott Kṛṣṇa bzw. Viṣṇu Ausdruck verleihen (z. B. Nammāḻvār; 7. Jh.; Periyāḻvār; 9. Jh.). Ihre Gedichte wurden im Divyaprabandha (‚Heilige Sammlung') kanonisiert. Eine vergleichbare Bedeutung erlangten zweitens die dem Gott Śiva gewidmeten Werke der Nāyanārs, einer Gruppe von 63 Dichtern (z. B. Appar; 7. Jh.; Māṇikavācakar; 9. Jh.). Deren Gedichte werden zwischen dem 11. und 12. Jh. in ein Korpus von zwölf heiligen Texten zusammengefasst, den sog. *Tēvāram*, und als ‚Tamilveda' in den Textkanon des südindischen Śivaismus (*Tirumurai*) aufgenommen. Sie werden dadurch zu einer der Grundlagen der Schule des sog. tamilischen Śaiva Siddhānta, der im 13. und 14. Jh. seine theologische Ausarbeitung erfährt (in 14 Abhandlungen, den *Meykaṇṭa Śāttiram*). In der Nachfolge der Dichter und im Zuge einer verstärkten theologischen Systematisierung der *bhakti*-Lehre bilden sich Überlieferungsgemeinschaften (*sampradāya*), die sich in Tempeln und Klöstern (*maṭha*) institutionalisieren. Die meisten neuen Gemeinschaften überliefern Texte und Praktiken, die nicht Teil der vedischen Tradition sind. Sie suchen das Heil auch nicht in erster Linie in der korrekten Durchführung von Ritualen. Dennoch war eine Verankerung in der brahmanisch-vedischen Tradition für die theologisch-philosophische Positionierung und die soziale Akzeptanz der neuen Gemeinschaften anscheinend unabdingbar. Ein Aspekt dieses Prozesses ist, dass Brahmanen oftmals ihre Position als Ritualspezialisten behielten und die höchsten Ränge in der Gemeinschaft sowie die Durchführung von Ritualen (insbesondere auch Initiationen) ihnen vorbehalten blieben.

Untermauert wurde die theologische Positionierung auch dadurch, dass Texte aus dem autoritativen Kanon-Fundus der *śruti*- und *smṛti*-Literatur sowie aus den Grundtexten der philosophischen Schulen in den Kanon der neuen Gemeinschaft aufgenommen wurden. Vor allem die Texte der Vedānta-Philosophie wurden Gegenstand scholastischer Auslegungen auf Seiten der *bhakti*-Theologen (Sharma 1987). Dazu mag auch die überragende Bedeutung Śaṅkaras und seiner monistischen, jede personifizierende und somit theistische Deutung des höchsten Seienden kritisierenden Philosophie beigetragen haben, die der *bhakti* nur einen relativ geringen Wert für das Erreichen der erlösenden Erkenntnis zubilligen kann. Neben der *Bhagavadgītā*, die von Śaṅkara im Sinne seines unpersönlichen Monismus gedeutet wurde, wird der andere Grundtext des Vedānta, das *Brahmasūtra* in den *bhakti*-Theologien zu einem oft kommentierten Texte. Er dient als Basis für den Nachweis der in einer Überlieferungsgemeinschaft vertretenen Deutung des Verhältnisses zwischen Gott, den Einzelwesen und der Welt. Besonders einflussreich wurde Rāmānuja (11. Jh.), der mit seiner philosophischen Doktrin des ‚Qualifizierten Monismus' zum Begründer des sog. Śrī- bzw. Rāmānuja-Sampradāya wurde. Er lehrte die vollkommene Unterwerfung und Zufluchtnahme zu Gott (*prapatti*) als höchste Form der *bhakti*, wobei der Göttin Śrī-Lakṣmī die Rolle der Vermittlerin zwischen dem Einzelnen und Viṣṇu, dem höchsten Gott, zukommt. Die ihm nachfolgende, vor allem in Südindien verbreitete Religionsgemeinschaft der Śrī-Vaiṣṇavas hat sich in verschiedene Schulen gespalten, die sich vor allem in der Interpretation der ‚Zufluchtnahme' voneinander unterscheiden. Ihre Ritualtradition beruht auf den Offenbarungstexten der viṣṇuitischen Pāñcarātra-Schule (s.o. II.5.3.3). Auch der Philosoph Madhva (ca. 1238–1317) begründete eine eigene Lehrtradition, den sog. Brahma- bzw. Mādhva-Sampradāya, der auch heute noch lebendig ist und eine dualistische Interpretation (sog. Dvaita-Vedānta) des Verhältnisses zwischen Gott und Welt vertritt. Demnach ist Gott das allein und unabhängig Seiende, von dem alle Wesen in der Welt abhängen. Die meisten Lebewesen leben in einem Zustand der Unwissenheit und sind dem Kreislauf der Wiedergeburt unterworfen. Die Unwissenheit ist eine Realität und beruht nicht auf einer Illusion, wie Śaṅkara lehrt. Deshalb beinhaltet der Weg zu Gott und damit zur Erlösung *bhakti*, d.h. die liebevolle Akzeptanz der vollkommenen Abhängigkeit von Gott, von dem die Seele für immer getrennt bleibt. Dennoch kann ihr durch göttliche Gnade die direkte Erkenntnis Gottes zuteil werden (*aparokṣa-jñāna*). Erlösung beinhaltet demnach die ewige Schau und Verehrung Gottes, in der das einzelne Selbst die Glückseligkeit findet (*svarūpānanada*). Obwohl die viṣṇuitischen Traditionen das Feld dominieren, zogen auch śivaitische Theologen das *Brahmasūtra* als philosophischen Gundtext für die Darlegung ihrer Doktrin heran. So beruht z.B. die theologische Ausarbeitung des Korpus der o.g. tamilischen *bhakti*-Dichtung im tamilischen Śaiva Siddhānta auch auf dem vom Theologen Śrīkaṇṭha (ca. 12. Jh.) verfassten Kommentar zum *Brahmasūtra.*

Wie bereits in der älteren *bhakti*-Dichtung, ist die Bindung an die Region ein charakteristisches Merkmal der neuen Gemeinschaften, die sich ab dem 13. Jh. in verschiedenen Regionen des Subkontinents herausbilden und größtenteils auch noch heute lebendig sind. Nicht allein Landschaft und Geschichte der Region spielen in diesen Traditionen eine besondere Rolle, sondern auch die Sprache (*bhāṣā*). Im Unterschied zu den älteren *bhakti*-Dichtungen bestimmen nun Dichter und Heilige das Feld, die ihre Werke nicht in den Gelehrtensprachen Sanskrit oder Tamil, sondern in den Regionalsprachen verfassen. Zudem entstammen viele von ihnen den unteren Schichten und setzen dadurch einen zusätzlichen Akzent gegenüber den brahmanischen (aber auch muslimischen) religiösen Eliten. Dadurch erlangen sie nicht nur eine große Popularität, sondern werden auch zu Katalysatoren für das Entstehen regionaler Identitäten und regionalsprachlicher Literaturen (vgl. Schomer / McLeod 1987; Lorenzen 1994). Die meisten Gemeinschaften führen sich auf einen charismatischen Dichter-Heiligen zurück und nicht auf einen vedischen oder tantrischen Offenbarungstext. Im Medium der Volkssprachen wird ein Weg eröffnet, der dem Einzelnen – unabhängig von der religiösen Sprache und dem rituellen Spezialistentum der Brahmanen – einen unmittelbaren Zugang zur göttlichen Präsenz ermöglicht. Deshalb werden diese Traditionen zuweilen als anti-brahmanische ‚*bhakti*-Bewegungen' zusammengefasst. Die Bezeichnung trifft durchaus einen wichtigen Aspekt der in diesen Traditionen immer wieder formulierten Kritik an den Äußerlichkeiten etablierter Religionsformen, der Eitelkeit und dem Dogmatismus ihrer Repräsentanten und am ‚Markt der Religionen'. Wichtige Rollen im Umfeld der *bhakti*-Heiligen werden von Frauen, Mitgliedern der unteren Kasten sowie Konvertiten eingenommen, die ansonsten eher marginal sind. Das bestätigt das Streben nach religiösen Alternativen. Allerdings darf nicht vergessen werden, dass auch Brahmanen die neue Religiosität mitgetragen haben und in vielen *bhakti*-Gemeinschaften ihren angestammten Platz als Lehrer und Autoren von scholastischen Werken in den Hochsprachen Sanskrit und Tamil sowie als Ritualspezialisten einnahmen. Die Texte dienten dazu, die Gemeinschaften mit einem theologisch-philosophischen Kanon auszustatten, der dazu verhalf, sie als religiöse Überlieferungstradition (*sampradāya*, *panth*) zu etablieren und ihnen damit auch Zugang zu königlicher Patronage zu eröffnen.

Innerhalb der einzelnen *bhakti*-Traditionen kam es zu unterschiedlichen Arrangements mit den Normen der Kastengesellschaft und den sozio-politischen Kontexten, in denen die Mitglieder lebten. Obwohl nicht selten die Regeln der Kaste innerhalb der religiösen Gemeinschaft außer Kraft gesetzt waren, und im Prinzip jedem die Initiation in die Gemeinschaft offen stand, wurden die Mitglieder selten ermuntert, in der Öffentlichkeit gegen die Normen zu verstoßen. Dennoch eröffneten die Gemeinschaften den benachteiligten bzw. sozial diskriminierten Gruppen neue soziale Beziehungen und religiöse Chancen. Ausbreitung und Gewicht der verschiedenen Traditionen sind regional recht unterschiedlich. Weiterhin ist festzuhalten, dass einige *bhakti*-Traditionen auch von Praktiken und Lehren des Islam, insbesondere des Sufismus (der sog. mystische Islam) beeinflusst sind und auch umgekehrt. Das gilt z. B. für bestimmte Formen der islamischen Heiligenverehrung am Grab eines sufischen Heiligen (*pīr*), die Ähnlichkeiten mit Kulten um *bhakti*-Heilige (*guru*) aufweisen, oder auch für Konzepte der Hingabe an einen transzendenten, formlosen Gott und einer damit einhergehenden Ablehnung des Bilderkults.

Die *bhakti*-Heiligen oder Dichter werden oft kollektiv als *bhakta*s bzw. *sant*s bezeichnet (s. Beiträge in Schomer/Mc Leod 1987). *Sant* bedeutet zum einen ‚Heiliger' als verehrungswürdiges Vorbild der Gottesliebe und zum anderen ‚guter Mensch' und verweist auf moralische Autorität. Obgleich sich eine historische oder theologische Konturierung der einzelnen Traditionen als schwierig erweist, weil sie ursprünglich nur von einzelnen Dichtern und Dichterinnen repräsentiert wurden, besteht in der Forschung eine gewisse Einigkeit darüber, dass man grundsätzlich zwei theologische Positionen unterscheiden kann: Während die eine Gruppe der *bhakti*-Traditionen Gott oder Göttin mit Eigenschaften (*saguṇa*) verehrt, richtet sich bei den anderen die Gottesliebe auf einen Gott, dem keine Eigenschaften (*nirguṇa*) zukommen. Diese Unterscheidung verweist zum einen auf den anhaltender Einfluss monistischer Philosophien, zum anderen auf die Präsenz eines jeglichen Bilderkult ablehnenden Islam. Diese Unterschiede in der theologischen Ausrichtung hatten keine gravierenden Folgen für die religiöse Praxis oder führten zu einer Spaltung. Vielmehr werden die *bhakti*-Heiligen insgesamt als Gruppe gesehen[10] und auch über die Grenzen der jeweiligen Überlieferungstraditionen hinweg verehrt (wie etwa Kabīr oder Mīrā Bāī). Die Gemeinschaft der Dichter-Heiligen bildet das Vorbild für die Gemeinschaft ihrer Anhänger, die für einander die beste Gesellschaft darstellen, so dass man so oft wie möglich deren Nähe suchen soll. Das ist der *satsaṅg*; die ‚wahre Gemeinschaft' bzw. die ‚Gemeinschaft der Guten'. Mit ihnen teilt man nicht nur die Liebe zu Gott, sondern trifft sich auch zu Meditation und Gebet und zum Singen der Gedichte und Lieder ihrer Dichter (s. reader, 91–98). Ab dem 15. Jh. erfährt auch ein anderes literarisches Genre einen Aufschwung, nämlich die Hagiographie bzw. sakrale Biographie (*carita*), in der die Lebensgeschichte der einzelnen Dichter-Heiligen nach Maßgabe der religiösen Lehre dargestellt, aber auch historische Kontexte verarbeitet

10 Das belegt z.B. die Zusammenstellung im Nabhadās Werk *Bhaktamālā* aus dem 17. Jh., das u.a. Kurzbiographien der Dichter-Heiligen enthält.

werden. Die Hagiographien spielen eine wichtige Rolle in den religiösen Gemeinschaften, indem sie das Leben des Heiligen als idealtypisches Vorbild für die Verwirklichung der religiösen Ziele darstellen und der Gemeinschaft eine gemeinsame Geschichte liefert. Dieses Genre zählt auch in der Gegenwart zu den produktivsten Literaturformen im Hinduismus.[11]

6.2.1 Liebe zum persönlichen Gott (saguṇa-bhakti)

Im Rahmen der *saguṇa-bhakti* besitzt das Göttliche konkrete Eigenschaften (*guṇa*) wie z. B. einen Namen, und der Tempeldienst spielt eine wichtige Rolle. Die religiösen Aspirationen richten sich auf einen höchsten Gott oder eine Göttin, der oder die mit allen Attributen des ‚Höchsten' versehen ist. Die durch verschiedene Formen des Gottesdienstes und der Gottesliebe etablierte persönliche und direkte Beziehung ist das Fundament der Erlösung. Die Mehrheit der *bhakti*-Traditionen folgt grundsätzlich dieser Deutung, wenngleich auch nach Maßgabe unterschiedlicher theologischer Interpretationen. Dabei stehen die Götter Kṛṣṇa, Rāma, Viṣṇu und Śiva sowie die Göttin Rādhā im Mittelpunkt. Zu den ältesten Traditionen gehört der Vārkarī-Sampradāya in Maharashtra, eine religiöse Gemeinschaft, die etwa ab dem 12.–13. Jh. greifbar wird (vgl. Novetzke 2005). Im Mittelpunkt steht der Gott Viṭṭhala bzw. Viṭṭhobā, eine Inkarnation des Gottes Kṛṣṇa, der im Tempel von Pandharpur verehrt wird. Die Anhänger nennen sich Vārkarī, die Pilger, weil sich ihre religiöse Identität vor allem auf der jährlichen Pilgerreise nach Pandharpur manifestiert. Die Vārkarī beziehen sich auf eine Gruppe von ungefähr fünfzig Dichter-Heiligen, deren Leben Thema eines reichen hagiographischen Schrifttums ist. Die wichtigsten Dichter sind Jñāndev (Ende des 13. Jh.), ein brahmanischer Gelehrter und Verfasser eines bedeutenden Kommentars zur *Bhagavadgītā* in Marathi, der *Jñāneśvarī*. Nāmdev (1270–1350), ein unterkastiger Schneider, der durch seine Reisen nach Nordindien eine Verbindung zu den dortigen Sants etablierte, sowie Eknāth (1548–1600)

11 Siehe dazu die Aufsätze in Callewart/Snell 1994 und Dalmia/Malinar/Füchsle 2001.

und Tukarām (1598–1649). Eine weitere in Maharashtra beheimatete Gemeinschaft bilden die Mahānubhāvas.

Bedeutend und auch heute noch lebendig sind weiterhin die folgenden, im 15. bzw. 16. Jh. begründeten Religionsgemeinschaften, in deren Zentrum die Verehrung des Gottes Kṛṣṇa zusammen mit der Göttin Rādhā steht: Erstens der Vallabhā-Sampradāya, auch Puṣṭimārga genannt (‚Weg des Wohlergehens'), der auf Vallabhācārya (1479–1531) zurückgeht (Barz 1992). Er entstammte einer südindischen Brahmanen-Familie und ließ sich dann in Vraja (bei Mathura, heute Uttar Pradesh) nieder, dem mythischen Erscheinungsort des Gottes Kṛṣṇa und einem der wichtigsten Pilgerorte des Hinduismus (vgl. Entwistle 1987). Er rückte das Vertrauen auf die Gunst (*anugraha*) des Gottes ins Zentrum der religiösen Praxis. Vallabha lehrt einen ‚reinen Monismus' (*suddha-advaita*), der keine illusionären Erscheinungsformen Gottes zulässt. Eine besondere Rolle im Kult der Gemeinschaft spielt das nach der Legende sich selbst manifestierende Kultbild des Gottes als ‚Herr des Berges Govardhana' (Govardhananāthajī), das heutzutage in Nathdvara (Rajasthan) verehrt wird. Weiterhin hat sich in dieser Zeit der Madhva-Gauréśvara-Sampradāya formiert – auch Gauḍīya-Vaiṣṇavas genannt –, der auf den charismatischen Heiligen Caitanya (1486–1533) zurückgeht. Caitanya wurde in einer brahmanischen Familie in Navadvip im heutigen Bundesstaat Bengalen geboren und lebte nach ausgedehnten Pilgerfahrten über 17 Jahre im sakralen Zentrum des heutigen Bundesstaates Orissa, in Puri, wo sich der Jagannātha-Tempel befindet, einer der wichtigsten sakralen Orte des Hinduismus. Er scheint eine neue Interpretation der *bhakti*, der Gottesliebe, geliefert zu haben, wobei er weniger als Theologe gewirkt hat, sondern vielmehr die Liebe zum Gott Kṛṣṇa verkörpert zu haben scheint. Als einziges Textzeugnis werden ihm acht Verse zugeschrieben, in denen seine religiöse Haltung beschrieben wird. Höchster Ausdruck der von Caitanya geforderten Gottesliebe ist die ekstatische Verzückung, die durch die meditative Schau Gottes hervorgerufen wird und sich im lauten Singen des Namen Gottes äußert (*kīrtana*). In der durch eine spätere Generation von Nachfolgern, den sog. Gosvāmis, ausgearbeiteten Theologie wird als Ziel aller religiöser Praxis die Realisierung von *mādhurya-bhakti*, einer stark erotisch geprägten Liebe zum Gott Kṛṣṇa gelehrt, wobei dessen Gefährtin, die Göttin Rādhā, zum Vorbild wird (s. Haberman 1988) Die Gemeinschaft wurde Mitte der 50er Jahre auch im Westen als ‚Hare Krishna-Bewegung' bekannt (auch: ISKCON; International Society for Krishna Consciousness). Im Unterschied zu den beiden genannten Gemeinschaften steht in der dritten hier zu erwähnenden Tradition, dem sog. Rādhāvallabha-Sampradāya, die Verehrung der Göttin Rādhā im Zentrum der religiösen Aspirationen. Diese Tradition wurde von Hita Harivaṃśa (1502–1552) begründet. Unabhängig von den Religionsstiftern und Theologen in den jeweiligen Gemeinschaften werden auch bestimmte Dichter und Dichtungen verehrt, die sich auch heutzutage in Indien großer Popularität erfreuen: Zu den bedeutendsten gehören der Dichter Surdās (16. Jh.) und die Dichter-Heilige Mīrābāī (ca. 1500–1565).

In diese Zeit fällt auch die feste Etablierung des Gottes Rāma als einer der populärsten Götter des Hinduismus (s. u. III.2.3). Aus dem Helden des *Rāmāyaṇa*-Epos wird der Gott Rāma, der seinen wichtigsten Verehrer in Hanumān hat, dem gleichfalls nunmehr vergöttlichten Helfer des epischen Rāma aus dem Affenclan. Zugleich erscheint Rāma auch in einer sehr einflussreichen *nirguṇa*-Interpretation, derzufolge er das absolute, alle Eigenschaften und Charakterisierungen überschreitende Sein ist. ‚Rām' ist demzufolge kein Name Gottes, sondern die Bezeichnung des Absoluten und wird dann am besten mit ‚Gott' übersetzt. Diese Deutung wird in der einflussreichen Rāmāyaṇa-Überarbeitung durch Tulsīdās popularisiert, dem in Avadhi verfassten *Rāmcaritmanas* (ca. 1574). Etwa zeitgleich hat sich auch eine eigene Religionsgemeinschaft der Verehrer des Rāma, der Rāmānandi-Sampradāya, herausgebildet, die in zahlreichen Tempeln und klösterlichen Gemeinschaften (*maṭha*) institutionalisiert ist (s. Burghart 1978; van der Veer 1988).

6.2.2 Liebe zum formlosen Gott (nirguṇa-bhakti)

Für die Anhänger der *nirguṇa*-Traditionen ist das Göttliche das namen- und eigenschaftslose höchste Sein, das alle Menschen durch die Sehnsucht nach Unsterblichkeit und Glückseligkeit sowie als ‚wahre Lehrer' (*satguru*) in sich tragen (s. Lorenzen 1996). Die Annäherung an das Göttliche bzw. den namenlosen Gott erfolgt nicht in erster Linie durch Tempeldienst oder äußere Rituale, sondern durch Meditation über und Vergegenwärtigung des allgegenwärtigen Göttlichen und seiner Offenbarungen im Wort. Die Dichter-Heiligen dieser Tradition werden als Sants bezeichnet, und einige gelten als Begründer einer Überlieferungstradition (*panth*; *sampradāya*), wie z. B. Kabīr (um 1500), Dādū Dayal (1544–1603), Guru Nānak (1469–1539), einer der Stifter der Religion der Sikhs, und der ‚unberührbare' Ravidās (ca. 15. Jh.), der vor allem in Rajasthan gewirkt hat und in der Gegenwart vor allem unter den ‚Unberührbaren' eine große Popularität genießt. Kabīr wird bis heute nicht zuletzt auch als Vorbild für eine Toleranz zwischen Hindus und Muslimen verehrt (vgl. Vaudeville 1974). Ein Charakteristikum der nordindischen Sants ist, dass sie fast alle aus unteren Kasten stammen, was dazu geführt hat, in ihren Dichtungen auch den Ausdruck eines sozialen Protests zu sehen, der sich gleichermaßen gegen das hinduistische wie gegen das muslimische Establishment richtete.

Kabīr entstammte einer Familie muslimischer Weber und lebte in Benares. Seine Lehre ist in Spruchweisheiten (*sākhī*) und Liedern (*pāda*) überliefert. Eine Kollektion seiner Verse wurde in das heilige Buch der Sikhs aufgenommen, den *Ādi Granth*, das zwischen 1603 und 1604 zusammengestellt wurde. Daneben gibt es die Ausgabe des Kabīr-Panth, der Gemeinschaft der Kabīr-Nachfolger, der sog. *Bījak*. Nabhadās beschreibt Kabīr in seiner Darstellung der wichtigsten Dichter-Heiligen (*Bhaktamālā*; 17. Jh.) als einen Menschen, der nicht die Bestimmungen der Kasten und Lebensalter beachtet. Er habe vielmehr gelehrt, dass eine Einhaltung der Gesetzesvorschriften ohne Gottesliebe der Gesetzlosigkeit gleichkommt. Ebenso sind Yoga, Gelübde und Spendentätigkeit wertlos, wenn das ohne Gottesliebe geschieht. Es wird weiterhin daraufhin gewiesen, dass Kabīr nicht nur unter Hindus sondern auch unter Muslimen Zuhörer fand. Aus den ihm zugeschriebenen Lehrversen und Gedichten geht seine Distanz sowohl zu islamischen als auch zu hinduistischen Gotteskonzeptionen hervor (s. reader, 96 f). Statt einer Verstrickung in theologische Streitigkeiten und die Aneignung weltlicher Macht, lehrt Kabīr die innere Einkehr, die Reinigung des Körpers und der Gedanken, um die Stimme und den Namen Gottes zu hören, der im Inneren anwesend ist (*satguru*; der ‚wahre Lehrer'). Die Erfahrung Gottes als den wahren, inneren Lehrer führt zu einem veränderten Blick auf die Welt, die sich todesverfallen am Schein äußerer Dinge wie Besitz, Genuss und Status orientiert. Die Vergänglichkeit aller Dinge ist ein wiederkehrendes Thema, dem Kabīr mit der Aufforderung, den Tod und damit die Unsterblichkeit bereits zu Lebzeiten zu suchen, begegnet. Kabīr sucht die Erlösung zu Lebzeiten, ein altes Konzept aus der indischen asketischen und yogischen Tradition (*jīvanmukti*; s.u. VI.3): Der Körper, der von der Befriedigung seiner Bedürfinisse lebt, muss im Rahmen asketischer Praktiken sterben, um als ein neuer und unsterblicher Leib zu entstehen. Kabīr greift hier mit großer Wahrscheinlichkeit eine Tradition des Yoga auf, die sowohl im Tantrismus als auch in den Lehren des Yoga-Lehrers Gorakhnāth (um 1200) überliefert ist. Schon bald nach Kabīrs Tod entstanden ein hagiographisches Schrifttum und eine Überlieferungsgemeinschaft, der Kabīr-Panth, der bis heute besteht und über zwei Millionen Anhänger hat. Kabīr wird als der lebendige *satguru* verehrt, dem der Status eines *avatāra*, einer göttlichen Herabkunft zukommt.

Liṅgāyats

Eine der ältesten, auf den Dichter-Heiligen Basava (ca. 1106–1167) zurückgehenden śivaitische *bhakti*-Gemeinschaft sind die Liṅgāyats (‚Träger des *liṅgam*', d.h. des phallischen Emblems des Gottes Śiva, s.u. III.2.4) oder Vīraśaivas (‚Helden-Śivaiten'). Sie lehnen jeglichen Tempel- und Bilderkult ab und richten ihre Gottesverehrung auf das *liṅgam*, das sie bei der Initiation in die Gemeinschaft erhalten und – an einer Halskette befestigt – am Körper tragen. Die Liṅgāyats glauben, dass sie nach ihrem Tod direkt zu Śiva erlöst werden und akzeptieren deshalb auch nicht die *karman*-Lehre. Aus einer brahmanischen Familie stammend, war Basava zunächst am regionalen Königshof tätig, bis er sein Leben der *bhakti* widmete und dabei auch Sozialkritik äußerte, indem er die brahmanischen Normen und die Regeln der Kastengesellschaft ablehnte. Diese Ideen wurden in einer sehr liberalen Heiratspraxis innerhalb der von ihm gegründeten Gemeinschaft umgesetzt. Trotz Verfolgung und Unterdrückung durch das soziale Umfeld hat die Gemeinschaft bis heute überlebt und ein reiches Textkorpus religiöser Dichtung und eine umfangreiche sakrale Biographie ihres Gründers, das in Kanaresisch abgefaßte *Basavapurāṇa*, geschaffen (vgl. Ramanujan 1973).

7. Britische Kolonialherrschaft und die Debatte um den Hinduismus (18.–20. Jh.)

Im späten 18. und im nachfolgenden 19. Jh. sind die Grundlagen für vieles gelegt worden, was heute mit dem Begriff ‚Hinduismus' verbunden wird. Der Zerfall des Mogul-Reiches und die schrittweise Etablierung der britischen Kolonialherrschaft bewirkten weitreichende Veränderungen, die schließlich zur Bildung des säkularen indischen Staates im Jahre 1947 führten. Indien wurde mit der Kolonialherrschaft Austragungsort und Teil der Modernisierungs- und Demokratisierungsprozesse, die zu dieser Zeit auch Europa erfassten (s. van der Veer 2001). Die britische Kolonialherrschaft und damit die machtvolle Präsenz westlichen Denkens und westlicher Wertmaßstäbe haben auf indischer Seite eine Vielfalt von Reaktionen hervorgerufen und zu eigenen Formen von Modernität und Traditionsbewusstsein geführt.

7.1 Etablierung der britischen Kolonialherrschaft und Kritik am Hinduismus

Die Strategien der Verfestigung der europäischen Herrschaft vor allem seit Beginn des 19. Jh. umfassten nicht allein den ökonomischen und administrativen Bereich, sondern auch die Aneignung und Interpretation der indischen Tradition im Rahmen der europäischen Wissenschaften, die Ersetzung des traditionellen Bildungswesens durch das englische Schulsystem sowie die Unterstützung christlicher Missionstätigkeiten durch die Kolonialverwaltung. Mit diesen Strategien ging oftmals eine Abwertung der indischen Traditionen und Religionen einher. Aus der wissenschaftlich-technischen Überlegenheit der Kolonisatoren wurde auch ein moralisch-zivilisatorischer Führungsanspruch abgeleitet, der Rufe nach Reform einer als rückständig angesehenen indischen Kultur nach sich zog. Der Umgang mit diesen Strategien reichte auf indischer Seite von einer Begrüßung der britischen Herrschaft als Ende der moslemischen Fremdherrschaft und als einer Chance für einen Fortschritt auf sozialem und ökonomischem Gebiet bis hin zur vehementen Ablehnung des europäischen Materialismus und einer Zuwendung zur eigenen Tradition. Die unterschiedlichen Konstruktionen oder Interpretationen von ‚Hinduismus', die im 19. und 20. Jh. unternommen werden, dokumentieren die verschiedenen Ebenen der Auseinandersetzung mit der neuen Konstellation. Dabei lassen sich ganz allgemein folgende Entwicklungstendenzen unterscheiden: 1. Das Entstehen neuer hinduistischer Gemeinschaften, die sich z. T. explizit von bestimmten Formen des Hinduismus abwandten. 2. Die Reform traditioneller religiöser Gemeinschaften. 3. Der Aufstieg der Vedānta-Philosophie als eine Einheit stiftende Lehre und ‚Essenz' des Hinduismus, die die Unterschiede zwischen den verschiedenen religiösen Traditionen akzeptiert, aber auch als überwindbar ausweist. 4. Konstruktionen von Hinduismus als ‚Nationalreligion' der Inder, die mit dem Bemühen um eine Revitalisierung des sog. traditionellen Hinduismus und mit einer dezidierten Abgrenzung gegenüber ‚fremden' Religionen wie z. B. dem Islam oder Christentum einhergehen. Alle diese Entwicklungen prägen auch die Gegenwart. Daneben erfahren lokale Traditionen und Kulte eine neue Relevanz. Heilrituale und Besessenheitskulte scheinen angesichts der tiefgreifenden Veränderungen zuzunehmen und erfreuen sich bis heute einer ungebrochenen Popularität.

Da die Entwicklungen Teil der Kolonialgeschichte sind, sei ein kurzer Überblick vorangestellt. Der Sieg der Briten über den Herrscher von Bengalen im Jahre 1757 markiert den Anfangspunkt der britischen Expansion in Indien, die zunächst unter der Regie der Ostindien-Kompanie verlief. Die Expansion schritt in den nächsten 100 Jahren kontinuierlich durch militärische Unternehmungen sowie die Übernahme von Steuerhoheiten voran. Oftmals blieben die lokalen und regionalen Könige zumindest nominell im Amt, so dass die überkommenen Hierarchien weitgehend unangetastet blieben. Erst 1858 – nach der Niederschlagung des Aufstands indischer Soldaten im Jahre 1857 (sog. ‚Mutiny') – wird die Ostindien-Kompanie aufgelöst, und die britische Krone übernimmt die Herrschaft über das Land. Die ökonomische Ausbeutung vor allem des indischen Bauern- und Handwerkertums ging mit der Implementierung eines neuen Steuersystems und einem kontinuierlichen Kapital- und Ressourcenentzug von Indien nach England einher. Da die Briten größtenteils Verwaltungsbeamte waren und keine Siedler, erfolgten – abgesehen von Infrastrukturmaßnahmen wie dem Eisenbahnbau – nur wenige Investitionen in Indien selbst. Dadurch unterschied sich die britische Herrschaft von der moslemischen und hatte für die einheimische Sozialstruktur z.T. verheerende Folgen. Die traditionelle Mittelschicht der Handwerker etwa wurde durch den Export indischer Baumwolle zur Weiterverarbeitung in den Textilindustrien Englands und den anschließenden Re-Import britischer Textilien nach Indien fast ruiniert. Gefördert wurde eine andere soziale Schicht, und zwar Angestellte und Beamte für den kolonialen Verwaltungsapparat. Zu diesem Zweck wurden Ausbildungsstätten geschaffen, und nach einiger Zeit entstand eine neue Mittelschicht, die das westliche Bildungssystem durchlaufen hatte. Nach Überzeugung der Kolonialherren konnten die eigenen Projekte dann am effektivsten umgesetzt werden, wenn man sich mit der einheimischen Kultur und Sprache vertraut machte. So ging die britische Herrschaft mit einer Beschäftigung mit der indischen Tradition einher, mit den überlieferten Sanskritquellen und dem Studium der ‚Sitten und Gebräuche'. Man respektierte zunächst die Errungenschaften der einheimischen literarischen und sprachwissenschaftlichen Tradition und feierte das Sanskrit als die älteste indo-europäische Sprache. Die Beamten der East India Company vermieden zunächst jede Einmischung in religiöse Fragen. Das hatte seinen Grund zum einen darin, dass die Handelsinteressen im Vordergrund standen, zum anderen, dass die Eroberung des Landes auch durch die Rekrutierung einheimischer Soldaten möglich geworden war, die ihre religiösen Traditionen befolgten. Als Herrscher des Landes mussten die Briten zudem bestimmten Rollenerwartungen aufseiten der einheimischen Eliten und der Bevölkerung genügen und z.B. die Patronage von Tempeln übernehmen oder religiöse Feste unterstützen. Deshalb war christlichen Missionaren ihre Tätigkeit zunächst auch untersagt.

Diese Politik änderte sich mit der zunehmenden Verwicklung der britischen Regierung in die Expansion der Ostindien-Kompanie. Das rein wirtschafliche Interesse wandelte sich immer mehr in eine Übernahme von Regierungsverantwortung. Das verlangte, zu Fragen der Gesetzgebung, des Erziehungssystems und der Verwaltung ebenso Stellung zu nehmen wie zu sozialen und religiösen Konflikten. Die Duldung bestimmter religiöser Praktiken und sozialer Verhältnisse vertrug sich nicht mit dem demokratisch-aufgeklärten Selbstverständnis der Parlamentarier in London. Die Frage lautete dementsprechend, was man von der einheimischen Tradition akzeptieren konnte bzw. ablehnen musste, um sich nicht selbst zu kompromittieren. Die gewandelte Haltung auf seiten der Kolonialherren zeigt sich u. a. in der veränderten Bewertung der einheimischen Traditionen im Zuge der Reform des Bildungswesens im Jahre 1835. Die Reform bezeichnet einen entscheidenden Wendepunkt in der britischen Politik noch vor der offiziellen Unterstellung Indiens unter die britische Krone. Es wurde dabei ein jahrelang geführter Streit über die Beibehaltung des einheimischen Erziehungsmodells zugunsten der Einführung des britischen Bildungssystems entschieden. Etwa zeitgleich wurden christliche Missionare in Indien tätig. In der Kritik des Hinduismus und insbesondere der auf ihn zurückgeführten sozialen Missstände waren sich Missionare und Kolonialbeamte oft einig. Dazu zählten u. a. das Kastensystem, das als eine ‚religiöse Institution' begriffen wurde, die Kinderheirat, der Status der Witwen, insbesondere die sog. ‚Witwenverbrennung' (*sati*), sowie die Unterdrückung und Chancenlosigkeit der Unterschichten, insbesondere der ‚Unberührbaren', und der Frauen insgesamt (s. dazu Metcalf 1994).

Diese Situation provozierte auf indischer Seite Gegenreaktionen, die sich – vereinfacht – in folgenden Fragen zusammenfassen lassen: An welcher Art von Tradition kann man gegenüber der westlichen Zivilisation als Hindu festhalten? Was muss man angesichts der neuen Werte an Traditionellem ablehnen bzw. welche westlichen Vorstellungen erscheinen überhaupt akzeptabel? Inwieweit verhindert der Hinduismus den Fortschritt und inwiefern sollten religiöse Konzepte Gestalt und Richtung der Modernisierung beeinflussen? Antworten auf diese Fragen wurden in den Debatten um die Notwendigkeit und die Durchsetzung sozialer Reformen und um die Grundlagen bzw. das ‚Wesen' des Hinduismus diskutiert. Reformeifer und Traditionswahrung traten dabei nicht selten in ein Spannungsverhältnis. In diesem Zusammenhang wurde ein Begriff für die Definition und Interpretation des Hinduismus immer bedeutender, der sog. *sanātana dharma*, das ewige und unveränderliche Gesetz bzw. Religion. Demnach bedeutet Hinduismus die Akzeptanz der in den klassischen Texten formulierten Gesetze der sozialen und kosmischen Ordnung (*dharma*), des Kastensystems sowie des Tempelkults (s. reader, 104 ff).

7.2 Reformbewegungen und neue religiöse Gemeinschaften

Der Brahmo Samāj und der Ārya Samāj – zwei wichtige Reformbewegungen des 19. Jh. – kamen zu ganz unterschiedlichen Antworten auf die Frage, was Hinduismus sei. Die Geschichte beider Organisationen spiegelt auch den allgemeinen Trend im 19. Jh. wider, der von einer immer stärkeren Rückbesinnung auf die eigene Tradition und von der Forderung nach einer auf eben dieser Tradition basierenden nationalen Einheit geprägt ist. Der Brahmo Samāj wurde 1828 von Ram Mohan Roy (1772–1833), einer der wichtigsten Figuren in den Debatten des 19. Jh., in Kalkutta gegründet. Ram Mohan Roy sieht in den Upaniṣaden und im System des Vedānta die eigentlichen Grundlagen des Hinduismus, weil in diesen Texten der Glauben an einen einzigen Gott gelehrt wird, der keine Verehrung in Bildergestalt erlaubt. Entsprechend lehnt er den Bilderkult als ein unwahres Element des Hinduismus ab und fordert seine Landsleute auf, sich davon ebenso abzuwenden wie von falschen Ritualen, wie z. B. der Witwenverbrennung (s. u. IV. 6). Seine Streitschriften liefern auch wesentliche Argumente für das gesetzliche Verbot dieser Praxis im Jahre 1827 (vgl. Mani 1998). Er weist auch immer wieder auf die Gemeinsamkeiten zwischen den Religionen hin und verwahrt sich gegen die Diffamierung der Hindus durch christliche Missionare (s. reader, 98–101). Der Brahmo Samāj dient nach eigener Aussage der „Verehrung und Anbetung des ewigen und unveränderlichen Wesens, das der Urheber und Erhalter des Universums ist". Nach dem Tod Ram Mohan Roys im Jahre 1833 führen interne Konflikte zur Aufspaltung des Brahmo Samāj und letztlich zu seinem Niedergang.

Eine stärkere Behauptung der eigenen Tradition gegenüber fremden Einflüssen stellt der 1875 von Dayānand Sarasvatī (1824–1883) gegründete Ārya Samāj dar, die ‚Gesellschaft der Ārya', was bereits den starken Bezug zur vedischen Tradition signalisiert und auch auf den Einfluss der zeitgenössischen ‚Arier-Debatte' in Europa und Indien verweist (Leopold 1970). Sarasvatī wurde in einer Brahmanenfamilie in Gujarat geboren und erhielt eine orthodoxe Erziehung. Nach einer Auseinandersetzung über den von ihm abgelehnten Bilderkult verlässt er seine Familie. Für ihn bezeugt diese Praxis, wie auch zahlreiche andere auch, den Verfall der wahren vedischen Religion, der nicht zuletzt durch die vielen Jahrhunderte der ‚Fremdherrschaft' ausgelöst wurde. Der Veda ist für ihn die einzige Religion Indiens, sie ist als der wahre Hinduismus das Eigentum der indischen Nation. Er sucht in seinem Hauptwerk *Satyārthaprakāśa* nachzuweisen, dass alle späteren Entdeckungen und wissenschaftlichen Wahrheiten bereits im Veda enthalten sind. Das zeigt Sarasvatīs Aufgeschlossenheit gegenüber den neuen wissenschaftlich-technischen Errungenschaften und Bildungsmöglichkeiten, die auch zur Gründung des Anglo-Vedic College führt, in dem traditionelles und westliches Wissen gleichermaßen gelehrt werden (Jones 1976). Um die vedische Religion wiederzubeleben, muss der gegenwärtige Hinduismus von bestimmten Auswüchsen gereinigt werden. An allererster Stelle stehen dabei die Idolatrie und die Vielgötterei, für die es nach der Ansicht Sarasvatīs keine Grundlage in den Veden gibt. Letztere lehren nur einen einzigen Gott, den man nur im Geist und nicht mit Bildern verehren dürfe. Weiterhin wurde für Hindus, die zum Christentum oder zum Islam übergetreten sind, ein Re-Konversionsritual eingeführt, die sog. *śuddhi* (‚Reinigung'). Für die auch heute noch zahlreichen Mitglieder des Ārya Samaj werden am traditionellen vedischen Modell angelehnte Lebenszyklusrituale (*saṃskāra*) durchgeführt, ohne dass dabei an den Kastenunterschieden festgehalten wird.

Älter als die beiden soeben diskutierten neuen Gemeinschaften ist der bereits Anfang des 19. Jh. entstandene, eher konservativeren Mustern folgende Svāmī Nārāyaṇa-Sampradāya. Diese Gemeinschaft wurde von Svāmī Sahajānanda (1781–1830) gegründet, der von seinen Anhängern als Svāmī Nārāyaṇa und als göttliche Inkarnation verehrt wird. Sie gewann vor allem in Gujarat und in Ländern mit hohem Anteil an Gujaratis (wie z.B. Großbritannien) eine große und auch finanzstarke Anhängerschaft. Ursprünglich aus einer in Uttar Pradesh beheimateten brahmanischen Familie stammend, wird Svāmī Nārāyaṇa früh mit den Traditionen der viṣṇuitischen *bhakti* vertraut und wählt nach dem frühen Tod seiner Eltern bereits mit elf Jahren das religiöse Leben, das ausschließlich der Verehrung von Viṣṇu-Nārāyaṇa gewidmet ist. Schließlich wird er nach mehreren Jahren der Wanderschaft Nachfolger des Oberhaupts einer Asketengemeinschaft in Gujarat, und damit beginnt seine Karriere als Religionsstifter und auch Reformer. Seine Reformen zielen jedoch nicht auf den Hinduismus, sondern auf die Bekehrung der Gesellschaft zu einer strengeren Befolgung der brahmanischen Ideale und der Normen der Kastengesellschaft. Er predigt asketische Tugenden und einen strengen Vegetarismus, und er verurteilt Tieropfer und die Praxis der Witwenverbrennung ebenso wie Alkoholkonsum. Zugleich wurde die Kastenhierarchie auch innerhalb der Gemeinschaft bekräftigt und ‚Unberührbare' wurden nicht als Mitglieder zugelassen. Seine Anhängerschaft bestand zwar zunächst vor allem aus Asketen, aber bald fand er auch Unterstützung vonseiten der Haushälter, vor allem aus der finanzstarken Händler- und Unternehmerschicht. Das ermöglichte auch den zügigen Bau von sechs Tempeln der Bewegung noch während der Gründungsphase der jungen Gemeinschaft. Gleichwohl bilden die Asketen nach wie vor den Kern der Gemeinschaft, die zu den lebendigsten im modernen Hinduismus zählt (Williams 2001).

Auch in den folgenden Jahrzehnten entstehen zahlreiche neue Hindu-Gemeinschaften, die westliche Konzepte und soziale Reformprogramme mit bekannten hinduistischen Ideen und Konzepten vermitteln. Dazu gehören u.a. die vor allem aus weiblichen Anhängern bestehende Gemeinschaft der Brahma-Kumāris sowie die Radhasoami-Bewegung (Babb 1987). Neben diesen an der Organisationsform des traditionellen *sampradāya* orientierten Gruppen kommt es – wie in der Vergangenheit auch – zur Bildung von Kultzentren um einzelne religiöse Lehrer bzw. ‚göttliche Inkarnationen', denen oft Wunderkräfte, insbesondere die Fähigkeit zu heilen, zugeschrieben werden. Dazu gehören nicht allein bekannte Persönlichkeiten wie Mohandas K. Gandhi, der bald als ‚Māhātma' verehrt wurde und auch eine eigene, reformerisch-spirituelle Ashram-Bewegung gründete, sondern auch zeitgenössische Gurus. Einer der bekannstesten ist Satya Sai Baba (geb. 1926; vgl. Babb 1987) mit seinem Zentrum in Puttaparthi (Andhra Pradhesh), der vor allem für seine Wunderkräfte bekannt wurde. Rajnesh Rishi (‚Osho') wurde in den 70er Jahren zum Führer der dann auch im Westen populären ‚Bhagwan-Bewegung'. Er rief in einer Mischung aus devotionalen und tantrischen Praktiken zur Bewusstseinserweiterung auf und wurde zur Leitfigur einer nicht-asketischen (Neo)Saṃnyāsi-Bewegung. Einflussreich wurde auch Mahesh Maharshi (1917–2008), der Begründer der ‚Transzendentalen Meditation' (TM), die durch yogische Meditation und Anknüpfung an das vedische Erbe eine ‚Pazifizierung' und ‚Spiritualisierung' der Welt unter der Führung einer spirituellen Elite anstrebt.

7.3 Vedānta als ‚Wesen' des Hinduismus

Gegen Ende des 19. Jh. wird der Ruf nach mehr Mitbestimmung und dann auch nach Unabhängigkeit lauter, was sich 1885 auch in der Gründung der Kongress-Partei (*Indian National Congress Party*) niederschlug. In der Debatte um den Hinduismus spielte nun der Stellenwert der Religion im Indien der Zukunft eine wichtige Rolle, wobei zunehmend die Besonderheit und z. T. auch Überlegenheit hinduistischer Spiritualität hervorgehoben wurde. Persönlichkeiten wie Swami Vivekananda (1863–1902), Aurobindo Ghose (1869–1948) und Mohandas K. Gandhi (1872–1950) traten in dieser Zeit als Repräsentanten des Hinduismus hervor und entwarfen dabei ein recht unterschiedliches Bild von der Zukunft Indiens. Sie gehörten zu einer Generation von Indern, die einerseits in der traditionellen indischen Großfamilie und ihren religiösen Praktiken und andererseits nach dem britischen Erziehungssystem erzogen worden sind und sich dann mit der politischen Lage ihres Landes und der eigenen Tradition zu beschäftigen begannen. Die Selbstbehauptung der eigenen Tradition geht dabei mit einer Enttäuschung über die Unglaubwürdigkeit der Vertreter der westlichen Kultur einher, deren Begriffe und Ideale man zwar bis zu einem gewissen Ausmaß teilt, deren inkonsequente Praxis man aber bekämpfen muss. Es sind Widersprüche, wie z. B. zwischen der Deklaration von Freiheit und Selbstbestimmung und der Weigerung der britischen Krone, Inder an der Regierung zu beteiligen.

Swami Vivekananda, der in der Toleranz und der Betonung der spirituellen Werte gegenüber dem westlichen Materialismus den hinduistischen Beitrag zu einer universellen Religiosität sah, forderte deshalb eine Rückbesinnung auf die Stärken des Hinduismus. Vor allem nach seiner Ansprache vor dem ‚Parlament der Religionen' in Chicago im Jahre 1893 wurde er im Westen einer der einflussreichsten Botschafter des Hinduismus (vgl. Beiträge in Radice 1998). 1863 in Kalkutta geboren, sah er sich in der Nachfolge des bengalischen *bhakti*-Heiligen Rāmakṛṣṇa (1836–1886), weshalb er die von ihm gegründete religiöse Gemeinschaft ‚Ramakrishna Mission' nannte (s. Müller 1986). Das Wort ‚Mission' ist Programm, denn die Organisation betreibt nicht nur klösterliche Institutionen, sondern verfolgt auch pädagogische und humanitäre Ziele. In diesem Zusammenhang entwarf Vivekananda einen neuartigen ‚Practical Vedānta', der den upaniṣadischen Texten eine ethische Lehre unterstellte, die sich bei den traditionellen Kommentatoren nicht findet, da sie in der Regel die Erkenntnis über das Handeln gestellt haben (Halbfass 1995). Nach Vivekananda soll die monistische Lehre beim Einzelnen Liebe und Sympathie gegenüber allen anderen Lebewesen wecken, da alle letztlich miteinander identisch sind. Das ist die sog. ‚*tat tvam asi*'-Ethik, die ‚das bist Du'-Ethik, d.h. die Lehre, dass es prinzipiell keinen Unterschied zwischen einem selbst und anderen gibt. Dieses Wissen auch bei anderen zu wecken, gehört zu den vorrangigen Aufgaben seiner Mission. Vivekanandas Einfluss beruht nicht allein auf seiner charismatischen Persönlichkeit, die ihm zahlreiche westliche Anhänger verschaffte, sondern auch auf seiner Deutung des Hinduismus als eine im Kern monistische Vedānta-Philosophie. In diesem Zusammenhang wird der Hinduismus als eine tolerante, alle Glaubensunterschiede überschreitende Religion dargestellt, die auf die spirituelle Realisierung der wahren, göttlichen Identität aller Menschen zielt. Die verschiedenen Götter sind nur Namen für dieses eine, form- und namenlose Sein. Deshalb ist die Beschäftigung mit den Unterschieden zwischen ihnen für die Suche nach dem wahren Sein (*ātman* bzw. *brahman*) relativ unwichtig, weil sie – absolut gesehen – überhaupt gar keinen Unterschied machen. Wichtiger als theologische Dispute ist die Erkenntis der inneren Gesetze und Neigungen des Einzelnen, um die jeweils geeignete religiöse Praxis zu bestimmen. Diese Orientierung an den konkreten Methoden zur Realisierung der befreienden Erfahrung zeigt sich auch in der zentralen Rolle, die der Yoga für Vivekananda spielt. Er publiziert 1896 seine Deutung des Yoga unter dem Titel ‚*Rājayoga*' (‚königlicher Yoga') und beruft sich auf einen der wichtigsten Lehrtexte der Yogatradition, das *Yogasūtra* des Patañjali (ca. 4.–5.Jh. n.Chr.), auch wenn das Wort *rājayoga* in diesem Text nicht vorkommt. Es handelt sich dabei um eine Neudeutung des Yoga, in der die Fähigkeit eines jeden betont wird, höhere Bewusstseinsstufen zu erlangen. Dabei werden auch Konzepte aus den modernen Naturwissenschaften verwendet, wie etwa der Energie-Begriff (de Michelis 2004). Vivekananda formuliert ein vor allem auch im Westen einflussreiches Konzept des Hinduismus als Tradition des Advaita-Vedānta und damit als traditionsüberspannender Weg zur spirituellen Verwirklichung des Einzelnen (s. reader 101–104). Diese Deutung fand in den Schriften S. Radhakrishnans (1888–1975) seine vielleicht meistgelesene Darstellung. Vivekananda steht mit seiner Lehre in einer Deutungslinie des ‚wahren' Hinduismus als eine ‚mystische', auf innere Verwirklichung und weniger auf äußere Rituale zielende Religion, die seit Beginn des 19. Jh. auch von westlichen Gelehrten immer wieder vorgetragen wird und auch in der Gegenwart viele Anhänger hat (vgl. King 1999).

8. Entwicklungen im 20. Jh. und in der Gegenwart

Mit dem Anwachsen der Unabhängigkeitsbestrebungen seit Beginn des 20. Jh. wird auch die Positionierung des Hinduismus als einer spirituellen Alternative zum westlichen Materialismus für dessen Vertreter immer wichtiger. Das trifft auch auf Mohandas Karamchand Gandhis (1869–1948) Deutung hinduistischer Tradition zu. Die dem Hinduismus eigene Spiritualität lässt sich nach Gandhi erst entfalten, wenn er von Missständen – wie z. B. der ‚Unberührbarkeit' – gereinigt werde. In einem umfangreichen Schrifttum nimmt Gandhi Stellung zu den Werten und Idealen des Hinduismus und beschäftigt sich auch mit zentralen Texten des Hinduismus, wie der *Bhagavadgītā*. Gewaltlosigkeit, Wahrheit, Askese, passiver Widerstand und die Suche nach Gott sind die Grundpfeiler von Gandhis Überzeugungen, die er nicht nur gelehrt, sondern vor allem auch verkörpert hat. Letzteres erklärt auch seine über Indien hinaus reichende Strahlkraft als ‚Mahātma' (‚die große Seele'; wörtl. ‚dessen Selbst groß ist'). Dem entspricht die folgende Feststellung Gandhis: „Ich halte mich nicht für geeignet den Hinduismus zu interpretieren – außer durch mein eigenes Leben." (Young India 20.10.27, s. reader 104–107). Mohandas Karamchand Gandhi wurde 1869 als Sohn eines hochgestellten höfischen Ministers geboren. Er erhält eine englische Schulausbildung und studiert in London Jura. 1893 geht er als Rechtsanwalt nach Südafrika, wo auch sein politisches Engagement beginnt. In dieser Zeit formen sich auch seine politischen und religiösen Grundsätze, wie Gewaltlosigkeit (*ahiṃsā*) und passiver Widerstand (*satyāgraha*; wörtl. ‚auf der Wahrheit insistieren'). Als er 1915 nach Indien zurückkehrt, beginnt sein Kampf für die indische Unabhängigkeit und für den Ausgleich zwischen Hindus und Muslimen. Gandhi kritisiert den westlichen Materialismus und Parlamentarismus, dem er die Vision eines auf der dörflichen Kultur und Infrastruktur basierenden und von spirituellen Werten getragenen Indien entgegen setzt.[12] Er organisiert den passiven Widerstand und zwingt die Kolonialregierung mit seinen Fastenaktionen mehrfach zum Nachgeben. Im Namen der Einheit der indischen Nation stellt er sich gegen Wahlquoten für die ‚Unberührbaren', die ihnen Sitze in den Parlamenten sichern. Dabei kommt es zu einer bitteren Auseinandersetzung mit B.R. Ambedkar (1891–1956), dem Führer der ‚Unberührbaren', der später mehrere Schriften gegen Gandhi und den brahmanischen Hinduismus verfasst. Er wird einer der Gründerväter der sog. ‚Dalit-Bewegung', die bis heute gegen die Diskriminierung der Kastenlosen kämpft (vgl. Ambedkar 1945; s.u. IV.3). Ambedkar und seine Anhänger konvertieren Anfang der 50er Jahre zum Buddhismus. Nach dem Scheitern aller Bemühungen, die Teilung Indiens zu verhindern, zieht sich Gandhi aus der Politik zurück. 1948 wird er von einem radikalen Hindu, einem Mitglied der nationalistischen Hindu-Bewegung RSS erschossen. Gandhis gewaltsamer Tod durch einen Hindu deutet auf das Spannungsfeld divergierender Interpretationen des Hinduismus und der Zukunft des unabhängigen Indien. Zu den größten Opponenten von Gandhis Religionspolitik gehörten die seit dem frühen 20. Jh. tätigen hindu-nationalistischen Organisationen, die auch in der Gegenwart eine große Rolle spielen.

8.1 Hindu-Nationalismus und Fundamentalismus

Einer der ältesten und nach wie vor einflussreichsten Vertreter einer nationalistischen Konstruktion von Hinduismus ist der sog. RSS (*Raṣṭrīya Svayaṃsevak Saṅgh*; Vereinigung der freiwilligen Diener der Nation), der 1925 von dem aus Maharashtra stammenden Keshav Baliram Hedgewar (1889–1940) gegründet wurde. Vorläufer des RSS ist die 1915 gegründete Hindu Mahāsabhā (Generalversammlung der Hindus), die sich sowohl gegen die 1906 gegründete *Muslim League* als

12 Die Grundlage dafür wird bereits in der 1911 veröffentlichten Schrift *Hind Svarājya* (Indische Unabhängigkeit) entworfen; s. Gandhi 1997; zum größeren Kontext s. Rothermund 1989.

auch gegen die Kongresspartei wandte. Ein Grund für das Entstehen von politisch orientierten religiösen Gruppierungen liegt darin, dass die britische Kolonialregierung Bevölkerungsgruppen nach ihrer Religions- bzw. Kastenzugehörigkeit klassifizierte und ihnen Einfluss, Mitspracherechte und Quotenregelungen für ihre Vertreter zugestanden. Einflussreich waren in dieser Hinsicht die Volkszählungen, in denen die Befragten auch zu ihrer Religionszugehörigkeit Angaben machen sollten. Dadurch rückten Religionsunterschiede als Unterscheidungsmerkmale stärker ins Bewusstsein, weil die Befragten sich auf eine Religion festlegen mussten. ‚Hindu' und ‚Muslim' wurden nun zu offziellen, administrativen Kategorien und damit auch leichter für politische Ziele einsetzbar (s. Jones 1981). Das verstärkte die Wahrnehmung religiöser Differenzen und verwandelte Religionszugehörigkeit in ein Instrument zur Durchsetzung politischer Interessen (s. Ballard 1999).

Mit seiner nationalistischen Forderung nach einer Stärkung der Hindus sucht der RSS den gesellschaftlichen Fortschritt und die Befreiung Indiens von den kolonialen Herrschaftsstrukturen nicht in einer Reform des Hinduismus im Sinne einer Anpassung der Religion an die Erfordernisse der modernen Gesellschaft, sondern in einer Rückwendung zur hinduistischen Tradition. Diese Tradition gelte es wieder zu beleben, damit sie die Grundlage des ‚Neuen' Indien werden könne. Den Hintergrund für diese Restauration bildet die Konstruktion einer Verfallsgeschichte der wahren hinduistischen Religion. Der Verfall wird als Ursache dafür angesehen, dass Indien überhaupt durch fremde Herrscher in Besitz genommen werden konnte. Diese Argumentation nährt auch die Hoffnung auf eine Erneuerung des Hinduismus durch das Erscheinen eines quasi übermenschlichen Heroen, wie er z. B. vom Heldengott Rāma verkörpert wird, dessen Kult im 20. Jh. einen starken Aufschwung verzeichnet. Den historischen Hintergrund für die Formierung des RSS im Jahre 1925 bilden die zunehmenden Spannungen zwischen Hindus und Muslimen. Gandhis Aufruf zum passiven Widerstand gegen die Briten im Jahre 1922 scheiterte. Einige Mitglieder von Gandhis Kongresspartei suchten daraufhin offen nach Alternativen zu Gandhis Politik. Sie widersprachen seiner Ansicht, wonach nur ein friedfertiger und toleranter Hindu ein wirklicher Hindu sei. Ein solches Bild vom Hindu führe nur zu einer Schwächung der Hinduismus. Stattdessen forderten die Traditionalisten eine Politik der Stärke, eine

Rückbesinnung auf all das, was die Hindus miteinander verbindet und sie von Muslimen und anderen Religionen trennt. Damit geht eine Betonung der kriegerisch-heroischen Traditionen und ihrer Werte einher.

Madan Mohan Malaviya (1861–1946) – einer der einflussreichsten Vertreter dieser Position – forderte die Kastenhindus auf, die Unberührbarkeit abzuschaffen, um so die Grenzen zwischen Hindus aufzuheben, die ein gemeinsames Handeln verhindern. Weiterhin sprach er sich für die Re-Konvertierung von Hindus aus, die zum Christentum oder zum Islam übergetreten sind. Schließlich sollten Erziehungsanstalten nicht nur für Jungen, sondern auch für Mädchen eingerichtet werden. Das Programm stieß zunächst bei der brahmanischen Orthodoxie auf wenig Gegenliebe, wurde aber durch eine sehr effektive *grassroot* Arbeit umgesetzt. Befördert wurde diese Arbeit auch durch eine neue Definition des Hinduismus, die von Vinayak Damodar Savarkar (1883–1966), einem der Gründungsmitglieder des RSS, formuliert wurde. Er propagierte unter dem Begriff *hindutva*, ‚Hindutum' bzw. ‚Hindu-Sein' eine neue Definition des Hinduismus. Die Zugehörigkeit zum Hinduismus ergibt sich demnach aus der Tatsache des ‚Hindu-Seins': „Jeder, der dieses Land der Bharatas, das sich vom Indus bis zum südlichen Ozean erstreckt, als sein Vaterland und als sein heiliges Land ansieht, ist ein Hindu."[13] Die Definition impliziert eine Abgrenzung gegenüber anderen, in Indien lebenden und sich als ‚indisch' verstehenden Religionsgemeinschaften oder Bevölkerungsgruppen. Die Muslime z. B. mögen zwar in Indien geboren sein und eine indische Sprache sprechen, ihr Heiliges Land aber befindet sich außerhalb Indiens, nämlich in Arabien bzw. in Mekka. Daraus leitet Savarkar eine Art nationaler Unzuverlässigkeit der muslimischen Inder ab, die aufgrund ihrer Zugehörigkeit zu einer nicht-indischen Religion Indien gegenüber nicht völlig loyal sein können. Die anti-muslimische Haltung ist ein Grundzug des RSS und der mit ihm verbundenen anderen Organisationen. Das äußert sich auch immer wieder in gewalttätigen Auseinandersetzungen, wie etwa in den Ausschreitungen um die Babri Moschee in Ayodhya (1990) und in den Unruhen in Gujarat (2001), die jeweils zahlreiche Todesopfer forderten. Die Ausschreitungen in

13 Presidential Address 19th Session, Hindu Mahāsabhā, Ahmedabad, 1937, 4 (Übersetzg. AM); vgl. Sarvarkar 1996, 11.

Ayodhya waren der traurige Höhepunkt eines seit Jahren schwelenden Streits um die Rückgabe der Babri-Moschee an die Hindus. Hindu-Nationalistische Organisationen wie der RSS forderten den Abriss der Moschee, die von muslimischen Eroberern auf den Fundamenten eines ursprünglichen Hindu-Tempels errichtet worden sei, der sich an der Geburtsstätte des Gottes Rāma befunden habe. Die Rückforderung des ‚heiligen Landes' ist Teil eine größeren religiösen und politischen Programms, das nach Reparationen und Ausgleich für die ‚muslimische Gewaltherrschaft' ruft. Die damalige indische Regierung versuchte, den Streit durch Überstellung an die Gerichtshöfe zu verlagern, da sie sich weder auf die eine noch auf die andere Seite stellen wollte. Die Unentschiedenheit der Regierung wurde von den Hindu-Gruppen als antihinduistische Haltung verurteilt (s. Pandey 1993; Ludden 2005).

Trotz seiner Beteiligung an solchen Auseinandersetzungen ist festzuhalten, dass der RSS sich nicht als eine politische Partei versteht, sondern als eine hinduistische Selbsthilfeorganisation und Kampfgemeinschaft, wie es auch in den Schriften Madhav Sadashiv Golwalkars (1940–1973), eines der Führer des RSS, dargelegt wird. Die Abgrenzung des RSS von politischen Aktivitäten führte zur Gründung von politischen Parteien, die sich um die Umsetzung der religiösen Werte kümmern sollten: Zunächst der *Jana Sangh* und dann die 1980 gegründete BJP (*Bharatiya Janata Party*), die von 1996 bis 2003 auch die Regierung stellte (s. Jaffrelot 1996). Der RSS konzentriert sich demgegenüber auf die Stärkung des Hinduismus und des Hindus auf einer anderen Ebene. Durch z.T. an militärischen Vorbildern orientierte Schulung und körperliche Ertüchtigung versucht man, das Selbstbewusstsein des Hindus aufzubauen (Vgl. Andersen /Damle 1987). Militärischer Drill und körperliche Ertüchtigung werden als Verehrung des Gottes Hanumān gedeutet, ein Gott, der für den RSS die Stärke und Opferbereitschaft im Kampf gegen die Feinde des hinduistischen Gottes Rāma repräsentiert. Um Mitglied des RSS zu werden, muss ein Eid auf die safrangelbe Fahne geleistet werden, die sich auf jedem Übungsplatz befindet. Die Fahne ist das Leitsymbol der Bewegung und repräsentiert die angestrebte Einheit aller Hindus. Sie repräsentiert einen neuen Guru, einen vergöttlichten Lehrmeister: den ‚Guru der Nation'. Damit ist die Forderung nach einer entsprechenden Form der *bhakti* verbunden: nach *deśabhakti* oder *rāṣṭrabhakti*, der Liebe zur Nation.

Das bestätigt auch der folgende Eid: „Für die Verbesserung meiner heiligen hinduistischen Religion, der Hindu-Kultur und der Hindu-Gemeinschaft, werde ich mich ganz dem Wohlergehen meines heiligen Mutterlandes weihen. Ich schwöre, dass ich dem RSS mit meinem Körper, meinem Geist und meinem Geld dienen werde." Man verpflichtet sich damit auf den Dienst am Mutterland, das in Form der Göttin Bhārat Mātā, ‚Mutter Indien' verehrt wird. Seit den 80er Jahren gibt es für sie auch einen großen, architektonisch recht außergewöhnlichen Tempel im Pilgerort Haridvar (vgl. Mc Kean 1996). Die Mitglieder des RSS verstehen sich als die dienenden Söhne der Göttin und werden im Rahmen von Schulungen nicht nur über deren Mythologie belehrt, sondern auch im Waffengebrauch, vor allem im Umgang mit Stichwaffen wie etwa kleinen Dreizacks (*triśūla*).[14] Auch Mädchen werden rekrutiert und es gibt eine eigene Frauen-Organisation des RSS (Sarkar 1995). Hinzukommt die Jugendorganisation *Bajrand Dal* und die in Maharashtra politisch sehr erfolgreiche *Shiv Sena* (Armee des Śiva), die beide einen sehr militanten Hinduismus propagieren. Die Uniform besteht aus khakifarbenen Shorts, Hemd und einem safranfarbenen Halstuch oder Stirnband. Der RSS hat auch Schulen gegründet, deren Abschlüsse inzwischen denen der staatlichen Schulen gleichgestellt sind. Es ist hier eine *grass-root* Bewegung entstanden, die man in den abgelegensten Orten Indiens antreffen kann. Dem RSS geht es dementsprechend zunächst um eine regionale Organisation der Hindus und um die Ausbildung von Führungskräften. Die lokalen Zentren sollen dann überregional koordiniert werden, bis schließlich das Netzwerk des RSS ganz Indien durchzieht. Gleichzeitig wird daran gearbeitet, die verschiedenen gesellschaftlichen Gruppen und religiösen Gruppierungen des Hinduismus unter eine Dachorganisation zusammenzuschließen. Dieser Aufgabe widmet sich insbesondere die 1964 gegründete *Viśva Hindu Pariṣad* (VHP; Versammlung aller Hindus). In ihren Reihen wurden auch die Pläne für die Wiederaufrichtung des Rāma-Tempels in Ayodhya entwickelt. Zugleich verstärkte die VHP ihre Bemühungen um eine Vereinheitlichung der hinduistischen Gruppen und um die Errichtung einer gleichsam kirchlichen Struktur (Jaffrelot 2001). Durch

14 Der Dreizack ist in vielen Regionen Indiens ein Emblem sowohl der Göttin Durgā als auch des Gottes Śiva.

die Bildung einer gesamthinduistischen Organisation hofft man, den straff organisierten islamischen und christlichen Interessenvertretungen Widerstand entgegensetzen zu können. Um die verschiedenartigen religiösen Praktiken und theologischen Schulen, die sog. *sampradāyas*, zusammenzubringen, hat die VHP immer wieder versucht, einen Katalog von Minimalanforderungen des religiösen Verhaltens aufzustellen, der für alle Hindus verbindlich sein soll. Waren es in den 60er Jahren zwei Verhaltensregeln, das morgendliche rituelle Bad und die Vergegenwärtigung Gottes, so sind es Ende der 70er Jahre die folgenden: Erstens die morgendliche und abendliche Verehrung der Sonne, zweitens die Verwendung der heiligen Silbe *Oṃ* und drittens die Akzeptanz der *Bhagavadgītā* als Grundtext. Der Versuch, eine für alle hinduistischen Gruppen verbindliche Texttradition zu etablieren, zielt auf eine Kanonisierung hinduistischer Tradition. Die VHP hat inzwischen auch Ableger außerhalb Indiens, vor allem in Ländern mit einer starken und spendenfreudigen Hindu-Diaspora z. B. in den USA.

8.2 Hinduismus und der säkulare indische Staat seit 1947

Zentrale Streitpunkte und Reformanliegen aus der Kolonialzeit und der Unabhängigkeitsbewegung fanden auch in der 1950 in Kraft getretenen Indischen Verfassung ihren Niederschlag. Der junge Staat verpflichtete sich auf die Demokratie und die Werte von Freiheit und Gleichheit. Das beinhaltete auch die Abschaffung der ‚Unberührbarkeit' sowie jeglicher Art von religiöser Diskriminierung. Der Verfassungsartikel 25 widmet sich der Religionsfreiheit und sichert allen Bürgern die freie Ausübung ihrer Religion im Einklang mit den Verfassungsprinzipien und den Gesetzen zu. Allerdings behält sich der Staat vor, in die wirtschaftlichen, sozialen oder politischen Aktivitäten religiöser Gemeinschaften regulierend einzugreifen. Dazu gehören auch die Durchsetzung von Reformen und die Gewähr, dass hinduistische Institutionen, die als ‚öffentlich' gelten, allen Hindus offen stehen. Der Staat verpflichtet sich somit dafür zu sorgen, dass Unterkastige und ‚Unberührbare' nicht länger daran gehindert werden können, die großen, oftmals von Brahmanen verwalteten Tempel zu betreten. Im Rahmen dieser verfassungsrechtlichen Bestimmungen wird eine bis heute gültige Definition des Begriffs ‚Hindu' formuliert, die Buddhisten, Jainas und Sikhs einschließt und somit zu Hindus erklärt. Die Definition umfasst somit die Religionen, die auf indischem Boden entstanden sind (vgl. Baird 1993). In einer Reihe von Gesetzen wurden Hindus zudem – und im Gegensatz zu den Anhängern anderer Religionen – einer zivilrechtlich-säkularen Gesetzgebung unterstellt. Dahinter stand die Absicht, die Reform des Hinduismus auch von politischer Seite aus voran zu treiben. Das entsprach zwar dem säkularen Selbstverständnis des Staates, unterhöhlte aber den Gleichheitsgrundsatz, weil zahlreiche rechtliche Sonderregeln für religiöse Minderheiten zugelassen wurden. So durften etwa Muslime weiterhin ihre religiöse Gesetzgebung befolgen (die z. B. Polygamie erlaubt) oder Ehescheidungen nach Sharia-Gesetzen regeln. Ähnliche Sonderregeln gelten auch für Christen. Die These, dass der indische Staat nur gegenüber der ‚Mehrheitsreligion' säkular sei, Minderheiten aber religiös privilegiere, wurde ein wichtiges Agitationsthema vor allem der Hindu-Nationalisten. Sie forderten für Hindus ebenfalls die völlige Religionsfreiheit und damit z. B. die Möglichkeit, ihren alten Rechtstexten (Dharmaśāstra) zu folgen. Staatliche Eingriffe sind auch in die Administration von Tempeln und Klöstern von ‚öffentlichem Interesse' zu verzeichnen. Mit der Verabschiedung des *Hindu Religious Endowments Act* in verschiedenen indischen Bundesstaaten wurden die meisten großen Tempel einer staatlichen Verwaltung unterstellt (s. u. V.1). Zwar kann das Gesetz regional auch muslimische Institutionen betreffen, mehrheitlich aber gilt es für hinduistische. Diese Situation erklärt, warum nicht wenige neugegründete religiöse Institutionen dezidiert als ‚private' Einrichtungen deklariert werden, und warum einige landläufig als hinduistisch angesehene religiöse Gemeinschaften gegen ihre Einordnung als ‚Hindu' vor Gericht ziehen, um nicht den spezifischen Gesetzen und damit verbundenen staatlichen Kontrollen zu unterstehen (Smith 1995). Obwohl in der Verfassung und in nachfolgenden Gesetzen abgeschafft, sind ‚Unberührbarkeit' oder auch Mitgiftzahlungen für viele Hindus nach wie vor Realitäten, die ihr Leben bestimmen. Zwar sind die Gesetze vorhanden, werden aber nicht immer durchgesetzt. Ebenso bedeuten Quotenregelungen für benachteiligte Gruppen zwar eine Chance auf sozialen Aufstieg, verstärken jedoch auch die Stigmatisierung (Deliége 2006, 192–198). Auch die Frauenrechte sind keineswegs vollständig verwirklicht, wie etwa die Verabschiedung des ‚Hindu Succession Act' im Jahre 2005 belegt. Durch diese Gesetzesmaßnahme werden Hindu-Frauen über 50 Jahre nach der Unabhängigkeit schließlich auch in Bezug auf das Erbrecht bei Grundbesitz gleichstellt.

8.3 Neue Medien und zeitgenössische Erscheinungsformen des Hinduismus

Der moderne Hinduismus ist nicht allein von Reformen und neuen religiösen Bewegungen geprägt, sondern hat auch die verschiedenen Facetten der modernen Medienkultur für sich übernommen und weiterentwickelt. Die indische Kultur insgesamt partizipierte in vollem Umfang an den Technologieschüben des 19. und 20. Jh. und entwickelte auch selbst eine innovative Dynamik, etwa in den Bereichen Film oder Computertechnik. Einer der Ausgangspunkte dieser Entwicklung ist die Einführung klassischer europäischer Kunstformen im Zuge der Kolonialherrschaft. Das war von einer Identifizierung und z. T. auch Abwertung indischer Kunst begleitet, der tendenziell der Status des ‚Kunsthandwerks' bzw. der ‚Volkskunst' zugewiesen wurde. Bereits 1854 wurden in Kalkutta (Kolkatta) und Madras (Chennai) die ersten Kunsthochschulen Indiens gegründet. Die Ausbildung in einer solchen Kunstakademie durchlief auch Ravi Varma (1848–1906). Seine Ölporträts indischer Götter beinflussten die moderne Ikonographie des Hinduismus wie vielleicht keines anderer Malers. Mit der Ansiedlung von Mythen und Geschichten aus den indischen Epen und Purāṇas in einer in Licht und Schatten geworfenen, oft romantischen Landschaft setzte er Maßstäbe (s. Guha-Thakurta 1992). Die Verbreitung der neuen Bilder wurde durch photographische und drucktechnische Reproduktionstechniken beschleunigt, vor allem durch den Öldruck. Ravi Varma unterhielt selbst eine Druckerei, in der die ersten Öldrucke produziert wurden. Sie verbreiteten sich rasch und wurden in unterschiedlichster Qualität zur gängigen Bazar-Ware. Öldrucke von indischen Göttern und Heiligen finden sich heute fast überall in Indien und ersetzen auch manchmal Skulpturen im Tempel oder Statuetten in Hausschreinen (Smith, H. D. 1995).

Obwohl dadurch die Götter und Mythen eine Historisierung erfuhren, wurde zugleich ein heroisch-idealisierender und romantisierender

Abb. 2: Śiva als Yogin auf Tigerfell mit Schlange und Dreizack; populärer Öldruck.

Charakter in die Darstellung eingeführt. Dadurch entstand so etwas wie ein ‚indischer' Stil, der Gefühl und Empfindsamkeit betonte. Die Übernahme westlicher Techniken und Stilmittel bewirkte auch einen Prozess der Definition und Erarbeitung dezidiert ‚indischer' Kunst und Kunsterfahrung, der eine besondere Spiritualität zugeschrieben wurde. Hierzu wurden u.a. ältere poetologischen Konzepte herangezogen, vor allem die Lehre vom *rasa* (wörtl. ‚Geschmack'; dann auch: ästhetische Erfahrung). Demnach bewirkt Kunstgenuss eine außergewöhnliche Erfahrung, die den Zuschauer bzw. Leser den Beschränkungen seiner Alltagswahrnehmung enthebt und in einen Zustand tiefer Empfindung bzw. Verzauberung versetzt, der einer religiösen Erfahrung nahe kommt. Einflussreich waren hier insbesondere die Schriften von Ananda Coomaraswamy (1877–1947) und die Werke von Rabindranath Tagore (1861–1941), dem durch die Verleihung des Nobelpreises für Literatur internationale Anerkennung zuteil wurde.

Das neue Kunst- und Traditionsbewusstsein schlägt sich auch in anderen Künsten nieder, wie etwa in den Bereichen Theater und Tanz. Auch hier wurde nach dem ‚typisch indischen' Stil gesucht, und es wurde das Bhārat Nāṭyam entwickelt, das ‚Indische Tanztheater', das trotz seines relativ jungen Alters heute sowohl in Indien als auch im Westen als ‚Klassischer Indischer Tanz' wahrgenommen wird. Die Rückbesinnung auf die klassischen Formen fand ihren ersten Höhepunkt in der Gründung der Tanzakademie Kalakshetra im Jahre 1936 durch die aus einer südindischen Brahmanenfamilie stammende Rukmini Devi Arundale (1904–1986). Sie widmete sich im Rückgriff auf das *Nāṭyaśāstra*, das ‚Lehrbuch für Theater' des Bhārata (ca. 1.–3. Jh. n. Chr.), der Wiederbelebung der alten Tanzstile und entwickelte dabei eine neue Tanzform. Diese unterscheidet sich sowohl von lokalen und regionalen Traditionen als auch vom Tempeltanz. Man konzentrierte sich auf die Aufführung der klassischen, episch-purāṇischen Mythen, zielte auf die Erfahrung von *rasa* und bestärkte insgesamt den religiösen Charakter indischer Kunst. Schon bald reisten die ersten indischen Tanztruppen nach Europa und Amerika, wo der indische Tanz als ‚Tempeltanz' rezipiert und gefeiert wurde. Einflussreich war der Tänzer und Schauspieler Uday Shankar (1900–1977), der in den 20er und 30er Jahren den Westen bereiste. Seine Bedeutung für die Popularisierung des indischen Tanzes im Westen ist mit der Rolle, die seinem Bruder Ravi Shankar für die Verbreitung indischer Musik in Europa und Amerika zukommt, durchaus vergleichbar.

Fast zeitgleich begann 1908 die Schallplattenproduktion in Indien mit Aufnahmen populärer religöser sowie klassischer Musik, die zuvor eher an den Höfen aufgeführt wurde. Kurze Zeit später, im Jahre 1913, wurde auch der erste indische Spielfilm, *Rāja Hariścandra*, unter der Regie von Dadasaheb Phalke produziert, der zuvor für den Maler Ravi Varma gearbeitet hatte. Der Film erzählt die in den Epen und Purāṇas überlieferte Geschichte von König Hariścandra und begründet das Genre der sog. ‚mythologischen Filme', dem bald die erste Verfilmung der Mythologie des Gottes Kṛṣṇa folgte (1918; *Śrī Kṛṣṇa*). Da die ersten Filme vertraute Geschichten und Charaktere zeigten, erleichterten sie dem neuen Medium den Durchbruch, dem konservative Kreise nicht zuletzt wegen der Filmvorführung im verdunkelten Kinosaal mit Misstrauen begegneten, da sie negative Auswirkungen auf Moral und Anstand befürchteten. Zudem griffen die Regisseure auf in ganz Indien vertraute Erzählformen zurück. Dabei wurde das Erzählen von langen und komplizierten Geschichten zumeist von Musik, Tanz und der Durchführung von Ritualen begleitet (vgl. Derne 1997). Diese Kombination macht bis heute den typischen ‚Bollywood-Film' aus. Einen weiteren Schritt in Richtung Standardisierung und ‚Nationalisierung' hinduistischer Religion bedeutete 1959 die Einführung des Fernsehens. Bald darauf begann die Produktion von mythologischen und religiösen Filmen und Sendungen, die in der Serialisierung der beiden indischen Epen Anfang der 80er Jahre einen Höhepunkt erreichte. Etwa zeitgleich wurde auch die Videotechnik eingeführt. Die wöchentliche Ausstrahlung der Episoden des *Rāmāyaṇa* am Sonntagmorgen wurde zum festen Termin und versammelte Familien, Nachbarn und Dorfgemeinschaften zu einer Fernsehgemeinde. Die Videokassetten wurden von einigen Hindus wie Götterbilder bzw. heilige Texte behandelt und z.B. in seidene Tücher gehüllt. Auch wurden nicht selten vor dem Abspielen Räucherstäbchen entzündet und Blumen gestreut. Ebenso wurden die Schauspieler z.T. als die Götter verehrt, die sie darstellten. Viele Hindus schienen im Kult Rāmas einen neuen, gemeinsamen Nenner zu finden. Es ist kein Zufall, dass in dieser Zeit die religiös-fundamentalistischen Gruppen und Parteien neuen Zulauf erhielten, der sie schließlich im Jahre 1996 an die Regierung brachte. Auch das *Mahābhārata* wurde in ähnlicher Weise inszeniert, mitsamt der *Bhagavadgītā*, der allein drei Episoden gewidmet wurden (Malinar 1995). Weitere Serien folgten, wie etwa über die Göttin Durgā und den Gott Kṛṣṇa, dessen Mythologie zum Gegenstand eines der ersten religiösen Animationsfilme wurde (*Śrī Kṛṣṇa* 2006).

Die Ausbreitung hinduistischer Mythologien, Götter und Heiligen wurde auch durch die neuen Printmedien gefördert. Es wurden Verlagshäuser gegründet, die sich der Publikation der klassischen Texte, von allem der Epen und Purāṇas, widmeten. Die Texte wurden oft zweisprachig, vor allem in Sanskrit und Hindi, zu einem erschwinglichen Preis in den Buchhandlungen verkauft. Besonders erfolgreich wurde die Gītāpress in Gorakhpur (Uttar Pradesh), die seit ihrer Gründung im Jahre 1926 auch das Magazin *Kalyāṇ* mitsamt Sonderausgaben herausgibt. In den Sonderheften werden wichtige Themen des religiösen Lebens abgehandelt und eine eher konservative Deutung der Pflichten eines Hindus entworfen (s. Horstmann 1995). Ein pädagogisches Programm verfolgt auch die überaus populäre Serie von religiösmythologischen Comics, die *Amar Citra Kathā*, die seit dem ersten im Jahre 1967 erschienenen Band die indischen Mythen sowie die bedeutenden Götter und Heiligen den Kindern und Jugendlichen als Wegweiser und Vorbilder aus dem ‚Heritage of India' anbietet (vgl. Hawley 1997).

Hinduistische Götter, Mythen, Gedichte, Lieder und Rituale erscheinen heute auf Ölgemälden, in Comics, Kino-Filmen, TV-Serien, CDs und DVDs sowie im Internet. Dadurch erhalten sie eine neuartige Ausbreitung, die tendenziell alle Regionen und Gesellschaftsschichten erfasst und zugleich die Formen der Darstellung und Aufführung in einer zuvor unbekannten Weise vereinheitlicht und reproduzierbar macht.

Nicht länger muss ein Fest veranstaltet und finanziert werden, um eine Musikergruppe ins Dorf holen zu können, um den Liedern und Geschichten über die Götter zu lauschen. Die Musik kann nunmehr auch zu jeder Zeit auf Kassette und CD abgespielt werden. Es kommt dabei auch zu Wechselwirkungen mit der religiösen Tradition, wenn z. B. nun während eines Festes die Texte von Gedichten älterer *bhakti*-Heiligen zu Melodien von Bollywood-Filmen gesungen werden und sich auch der Tanzstil den im Kino beobachteten Aufführungsstilen angleicht. Das führt z. T. zu einem durchaus beklagenswerten Verlust bzw. der sinkenden Popularität lokaler Aufführungsstile, Kunstformen und Darstellungsweisen. Zeichen eines Verlusts religiöser und künstlerischer Ausdrucksformen, aber auch einer neuen Perspektive auf ‚Minderheitenreligion' oder ‚spektakuläre' Rituale ist, dass sie von staatlicher Seite z. T. als ‚cultural heritage' betrachtet werden, deren Pflege (und Vermarktung) mancherorts dem Tourismus-Ministerium zugewiesen wird. Die Migration von Hindus in viele Teile der Welt und die Existenz zahlreicher Diaspora-Gemeinden hat die Ausbreitung hinduistischer Religion in den neuen Medien weiter gefördert und beeinflusst auch die populäre Kultur in den neuen Heimatländern. Filme, Musikkassetten und CDs und neuerdings auch das Internet schaffen einen gemeinsamen Nenner und eine Kommunikationsplattform über die Grenzen der einzelnen Gemeinschaften und Ansiedlungsräume hinweg. Insbesondere das Internet macht Tempel und religiöse Gemeinschaften auf dem indischen Subkontinent auch für Hindus in der Diaspora jederzeit verfügbar. Dazu gehört auch, ‚on-line' und per Kreditkarte Tempelgottesdienste und Rituale durchführen zu lassen – eine Möglichkeit, die sich großer Beliebtheit erfreut.

Der zeitgenössische Hinduismus erscheint als eine Religion, deren Medienpräsenz und lebensweltliche Attraktivität in kraftvollen Farben, eingängiger Musik, dramatischen Geschichten, Konflikte ausräumenden Ritualen, weisen Männern und Frauen sowie alle Feinde und Hindernisse besiegenden Göttern zur vollen Entfaltung kommt. Das phänomenologische Spektrum verweist auch auf die Selbstwahrnehmung von Hindus in der Moderne und auf die Akzente, die man gegenüber anderen Religionen und Kulturen setzen möchte. Die neuen Medien werden von verschiedensten Seiten für ihre Interessen und (religions)-politischen Ziele eingesetzt. Obwohl die neuartige Reproduzierbarkeit von Literatur sowie von Kunst- und Aufführungstraditionen ein Zeichen des generellen Modernisierungsprozesses in Indien seit dem 19. Jh. ist, knüpfen die neuen Medien vielfach an bereits bestehende Traditionen an und erweitern sie, indem der ohnehin stark ausgeprägten visuellen und performativen Präsenz des Hinduismus noch zusätzliches Gewicht verliehen wird.

Teil III. Religiöse Praxis

1. Götter und Göttinnen

1.1 Bezugsformen zu den Gottheiten und Ebenen religiöser Praxis

Die unübersehbare Anzahl von Göttern und Göttinnen im Hinduismus wird in der sprichwörtlichen Rede von den 330 Millionen Gottheiten ebenso prägnant numerisch benannt wie dadurch im Einzelnen im Ungewissen belassen. Zwar scheint es einige höchste und allen Hindus bekannte Götter zu geben, zugleich scheint nicht allein jede Region, sondern auch jedes Dorf und in jedem Dorf jede Kaste bzw. Familie ihre eigenen Götter und Göttinnen zu verehren. Es ist deshalb auch kaum sinnvoll, von einem festen ‚hinduistischen Pantheon' zu sprechen, auch wenn es wichtige pan-hinduistische Götter gibt. Vielmehr variiert deren Erscheinungsform von Tempel zu Tempel und Region zu Region. Außerdem sind für Hindus oft ganz unterschiedliche Götter wichtig und für einige stehen unpersönliche Formen des ‚Absoluten' im Zentrum ihres religiösen Lebens, wie etwa bei den Anhängern der monistischen Philosophie des Advaita-Vedānta.

Weiterhin gibt es ein großes Spektrum von Verehrungsformen, das von den elaborierten Ritualen in Großtempeln, über einfache Tempeldienste bis hin zu Ritualen an Dorf- und Feldschreinen oder sakralen Orten im Wald, in der Wüste oder in den Bergen reicht. Die Verehrung von Göttern mit Blumen, Kleidern und vegetarischen Opfergaben steht neben für sie durchgeführten Tieropfern oder Besessenheitsritualen. Für das große Spektrum von religiösen Praktiken lassen sich verschiedene Erklärungen finden.[1] Zunächst spiegelt das Nebeneinander verschiedener Religionsformen und religiöser Traditionen die Epochen der Religionsgeschichte wider. Dabei spielt die schrittweise Ausbreitung hinduistischer Götter und Rituale mitsamt der brahmanischen Texte und Normen auf dem indischen Subkontinent und die dabei stattfindende Interaktion mit lokalen und regionalen Traditionen eine große Rolle. Die Amalgamierung von Göttern und Kulten wurde als Resultat eines Prozesses der ‚Sanskritisierung' angesehen, wonach die ‚große Tradition' (*great tradition*) der Sanskrit-Texte und brahmanischen Rituale die ‚kleinen' Traditionen (*little tradition*) interpretiert und in sich aufnimmt. Inzwischen wurde dieses von Srinivas (1952) entworfene Modell verfeinert, indem man der Prägung der ‚großen Tradition' durch die ‚kleinen' Traditionen und somit der Wechselwirkung zwischen beiden größeres Augenmerk schenkt (Staal 1963). Die Wechselwirkung erklärt sowohl die Vielfalt der religiösen Traditionen als auch grundlegenden Gemeinsamkeiten zwischen ihnen. Sie ist einer der Gründe dafür, dass die Texte und Konzepte aus der Sanskrittradition auch in lokale oder populäre Kontexte Eingang gefunden haben. Weiterhin verweisen die verschiedenen Religionsformen auf den Einfluss geographisch-regionaler sowie sozialer und wirtschaftlicher Unterschiede auf die jeweilige religiöse Praxis. Das wurde schon in der altindischen Literatur vermerkt, wie z.B. in der Klassifikation von fünf verschiedenen Landschaften (*ain tiṇai*) in der alten Tamil-Literatur. Die Landschaften unterscheiden sich nicht allein hinsichtlich ihrer wirtschaftlichen Grundlagen, sondern auch durch ihre Götter und Kulte. Demnach werden z.B. in einsamen Landstrichen und Einöden mächtige Göttinnen verehrt, während sich die Reisbauern in den Küs-

1 In der älteren Forschung gingen damit oft Werturteile einher, indem etwa sog. ‚Hochgötter' neben ‚niedere' bzw. ‚primitive Götter' gestellt wurden oder mit der Unterscheidung zwischen ‚Hoch- und Volksreligion' gearbeitet wurde. In der neueren Forschung werden diese Begriffe mit Vorsicht verwendet, nicht allein wegen der mit ihnen einhergehenden Wertungen, sondern auch weil sich die Beziehungen zwischen ‚Volk' und ‚Elite' komplexer erweisen als angenommen. Damit rückten ‚Volksreligion' und ‚lokale Kulte' als bedeutende Felder religiöser und sozialer Interaktionen stärker ins Zentrum vor allem der ethnologischen Forschung.

tenregionen Regen- und Erntegöttern zuwenden.[2] Wichtig erscheint weiterhin die Beziehung zwischen ‚Wald bzw. Wildnis' (*vana*) und ‚Feld' (*kṣetra*). ‚Feld' bezeichnet eine auf Landwirtschaft basierende und vor allem sich an Flüssen konzentrierende ‚Nuklearregion', die in Austauschbeziehungen mit den Bewohnern der oft unzugänglichen Wald- und Bergregionen im Umfeld steht bzw. sich in ihnen ausbreitet (Sontheimer 1994). Die Bewohner der ‚Wildnis' sind oft in Stämmen organisiert und pflegen ihre eigenen religiösen Praktiken; sie wurden traditionellerweise zur Landarbeit oder als Soldaten von den Fürsten und Landbesitzern rekrutiert. Dabei wurden auch deren Götter, vor allem deren Göttinnen in den hinduistischen Tempelkult integriert, ohne dass das zum völligen Verschwinden tribaler Kulte geführt hat (vgl. Eschmann 1978; Kulke 1985; s. reader 123 ff; 130–137). Die Vielfalt der Götter ist somit auch ein Produkt der Vervielfältigung und der zunehmenden Komplexität sozialer Beziehungen im Zuge der territorialen Expansion hinduistischer Königreiche. Zugleich ist festzuhalten, dass damit auch eine starke Trennung und Abgrenzung von Kultpraktiken einhergeht und nicht jeder Hindu alles akzeptieren oder praktizieren würde.

Die Bezugsformen zu den unterschiedlichen Gottheiten bzw. Kulten ergeben sich auch aus den besonderen Lebenslagen, in denen der Einzelne sich befinden kann. Religiöse Identität und Praxis sind nicht in erster Linie eine Frage der ‚Konfession', wie es vielleicht in anderen Religionen der Fall ist. Zu solchen Lebenssituationen gehören der Erwerb eines bestimmten sozialen und rituellen Status durch Geburt und Lebenszyklusrituale (s. u. IV.5), aber auch individuelle Entscheidungen für den einen oder anderen religiösen Weg sowie Krisensituationen. Hilfreich für die Beschreibung der verschiedenen Ebenen religiöser Identität ist deshalb Ballards (1999) Modell von vier Referenzrahmen, mit deren Hilfe er Religion im indischen Bundesstaat Punjab analysiert. Einen dieser Rahmen stellen religiöse Praktiken bei Schicksalsschlägen dar, die sog. ‚kismetische' Dimension von Religion. Das erlaubt z. B. zu verstehen, warum sich Hindus zur Heilung bestimmter Krankheiten oder Lösung von Problemen zu einem als machtvoll bekannten Heiligen, Heiler oder Schrein begeben, der ganz andere religi-

2 Für eine Anwendung dieses Konzepts auf die Religionsgeschichte des indischen Bundesstaates Maharasthra s. Sontheimer 1985.

öse Orientierungen repräsentieren mag. Muslimische Heiligengräber (*dargah*) sind z.B. für ihre Heilkraft bei Wahnsinn und Besessenheit auch bei Hindus berühmt und geschätzt (Basu 2008).

Aus einer theologischen Perspektive betrachtet, ergeben sich die Unterschiede zwischen den verschiedenen hinduistischen Traditionen und Kulten, aber auch die ‚Familienähnlichkeiten', daraus, dass in den einzelnen Traditionen jeweils unterschiedliche Götter als höchste und absolute gelten und die anderen Götter auf eine niedere Stufe des Kosmos eingeordnet werden. Das Nebeneinander höchster und einziger Götter und Göttinnen hat zuweilen dazu geführt, die Hindus als Polytheisten zu bezeichnen. Das gilt nur insofern, als Hindus im Allgemeinen akzeptieren und tolerieren, dass die Menschen jeweils ihren Gott oder ihre Göttin als höchste ansehen. Das bedeutet jedoch nicht, dass der einzelne Hindu alle Götter als gleichwertig ansieht. Vor allem in den Traditionen der *bhakti* gilt die Liebe oft nur einem höchsten Gott oder einer Göttin, auf die der Erlösungswunsch und auch die irdischen Hoffnungen gerichtet sind. Die gelebte, den Einzelnen emotional und geistig bewegende Frömmigkeit spielt sich oft in Bezug zur *iṣṭadevatā*, der ‚Herzensgottheit' ab, die der Einzelne sich frei wählen kann. Es besteht hier ein persönlicher Bezug zu einem Gott oder einer Göttin, die man als einzige liebt und verehrt. Auf sie allein richtet sich das Erlösungsstreben, d.h. man möchte in deren Himmelswelt bzw. Seinszustand eingehen. Die in diesen Traditionen entwickelten Gotteslehren tragen ausgeprägt monotheistische Züge. Ort der Frömmigkeit ist zunächst der Hausschrein, den man in den meisten Haushalten findet. Hier werden Statuetten der von den Familienmitgliedern geliebten Gottheiten beherbergt und verehrt. In dieser Herzensangelegenheit ist der Einzelne zunächst auf sich gestellt und er muss dafür nicht unbedingt Mitglied einer bestimmten religiösen Gemeinschaft werden.

Da für das irdische Wohlergehen auch zahlreiche andere Götter und Mächte in ihren jeweiligen Bereichen zuständig sind, erscheint die Verehrung auch dieser Götter notwendig und angebracht. Das zeigt sich nicht nur in der Teilnahme an ihnen gewidmeten Festen, sondern auch in ihrer Verehrung zu bestimmten Anlässen. Die Tatsache, dass einer z.B. den Gott Śiva als ‚Höchsten' verehrt, schließt nicht aus, dass er bei Antritt einer Reise Gaṇeśa – den Gott der Hindernisse – oder vor einer Prüfung Sarasvatī – die Göttin der Kunst und Wissenschaft – um Unterstützung bittet. Van Buitenen stellt über diese Form der Religiosität treffend fest: „it allows a religious man to create out of a social polytheism a personal monotheism" (1981, 25). Das gilt auch umgekehrt: Der persönliche Glaube an einen einzigen höchsten Gott kann durchaus mit dem Bezug zu anderen Gottheiten einhergehen. Der Grund dafür ist nicht allein der ‚soziale Polytheismus', sondern auch, dass monotheistische Theologien im Hinduismus im Sinne eines ‚kosmologischen Monotheismus'[3] nicht mit einer Ablehnung anderer Götter einhergehen, sondern vielmehr mit deren Unterordnung. Sie erhalten eine Funktion bzw. einen rituellen Zuständigkeitsbereich in der vom höchsten Gott oder Göttin geschaffenen Welt. Grundsätzlich lassen sich die pan-hinduistischen, in den großen Tempeln residierenden und in Sanskrit- und Tamiltexten gepriesenen Götter und Göttinnen von den zahlreichen Dorf- und Familiengottheiten unterscheiden, die in Dorfschreinen oder anderen Orten verehrt werden und Gegenstand eines ebenfallls reichen Schatzes an Mythen, Legenden, Gedichten und Liedern sind, die großenteils mündlich überliefert werden. Das schließt nicht aus, dass Erscheinungsformen der pan-hinduistischen Götter auch im Dorf verehrt werden, wie umgekehrt manche Dorf- und Stammesgottheit Einzug in einen städtischen Tempel gehalten hat. Wie bereits im historischen Überblick aufgezeigt, spielen die Götter Śiva, Viṣṇu, Kṛṣṇa und Rāma sowie Göttinnen wie Lakṣmī, Durgā und Kālī im Tempelkult und in den theologischen Traditionen eine große Rolle. Die lokal und regional nicht weniger wichtigen Dorf- und Familiengottheiten werden nicht selten als Formen von ihnen gedeutet, ohne dass sie dadurch ihre lokale Mythologie oder Ritualtradition einbüßen.

1.2 Götter

1.2.1 Viṣṇu

Die Unterschiede zwischen Viṣṇu und Śiva lassen sich teilweise aus ihrer jeweiligen Position innerhalb der vedischen Opfertradition erklären. Beide Götter zählen nicht zu den zentralen Göttern des vedischen Pantheons, werden aber bereits in älteren vedischen Texten erwähnt

3 S. o. II. 4.1 und Malinar 2007, 7 ff; 237–241.

und treten dann im Epos als mächtige Götter hervor (s. Gonda 1970). Während Śiva unter dem Namen Rudra in vedischen Texten eher als ein bedrohlicher und mächtiger Außenseiter dargestellt wird, gehört Viṣṇu zum vedischen Götterkreis. Dabei sind zwei Aspekte hervorzuheben: Erstens wird Viṣṇu als der Gott gepriesen, der mit drei weit ausschreitenden Schritten die ‚Drei-Welt' (*triloka*) geschaffen hat, die aus Himmel, Erde und dem Zwischenraum zwischen ihnen besteht (Ṛgveda 7.100). Diese kosmogonische Tat wird später zu einer Inkarnation des Gottes erhoben und auch bildlich dargestellt (Viṣṇu-Trivikrama). Zweitens wird Viṣṇu in einigen Brāhmaṇa-Texten mit dem vedischen Opfer identifiziert. Das verweist auf seinen späteren Charakter als der Gott, der sich um den Erhalt der Weltordnung (*dharma*) und insbesondere der vedischen Ritualtradition sorgt. Er wird als kosmisch-königlicher Herrscher dargestellt und mit entsprechenden Emblemen wie etwa einem Szepter ausgestattet. Seine Rolle als kosmischer Herrscher bekräftigt auch die Lehre von seinen verschiedenen ‚Herabkünften' (*avātara*), d.h. Verkörperungen zur Rettung des *dharma.* Es gibt ungefähr ab dem 5. Jh. eine relativ konstante Liste von zehn *avatāra*s des Visnu, die z.B. im *Viṣṇupurāṇa* überliefert wird. Andere Texte präsentieren noch umfangreichere Listen, was von der Absorptionskraft des Viṣṇuismus zeugt. Götter oder zentrale Figuren anderer religiöser Gemeinschaften, wie z.B. der Buddha oder auch der Gott Kṛṣṇa, werden in die viṣṇuitische Theologie integriert, indem sie zu ‚Inkarnationen' des Viṣṇu erklärt werden. Neben Verkörperungen in Menschengestalt gibt es auch Erscheinungen des Gottes als Tier (z.B. als Fisch oder Eber) und in theriomorpher Form (Mannlöwe). Die letzte Verkörperung des Gottes steht noch bevor, sein Erscheinen als Kalkin, der den Weltuntergang besiegelt. Auf einem Pferd reitend und mit einem Schwert ausgestattet vollzieht er den Untergang derer, die für den Ruin der sozio-kosmischen Ordnung verantwortlich sind. Am Ende wird die ganze Welt überflutet und versinkt in eine kosmische Nacht. Dann schläft Viṣṇu auf der Schlange namens Śeṣa, was ‚Rest' bedeutet und anzeigt, dass es keine völlige, restlose Vernichtung der Welt gibt (s. reader, 76ff). Vielmehr sind während der ‚kosmischen Nacht' alle noch nicht erlösten Wesen im Körper des Gottes absorbiert und warten auf die Neuschöpfung der Welt. Am Ende der Nacht beginnt ein neuer Weltzeitalterzyklus (sog. *yuga*-Lehre, s.u. III.7). Im Mythos wird berichtet, dass während seines Schlafes ein Lotus aus seinem Bauchnabel wächst, auf dem der Gott Brahmā sitzt, der dann mit Viṣṇus Unterstützung die Rolle des Weltschöpfers übernimmt. Viṣṇu weilt dann als Hüter der geschaffenen Welt zusammen mit seiner Gattin, der Göttin Śrī-Lakṣmī, in seiner Himmelswelt Vaikuṇṭha. Viṣṇu füllt die Position des höchsten Gottes voll aus, weil er für die drei konstitutiven Aspekte des Kosmos zuständig ist: Er schafft, erhält und zerstört die Welt. Die mit ihm verbundenen Theologien und Erlösungslehren werden erstmals im *Viṣṇupurāṇa* (ca. 4. Jh. n. Chr.) zusammengestellt und dann in den späteren theologischen Traditionen ausgearbeitet (z. B. Vaikhānasa und Pāñcarātra s. o. II.5.3.3).

1.2.2 Kṛṣṇa

Der Gott Kṛṣṇa bzw. Vāsudeva-Kṛṣṇa wird zwar in den ältesten vedischen Texten nicht erwähnt, er spielt jedoch eine zentrale Rolle im Mahābhārata-Epos, in dem er als gottgleicher Held auftritt und an vielen Stellen als der höchste Gott gepriesen wird. Das berühmteste und in der Geschichte der Hinduismus überaus einflussreiche Zeugnis der Verehrung Kṛṣṇas ist die *Bhagavadgītā*, in der *die bhakti*, die Gottesliebe, als Weg zu Gott und zur Erlösung gelehrt wird (s. o. II.4.1; Malinar 2007). Im *Harivaṃśa*, einem Anhang zum Epos, werden Kṛṣṇas Lebensgeschichte erzählt und die Heldentaten, die er gemeinsam mit seinem Bruder Balarāma zum Wohle der Kuhhirten in der Region Mathura vollbringt. Ihm ist eine reiche Tradition mystisch-erotischer Gottesliebe (*bhakti*) gewidmet, die sich wahrscheinlich ab dem 6. Jh. n. Chr. in Südindien ausgeprägt hat und dann im ca. 9. Jahrhundert in der Abfassung *Bhāgavatapurāṇa* kulminierte (Hardy 1983). Besonders einflussreich wurde der Text durch die romantisch-heroischen Legenden, die den Gott mit der Landschaft und der Hirtenkultur in Vraja (bei Mathura) verbinden. Sie zeigen den Gott als ‚Beschützer der Kühe' (Gopāla) und als Flöte spielenden Verführer der Kuhhirtinnen. Ins Zentrum von Theologie und Dichtung rückt insbesondere Rādhā, die vergöttlichte Geliebte und Gefährtin des Kṛṣṇa. Die von Sehnsucht, Vereinigung und Trennung geprägten Geschichten über das göttliche Liebespaar werden zum Vorbild der Gottesliebe, die ebenfalls von der Sehnsucht nach Gott durchzogen ist. Zahlreiche Bildwerke und vor allem die Miniaturmalerei haben diese Geschichten zum Thema. Die ästhetisch-erotischen Dimensionen der Präsenz des Gottes in der Welt werden zum zentralen Thema in nachfolgenden theologischen Texten und religiösen Gemeinschaften (s.o. II.6.2.1). Der Gott Kṛṣṇa erscheint in eigenen Inkarnationen, er hat ebenfalls eine Liste von *avatāras*. Viele davon dienen dazu, den Menschen die Lehren der Gottesliebe neu zu verkünden und so deren spirituelles Heil zu gewährleisten. Obwohl Kṛṣṇa, ebenso wie Rāma, in die viṣṇuitische *avatāra*-Liste aufgenommen wurde und es viele Textstellen gibt, in denen er mit Viṣṇu identifiziert wird, war und ist er ein eigenständiger Gott und wird in zahlreichen religiösen Gemeinschaften als ‚Höchster' verehrt.

1.2.3 Rāma

Wie im Falle des Gottes Kṛṣṇa ist die älteste Quelle für Kult und Theologie des Gottes Rāma ein epischer Text: das *Rāmāyaṇa* (ca. 3.Jh. v.Chr. bis 4.Jh. n.Chr.), das die Lebensgeschichte des Prinzen Rāma von Ayodhya und seiner Frau Sītā erzählt und zu den populärsten Texten des Hinduismus gehört (Brockington 1998). Er ist in vielen Variationen nicht nur in den indischen Regionalsprachen überliefert, sondern wurde auch Teil der kulturellen Tradition in den Ländern Südostasiens. Rezitation und Aufführung des *Rāmāyaṇa* gehören in vielen Regionen Indiens zum jährlichen Festkalendar, besonders bekannt sind die mehrtägigen sog. Rāmlīlā-Aufführungen in Benares. Die Geschichte beginnt mit der Schilderung der erfolgreichen Herrschaft des mit drei Frauen verheirateten Königs Daśaratha von Ayodhya. Rāma ist der älteste Sohn und hat von daher Anspruch auf den Thron. Er hat drei jüngere Brüder, die Söhne der anderen Ehefrauen des Vaters. Es werden Rāmas glückliche Kindheit und seine Hochzeit mit Prinzessin Sītā geschildert. Bald darauf beschließt der Vater, Rāma zum König weihen zu lassen und sich aus dem politischen Leben zurückzuziehen. Die Festvorbereitungen sind bereits im Gange, als die jüngste Ehefrau, Kaikeyī, beschließt, den Thron für ihren Sohn zu sichern. Sie erinnert ihren Mann daran, dass sie ihn einst aus einer kritischen Lage auf dem Schlachtfeld rettete und er ihr dafür die Erfüllung von zwei Wünschen versprach. Das fordert sie nun ein und verlangt, dass ihr Sohn Bharata zum König geweiht und Rāma für 14 Jahre ins Exil geschickt wird.

Durch sein Versprechen gebunden, bleibt Daśaratha nichts anderes übrig, als Rāma zum Verzicht aufzufordern. Rāma zeigt in dieser Situation die Qualitäten, die ihn in der indischen Tradition zum Vorbild für die Treue zum *dharma* werden lassen, zu den Gesetzen und Normen seines Standes und der Familie, die die Grundlage für eine funktionierende soziale und kosmische Ordnung darstellen. Er beugt sich der absoluten Autorität des Vaters und zieht klaglos ins Waldexil. Sītā und sein Bruder Lakṣmaṇa begleiten ihn, und sie leben in einer Einsiedelei umgeben von Asketen und Weisen, aber auch von Waldbewohnern und Dämonen. Eines Tages wird Sītā von Rāvaṇa, dem dämonischen König von Laṅkā, entführt. Rāma und sein Bruder machen sich auf die Suche nach Sītā und nach Verbündeten für einen Kriegszug gegen Rāvaṇa. Er findet sie im Königreich der Vānaras (menschengleicher Affen) und insbesondere im Affen Hanumān. Nach dem Bau einer Brücke über das Meer erfolgt die Invasion in Laṅkā, die mit dem Sieg über Rāvaṇa und Sītās Befreiung endet. Statt sich über das Wiedersehen mit seiner Gattin zu freuen, sorgt sich Rāma zunächst um die Familienehre und Sītās ‚Reinheit'. Sītā verkündet, dass sie sich allen Avancen ihres Entführers widersetzt habe und unterzieht sich erfolgreich einem Feuerordal, das ihre Treue bestätigt. Das nunmehr wiedervereinte Königspaar kehrt nach Ayodhya zurück. Die Einwohner begrüßen das Paar mit Lichtern und bald darauf wird Rāma zum König geweiht.[4] Die in der Öffentlichkeit zirkulierenden Zweifel an Sītās Treue können jedoch nicht aus der Welt geschafft werden. Rāma ordnet schließlich an, seine Frau ins Waldexil zu schicken. Zwar ruft Rāma sie wieder aus dem Exil zurück, aber sie folgt dem nur, um die Göttin der Erde zu bitten, sie in sich aufzunehmen; Sītā verschwindet für immer. Jahre später übergibt Rāma den Thron an seine Söhne und sucht den Tod im Fluss.

Obwohl das eher traurige Schicksal Sītās wohl kaum den Erwartungen an ein idealtypisches Eheleben entspricht, hat dieses Ende nicht verhindert, dass Rāma und Sītā als das ‚ideale Ehepaar' in die indische Kulturgeschichte eingegangen sind.[5] Vor allem Sītā wurde zum Rollenvorbild der treuen, alles von und mit ihrem Ehemann ertragenden Gat-

4 Dieses Ereignis wird beim jährlichen Dīvālī-Fest gefeiert (s. u. III.5).

5 Das Schicksal von Sītā hat deshalb auch verschiedene, z. T. abmildernde Deutung und Versionen erfahren; s. Hess 1999.

tin. Sie verkörpert das in altindischen Rechtstexten propagierte Ideal der *pativratā*, der Frau, deren Observanzen ganz dem Ehemann gelten, der einen gottgleichen Status einnimmt (s.u. IV.6). Rāma wiederum wurde zum Ideal des heldenhaft um seine Frau kämpfenden Gatten, des rechtschaffenen und gehorsamen Sohnes und des idealtypischen, gerechten und starken Herrschers, der das Gesetz und die sozio-kosmische Ordnung (*dharma*) verteidigt. *Rāmarājya*, ‚Rāmas Herrschaft' wird zum utopischen Idealbild einer gerechten Ordnung und zum Signum der Wiederkehr des goldenen Zeitalters, und der Gott Hanumān zu seinem getreusten Anhänger (s. Lutgendorf 1994). In der jüngeren Geschichte wurde die Wiederkehr von ‚Rāmas Herrschaft' zum politischen Programm der indischen Unabhängigkeitsbewegung, aber auch des Hindu-Fundamentalismus. Dabei erfreut sich der Affengott Hanumān als der treuste Verehrer Rāmas einer großen Popularität und dient etwa in fundamentalistischen Kreisen als Vorbild einer selbstlosen Hingabe an den Kampf für den Hindu-Dharma und die indische Nation. Das ist auch eine der Botschaften der Fernsehfassung des *Rāmāyaṇa*, die mit überwältigendem Erfolg in den 80er Jahren im indischen Fernsehen in über 100 Episoden ausgestrahlt wurde (s.o. II.8.3).

Zwar wird Rāma bereits an einigen Stellen des Epos als Inkarnation des Gottes Viṣṇu bezeichnet, seine Vergöttlichung setzt aber erst in den mittelalterlichen *bhakti*-Traditionen ein und in den verschiedenen regionalsprachlichen Versionen der Rāma-Geschichte. Besonders einflussreich wurde das *Rāmcaritmanas* des Hindi-Dichters Tulsīdās (ca. 1574), in dem der Wiederherstellung von ‚Rāmas Herrschaft' durch Rezitation des Namen Gottes (Rām) ein besonderes Gewicht zukommt.

1.2.4 Śiva

Wie Viṣṇu gehört auch Śiva zu den bereits im Veda verehrten Göttern. Er erscheint dort zumeist unter dem Namen Rudra, der mit einer Begleittruppe, den sog. Rudras, umherzieht. Anders als der Gott Viṣṇu, der einen genuinen Bezug zum vedischen Opfer unterhält, steht Rudra-Śiva eher außerhalb der Opferordnung. Śiva fungiert in vedischen Texten als ‚Herr der Nutztiere' (Paśupati), der sie sowohl mit Krankheit bedrohen als auch heilen kann. Er erscheint auch als einsamer und nicht besonders attraktiv aussehender Jäger mit Pfeil und Bogen, der durch die Einöde streift. Aufgrund seines Aufenthalts an den Randzonen der Gesellschaft wird er tendenziell vom Ritual ausgeschlossen, wodurch er besonders bedrohlich und zerstörerisch werden kann. In der späteren Mythologie wird vor allem die besondere Macht betont, die aus Śivas Seinsweise resultiert, und damit geht seine Erhebung zu einem der monotheistisch interpretierten Götter des Hinduismus einher. Älteste Zeugnisse einer solchen Entwicklung sind zum einen die Preisliturgie der „Hundert Namen", das *Śatarudrīya*, und zum anderen die *Śvetāśvatara-Upaniṣad* (ca. 1. Jh. v. Chr. bis 1. Jh. n. Chr.; Gonda 1970; Oberlies 1988). Mit dem letztgenannten Text wird Śiva zu Maheśvara, zum ‚mächtigen Herrn'; er wird der Mahādeva, der ‚große Gott'. Beide Worte – wohl zunächst nur Epitheta, die auch anderen Göttern zugeschrieben werden können – werden zu Eigennamen Śivas.

Ambivalenz und Widersprüchlichkeit, aber auch Aufhebung und Überschreitung von Gegensätzen sowie seine Assoziation mit dem Tod (s. die Darstellung als Mahākāla, Gott der todbringenden Zeit) kennzeichnen diesen Gott in einem Maße, das vielleicht nur mit der Göttin Kālī vergleichbar ist. Von daher erscheint die theologische und rituelle Assoziation zwischen den beiden Gottheiten, die ab ca. dem 7. Jh. im Tantrismus greifbar wird, naheliegend, wobei die historischen Hintergründe unklar bleiben. Die Ambivalenz in der Darstellung des Gottes betrifft auch dessen Verhältnis zu Sexualität und Askese, das theologisch und mythologisch recht unterschiedlich interpretiert wird (O'Flaherty 1973; Fischer 1979). Er erscheint als ein völlig von der Welt abgewandter Asket und Yogin, der in sich selbst versunken meditiert und ungeheure Kräfte in sich versammelt. Er steht für die Überwindung von Begierde und Unwissenheit, aber auch für den Machterwerb, der mit Askese und Yoga einhergeht (sog. *tapas* bzw. *siddhi*). Ein Aspekt dieser Macht ist die sexuelle Kraft, die dem Gott zugeschrieben wird und die sich in Gestalt seines *liṅgam*, seines phallischen Emblems, manifestiert. Das *liṅgam*, das zahlreiche Tempel und auch andere Kultplätze in Indien bewohnt, ist eine alte und markante Repräsentation des Śiva in einer anikonischen Form. Damit wird die genuine Beziehung zwischen dem Gott und der weiblichen Energie und Schaffenskraft, der *śakti*, symbolisiert. In bildlichen Darstellungen wird die *śakti* in Form eines ‚Schoßes' (*yoni*) als die Basis des *liṅgam* repräsentiert.

Abb. 3: Śiva-Liṅgam.

Die Verbindung von männlicher und weiblicher Energie charakterisiert den Gott und prägt deshalb auch den gesamten von ihm geschaffenen Kosmos. Eine weitere ikonographische Repräsentation dieser Verbindung bietet die Darstellung Śivas als ‚halb Mann, halb Frau' (*Ardhanarīśvara-Mūrti*). Ohne die *śakti* wäre Śiva nicht nur nicht Schöpfer der Welt, er wäre auch nicht das höchste Selbst, der transzendente Gott und Yogin. Das *liṅgam* ist zwar das Signum von Potenz und Zeugungsbereitschaft, bedeutet aber zugleich, dass der Zeugungsakt (noch) nicht vollzogen wurde. Es verweist auf eine asketische Transformation sexueller Energie, die sich sowohl der Lusterfüllung als auch dem Kinderwunsch verweigert. Das hat sein mythologisches Pendant in den Geschichten, die von tausend Jahren dauernden Liebesnächten berichten, die Śiva z.B. mit seiner Ehefrau Pārvatī verbringt, ohne dass es dabei zur Zeugung von Nachkommen kommt. Die Söhne von Śiva bzw. Pārvatī, die Götter Skanda-Kārttikeya und Gaṇeśa, kommen unter recht außergewöhnlichen Umständen zur Welt (vgl. Courtright 1985). Es gehört zu den besagten Ambivalenzen des Gottes, dass der genuine Bezug Śivas zur *śakti* ihn trotz seiner asketischen Verweigerungen zum erotischen Objekt und Ehegatten *par excellence* macht. Die śivaitische Mythologie und Ikonographie stattet Śiva mit verschiedenen göttlichen Ehefrauen aus, wobei Umā und die zumeist mit Umā gleichgesetzte Pārvatī am häufigsten als Gattinnen fungieren. Dementsprechend ist die Darstellung von Śivas Familie, die sog. Soma-Mūrti, die Gestalt Śivas zusammen mit seiner Frau Umā und den beiden Söhnen, eine der populärsten Darstellungen des Gottes vor allem in südindischen Tempeln. Pārvatīs Sohn Gaṇeśa, der Gott mit dem Elefantenkopf, erfreut sich großer Popularität, da seine Verehrung dazu dient, das Gelingen aller Unternehmungen zu sichern. Skanda, der Sohn Śivas, hingegen fungiert als General der göttlichen Armeen. Von dieser Familienkonstellation unberührt berichten zahlreiche Legenden über Śivas andere Hochzeiten. Unzählige Tempel für lokale Göttinnen, die durch die Verbindung mit Śiva zu dessen Ehefrauen wurden, belegen seine Assoziation mit regionalen und lokalen Kulten. Religionsgeschichtlich betrachtet, verweist das auf einen fortwährenden Prozess der Amalgamierung von Kulten, indem etwa lokale Gottheiten durch die Assoziation mit einer Gottheit der Sanskrittradition aufgewertet werden und womöglich regionale oder auch überregionale Bedeutung gewinnen (sog. ‚Sanskritisierung'). Die verschiedenen Facetten seines Weltbezugs prägen den Gott Śiva und verleihen ihm seine zahlreichen Gesichter. Pointiert gesagt, könnte man Śiva als den Gott der vielen Gesichter, der *mūrti*s, bezeichnen, und Viṣṇu als den Gott der *avatāra*s, der vielen Verkörperungen (s. reader, 71 ff).

1.3 Göttinnen

Seit wann es in Indien Göttinnenverehrung gibt, ist nicht genau bestimmbar. Die auf den Siegeln der Indus-Kultur (ca. 2500–1700 v. Chr.) abgebildeten weiblichen Figuren werden manchmal – und eher spekulativ – als ‚Muttergottheiten' gedeutet (s. o. II.2). Eindeutigere Belege enthalten die Veden, in denen auch Hymnen an weibliche Gottheiten überliefert sind, wie an die Göttin ‚Morgenröte' (Uṣas) oder die Göttin ‚Sprache', die Vāc (s. reader, 12). Die Formulierung der ältesten monotheistischen Theologien geht auch an den Göttinnen nicht spurlos vorüber. Dabei entwickeln sich prinzipiell zwei Modelle: Zum einen gibt es singuläre Göttinnen, die ähnlich wie ein männlicher Gott in den Rang der ‚Allmächtigen' aufsteigen. Zum anderen werden zwischen Göttern und Göttinnen Allianzen geschlossen, d. h. sie sind verheiratet oder befinden sich in anderen, Verwandtschaft stiftenden Verhältnissen, wie z. B. in Bruder-Schwester-Beziehungen. Auch hier sei angesichts der überwältigenden Zahl von Göttinnen daran erinnert, dass die meisten Göttinnen, ebenso wie ihre männlichen Pendants, spezifische rituelle Aufgaben haben und nur einige wenige als ‚höchste' und allmächtige Göttinnen gelten, d. h. mit einer monotheistischen Theologie ausgestattet sind (s. Kinsley 1990 und die Beiträge in Hawley/Wulff 1996).

Die Vielzahl der Göttinnen hat man dadurch zu reduzieren gesucht, dass sie zu Manifestationen der einen sog. ‚großen Göttin' erklärt wurden. Dazu wurde auch auf C.G. Jungs Archetypen-Lehre zurückgegriffen, wonach die ‚indischen Muttergöttinnen' insgesamt als indische Varianten des Prinzips der ‚Ur-Mutter' bzw. der ‚weiblichen Ur-Kraft' anzusehen sind. Solche Deutungen führen zur Ausblendung der Identität der einzelnen Göttinnen und ihrer Einbettung in spezifische historisch-kulturelle Kontexte. Bei näherer Betrachtung hat man es nämlich mit unterschiedlichen Göttinnen zu tun, mit kriegerischen wie der Göttin Durgā, mütterlich-asketischen wie Pārvatī, Glück verheißenden wie Śrī-Lakṣmī, Krankheit bringenden und heilenden wie Sitalā, usw. Sie alle besitzen jeweils ihre eigene Geschichte, ihre eigenen Mythen und Feste und eine Anhängerschaft. Dabei spielen sog. ‚volksreligiöse' bzw. populäre Kulte eine große Rolle, die für die älteren Perioden der Religionsgeschichte aber nur fragmentarisch nachzuweisen sind. Die in den Sanskrit-Quellen tradierten Gotteslehren stellen zwar einen bedeutenden, aber eben nur einen Ausschnitt aus einem wahrscheinlich weit größeren Spektrum von Kulten dar. Volksreligiöse Vorstellungen und lokale Gottheiten sind auch in der Gegenwart von großer Bedeutung, und es ist wahrscheinlich, dass sie auch in der älteren Zeit nicht nur neben den Sanskrit-Theologien existierten, sondern auch mit ihnen interagierten (sog. ‚Sanskritisierung' s.o. III.1).

1.3.1 Śrī-Lakṣmī

Die Göttin Śrī-Lakṣmī wird bereits in vedischen Texten erwähnt, wie z.B. in den Brāhmaṇas. Der älteste, nur ihr gewidmete Text, der ‚Hymnus an die Śrī', das *Śrī-Sūkta*, findet sich in den sog. Apokryphen, den ‚Anhängen' zum Ṛgveda (*khila*; Scheftelowitz 1921, s. reader, 18f). Sie wird als Göttin des Ackerbaus, des häuslichen Gedeihens und der Fruchtbarkeit sowie des Glücks und der Königsherrschaft gepriesen. Auch werden im Hymnus bereits Embleme erwähnt, die auch in späteren bildlichen Darstellungen der Göttin ihre Ikonographie prägen, wie Lotus, Bilva-Baum, Wassertopf (*kamaṇḍula*) und Elefanten (vgl. Dhal 1978). Die Texte betonen ihren Bezug zum Königtum, denn ohne ihre Gunst kann ein König nicht erfolgreich herrschen. Die Göttin verleiht ihre Gunst aber nur an denjenigen, der auch die entsprechenden Eigen-

Abb. 4: Śrī-Lakṣmī mit Elefanten.

schaften besitzt; verliert ein König z. B. seinen Heldenmut, so wird er auch von der Śrī verlassen. Es ist von daher nicht überraschend, dass die Göttin oft in Wettbewerbssituationen eine Rolle spielt bzw. deren Anlass sein kann. Das zeigt etwa der mit der Śrī verbundene Mythos von der ‚Quirlung des Milchmeers', wie er etwa im *Viṣṇupurāṇa* erzählt wird. Dabei kooperieren Götter und Dämonen, um aus dem Meer Glück bringende und Ordnung stiftende Schätze zu bergen. Das wird notwendig, weil in der von der Śrī verlassenen Welt Chaos und Anarchie ausgebrochen sind. Schließlich taucht die Göttin aus dem Meer auf und wählt den Gott Viṣṇu als kosmischen Herrscher und Gatten, wodurch die Ordnung wieder hergestellt wird. Es ist von daher eine plausible Entwicklung, dass die Göttin auch für die Mächtigen im modernen Indien wichtig geworden ist, vor allem auch für Händler und Unternehmer. Nach dem hinduistischen Festkalender beginnt das neue Jahr mit dem sog. Lichterfest (Dīvālī) im Oktober bzw. November. Dabei wird die Göttin Śrī-Lakṣmī verehrt und das neue Geschäftsjahr beginnt mit neuen Geschäftsbüchern. Gemäß ihrer Rolle als Schutzgöttin der Händler hat sich die populäre Ikonographie der Śrī insofern verändert, als sie jetzt aus ihrer Hand Goldstücke regnen lässt.

Die Göttin erfährt ihre Theologisierung vor allem an der Seite des Gottes Viṣṇu. Dabei wird insbesondere auf den Nutzen der Beziehung zwischen dem Gott und der Göttin für das Heilsstreben des Einzelnen hingewiesen. Die Göttin wird zu einer unverzichtbaren Vermittlerin der Gnade des Gottes und damit zu einer Instanz, die den Erlösungsweg erheblich abkürzen kann. Besonders wichtig ist hier die theologische Schule des Pāñcarātra bzw. die religiöse Gemeinschaft der Śrī-Vaiṣṇavas (s. o. II.5.3.3, s. reader, 88 ff). Sie ist vor allem in Südindien beheimatet und einige große südindische Tempelanlagen werden von Priestern dieser Tradition betreut.

1.3.2 Durgā und Kālī

Im Gegensatz zur Śrī ist die Göttin Durgā nicht in vedischen Texten bezeugt. Der älteste erhaltene Text ist der ‚Hymnus an Durgā', das *Durgā-Stotra*, der in einigen Manuskripttraditionen des *Mahābhārata* überliefert ist. Der Hymnus bezeugt bereits, wofür Durgā für weite Teile der indischen Tradition steht: die Zusicherung des Sieges über die Feinde der göttlichen Ordnung und den Bestand königlicher Herrschaft. Der älteste Text, in dem die Taten der mächtigen Göttin, der Mahādevī Durgā, ausführlich geschildert wird, ist das *Devīmāhātmya* (4.–6. Jh. n. Chr.), das ‚Preislied an die Göttin', das als Teil des *Mārkaṇḍeyapurāṇa* tradiert wird (Coburn 1992). Die erhaltenen ikonographischen Zeugnisse für die im Text geschilderten Mythen sind jedoch älter (v. Stietencron 1983). Die Rezitation des Textes beim Fest der Durgā, der neuntägigen Durgā-Pūjā im Oktober/November ist ein fester Bestandteil der Feierlichkeiten. Der Text enthält drei Mythen, von denen der vom Sieg der Göttin über den Büffeldämon Mahiṣa im Mittelpunkt sowohl der Darstellung der Göttin (als Mahiṣāsuramardinī) als auch der Durgā-Pūjā steht. Der Dämon hatte einstmals die Götter besiegt und die Herrschaft über die Welt errungen. Die Götter laufen daraufhin alarmiert zu Viṣṇu und Śiva, die zusammen mit allen anderen Göttern so sehr in Kampfesglut (*tejas*) entbrennen, dass Flammen aus ihren Körpern heraustreten. Die Flammen vereinigen sich und daraus entsteht der Körper der Göttin, der dann auch die entsprechenden göttlichen Waffen verliehen werden. Damit verkörpert sie die versammelte Macht aller Götter und gleicht in dieser Hinsicht dem rituell geweihten König, der ebenfalls einen durch die Kraft verschiedener Götter ‚zusammengesetzten' Körper besitzt (s. *Manusmṛti* 7.5). Sie ist die machtvolle Herrscherin (*īśvarī*), die den Dämonen tötet und die rechtmäßigen Herrscher wieder einsetzt und beschützt. Dementsprechend diente die jährliche Verehrung der Durgā traditionellerweise dazu, die Herrschaft der irdischen Könige zu bestätigen (Fuller / Logan 1985; Basu 2004, 152–170). Die Oberherrschaft der Göttin wird in einem weiteren Mythos des Textes auch in einer anderen Hinsicht demonstriert, und zwar, indem sie unverheiratet bleibt. Es wird erzählt, wie sich ein Dämonen-König in die Göttin verliebt und sie zu seiner Ehefrau machen möchte. Sie lässt ihn jedoch wissen, dass sie nur denjenigen heiraten kann, der sie im Kampf besiegt. In der darauf entbrennenden Schlacht besiegt Durgā in ihrer Gestalt als Kālī den Aggressor (s. reader, 68 ff). Kālī sichert den Sieg dadurch, dass sie Blutstropfen aufleckt, die zum Entstehen immer neuer Dämonen führen. So tötet sie die feindliche Macht durch Einverleibung. Der Göttin Kālī sind auch eigene religiöse Traditionen und Kulte gewidmet, deren Spektrum ähnlich reich ist wie das der anderen Gottheiten (s. o. Tantrismus II.5.3; s. auch McDermott/Kripal 2003). Sowohl Durgā als auch Kālī werden an ihren zentralen Kultstätten in der Regel als singuläre Göttinnen verehrt (wobei es zu Assoziationen z. B. mit Śiva kommt). Charakteristisch für die Verehrung dieser machtvollen und auch durchaus Furcht erregenden Göttinnen sind Tier- bzw. Blutopfer, durch die sie für die Erfüllung ihrer Schutzfunktion gestärkt werden.

Die genannten Göttinnen repräsentieren zwei Modelle für die Positionierung einer Göttin als höchstes und allmächtiges Wesen, die in zwei Konstellationen der Göttinnenverehrung resultieren: Zum einen im Rahmen einer Allianzbeziehung mit einem männlichen Gott (s. Appfel-Marglin 1982), zum anderen als singuläre Göttin. Die Śrī erscheint als Königsmacherin, indem sie den König und damit ihren Gatten selbst wählt. Dabei gilt das Prinzip, dass die Śrī in ihrer Wahl an die Qualitäten des Königs gebunden ist und sie deshalb nur den Besten nehmen kann. Sollte er sich aber nicht bewähren, so wird er von ihr auch wieder verlassen. Aber auch umgekehrt: Die Śrī garantiert das Gedeihen, solange sie an der Seite des Königs weilt, verlässt sie ihn, so ist seine Herrschaft gefährdet. Nur die Verbindung zwischen Śrī-Lakṣmī und dem Gott Viṣṇu ist von Dauer, und sie bekräftigt die königlichen Attribute des Gottes, der wie vielleicht kein anderer als Herrscher und Schützer der kosmischen Ordnung (*dharma*) auftritt. Die Göttin Śrī erscheint selbst nicht als Herrscherin, die z. B. persönlich in die Schlacht ziehen würde.

Das unterscheidet sie von den Göttinnen Durgā und Kālī, die – wie gezeigt – selbst zu Schwert und Rüstung greifen. Ein weiterer Unterschied besteht darin, dass letztere trotz mythologischer und kultischer Assoziationen mit Śiva originär singuläre Göttinnen waren und diese auch in vielen rituellen und z.T. auch theologischen Kontexten geblieben sind. Es sind vor allem Durgā und Kālī, die im Zentrum der religiösen Gemeinschaften und theologischen Texte stehen, die dem sog. Śāktismus zugerechnet werden, d.h. der Gruppe hinduistischer Religionen, in denen die Göttin als die höchste Instanz des Kosmos, als Herrscherin über die Welt sowie als Garant der Erlösung verehrt wird. Für die Śāktas steht die *śakti*, d.h. Schaffenskraft und Handlungsmacht, als Grundprinzip weiblicher Existenzform im Zentrum des religiösen Interesses. Zumeist werden die höchsten männlichen Götter in Verbindung mit einer weiblichen Gottheit dargestellt, während eine Göttin, die an der Spitze des Universums steht, oft singulär bleibt. Ein Grund dafür liegt vielleicht darin, dass Göttinnen die weibliche Energie nicht benötigen, weil sie diese bereits verkörpern. Weiterhin spiegeln sich darin traditionelle Konstruktionen von Verwandtschaft und Geschlechterverhältnissen wider. Eine Heirat ist nicht in erster Linie Ausdruck einer ‚romantischen' Liebesbeziehung, sondern einer dem Erhalt und dem Wohlstand des Familienverbandes dienenden Allianz, die nicht mit jedem möglich ist (s.u. IV.5). Für die Bildung solcher Allianzen ist der Status der Ehepartner von zentraler Bedeutung und von daher treten im Falle von Statusunterschieden bestimmte Regeln in Kraft: Während Männer nicht nur Frauen aus ihrer eigenen, sondern auch aus einer rangniederen Statusgruppe wählen dürfen, so gilt für Frauen die Regel der ‚Heirat nach oben' (Hypergamie). Frauen sollten keine Männer aus einer niederen Statusgruppe, sondern nur aus einer höheren oder der eigenen heiraten. Diese Regeln gelten auch für andere Allianzbeziehungen innerhalb der Kosmos: Während z.B. eine menschliche Frau einen Gott heiraten und so zur Göttin werden kann, ist es für einen menschlichen Mann kaum möglich, eine Göttin zu heiraten. Und umgekehrt: Wen sollte eine Göttin auch heiraten, wenn sie selbst an der Spitze der Hierarchie steht? Sie kann nur ‚nach unten' heiraten und damit ihren Status verlieren. In der indischen Mythologie gibt es m.W. keinen Fall, in dem ein Mann durch eine Verbindung oder gar eine Heirat mit einer Göttin zu einem Gott wird.[6] Umgekehrt gibt es zahl-

6 Die bereits im Ṛgveda (10.95) überlieferte Geschichte von der unglücklichen Liebe zwischen Pururavas und der Halbgöttin Urvaśī endet damit, dass die Göttin letztendlich den Mann verlässt.

reiche Fälle, in denen menschliche oder halbgöttliche Frauen durch die Ehe mit einem Gott zur Göttin werden: Ein bekanntes Beispiel ist die Ehe zwischen Umā-Pārvatī, der eine menschliche bzw. halbgöttliche Abstammung zugeschrieben wird, und dem Gott Śiva, wodurch sie zur Göttin wird.

Göttinnen scheinen vor allem mit folgenden Themenkomplexen verbunden zu sein: (1) Macht, Herrschaft, Gedeihen und Schaffenskraft; (2) Geschlechterbeziehungen und Verwandtschaft; und (3) das Verhältnis zwischen sozialen Transgressionen und Erlösungsmöglichkeiten. Heilrituale und Formen der Besessenheit spielen ebenfalls eine große Rolle. Die Themen unterscheiden sich nicht wesentlich von denen, die männliche Götter besetzen. Doch besteht folgender Unterschied: Die Göttinnen stehen allesamt für eine als ‚weiblich' gedeutete Macht und Energie, die in verschiedenen Facetten den Kosmos durchzieht und die auch die männlichen Götter benötigen, um ihre Aufgaben zu erfüllen. In den älteren Texten sind diese Prinzipien jedoch noch nicht ausschließlich ‚weiblich' bzw. mit Göttinnen assoziiert oder als solche personifiziert. Das hängt vielleicht mit dem Umstand zusammen, dass die neuen Gotteslehren zunächst in Bezug auf männliche Götter entwickelt wurden (Kṛṣṇa, Śiva und Viṣṇu-Nārāyaṇa; s.o. II.4.1). Zwar sind die Götter auf der höchsten Ebene ihres Seins – als das transzendente, höchste ‚Selbst' – autonom und vollständig, ihnen wird jedoch für die Aufgabe der Weltschöpfung eine besondere Kraft bzw. Wesenheit zugewiesen, die als weiblich angesehen wird, auch wenn sie in den ältesten Texten noch nicht personifiziert wird. Die Schaffenskraft wird entweder dem Gott als Attribut zugeordnet oder als eine Wesenheit untergeordnet, die der Gott lenkt und beherrscht. Dabei werden vor allem drei Begriffe verwendet, die aus unterschiedlichen Traditionen stammen und dann die indischen Göttinnen charakterisieren:

1. *prakṛti*: die ‚selbsttätige Natur' als Materie und erste und einzige Ursache aller körperlich existierenden Lebewesen. Das Konzept wurde in der philosophischen Schule des Sāṃkhya entwickelt (s.u. VI.5.5).
2. *māyā*: bereits in vedischen Texten eine den übermenschlichen Wesen zukommende Zauberkraft sowie deren Fähigkeit zur körperlichen Vervielfältigung und Verhüllung; in späteren Texten vor allem die Macht der Illusion und Verblendung (s. reader, 76–82).

3. *śakti*: Vermögen, Schaffenskraft, Energie. Das englische Wort ‚power' ist m.E. am ehesten als Äquivalent von *śakti* anzusehen, weil es eben die Verbindung von Fähigkeit, Kraft und Macht ausdrückt, die im Sanskrit-Wort enthalten ist. Der Begriff wird auch generell als Name der Göttin verwendet. Die Bezeichnung für die Traditionen der Göttinnen-Verehrung – der Śāktismus – ist von diesem Wort abgeleitet.

1.4 Die fünf ‚Aufgaben' der höchsten Götter

Die Mythologie und Ikonographie der einzelnen Göttinnen und Götter konturieren nicht nur ihre Individualität, sondern bilden auch eine der Grundlagen für ihre rituelle Verehrung und für den emotionalen Bezug auf seiten der Gläubigen. In der Darstellung der Götter und Göttinnen in den Purāṇas und den theologischen Deutungen werden verschiedene Aspekte hervorgehoben, die ihren Bezug zur Welt und zu den Lebewesen charakterisieren. Sie werden in der theologischen Systematik als die ‚fünf Aufgaben' (*pañcakarman*) zusammengefasst, die einem höchsten Gott zugeschrieben werden. Die ersten drei beschreiben das Verhältnis zwischen Gott und Welt. Die umfassen (1) die Schöpfung der Welt (*sṛṣṭi*); (2) den Erhalt der Welt (*sthiti*); 3) die Zurücknahme bzw. Zerstörung der Welt (*saṃhāra*). Die göttlichen Aktvitäten finden im Rahmen der Lehre von den Weltaltern statt (*yuga*; s. u. III.7).

In vielen Texten werden die Aufgaben als Funktionen verstanden, die drei verschiedenen Göttern als Zuständigkeitsbereiche zugewiesen werden. Auch wenn eine solche Aufgabenteilung vorliegt, wird dadurch die Einheit der göttlichen Schaffenskraft bzw. des göttlichen Weltbezugs nicht in Frage gestellt. Vielmehr werden die einzelnen Gottheiten als Verkörperungen bzw. Aspekte des einzigen höchsten Gottes oder der Göttin angesehen. Schon bald wurden die drei Aspekte der Gottheit unter dem Stichwort *trimūrti*, die drei Gestalten, zusammengefasst und auch ikonographisch ausgestaltet. Die *trimūrti* umfasst in der Regel die Götter Brahmā, Viṣṇu und Śiva. Dabei ist Brahmā für das Entstehen, Viṣṇu für den Fortbestand und Śiva für den Untergang der Welt verantwortlich. Dabei ist zu beachten, dass der Gott Brahmā für seine Schöpfungstätigkeit meistens von einem übergeordneten Gott abhängig ist und selten als höchster Gott erscheint (vgl. Bailey 1983). Der

Gott Brahmā wird ohnehin in Indien kaum als höchster Gott verehrt; das einzige bedeutende Zentrum seiner Verehrung befindet sich in Pushkar (Rajasthan). Viṣṇu und Śiva können hingegen als oberste Götter alle drei Funktionen regieren. Die *trimūrti* als Zusammenhang von Aspekten göttlicher Schaffenskraft ist kein Polytheismus, sondern ist das Signum der Einheit der göttlichen Zuwendung zur Welt.

Neben die genannten Aspekte treten aber noch zwei weitere, die den Bezug des Gottes bzw. der Göttin zum ‚individuellen', verkörperten ‚Selbst' (*jīva-ātman*; Einzelseele) und somit dessen Erlösungsmöglichkeiten betreffen. Sie zählen ebenfalls zu den ‚göttlichen Aufgaben': (4) ‚Verhüllung' (*tirobhava*) der wahren Identität des Einzelnen: Das einzelne, verkörperte ‚Selbst' (*jīva-ātman*) weiß nicht um seine Zugehörigkeit zu Gott. Die Unwissenheit wird jedoch ausgeglichen durch (5) ‚Enthüllung' bzw. ‚Offenbarung' (*avirbhava*; *anugraha*), d.h. Gott offenbart sich in der Welt in Form der verschiedenen Mittel und Wege zur Erlösung. Es ist feszuhalten, dass die ‚Verhüllung' durch Unwissenheit überhaupt erst die Möglichkeit zum Erlangen der befreienden Erkenntnis eröffnet. Von dieser Perspektive aus betrachtet, dienen Weltschöpfung und Unwissenheit der Einzelseelen dazu, den Gott oder die Göttin zu erkennen. Hiermit wird ein wichtiger theologischer Aspekt berührt, und zwar die Frage nach dem Sinn und Zweck der Weltschöpfung. In den theologischen Texten werden insbesondere die folgenden beiden Antworten erörtert:

1. Der Gott oder die Göttin ‚spielen', d.h. die Welt ist *līlā*, ‚göttliches Spiel'. Zur göttlichen Freiheit und Transzendenz gehört, dass Gott schöpferisch tätig ist, weil und wie es ihm gefällt. Ein argumentativer Vorzug der Idee des ‚Spiels' mag darin liegen, dass es als Selbstzweck gilt und von daher die Frage nach Sinn und Zweck ins Leere läuft.
2. Der Zweck der Schöpfung besteht darin, dass die Einzelseelen die Erlösung erlangen. Dafür sorgen Gott bzw. Göttin sowohl durch ‚Verhüllung' als auch durch ‚Offenbarung von Mitteln zur Erlösung'. Eine solche Erfahrung wäre ohne die Verstrickung in die Welt unmöglich.

Die Lehre von den fünf Aufgaben zeigt, dass der höchste Gott sowohl Hüter über das Wohl des Einzelnen in der Gemeinschaft sein kann als auch Garant der Erlösung vom Netz der sozialen Verpflichtungen und der persönlichen Interessen, in das der Einzelne sich selbst verfängt. So heißt es in späteren Texten vom Gott oder der Göttin, dass sie sowohl Erlösung als auch Genuss gewähren (*mukti-bhukti-pradā*). Beides, Erlösungssuche und Streben nach Wohlergehen in der Welt, sind zwei Bezugsmöglichkeiten des Menschen zur göttlichen Präsenz, die wiederum den verschiedenen Bezugsformen des Gottes zur Welt und zu den Einzelseelen entsprechen. Obwohl die Suche nach Erlösung aus theologischer Sicht fast immer das höchste Ziel darstellt, steht doch das Streben nach Wohlergehen im Zentrum der religiösen Praxis vieler Hindus.

1.5 Götter und Göttinnen in lokalen Kulten (Dorf- und Familiengottheiten)

Entsprechend ihrer Position als kosmische Herrscher werden die ‚großen' Götter des Hinduismus nicht allein in den großen regionalen bzw. Staatstempeln verehrt, sondern sie sind auch in Dorfschreinen in der Funktion eines ‚Dorfobersten' bzw. lokalen Herrschers oder auch als der Schutzgott eines Klans oder einer Kaste präsent (*kuladevatā*).[7] Besonders häufig wird Śiva in seiner Form als Bhairava (‚Schrecklicher'; auch Bheru etc.) als ‚Dorfgottheit' (*grāmadevatā*) verehrt, die das Dorf vor Gefahren schützt und sein Wohlergehen garantiert. Bhairava fungiert auch oft als ‚Dorfwächter' und sein Bild schmückt Tempeltüren und die Zugänge zum Dorf. In dieser Rolle ist er oft einem anderen Gott und vor allem einer Göttin neben- bzw. untergeordnet, die im Zentrum dörflicher Kulte stehen. Weit seltener tritt Viṣṇu als ‚Dorfgottheit' in seiner gleichfalls ‚schrecklichen' Form als Narasiṃha, als ‚Mannlöwe', auf. Er war als Schutzgottheit verschiedener Könige in der Vergangenheit von Bedeutung.

Auch die ‚großen' Göttinnen treten in vielerlei Manifestationen und Namen in Erscheinung. Sie werden regional und lokal als Herrscherinnen verehrt, die – ähnlich wie Formen von Viṣṇu und Śiva – die lokalen Könige schützen und im Zentrum der mit dem Königtum verbundenen Kulte stehen. Beispiele dafür sind etwa die Verehrung der Göttin

7 Siehe dazu Erndl 1993 und Harlan 2000 sowie die Beiträge in Mallebrein 1993 und Michaels/Vogelsanger/Wilke 1996 sowie Heidemann 2004 (s. reader, 130–137).

Chamundeśvarī im alten Königreich von Mysore (Fuller 1992, 108–127) oder die Göttin Aśapūrā durch die Jadeja-Könige von Kacch in Gujarat (Basu 2004). Besonders häufig üben Göttinnen die Funktion der Dorfgottheit und der Familien- bzw. Klangöttin (*kuladevī*) aus. In dieser Funktion wird sie meistens als singuläre Göttin dargestellt, die entweder als unverheiratet oder als mit einem abwesenden Gatten liiert angesehen wird. In der Verbindung mit einem Gott erhält sie oft Attribute einer respektierten und friedliebenden Gottheit, die ihre Macht eher im Rahmen der vom Gott und Ehegatten gesetzten Grenzen ausübt, als selbst als machtvolle Herrscherin hervorzutreten. Das zeigt, dass die Deutung weiblicher Gottheiten ebenso wie die ihrer männlichen Pendants mit kulturellen Konstruktionen des Geschlechterverhältnisses verbunden ist (s. u. IV.6).

Dorfgöttinnen herrschen über das Territorium und die Bewohner. Deshalb spielen ihre Handlungen und Befindlichkeiten eine zentrale Rolle im Leben der Dorfgemeinschaft. Ihre Verehrung bezieht sich vor allem auf die mit ihnen verbundene Macht, die sowohl Segen als auch Bedrohung bedeuten kann. Letzteres vor allem dann, wenn die Gottheit durch falsche Rituale oder andere Vergehen erzürnt wird, was sich für das Dorf z. B. im Auftreten von Krankheiten oder anderem Unglück niederschlagen kann. Die Formen der Verehrung und insbesondere die Auswahl der Opfergaben richten sich oftmals nach der ‚Temperatur' der jeweiligen Göttin. Dabei kommt ein Klassifikationsschema von ‚heiß' und ‚kalt' zur Anwendung, das auch in zahlreichen anderen Kontexten verwendet wird, wie z. B. in der Medizin (Beck 1969). Viele Hindus wählen ihre Speisen danach aus, ob sie ‚erhitzend' oder ‚kühlend' sind. So gelten Kokosnüsse als ‚kühlend' und sind bei Hitze das Mittel der Wahl, während z. B. Mangos eher gemieden werden sollten, weil sie ‚erhitzen'. Auch sollte die ‚Temperatur' jedes einzelnen Menschen beachtet werden, die zu seiner natürlichen Konstitution gehört. Deshalb ist auch nicht jede Nahrung für alle gleich gesund. Göttinnen haben ebenfalls ihre eigene ‚Temperatur', die bei bei der Durchführung von Ritualen berücksichtigt werden sollte. Allgemein wird Göttinnen eine ‚höhere Temparatur' als männlichen Göttern zugeschrieben; vor allem singuläre Göttinnen gelten nicht selten als ‚hoch erhitzt'. Der rituelle Kontakt mit den Göttinnen zielt darauf, diese Hitze entweder abzukühlen oder noch zu steigern. Dabei können ‚heiße' Opfergaben wie z. B.

Blut je nach Situation sowohl einen kühlenden als auch einen erhitzenden Effekt haben. Eine als ‚heiß' geltende Göttin sollte am besten durch ‚heiße' Opfergaben verehrt werden, da sie ihrer Temparatur entsprechen. Bleiben die richtigen Opfergaben aus, so erregt das den Zorn der Göttin, der sich z.B. in Krankheitsepidemien äußert. In diesem Fall wirkt die Darbringung z.B. eines Blut- bzw. Tieropfers ‚kühlend', weil die Göttin dadurch besänftigt wird. Ein bekanntes Beispiel dafür ist der Kult der Göttin Sitalā bzw. Mariyamman, die für Pockenerkrankungen und Fieberepidemien verantwortlich gemacht wird. Der Zorn der Göttin wird gekühlt, indem ihr die bevorzugte Speise dargebracht wird. In anderen Situationen kann es notwendig sein, die ‚Hitze' der Göttinnen zu steigern, damit sie ihre Schutz- und Herrschaftsfunktion erfüllen kann. Sie werden dann ebenfalls mit ‚heißer' Speise verehrt, die ihnen noch mehr ‚feurig'-kämpferische Energie verleiht und dadurch ihre Fähigkeit steigert, das Dorf vor Angriffe von Dämonen usw. zu schützen. Solche ‚kraftsteigernden' Tieropfer sind im dörflichen Raum und in vielen Göttinnen-Tempeln zumindest zu bestimmten Anlässen nach wie vor üblich.[8] Die Hitze der Göttinnen ist doppeldeutig; die damit verbundene Energie kann sowohl Unglück bringen als auch Schutz durch die Abwehr von Feinden und Gefahren bedeuten (s. Brubaker 1987).

Ähnlich ambivalent ist die Haltung zum kreativen bzw. sexuellen Aspekt der göttlichen ‚Hitze'. Hinduistischen Göttinnen wird im Allgemeinen eine Mutterrolle zugewiesen, und sie werden u.a. als Mā, Mātā oder Ammā (‚Mutter') angesprochen. Damit wird einerseits auf ihre Fruchtbarkeit und kreative Energie (*śakti*) verwiesen, anderseits wird damit zugleich die sexuelle Ebene für ihre Verehrer tabuisiert. Denn nur selten haben Göttinnen Kinder (und wenn, dann zumeist nicht als Folge sexueller Aktivitäten) und symbolisieren biologische Mutterschaft. Vielmehr gelten sie als Mütter, indem sie die Geschöpfe schüt-

8 In den letzten Jahrzehnten gibt es jedoch eine starke Tierschutzbewegung in Indien, die gegen die Büffelopfer zu Felde zieht, die vor allem in den Stammesgebieten durchgeführt werden. Allerdings sind damit z.T. auch Bestrebungen verbunden, die Stammesbevölkerung zu einem ‚reinen' Hinduismus zu konvertieren. In brahmanischen Kreisen und in den Tempeln der meisten männlichen Götter herrscht eine vegetarische Diät vor, wodurch die ‚Reinheit' und Transzendenz des Gottes und seiner Priester repräsentiert wird.

zen und ihnen helfen, sie aber auch, wenn notwendig, strafen. Ihre Fruchtbarkeit wird meistens mit der nährenden Kraft der Erde identifiziert, die als die Göttin Bhūdevī verehrt wird (s. reader, 19f). Die göttliche Schaffenskraft ist auch in der alles Leben erzeugenden Kraft des Wassers, insbesondere der der Flüsse präsent. Mit Ausnahme des Indus und des Brahmaputra gelten alle Flüsse auf dem indischen Subkontinent als weibliche Gottheiten, die mit entsprechenden Ritualen verehrt werden. Die bekannteste Flussgöttin ist die Gaṅgā (dt.: Ganges), die laut Mythos als himmlischer Fluss erst auf die Erde herabgeholt werden musste, um dann – vom Himalaya herabströmend – die Gangesebene zu befruchten. Die irdische Gaṅgā mündet in den Ozean, von dem aus sie wieder in den Himmel zurück fließt. Sie verbindet somit Himmel und Erde, und das erklärt u.a. ihre große Bedeutung für die Ahnenverehrung und beim Totenritual. Die Asche der Verstorbenen sollte möglichst in die Gaṅgā gestreut werden, die sie dann vollständig gereinigt in die Himmelswelt überführt. Dadurch wird den Verstorbenen ihr Platz als Ahnen gesichert. Außerdem spielt die Flussverehrung aufgrund der Verbindung zum Thema der Fruchtbarkeit im populären Hinduismus vor allem für Frauen eine große Rolle (s. Feldhaus 1995).

Nicht allein Götter und Göttinnen, sondern auch Geister (*bhūta*, *preta*) und andere Gefahr bringende Mächte spielen für viele Hindus, gerade auch im dörflichen und kleinstädtischen Raum, eine große Rolle. Deren Befriedung und Integration gehört zu den rituellen Pflichten, indem ihnen z.B. im Anschluss an das tägliche Ritual für die Götter im Hausschrein außerhalb des Hauses ein Teil der Opfergaben dargebracht wird. Geister und Dämonen spielen zudem eine wichtige Rolle bei der Diagnose und Heilung von Krankheiten, die als Formen von Besessenheit bzw. als Resultat von ‚schwarzer Magie' und Hexerei gelten (s.u. III.8).

Obwohl Feste und Rituale von Region zu Region variieren und an unterschiedliche Götter gerichtet sind, gibt es zahlreiche mythologische Verbindungen zwischen ihnen und den pan-hinduistischen Gottheiten. Die Texte, die von den Taten der Götter und den angemessenen Formen ihrer Verehrung berichten, sind nicht nur in den Städten und Großtempeln verbreitet, sondern auch im dörflichen Raum. Für deren Verbreitung sorgt u.a. die Rezitation von Geschichten aus den Epen und Purāṇas während sog. *kathā*-Aufführungen bzw. *pārāyaṇas*. Dabei

Abb. 5: Brahmanen bei der Rezitation des Rāmāyaṇa vor der Feueropfergrube.

werden Rezitatoren bzw. Sänger und Musiker ins Dorf oder in den Tempel geladen, um über mehrere Tage und Nächte hinweg die im Zentrum des Festes stehenden Texte und Geschichten zu rezitieren. Manchmal werden solche Aufführungen auch von Tanz und Theaterspiel begleitet. Grundlage der Aufführungen ist entweder eine regionalsprachliche Version des Sanskrittextes oder es wird zunächst der Sanskrittext rezitiert und anschließend in die Regionalsprache übersetzt. Diese Form der Aufführung älterer Texte erklärt deren Verbreitung auch in lokalen bzw. volksreligiösen Kontexten und unter Hindus, die weder Sanskrit noch Lesen und Schreiben können.

Ähnliches gilt auch für die Verbreitung regionalsprachlicher *bhakti*-Dichtungen durch sog. *kīrtana*s (‚Singen von Preisliedern') bzw. *satsaṅg*s (Zusammenkunft der ‚Gemeinschaft der Gläubigen'). Dabei treffen sich die *bhakta*s, Anhänger einer *bhakti*-Tradition, und singen gemeinschaftlich die Lieder der Heiligen und Dichter. Das kann einmal in der Woche erfolgen oder zu bestimmten Anlässen, wobei dann einen Tag und eine Nacht lang gesungen wird. Oft wird der Gesang von einer Musikergruppe begleitet und von einem Hauptsänger orchestriert (s. reader, 91–98).

2. Der Tempel als Ritualraum[9]

Die Architektur und das Bildprogramm eines hinduistischen Tempels (*mandira*) spiegeln nicht allein die Grundprinzipien der Gotteslehre wider, sondern stellen auch Themen aus der Mythologie der im Tempel residierenden Gottheiten dar. Der hinduistische Tempel ist ein sakraler Raum: der Bezug zwischen Gott und Welt wird ins Bild gesetzt und als Bauwerk räumlich zusammengefügt. Die großen Tempelanlagen sind durchgehend unter der Patronage und durch die Finanzierung des jeweiligen regionalen Herrschers gebaut worden (s. o. II.5.1 und reader 123 ff). Damit erweist dieser der höchsten Gottheit seine Verehrung und legitimiert seinen eigenen Herrschaftsanspruch. Neben Fürsten und Königen fungierten aber auch Händler in den urbanen Zentren als Patrone religiöser Institutionen. Letztere gehören im heutigen Indien zu den wichtigsten Sponsoren von Tempelneubauten sowie der jährlichen Feste. Der Tempel kann als Abbild der himmlischen Residenz des Gottes auf Erden gedeutet werden (Granoff 1997) bzw. als Verkörperung des Gottes, der als das ‚innere Selbst' im Schreinraum residiert (Michell 1979).

Der Tempel ist ein wichtiger Ort der Vergegenwärtigung der Beziehung zwischen dem Hauptgott des Tempels und den Menschen. Sie spielt sich im Zwischenraum (*antarīkṣā*) zwischen Himmel und Erde ab, also in dem Teil der Drei-Welt (*triloka*), der dem Menschen zukommt (s. u. III.7). Die Konstruktion eines Tempels entspricht dieser Zuordnung, indem er sowohl das Leben auf der Erde als auch den Aufstieg in die Himmelswelt symbolisiert. Entsprechend werden die verschiedenen Wesensgruppen der Drei-Welt im Tempelgrundriss platziert. Der Tempelgrundriss besteht aus Quadraten und Kreisen. Das Hauptquadrat ist mit der Gottheit besetzt, der der Tempel geweiht ist; um dieses herum werden weitere Quadrate angeordnet, in denen die anderen Gottheiten eingezeichnet sind. Dann folgen in den Randbezirken des Tempels die Götter der Himmelsrichtungen und andere Schutzgottheiten. In den Grundriss ist diagonal eine menschliche Gestalt eingebettet, und zwar so, dass jeder Körperteil einem Quadrat im Grundriss entspricht. Die Maße und Proportionen des Tempels sind

9 Für institutionelle und öknomische Aspekte s. u. V.1.

somit am menschlichen Körper orientiert. In manchen Quellen wird der Tempel auch als ‚Körper' (*tanu*) bezeichnet und seine verschiedenen Bauelemente werden mit Teilen des menschlichen Körpers gleichgesetzt (s. v. Stietencron 1972, 75f).

Die Außenwände eines hinduistischen Tempels sind mit Skulpturen reich geschmückt, die die Vielfalt der Welt repräsentieren. Das Innere des Tempels wird über einen Treppenaufgang betreten und man gelangt dann über eine Vorhalle in den Schreinraum. Das Tempelinnere ist im Gegensatz zu den Außenwänden kaum geschmückt, es ist oft dunkel und wenig geräumig. Der Schreinraum, in dem das Götterbild errichtet ist, heißt *garbhagṛha*, ‚Embryohaus' bzw. ‚Gebärmutter'. Damit wird angezeigt, dass man sich hier am Ausgangsort der Welt und jeglichen Lebens befindet. Über dem Schreinraum erhebt sich der Tempelturm, der die Verbindung zwischen Himmel und Erde herstellt. Idealerweise sollten Tempelbesucher den Tempel zunächst umwandeln (*pradakṣiṇā*), wobei die rechte Schulter dem Tempel zugewandt sein sollte. Das Umschreiten kann für manche Hindus zu einer meditativen Vergegenwärtigung der sichtbaren Welt werden. Der Eintritt in den Tempel markiert dann den Beginn eines meditativen Rückgangs hin zum verborgenen Ursprung der Welt. Die Verehrung des Gottes führt idealtypischerweise den Gläubigen durch das meditative Ersteigen des Tempelturms über die Drei-Welt hinaus.

3. Tempelritual (*pūjā*)

Tempelritual und Verwaltung des Tempels obliegen in der Regel einer brahmanischen Priesterschaft, die in ihren Ritualvorschriften einer bestimmten theologischen Schule folgt und auch von ihrer Kastenzugehörigkeit dafür geeignet ist. In ihrer Hand liegt die tägliche Verehrung des Gottes, die nach einem bestimmten Ritualplan abläuft. Die Dominanz der brahmanischen Priester bedeutet jedoch nicht, dass alle hinduistischen Priester auch Brahmanen sind. An Großtempeln kooperieren oft verschiedene Priestergruppen ganz unterschiedlicher Provenienz und dabei üben auch nicht-brahmanische Priester wichtige Funktionen aus. Ebenso werden in Tempeln und Klöstern, die Traditionen angehören, in denen die Regeln der Kastenhierarchie nicht strikt befolgt werden, die Rituale von nicht-brahmanischen Priestern durchgeführt. Das gilt insbesondere dann, wenn es sich um Asketengemeinschaften handelt, bei denen die höchsten Stufen der Initiation mit der Aufgabe aller sozialen Bindungen einschließlich des Kastenstatus einhergehen.[10] Zahlreiche lokale Tempel werden von religiösen Spezialisten des Dorfes betreut, die von den dominanten Kasten des Dorfes gestellt werden. Die Verehrung von Göttinnen und Göttern mit Tieropfern obliegt ebenfalls oft nicht-brahmanischen Priestern. Obwohl in den brahmanischen Rechtstexten Frauen die Befähigung zum Priesteramt abgesprochen wird, übernehmen sie in vielen lokalen Kontexten priesterliche Aufgaben. Der traditionelle Einwand gegen Frauen im Priesteramt basiert zum einen darauf, dass sie keine Initation in die vedischen Texte und Rituale erhalten haben, zum anderen wird erklärt, dass Frauen aufgrund der Menstruation eine kontinuierliche Durchführung der Rituale nicht gewährleisten können. Die Menstruation bewirkt nämlich eine temporäre ‚Unreinheit' (*āśauca*), die Frauen die Ausübung ihrer üblichen sozialen und rituellen Aufgaben untersagt (s. u. IV.4). Deshalb muss entweder für Ersatz gesorgt sein oder es bekleiden Frauen überhaupt nur nach der Menopause ein Priesteramt. Es kann auch vorkommen, dass die Ehefrau eines brahmanischen Priesters unter bestimmten Umständen, wie etwa Krankheit, seine Aufgaben übernimmt (s. Fuller 1984). Festzuhalten ist weiterhin, dass Frauen in der Regel die täglichen Rituale am Hausschrein durchführen und damit eine zentrale religiöse Funktion innehaben.

Die Verehrung des Gottes im Tempel heißt *pūjā*. Ihre wesentlichen Elemente stammen aus der traditionellen Verehrung und Bewirtung eines Gastes (Bühnemann 1988). Der Gottesdienst wird in der Regel nicht für eine Gemeinde vollzogen, sondern richtet sich nach dem Tagesrhythmus der Gottheit und begleitet sie vom morgendlichen Erwachen bis zur abendlichen Nachtruhe.[11] Deshalb wird eine *pūjā* mehrmals am Tag durchgeführt. Dabei wird zumeist zunächst der elefanten-

10 Es gibt jedoch auch sehr exklusive Asketengemeinschaften, in denen die höchsten Ämter nur von Brahmanen bekleidet werden, wie z. B. im Daśanāmī-Sampradāya s. u. V.3.

11 Für eine detaillierte Darstellung des täglichen Rituals im Großtempel des Jagannātha in Puri s. Tripathi 2004.

köpfige Gott Gaṇeśa angerufen, der – wie vor Beginn aller anderen Unternehmungen auch – den Erfolg und ungestörten Verlauf des Rituals gewährleisten soll. Er ist der Gott, der Hindernisse beseitigen kann und über ‚Glück verheißende Momente' herrscht. Bis zu acht Gottesdienste am Tag sind keine Seltenheit und in den *bhakti*-Traditionen durchaus üblich. Sie sind durch Speisungen der Gottheit sowie durch Ruhe- und Besuchszeiten strukturiert, wobei letztere den Gläubigen dazu dienen, den Gott oder Göttin von Angesicht zu Angesicht zu verehren und den Blickkontakt (*darśana*) zu suchen. Ein typischer Tagesablauf kann sich z.B. nach den sog. acht *yama*s (oder *prahara*; ‚Wachen') richten, die den Tag in acht ungefähr dreistündige Zeiteinheiten unterteilen. In vielen Tempeln der *bhakti*-Traditionen folgen die rituellen Verehrungen folgendem Rhythmus: (1) Erwecken der Gottheit bei Sonnenaufgang; (2) Ankleiden der Gottheit mit einer saisonal variierenden Kleidung; (3) Öffnen des Schreinraums für Besucher; (4) Mittags: Darreichen einer reichhaltigen Speise; (5) Schließung des Schreinraums für die Mittagsruhe; (6) Nachmittag: leichte Speise und Öffnen des Schreinraums; (7) Abendritual und Lichterschwenken; (8) Schreinraum wird für die Nachtruhe geschlossen. Die Verehrungen begleiten somit den Gott oder die Göttin durch den Tag (vgl. Barz 1992, 47–52).

Die Grundaspekte der *pūjā* werden in den dargebrachten Gaben erkennbar, deren Anzahl je nach Anlass und Möglichkeit variiert (Bühnemann 1988). Die rituellen Gaben heißen *upacāra*, Aufwartungen. Generell kann man eine *pūjā* mit 16 ‚Aufwartungen' von solchen mit fünf unterscheiden. Eine Verehrung mit 16 Aufwartungen gehört zum Tempelalltag der Priester. Sie kann bis zu 1½ Stunden dauern und verläuft wie folgt: Am Anfang stehen Vorbereitungsrituale auf Seiten des Priesters, die im Wesentlichen darauf zielen, seinen Körper rituell zu reinigen und zu vergöttlichen, indem die Gottheiten mit Hilfe der entsprechenden *mantra*s in bestimmten Körperregionen angesiedelt werden. Das Prinzip der Praxis ist, dass man Gott verehren soll, indem man selbst gottgleich wird (Dviveda 1992). Die zu verehrende Gottheit wird im Rahmen eines meditativen Rituals visualisiert. Dabei handelt es sich um einen ‚geistigen' Gottesdienst (s. reader, 73f). Die Visualisierung ist die Voraussetzung dafür, um die Gottheit im Schreinraum zu verehren. Das bedeutet jedoch nicht zwangsläufig, dass das Kultbild selbst als göttlich verehrt wird. Der Vorwurf der Idolatrie, der Götzenbildverehrung, der den Hindus vor allem von christlicher Seite immer wieder gemacht wurde, geht an wesentlichen Aspekten des Rituals, aber auch an der sich um die Deutung des Kultbildes entfaltenden theologischen Diskussion vorbei (s. Colas 1996). In der Regel wird nicht das Bild als Gottheit verehrt, sondern vielmehr wird die Gottheit im und anhand des Bildes vergegenwärtigt. So lautet jedenfalls eine oft vorgetragene Interpretation (s. reader, 107 f). In den monistischen Traditionen in der Nachfolge des Philosophen Śaṅkara stehen Kultbilder und überhaupt Erscheinungsformen von Gottheiten nicht im Zentrum des philosophischen Interesses oder der spirituellen Praxis. Sie symbolisieren nur einzelne Aspekte des absoluten Seins (*brahman*). Dieser Deutung von Kultbildern als Symbole steht jedoch eine andere gegenüber, die vor allem in den *bhakti*-Traditionen vertreten wird. Hier wird dem Bild des Gottes eine eigene Realität zugeschrieben, mit der der Gläubige direkt in Kontakt treten kann. Das Götterbild besitzt eine unmittelbare Wirkkraft und sollte als Erscheinungsform des Gottes oder der Göttin verehrt werden. Manchen Dorfgottheiten wird eine besondere Mobilität nachgesagt, und zwar insbesondere, wenn ihnen bestimmte Schutzfunktionen zukommen und sie als *ṭhākura*, als Dorfoberhaupt verehrt werden. Um die Gottheiten im Dorf festzuhalten und die ihnen zugeschriebenen Fluchtimpulse zu unterbinden, werden sie zuweilen im Tempel eingesperrt und der Schreinraum wird vergittert (s. Mc Daniel 2005).

Erst im Anschluss an die o.g. meditative Vergegenwärtigung der Gottheit und deren Vorbereitung im verschlossenen Schreinraum (Ankleiden der Gottheit etc.) öffnen die brahmanischen Tempelpriester den Schrein und beginnen mit den öffentlich beobachtbaren Ritualhandlungen, die aus der Darreichung von Blumen, Rauchwerk, Speisen usw. bestehen. Ein Gottesdienst kann bis zu 16 Aufwartungen umfassen.[12]

Die 16 Aufwartungen eines Gottesdienstes (*pūjā*)

1. *āvāhana*
   Anrufung bzw. Einladen und Heranführen der Gottheit

12 Vgl. *Narasiṃhapurāṇa* 62.8–14; s. auch Bühnemann 1988.

2. *āsana*
   Bereitung eines Sitzplatzes
3. *pādya*
   Darreichung von Wasser zum Waschen der Füße
4. *arghya*
   Darreichung von Wasser für Gesicht und Mund
5. *ācamana*
   Darreichung von Wasser zum Spülen des Mundes
6. *snāna*
   Baden der Gottheit
7. *vastra*
   Ankleiden der Gottheit
8. *yajñopavīta*
   Anlegen der Opferschnur
9. *anulepana*
   Einsalben der Gottheit mit Salben und ätherischen Ölen
10. *puṣpa*
    Blumenspende
11. *dhūpa*
    Räucherspende
12. *dīpā*
    Lichtspende
13. *naivedya*
    Darreichen gekochter Speise
14. *tāmbūla*
    Betelnuss oder Betelblatt
15. *dakṣiṇā*
    Gabenspende in Form von Kleidung und Geld
16. *pradakṣiṇa*
    Umwandlung des Götterbildes

Am rituellen Alltag können zu bestimmten Zeiten in den großen Tempeln die Gläubigen und Pilger teilnehmen. Dabei gilt, dass man nur das darbringen soll, was man sich auch leisten kann und was dem Gott angenehm ist. In vielen größeren Tempeln können die Ritualutensilien in verschiedenen Ausstattungen in den nahe liegenden Geschäften erworben werden. Sie werden dann dem Priester übergeben, der sie im Laufe der Zeremonie darbringt. Es ist auch möglich, die Priester mit einer individuellen *pūjā* zu beauftragen, deren Dauer und Kosten dann jeweils verhandelt werden, die zuweilen aber auch einer festgelegten ‚Gebührenordnung' folgt. Heutzutage können solche Aufträge auch über das Internet erteilt werden bzw. kann eine virtuelle *pūjā* durchgeführt werden.

Für die meisten Hindus beginnt eine *pūjā* in der Regel mit einer Anrufung der Gottheit und dem Anschlagen der Tempelglocke beim Betreten des Tempels. Einzelpersonen, Familien oder auch Pilgergruppen erweisen dem Gott ihre Ehrerweisung oder treten mit besonderen Wünschen und Bitten vor das Bildnis im Schreinraum. Auf die Frage nach dem Motiv für den Tempelbesuch lautet die Antwort oft, dass die Götter geehrt, erfreut und versorgt werden müssen. Für sich persönlich suchen Hindus zumeist *darśana*, d.h. den Blickkontakt mit dem Gott oder der Göttin, der das zentrale Moment des Tempelbesuchs darstellt (Eck 1981). Die Gläubigen gehen in den Tempel, um die Gottheit zu sehen und um von ihr gesehen zu werden. Dadurch sucht man ihr entweder einen liebenden, nicht von Eigeninteresse geleiteten Dienst zu erweisen oder die Erfüllung eines Wunsches zu erbitten. Dem entspricht, dass ein neu hergestelltes Götterbild erst durch das Ritual des ‚Öffnens der Augen' seine vollständige Präsenz erhält und für den Gottesdienst empfänglich wird. Auch anikonische Repräsentationen von Göttern werden bei Festen und Ritualen durch das Anbringen von silbernen Augen für die Verehrungen der Gläubigen zugänglich gemacht. Der Verlauf einer *pūjā* weicht im Alltag oft recht deutlich von dem o.g. Programm ab, indem es auf die folgenden fünf ‚Aufwartungen' reduziert wird: Rosenwasser, Blüten, Räucherwerk, Lichtspende und eine Speise, die aus Reiskuchen, Früchten, Ghee (geklärte Butter) usw. besteht. Besonders beliebt ist die *āratī*, das Schwenken einer Öllampe bzw. Kampferflamme vor dem Altar, die zuweilen die anderen Elemente vollständig ersetzt bzw. heutzutage oft den Abschluss der Verehrung darstellt (s. reader, 96). Der Priester tritt dann mit dem Leuchter unter die Versammelten, damit sie ihre Hände an die Flamme als Symbol und Manifestation göttlicher Energie halten und dann ihre Augen berühren bzw. sich leicht über den Kopf streichen, um die Identifikation mit bzw. Annäherung an Gott zu bekunden (Fuller 2004, 69ff). Manchmal zeichnet der Priester einen Punkt oder Linien auf die Stirn oder gießt etwas geheiligtes Wasser in die Hand, was dann entweder über den Kopf gesprenkelt oder geschlürft wird.

Abb. 6: Kṛṣṇa und Rādhā während der Verehrung (*pūjā*) geschmückt.

Kampferflamme, geheiligtes Wasser, Reste der dargebrachten Speise – das alles ist *prasāda*, göttliche Segensgabe, deren Empfang zu den Kernelementen des Tempelbesuchs zählt. Als *prasāda* gelten alle Substanzen, die während der *pūjā* verwendet und in Kontakt mit der Gottheit gebracht und dadurch sakralisiert wurden. Von großer Bedeutung ist die dargereichte und von der Gottheit angenommene Opferspeise, von der die Gläubigen einen Überrest als *prasāda* erhalten. Dessen Verzehr bekräftigt die Verbundenheit mit der Gottheit. Diese Struktur bestätigt einerseits die bereits im vedischen Ritual zentrale Rolle des ‚Opferrestes' als durch Kontakt mit dem Göttlichen ‚gereinigte' und dem ‚Unsterblichkeitsnektar' gleichkommende Nahrung (vgl. Weber-Brosamer 1988). Andererseits spiegelt die Akzeptanz des ‚Speiserestes' durch die Gläubigen ihr untergeordnet-dienendes, aber auch ‚verwandtschaftliches' Verhältnis zum Gott wider. Denn Speisereste gelten im Alltag als ‚unrein' (sog. *jūṭha*) und dürfen auf keinen Fall einem anderen angeboten werden. Allein die Ehefrau soll und darf die Speisereste des Ehegatten verzehren, die sie ihm zuvor zubereitet hat. In jedem Fall bestätigt die Akzeptanz von *prasāda* die Nähe zum Gott und erfüllt ein wichtiges Element der *bhakti*. Die dargebrachten und dann als *prasāda* überreichten Speisen spiegeln meistens die kulinarischen Vorlieben der verehrten Gottheiten wieder. So ist z.B. der Jagannātha-Tempel in Puri für eine bestimmte Art von Milchreispudding berühmt, den der Gott besonders bevorzugt und der so nur in der Tempelküche in Puri hergestellt wird. Besonderen *prasāda* gibt es zu bestimmten Festen und nicht selten nehmen Pilger *prasāda* nach Hause, um es unter den Daheimgebliebenen zu verteilen.

4. Fest- und Ritualkalender

Datum und Zeitpunkt für Feste und Rituale werden nach verschiedenen kalendarischen Systemen festgelegt, deren Ausbreitung regional variiert. Jedes Jahr werden deshalb spezielle Festkalender publiziert, sog. *pañjī* (auch *pañjikā*; *pañcāṅg*), in denen die einzelnen Feste nach dem in der Region gültigen Berechnungssystem aufgelistet werden. Das erklärt, warum auch große, in ganz Indien gefeierte Feste, wie etwa die Durgāpūjā, nicht überall am gleichen Tag beginnen. Heutzutage enthalten viele Kalender auch die Termine nach der Gregorianischen Zeitrechnung, und das Internet bietet ebenfalls eine einfache Orientierung. Zumeist basiert die Berechnung auf dem Mondkalender; in Orissa oder Assam wird z.B. ein Mischsystem aus solarem und lunarem Kalender angewendet. Feste in Südindien richten sich zumeist ganz nach dem solaren System (Fuller 2004, 291ff; v. Stietencron 2007). Dabei ist zu beachten, dass der Sonnenmonat astrologisch berechnet wird, d.h. er bezeichnet den Zeitraum, in dem die Sonne ein Tierkreiszeichen (*raśi*) durchläuft. Der genaue Zeitpunkt eines Festes wird dann anhand bestimmter Sternkonstellationen (*nakṣatra*) bestimmt, die sich wiederum auf den Mondumlauf beziehen. Zumeist wird bei den Berechnungen der Mondkalender verwendet, weshalb sich das Datum der Feste in jedem Jahr verändert. Ein Monat besteht aus 30 Mondtagen (*tithi*), die in zwei, recht unterschiedlich bewertete Hälften unterteilt werden: Zum einen in die sog. ‚schwarze bzw. dunkle Hälfte' (*kṛṣṇapakṣa*), die die 15 Tage des abnehmenden Mondes bis zum Neumond umfasst; zum anderen in die ‚weiße bzw. helle Hälfte' (*śuklapakṣa*), die Zeit des zunehmenden Mondes, die im Vollmond (*pūrṇimā*) kulminiert. Die ‚dunkle' Mondhälfte birgt generell Gefahren, da Dämonen und unbefriedete Totengeister dann besonders aktiv sind und auch die Ahnen ihre rituelle Speisung erwarten. In dieser Zeit verehrt man Götter, die für Gefahrenabwehr bekannt sind – wie etwa die Göttin Durgā oder auch Śiva. Die ‚helle' Mondhälfte gilt im Allgemeinen als Glück verheißend und viele göttliche Geburtstage und Dankfeste fallen in diesen Zeitraum. Die Datierung der Feste erfolgt in Bezug auf die Tage der beiden Hälften des Mondmonats. So findet etwa das Fest für den Gott Gaṇeśa am ‚vierten der dunklen Hälfte im Monat Bhadra' (d.h. August/September; s. Anhang für Monatsnamen und wichtige Feste) statt. Wie bei allen anderen Ritualen auch, geht es bei solchen Berechnungen nicht allein um das Datum, sondern auch um die Qualität des jeweiligen Zeitraums oder Moments. Die Rituale dienen nämlich nicht allein der Wunscherfüllung, sondern auch der Pflege der Beziehungen mit den anderen Bewohnern des Kosmos – allen voran mit den Göttern, aber auch mit den Ahnen und Dämonen. Für die Kontaktaufnahme gibt es günstige und ungünstige Zeitpunkte. Bei der Bestimmung und Wertung solcher Zeitpunkte spielen Ideen über das, was günstig und ungünstig ist, eine zentrale Rolle. In der Forschung werden diese Ideen mit den Begriffen ‚Auspiziosität' und ‚Nicht-Auspiziosität' diskutiert. Die beiden Begriffe sollen das Bedeutungsspektrum der Sanskrittermini *śubha* und *aśubha* wiedergeben, das von ‚rein, segensreich, glücklich, begünstigt' bis ‚Glück verheißend und Segen spendend' bzw. das jeweilige Gegenteil reicht. Die mit diesen Worten verbundenen Werte liefern wichtige Orientierungspunkte für die religiöse Praxis (vgl. Madan 1987, 48–71; Pough 1983; s. reader, 117ff). *Śubha* sind Zeiten, Handlungen oder Ereignisse, die Glück verheißen; und *aśubha* sind solche, die Unglück ankündigen. Die Voraussetzung für das Gelingen eines Festes oder Rituals ist die Wahl des richtigen Zeitpunkts, der unter Umständen auch tief in der Nacht oder in den frühen Morgenstunden liegen kann. Auch die Anrufung des Gottes Gaṇeśa zur Absicherung einer günstigen Konstellation bzw. der Verhinderung von Misserfolg gehört zu den mit ihm verbundenen Konzepten von ‚Auspiziosität'. Ebenso haben auch Unheil und Gefahr und die damit verbundenen Mächte ihre speziellen Zeiten, die rituell bedacht und dadurch abgewehrt werden sollten. Bei der Berechnung solcher Glück und Unglück verheißenden Momente sind die 27 Sternkonstellationen (*nakṣatra*) von größter Wichtigkeit, die der Mond bei seinem Erdumlauf durchläuft. Ihr Einfluss ist den Konstellationen der Tierkreiszeichen im Sonnenkalender vergleichbar. So ist etwa der Aufenthalt des Mondes u.a. in der Sternkonstellation *rohinī* günstig für Hochzeitsrituale, so dass es zu einer regelrechten ‚Hochzeitssaison' kommen kann (s. Pough 1983). Die günstigen oder ungünstigen Zeitpunkte im Leben des Einzelnen werden in Bezug auf Konstellationen des Geburtshoroskops errechnet, was besondere rituelle Maßnahmen und Schutzvorkehrungen notwendig machen kann. Die Berechnung und Deutung des genauen Zeitpunkts obliegt den (oft brahmanischen) Astrologen, die immer wieder eine entscheidende Rolle im Leben von Hindus spielen. Sie erstellen nicht allein das Geburtshoroskop, sondern werden auch von Hindus bei allen weiteren wichtigen Entscheidungen, wie etwa bei der Wahl des Ehepartners, konsultiert.

5. Feste

Eine umfassende Dokumentation aller hinduistischen Feste würde aufgrund der starken lokalen und regionalen Besonderheiten und Variationen mehrere Bände füllen, so dass hier nur einige wenige Feste Erwähnung finden, die aber von vielen Hindus in aller Welt gefeiert werden. Zumeist werden für das Fest eigene Ikonen der Gottheiten angefertigt, die dann in einem Festtempel installiert und dort für die Zeit der Festlichkeiten verehrt werden. Am Ende des Festes werden die Bilder in einem nahegelegenen Fluss versenkt. Die meisten großen Feste dauern mehrere Tage und umfassen diverse Rituale, Textrezitationen und die Feier des zentralen mythischen Ereignisses, das mit dem Fest verbunden ist. Im Falle der neuntägigen Durgāpūjā besteht die gefeierte Tat in der Tötung des Büffeldämons Mahiṣa durch die Göttin. Der Sieg über den Dämon sichert die sozio-kosmische Ordnung und eine reiche Ernte. Andere Feste feiern die Präsenz des Gottes oder der Göttin auf Erden, wie etwa in der ‚Nacht des Śiva' (*śivarātrī*) oder am ‚Geburtstag des Kṛṣṇa' (*kṛṣṇajanmāṣṭamī*). Die Feste weisen im Ablauf und in den rituellen Handlungen gewisse Ähnlichkeiten auf, die im Folgenden anhand des Festes zu Ehren Śivas, das am 13. der dunklen Hälfte des Monats Māgha (Januar/Februar) stattfindet, illustriert werden: Am Tage des Festes soll gefastet werden. Dem folgt eine Nachtwa-

Abb. 7: Das Bildnis der Göttin Durgā wird am Ende der Durgāpūjā im Ganges versenkt.

che, währenddderer Śiva mit Blumen, Blättern, gekochten Opferspeisen und Opfersprüchen verehrt wird. Im und am Tempel werden dazu verschiedene Ritualplätze eingerichtet, wobei in der Haupthalle des Tempels eine Plattform gebaut wird, die aus drei Stockwerken besteht, die Himmel, Erde und Unterwelt repräsentieren. Um die Plattform herum werden elf Tongefäße aufgestellt, die jeweils eine Erscheinungsform Śivas repräsentieren und mit Früchten und Blättern geschmückt werden. Um sie herum werden dann elf brahmanische Priester platziert, die vierundzwanzig Stunden lang den dem Gott gewidmeten vedischen Hymnus rezitieren (*Śatarudrīya*). Zwischendurch werden im Tempel Lichter geschwenkt, es wird Räucherwerk geopfert und Farbpulver gespendet. Weiterhin wird das *liṅgam*, das phallische Emblem des Śiva (s. o. III.1.2.4), im Schreinraum mit verschiedenen Substanzen, wie Milch, Joghurt, geklärte Butter, Honig und Zucker besprenkelt. Das Fest wird mit einer großen *pūjā* zu Ehren des Gottes in seinem Tempel beschlossen (s. Underhill 1991; reader, 130–137).

Ein beliebtes, in ganz Indien gefeiertes Fest ist das Frühjahrsfest Holi, währenddesssen die Winterdämonin Holikā verbrannt und das neue Jahr begrüßt wird. Das Fest geht mit ausgelassenen, karnevaleske Züge tragenden Amüsements einher, wie dem gegenseitigen Bewerfen mit Farbbeuteln. Fast überall gefeiert wird auch Dīvālī, das ‚Lichterfest', das an die glückliche Heimkehr des Königspaares Rāma und Sītā nach Ayodhya erinnert und mit Feuerwerk, Musik und Tanz begangen wird. Daneben gibt es die großen, meistens aber mit der lokalen Mythologie verbundenen Prozessionsfeste wie etwa das in ganz Indien bekannte ‚Wagenfest' (*rathayātrā*) des Gottes Jagannātha in Puri, was viele Hindus zum Anlass nehmen, sich auf eine Pilgerfahrt zu begeben.

6. Heilige Orte und Pilgerfahrt

Neben der täglichen rituellen Versorgung der Götter am Hausaltar, der Verehrung im Tempel und dem Feiern der Feste, zählt die Pilgerfahrt schon sehr früh zu den wichtigsten religiösen Aktivitäten in Indien. Zu den ältesten Belegen dafür gehören archäologische Zeugnisse für die Etablierung des Reliquienkults im Buddhismus nach dem Tode des Buddha sowie die literarische Schilderung einer Pilgerreise, die die Helden des *Mahābhārata*-Epos unternehmen. In der purāṇischen Literatur finden sich detaillierte Beschreibungen der einzelnen Orte und des Ablaufs einer Pilgerfahrt. Der Sanskritterminus (auch in modernen Sprachen gebräuchliche) für Pilgerfahrt ist *tīrthayātrā*, d.h. ‚die Reise zu einem *tīrtha*'. *Tīrtha* bedeutet wörtlich ‚Furt' und eine bequeme Stelle zur Flussüberquerung sowie im übertragenen Sinne dann eine gute Übergangsmöglichkeit zwischen den verschiedenen kosmischen Regionen und Lebensbereichen (*loka*). Die *tīrtha*s sind Orte, an denen die Grenzlinien zwischen den Welten schmal sind, weshalb die Suche nach Erlösung oder nach Vermehrung des irdischen Wohlergehens gerade hier besonders aussichtsreich erscheint (Eck 1981a). Ein *tīrtha* dient der Kontaktaufnahme mit den Göttern; aber er ist auch eine Furt in die andere Richtung. Die meisten *tīrtha*s entstehen, weil hier Götter zur Erde herabgestiegen sind. Andere verdanken ihr Enstehen einem besonderen Naturmerkmal oder dem Aufenthalt eines bedeutenden Lehrers und Weisen (*ṛṣi*).[13]

Unter den zahllosen *tīrtha*s sind einige für alle Hindus von Bedeutung und eine Pilgerreise zu einem von ihnen gilt in jedem Fall als heilsträchtig (s. Bhardwaj 1973). Dazu zählen die vier *dhāman*s, die vom Gott Viṣṇu bzw. Kṛṣṇa besonders bevorzugten ‚Aufenthaltsorte',

13 Die *tīrtha*s werden auch nach ihrer Entstehung klassifiziert, wie z.B. in *Brahmapurāṇa* 70.16–19. Zu den Mythen und Legenden einzelner Pilgerorte s. von Glasenapp 1928; Eck 1982.

die jeweils eine der vier Himmelrichtungen besetzen und damit den indischen Subkontinent insgesamt umschließen: Im Norden ist es Badrinath, ursprünglich eine im Himalaya gelegene Einsiedelei, die für die viṣṇuitischen Traditionen bedeutend und Schauplatz vieler purāṇischer Geschichten ist. Es folgt im Osten, im heutigen Bundesstaat Orissa, die Stadt Puri, wo sich der Jagannātha-Tempel befindet, in dem Kṛṣṇa in der Form des Gottes Jagannātha zusammen mit seinem Bruder und seiner Schwester wohnt. An der Südspitze Indiens befindet sich Rameshvaram, ein Ort, der an die Handlung des *Rāmāyaṇa* anknüpft, wonach Rāma hier den Gott Śiva verehrte. Im Westen liegt schließlich Dvaraka im heutigen Gujarat, wo sich der Legende nach der Gott Kṛṣṇa aufgehalten hat. In diesem Koordinatensystem von *dhāmans* wird Indien insgesamt zum *kṣetra*, d.h. zu einem ‚sakralen Feld'. Das Wort dient allgemein als Bezeichung eines Tempelbezirks oder einer Tempelstadt, die von einem zentralen Tempel und seiner Gottheit dominiert wird und zugleich zahlreiche weitere Götter sowie verschiedene religiöse Gemeinschaften mit ihren Klöstern und Pilgerunterkünften beherbergt. Das ‚sakrale Feld' hat seine eigene sakrale Topographie mit eigenen Grenzen, die zugleich die Pilgerrouten markieren. Oft wird das Territorium des *kṣetra* in Form eines Emblems der residieren-

Abb. 8: Pilgerkarte von Puri in Form der Schneckenmuschel (*śaṅka*).

den Gottheit abgebildet. So erscheinz z.B. Puri auf den populären Pilgerkarten in Form einer Schneckenmuschel – eines der Embleme des Gottes Jagannātha.

Eine Pilgerreise zu allen vier *dhāman*s kommt einer ‚Umschreitung' Indiens als ‚sakrales Feld' gleich und bringt unschätzbaren Verdienst. Nicht umsonst wird eine solche Wallfahrt *mahāparikrama*, ‚die große Umschreitung' genannt. Fast allen großen hinduistischen Gelehrten und Heiligen wird ‚die große Umschreitung' Indiens nachgesagt. Zusätzlich zu den genannten vier heiligen Orten gibt es sieben heilige Städte, zu denen sich die Pilgerreise ganz besonders lohnt, vor allem, um dort zu sterben. Die sieben Städte sind teils viṣṇuistisch teils śivaitisch geprägt und sie alle – so heißt es – gewähren die Erlösung (*mokṣa-pradāyinī*). Es handelt sich um Ayodhya, Mathura, Haridvar, Varanasi, Kanci, Ujjain und Dvaraka (s. Karte).

In den śivaitischen Traditionen existiert darüberhinaus ein Koordinatensystem von fünf *liṅgam*s (phallisches Emblem des Śiva), die jeweils für eines der fünf Elemente stehen:

(1) Äther: Ākāśa-liṅgam in Cidambaram (Tamilnadu)
(2) Wasser: Appu-liṅgam in Jambukeshvara Tempel bei Tiruchirappalli (Tamilnadu)
(3) Feuer: Agni-liṅgam im Arunachaleshvara Tempel in Tiruvannamalai (Tamilnadu)
(4) Erde: Pṛthivī-liṅgam in Kāñcīpuram (Tamilnadu) bzw. in Gokarṇa (Karnataka)
(5) Wind: Vayu-liṅgam in Śrī Kalahasti (Andhra Pradesh)

Weiterhin werden von den Śivaiten zwölf sog. *jyotirliṅgam*s, ‚Licht-*liṅgam*s' verehrt, die von selbst entstanden sind (*svayaṃbhū*), wie etwa der Sri Somnatha in Gujarat oder der Sri Mallikarjuna auf dem Srisaila Berg (Andhra Pradesh).

Die Traditionen der Göttinnen-Verehrung preisen die Verdienste, die durch den Besuch der 52 bzw. 108 *pīṭha*s, der Thronsitze der Göttin, erworben werden können (Sircar 1973). Die Throne repräsentieren bestimmte Körperteile der Göttin und deren Verehrung ist über die Maßen effektiv. Besonders berühmt ist der Tempel der Göttin Kāmākhyā im heutigen Assam.

Weiterhin gibt es zahlreiche regionale und lokale Pilgerorte sowie sakrale Zentren, die für die einzelnen Überlieferungsgemeinschaften von besonderer Bedeutung und zumeist mit dem Wirken ihres charismatischen Stifters verbunden sind. So sind in der Tradition der Śaṅkara-Nachfolge, im sog. Daśanāmi-Sampradāya, die vier bzw. fünf der Legende nach vom Stifter selbst gegründeten Klöster (*maṭha*) ein beliebtes Pilgerziel; für die Kṛṣṇaiten ist es Vraja bzw. Vrindavan, der letzte Erscheinungsort des Gottes, für die Anhänger der Rāma ist es Ayodhya, usw.[14]

Was sind die Voraussetzungen für eine Pilgerfahrt und wie wird sie organisiert? Im Prinzip ist die Pilgerfahrt eine egalitäre Angelegenheit und bereits in den Purāṇas wird festgestellt, dass jeder Angehörige einer der vier Kasten und sowohl Männer als auch Frauen eine solche Wallfahrt unternehmen können. Wie bei allen Reisen üblich, ist die Verehrung des elefantenköpfigen Gottes Gaṇeśa angeraten, des Herrn über alle Hindernisse, ebenso wie die Verehrung der Ahnen. Der Wallfahrt sollte möglichst eine Fastenzeit vorausgehen, und sie sollte zu einem Glück verheißendem Zeitpunkt angetreten werden. Oft ist das jährlich an einem der heiligen Orte gefeierte Fest der Anlass für eine Pilgerreise. Vor der Abreise sollen die Absicht zur Pilgerfahrt und deren Zweck klar formuliert werden, denn erst durch den deklarierten Entschluss (*saṃkalpa*) wird die Wallfahrt zu einer fruchtbringenden rituellen Handlung. Als Zeichen der Pilgerschaft soll man z.B. einen Kupferring, ein Armband oder ein rotes Gewand tragen. Eine Wallfahrt kann nicht nur zum allgemeinen Verdiensterwerb oder als Zeichen der Gottesliebe (*bhakti*) unternommen werden, sondern auch zu einem ganz bestimmten Zweck, wie z.B. dem Wunsch nach Nachkommen oder einer guten Ernte. Auch wenn Pilgerfahrten allen offen standen, erforderten vor allem die überregionalen Reisen entsprechende wirtschaftliche Ressourcen und waren in der älteren Zeit wohl nur bestimmten gesellschaftlichen Gruppen vorbehalten. Dazu zählten reiche Kaufleute und Aristokraten, die mit ihrem Hofstaat und von einer Schutztruppe begleitet den langen Weg zu einer Pilgerstätte antreten konnten. Allerdings lässt die Quellenlage keine Aussagen über die anderen Bevölkerungsschichten zu. Eine weitere Gruppe von Pilgern bilden sind die

14 Zu Vrindavan s. Entwistle 1987; für Benares s. Eck 1982; für Ayodhya s. Bakker 1986, van der Veer 1988.

zahlreichen Wanderasketen (*sādhu*), die von Ort zu Ort ziehen und ihren Lebensunterhalt von der jeweiligen Bevölkerung erhielten.

Spätestens ab dem 18. Jh. scheint es einen starken Aufschwung in den Pilgerzahlen gegeben zu haben. Die Quellen legen nahe, dass das Pilgerwesen traditionellerweise auf einer über Generationen andauernden Beziehung zwischen den Pilgern und ihrem Paṇḍā, dem Pilgerpriester vor Ort, beruhte (Rösel 1980). Paṇḍās waren nicht nur Diener des Gottes am Tempel, sondern auch Unternehmer und Arbeitgeber. Manch einer unterhielt z. B. Agenten, die zur Pilgerzeit persönlich in die Dörfer fuhren, in denen die Klientel seines Paṇḍās wohnte, und warb für eine Wallfahrt, die er dann auch organisierte. Die Klientel wurde in einem eigenen Register festgehalten, in dem der Name und die Anzahl der Familienmitglieder des Pilgers, sein Wohnort, seine Kaste, seine Geldspende oder auch die Höhe seiner Schulden eingetragen waren. Das Pilgerregister war – und ist z. T. auch noch – die Grundlage der Beziehung zwischen dem Paṇḍā und dem Pilger, weil der Pilger bei seiner Ankunft den Beweis dafür verlangte, dass er auch tatsächlich zum Paṇḍā seiner Familie geführt wurde. Die Pilger wussten deshalb bei ihrer Ankunft meistens, an welchen Paṇḍā sie sich wenden mussten. Der Paṇḍā kümmerte sich um ihre Versorgung, führte sie zu den heiligen Stätten des Sakralkomplexes, arrangierte Gebetsrezitationen, erzählte ihnen die Legenden der Gottheit und erteilte Ratschläge. Er wurde dafür zumeist mit Geldgaben oder Kleidung entlohnt und verabschiedete dann den Pilger mit *prasāda* (Segensgabe; s. o. III.3). Die relativ stabile Beziehung zwischen dem Paṇḍā und dem Pilger veränderte sich in der Moderne durch die neuen Transportmöglichkeiten. Pilgergruppen reisen auf eigene Faust an die Pilgerstätte und suchen sich ihren Paṇḍā selbst; inzwischen werden Pilgerfahrten wie touristische Pauschalreisen organisiert und bieten einen ‚all-inclusive' Service mit Unterkunft, Verpflegung, Führungen und Gottesdiensten.

Das Netz der Pilgerorte stiftet einen geographischen Zusammenhang zwischen den verschiedenen Regionen und Orten, der nicht auf den territorialen und kartographisch festgelegten Grenzen politischer Einheiten basiert und der daher oftmals deren wechselvolle Geschichte überdauert hat.

7. Raum- und Zeitkonzepte: Indien als kosmographische Region

Die Tempel und Pilgerorte sind nicht allein Orte auf der indischen Landkarte, sondern auch durch eine Sakralgeographie miteinander verbunden, die auf der traditionellen Deutung des Subkontinents als einer kosmographischen Region basiert. Die Sakralgeographie hat auch eine Relevanz für die Frage nach der Einheit des Hinduismus: Sehen sich Hindus – über ihren lokalen Horizont und über den Kontext ihrer eigenen religiösen Orientierung hinaus – als Teil eines größeren geographischen und historischen Zusammenhangs? Die Frage ist berechtigt, da sich viele Hindus zunächst durch ihre Zugehörigkeit zu einer Region oder Lokalität bzw. zu einer einzelnen religiösen Tradition identifizieren. Dennoch ist die Frage nach dem Zusammengehörigkeitsgefühl in der Gegenwart sicherlich eindeutig zu bejahen. Das ist nicht allein auf die modernen Transportmittel und Massenmedien zurückzuführen, sondern beruht auch auf dem Netz der Pilgerorte und der damit verbundenen Kosmologie, die vor allem in den Purāṇas überliefert und durch wandernde Rezitatoren und Asketen über den Subkontinent verbreitet wurden. Hier wird Indien als eine kosmische Region entworfen, deren spezifische Merkmale sich im Verhältnis zu den anderen Regionen des Kosmos bestimmen lassen.

Im Rahmen der purāṇischen Kosmographie werden verschiedene Kontinente und Weltmeere unterschieden, wobei man sich vor allem mit dem Kontinent beschäftigt, auf dem sich Indien befindet (Kirfel 1920). Es handelt sich dabei um einen Inselkontinent namens Jambudvīpa, der ‚Kontinent des Rosenapfel-Baums'. Dieser Kontinent ist von Norden nach Süden in sieben bzw. neun Regionen unterteilt, die sog. *varṣa*, die von verschiedenen Gruppen von Lebewesen bewohnt werden. Die Grenzen zwischen den Regionen bilden Berge und Flüsse. Der zentrale Berg von Jambudvīpa ist der Berg Meru (auch Sumeru), aus dem die vier wichtigsten Flüsse des Kontinents entspringen. Die Kosmographie beinhaltet eine Taxonomie, eine Werteskala ‚höherer' und ‚niederer' Regionen. So ist bereits die Nord-Süd-Anordnung der Regionen nicht neutral, sondern entspricht einem Höher und Niedriger auf der Werteskala. Die Bewegung von Süden nach Norden bedeutet ‚Aufstieg' in immer himmlischere Regionen. Umgekehrt beinhaltet die Bewegung nach Süden einen Abstieg, in letzter Konsequenz in eine der Höllen, die noch unterhalb der südlichsten Region des Kontinents liegt. Die Region ganz im Süden des Kontinents heißt Bhāratavarṣa (Indien) und gilt als die Menschenwelt schlechthin. Sie wird an drei Seiten vom Meer und an der vierten, nördlichen Seite vom Himalaya begrenzt. Mit dem Himalaya beginnen die verschiedenen Regionen mit halb-göttlichen und göttlichen Wesen, die für die Menschen paradiesische Himmelswelten darstellen, in die sie als Lohn für ihre guten Werken gelangen können (s.u. VI.2). Die Südgrenze Indiens markiert die Unterwelt mit ihren verschiedenen Höllenwelten, in die man zur Strafe für sein Fehlverhalten gelangt. In der Regel werden sieben Himmels- und sieben Höllenwelten unterschieden, in die man je nach Qualität seiner Taten (*karman*) auf- oder absteigt und so den ‚Kreislauf von Geburt und Tod' (*saṃsāra*) durchlebt. Diese Vorstellung basiert auf der älteren, kosmologischen Idee der ‚Drei-Welt' (*triloka*), wonach der Kosmos durch die Unterscheidung und Zusammenfügung von Himmel, Erde und dem Zwischenraum zwischen beiden entsteht.

Die Eröffnung und Stabilisierung des Zwischenraums (*antarīkṣa*) ist in vielen älteren Quellen der zentrale kosmogonische Akt, der in unterschiedlichen Mythen beschrieben und erklärt wird. So etwa im Mythos von den drei Schritten des Gottes Viṣṇu oder in dem vom kosmischen Ei, dessen Hälften als Himmel und Erde auseinander treten, um den im Ei verborgenen ‚goldenen Embryo', den Keim allen Lebens zur Erscheinung zu bringen (s. reader, 31 f). Andere Mythen und Symbole verweisen auf die Notwendigkeit, den Zwischenraum zu erhalten, wie etwa im Falle des ‚kosmisches Baums', der Himmel und Erde miteinander verbindet aber auch auseinanderstemmt. Der Zwischenraum ist die Lebenssphäre des Menschen. Er steht zwar zwischen Himmel und Erde, ist aber deshalb nicht der Mittelpunkt der Welt. Vielmehr hat der Mensch die Aufgabe, durch seine Opfertätigkeit und die Sorge um den Erhalt der gesetzmäßigen Ordnung die Beziehungen zwischen den einzelnen Welt-Sphären immer wieder zu erneuern und so das Gedeihen aller zu sichern. Die Menschen tragen durch die Erfüllung ihrer sozialen und rituellen Pflichten dazu bei, dass die Drei-Welt erhalten wird und der Zwischenraum offen bleibt. Umgekehrt bedeutet das ‚Ende des Welt' das Verschwinden des Zwischenraums etwa durch Überflutung. In der Kosmographie der Purāṇas bleiben diese Konzepte erhalten, auch wenn die Zahl der Regionen erweitert wird. Wichtig für das Verständnis des Verhältnisses zwischen Kosmos und kosmischer Ordnung einerseits und Konzepten von Erlösung von der Welt und der Transzendenz eines ‚Höchsten' andererseits ist, dass alle Regionen des Kosmos endlich sind. Die Welt wird periodisch zerstört und wieder neu geschaffen. Deshalb werden die Regionen der Erlösung generell jenseits von Raum und Zeit angesiedelt. Die Idee eines absoluten Endes der Welt, wie etwa in christlichen Vorstellungen von einer Apokalypse, hat sich im Hinduismus nicht verbreitet. Vielmehr beinhaltet hier das Ende der Welt die Vorstellung, dass alle Lebewesen die Erlösung erlangt haben – ein Zustand, dessen Eintreten angesichts des anhaltenden Strebens der Menschen nach Macht und Genuss in den religiösen Texten als relativ unrealistisch und unwahrscheinlich angesehen wird.

Die in den religiösen Texten beschriebene Menschenwelt ist in Bhāratavarṣa (Indien) lokalisiert. Dieses Land ist durch besondere Merkmale ausgezeichnet, die eine Geburt dort besonders erstrebenswert machen. Für seine Bewohner ist ‚Indien' das Zentrum der Welt, denn es ist die einzige Region des Kosmos, in der das Gesetz vom *karman* gilt (s.u. VI.1). Indien ist *karmabhūmī*, der ‚Nährboden' bzw. ‚Land des Handelns', d.h. der Ort für das Ansammeln von Verdiensten (aber auch des Verspielens von Möglichkeiten) und damit letztlich für den Erwerb der Erlösung. Nur in Bhāratavarṣa hat ein Lebewesen die Möglichkeit, die Verwandlung des Körpers zu beeinflussen, d.h. in einen besseren Körper und damit auch in eine der höheren und schöneren Himmelswelten zu gelangen. Nur wo das Gesetz des *karman* gilt und es eine sozio-kosmische Ordnung (*dharma*) gibt, kann ein Mensch vorankommen. Alle anderen Regionen sind Sphären des Genusses (*bhogabhūmī*), d.h. Sphären, in denen man die positiven und negativen Folgen seines Handelns erfährt. Bhāratvarṣa ist der Sammelpunkt aller Wünsche und Leidenschaften, aller Abneigung und Entsagung. Hierher steigen Götter herab, von hier aus steigen Menschen hinauf oder sie fallen in Höllenwelten hinab. Weiterhin ist Indien die Region des *dharma*, d.h. der Regeln der Kastengesellschaft und der rituellen Reinheit, die von den ‚Edlen', den *ārya* befolgt werden und Signum dessen sind, was heute als ‚Kultur' bezeichnet würde.[15] An den Grenzen der

15 Die Vorstellung von einer ‚Region der Āryas' (*āryāvarta*) geht auf ältere vedische

Ritualgesellschaft leben verschiedene Gruppen von ‚Unkultivierten', wie etwa im Westen die ‚Barbaren' (*mleccha*, *yavana*), die zwar bereits Ansätze zur Kultur haben, aber keine Opfer durchführen und deshalb rituelle Reinheit nicht kennen. Demgegenüber leben im Osten ‚Wilde' bzw. ‚Stämme' als Sammler und Jäger auf der Vorstufe der Kultur. Die Geburt in der Kastengesellschaft ist deshalb ein viel gepriesenes Glück, weil man nur dadurch die Chance erhält, all die rituellen Weihen zu erhalten, die einen im Leben weiterbringen können und das spirituelle Heil befördern (s.u. IV.5).

Weiterhin charakteristisch für die kosmische Region ‚Indien' ist, dass ihre Geschichte und die jeweiligen sozialen Verhältnisse von der Abfolge von vier Weltaltern (*yuga*) bzw. sieben Weltperioden (*manvantara*) geprägt sind. Diese Zeiteinheiten konstituieren, was als ‚kosmische Zeit' bezeichnet werden kann und worin alle irdischen Ereignisse – ob mythisch oder historisch – eingeordnet werden können.[16] Auch andere Kulturen, wie etwa die altgriechische, kennen eine Lehre von vier Weltaltern, die zumeist die Geschichte eines zunehmenden Verfalls beschreibt, der mit einer ‚goldenen' Zeit beginnt und mit der ‚eisernen' endet. Das trifft auch für die indische *yuga*-Lehre zu, wobei sich aber die Bezeichnung der einzelnen Perioden nicht an Metallen, sondern an den verschiedenen Würfen des Würfelspiels orientiert. Demnach ist das erste Weltalter das mit dem ‚höchsten' bzw. ‚perfekten' Wurf (*kṛtayuga*), während das letzte Zeitalter den ‚Leerwurf' (*kaliyuga*)[17] bedeutet. Ein vollständiger *yuga*-Zyklus dauert insgesamt 4,32 Millionen Jahre, die wie folgt unterteilt sind:

Texte und die Dharmaśāstras zurück (vgl. *Manusmṛti* 2.17–23). Damit wurde zunächst die Gangesebene als das Gebiet ausgewisen, das für die Durchführung vedischer Opfer geeignet ist (markiert durch die Verbreitung der schwarzen Antilope). An dessen Grenzen beginnt die ‚Wildnis' im doppelten Sinn, d.h. als unkultivierte, unzugängliche Wald- oder Gebirgsregion und als Gebiet ohne vedische Opfer und soziale Regeln (*dharma*).

16 Siehe die Beiträge in Malinar 2007.

17 Das Wort ‚*kaliyuga*' ist somit nicht von der Göttin Kālī oder der Farbe ‚schwarz' (*kāla*) abgeleitet, obwohl es gelegentlich als ‚dunkles' Zeitalter beschrieben wird. Dieses Zeitalter wird in einigen Texten durch die Herrschaft des Dämonen Kali charakterisiert: *kaliyuga* bedeutet dann ‚Zeitalter des Dämonen Kali'.

(1) *kṛtayuga* (auch *satyayuga*): perfektes, nicht von Konflikten und Bedürfnissen getrübtes Zeitalter; dauert 1,728 Millionen Jahre.
(2) *tretāyuga*: erste Anzeichen des Verfalls, erste soziale Differenzierungen, Entstehen von Besitz; dauert 1,296 Millionen Jahre.
(3) *dvāparayuga*: volle soziale Differenzierung, erste Kriege; dauert 864.000 Jahre.
(4) *kaliyuga*: akute Bedrohung der sozio-kosmischen Ordnung, Klimaveränderungen, Zunahme von Verbrechen; das Ende der Welt steht bevor; dauert 432.000 Jahre.

Nach traditioneller Auffassung begann das *kaliyuga* nach der Mahābhārata-Schlacht bzw. mit dem Tod Kṛṣṇas im Jahre 3102 v. Chr. Dem letzten *yuga* sind die ausführlichsten Beschreibungen gewidmet, denn es herrscht nicht länger der *dharma*, Recht und Ordnung, sondern *adharma*, Chaos und Gewalt (v. Stietencron 1986, s. reader, 108–115). Der Weltuntergang steht bevor. Das zeigt sich sowohl in gesellschaftlichen Missständen, wie Überbevölkerung, schlechter Gesetzgebung, Zunahme der Kriminalität usw., als auch in Veränderungen in der Natur, wie z. B. Dürrekatastrophen, Überschwemmungen oder Missgeburten. Der mit der Abfolge der *yuga*s verbundene Verfall des *dharma* wird auch anhand des Bildes von den ‚vier Beinen der Kuh' dargestellt. Die Kuh ist Sinnbild der von den Brahmanen gehüteten kosmischen Ordnung, die in jedem Zeitalter ein Bein verliert, so dass sie im letzten nur noch auf einem einzigen steht und damit der Kollaps droht. Das Ende des *yuga* wird durch das Erscheinen der letzten Inkarnation des Gottes Viṣṇu als Kalkin (s. o. III.2.1) signalisiert. Der Untergang wird schließlich durch eine verheerende Flut herbeigeführt, der zunächst eine langjährige Dürreperiode und das Erscheinen von ‚sieben Sonnen' vorausgeht. Nach einer ‚Zwischenperiode' wird die Welt wieder neu geschaffen. Die Orientierung an diesem Zeitkonzept bildet eine weitere Verbindungslinie zwischen den verschiedenen Traditionen. Ungeachtet der generellen Akzeptanz moderner Zeitrechnung meinen auch heute viele Hindus, im *kaliyuga* zu leben. Das ist im Prinzip nichts Neues, denn der größte Teil der Religionsgeschichte und der Geschichten und Mythen der religiösen Traditionen spielen sich im letzten Weltalter ab. Dieses Zeitalter ist zwar von den Gefahren und Nachteilen einer Krisenzeit geprägt, birgt aber auch zahlreiche religiöse Chancen, weil der

Verfall älterer Traditionen zur Offenbarung neuer religiöser Wege führt und damit z. T. einfachere Möglichkeiten eröffnet, die Erlösung zu erlangen. Deshalb finden sich vor allem in den *bhakti*-Traditionen auch Preisungen der Vorteile des *kaliyuga*.

8. Lebenskrisen und Unglück im Kontext sozio-kosmischer Beziehungen

Die älteren kosmologischen und kosmographischen Konzepte stehen zwar im modernen Bildungssystem nicht länger auf dem Lehrplan, sie bleiben jedoch durch den anhaltenden Einfluss der religiösen Literatur und die mit ihnen verbundenen religiösen Praktiken auch in der Gegenwart von großer Bedeutung. Das gilt nicht allein bei Ritualen und Festen, sondern auch in kritischen Lebenssituationen wie Unfall oder Krankheit. Die Vorstellung, dass der Lebensweg des Einzelnen in größere kosmologische Zusammenhänge eingebettet ist, prägt auch in der Gegenwart das religiöse Leben vieler Hindus. Demnach entwickelt sich das eigene Leben nicht in erster Linie nach Maßgabe individueller Entscheidungen und Freiheiten, sondern ist wesentlich von den sozialen Beziehungen (Familie, Kaste, Dorf) sowie von den Einflüssen und Kräften anderer Bewohner des Kosmos bestimmt, zu denen auch Götter, Geister, Tiere, Dämonen und Ahnen gehören. Die menschliche Existenz beinhaltet somit verschiedenste Formen des Kontakts mit anderen Bewohnern des Kosmos sowie mit unpersönlichen bzw. anonymen kosmischen Mächten wie etwa dem ‚Schicksal' (*daiva*, *bhaga*). Auch im populären Hinduismus wird gelegentlich die Lehre vom *karman*, wonach das gegenwärtige Leben ein Resultat vorheriger Leben ist, zur Erklärung von Unglück und Misserfolgen herangezogen. Das erfolgt vor allem dann, wenn die Ursache eines Unglücks nicht genau identifiziert werden kann. Dann erscheint die Vorstellung, dass es eben die Folge eines unsichtbar wirkenden *karman* ist, als eine Möglichkeit, das Unerklärliche doch noch erklärbar zu machen. Da das genaue Wirken des *karman* in der Regel nicht recht durchschaubar ist und kaum ein Hindu genau weiß, wie und unter welchen Umständen sich der karmische Wirkmechanismus entfaltet, ähnelt der Verweis auf das *karman* dem auf das Schicksal. In beiden Fällen wird eine unpersönlich und unvorhersehbar wirkende Gesetzmäßigkeit als Ursache des Unheils angesehen. Ethnographische Studien haben gezeigt, dass solche Erklärungsmuster neben anderen stehen, in denen konkrete Akteure und Handlungen als Unheilsstifter benannt werden. Es scheint, dass die Idee vom *karman*, im Sinne der Zuweisung der Verantwortlichkeit an den Einzelnen und seine Taten, in der breiten Bevölkerung und vor allem bei den weniger Mächtigen und den Armen nur eine geringe Verbreitung besitzt. Konzepte von Schicksal und dem unvorhersehbaren Wirken unsichtbarer Gesetze – in Nordindien auch häufig mit dem persischen Begriff *kismet* belegt – werden hingegen häufiger verwendet.[18] Ebenso populär und weit verbreitet sind Annahmen über das Wirken feindlicher bzw. Unheil stiftender Personen oder Mächte, die ihre Opfer aus unterschiedlichen Motiven heimsuchen. Es kommt dabei durchaus vor, dass verschiedene Diagnosen nebeneinander stehen bzw. von den betroffenen Personen unterschiedliche Erklärungen angeboten werden.

Naturkatastrophen oder Krankheitsepidemien, die ein Dorf oder eine ganze Region betreffen, werden nicht nur im Verweis auf das Schicksal oder die allgemeinen Missstände im *kaliyuga* – dem gegenwärtigen, von Verfall gezeichneten Weltzeitalter – erklärt, sondern auch mit dem Zorn von Göttern, deren Rituale vernachlässigt oder falsch durchgeführt wurden. Das Unheil ist dann die Strafe für ein gottvergessenes, egoistisches Leben der Menschen, das die kosmische Ordnung insgesamt bedroht. Manchmal wird es auch durch den Zorn einer vernachlässigten Gottheit ausgelöst oder weil ein anderer Gott seiner Schutzaufgabe nicht gerecht wurde (s. Schömbucher 2006, 296–308). Eine andere Erklärung ist die Vorstellung, dass es zum Wesen von Göttern gehört, unberechenbar und vollkommen willkürlich zu handeln, d.h. mit den Geschöpfen zu ‚spielen'. Der Begriff des göttlichen Spiels (*līlā*, *krīḍā*) bezieht sich dabei nicht allein auf die göttliche Zaubermacht, ihre Erscheinungsformen und die davon handelnden Geschichten (wie etwa in der Mythologie des Gottes Kṛṣṇa), sondern auch auf den Bereich von Glücks- und Unterhaltungsspiel. So wird bereits in den alten Sanskritquellen beklagt, dass Götter die Menschen als Spielfiguren einsetzen und z.B. Schach mit ihnen spielen. Auch werden die

18 Siehe dazu Fuller 2004, 245–252 und die ethnologischen Studie von Wadley 1994.

Menschen mit Marionetten verglichen, die von den göttlichen Puppenspielern nach Lust und Laune bewegt werden.

Solche Vorstellungen stellen einen als undurchschaubar erfahrenen Lebensverlauf in den Rahmen einer höheren, göttlichen Freiheit, die unergründlich ist und zugleich für die Gläubigen zum Prüfstein ihrer Gottesliebe werden kann. Dementsprechend wird im Kontext der *bhakti*-Theologien der Umgang mit persönlichen und allgemeinen Katastrophen als Gelegenheit angesehen, die Liebe zu Gott noch weiter zu entfalten. Die göttliche Macht ermöglicht es nämlich auch, das Unglück zu heilen und das Schicksal zu wenden. Die populäre Literatur bietet deshalb eine breite Auswahl von Geschichten über wundersame Schicksalswendungen und von Legenden über fromme Gottesdiener, die allen Widrigkeiten zum Trotz unerschütterlich an ihrem Glauben festhielten.

Für den Einzelnen kann die Konfrontation mit der Macht und dem Willen eines Gottes oder einer Göttin, aber auch mit feindlichen Wesen und bestimmten kosmischen Mächten, auch bedeuten, dass er von ihnen ‚angegriffen' bzw. ‚besessen' wird. Eine besondere Gruppe solcher ‚Angreifer' sind die Planeten, deren Transite und Konstellationen eine wichtige Rolle im Leben von Hindus spielen und signifikanterweise als *graha*, ‚(An-) Greifer' bezeichnet werden. Bildliche Darstellungen der als Gottheiten verehrten Planeten finden sich in vielen Hindutempeln, vor allem im Südindien. Nicht zuletzt deshalb wird bereits im Rahmen des Lebenszyklusrituals der Namensgebung (s. u. IV.5) ein Horoskop erstellt, um die für den Einzelnen günstigen (*śubha*) und ungünstigen (*aśubha*) Planetenkonstellationen zu ermitteln.[19] Danach bestimmt sich auch, was für den Einzelnen ‚Glück' und ‚Unglück verheißende' Momente und Aktivitäten darstellen, wann seine Lebenszyklusrituale durchgeführt und welche rituellen (Schutz-) Maßnahmen ergriffen werden sollten. Bereits im Gesetzbuch des Yājñavalkya (1.307) heißt es: „Von den Planeten hängen Aufstieg und Fall von Königen ebenso ab wie das Werden und Vergehen der Welt; deshalb sind die Planeten besonders zu verehren." Der Verweis auf den Einfluss der Planeten gehört

19 Auch hier zeigt sich wieder die Bedeutung von Konzepten der ‚Auspiziosität', die in vielen Bereichen des Hinduismus zum Tragen kommen; s. Madan 1987 und die Artikel in Carman und Marglin 1985 sowie reader, 117 ff.

zu den gängigsten Erklärungen für ungewöhnliche Ereignisse im Leben einer Person. Ihn nicht zu beachten und etwa ungünstige Konstellationen im Horoskop künftiger Ehepartner zu ignorieren, führt, so die verbreitete Meinung, unweigerlich ins Verderben. Eine ganz besondere Rolle kommt dabei dem Saturn (*śani*) zu, dem düsteren und die Schwere des Lebens repräsentierenden Planeten. Ist ein Mensch in seinem Geburtshoroskop von Saturn besonders affiziert, so wird dessen Verehrung empfohlen oder auch das Fasten am Samstag, dem Tag, der von Saturn regiert wird. Am stärksten zeigt sich die Macht des Saturn während seines Transits durch das Haus, in dem er im Horoskop eines Menschen steht. Man sollte sich dann auf eine über zwei Jahre anhaltende Phase von Schwierigkeiten und Mühsal gefasst machen: denn der Saturn bewegt sich nur langsam. Das hat aber auch den Vorteil, dass solche Phasen selten eintreten. Saturns Attacken sind zwar unangenehm und unausweichlich, sie haben jedoch zugleich einen unpersönlichen und in gewisser Weise egalitären Charakter, da jeder einmal im Laufe seines Lebens davon betroffen ist und keine moralischen Schuldzuweisungen damit einhergehen. Der größte Fehler besteht vielmehr darin, den Einfluss dieser Mächte zu leugnen oder zu ignorieren. Das gilt auch für den negativen Einfluss, den die Geister von Verstorbenen (*bhūta*, *preta*) ausüben, wenn sie entweder einen unheilvollen Tod gestorben sind – etwa durch Mord, Selbstmord oder Schlangenbiss – oder ihre Totenrituale fehlerhaft durchgeführt wurden. In einem solchen Falle sind bestimmte rituelle Versorgungsmaßnahmen angeraten; nicht selten werden die Totengeister dabei auch vergöttlicht und in Schutzgeister umgedeutet (Fuller 2004, 227–231).

Attacken durch Götter, Dämonen oder Geister, die verschiedene Formen der Besessenheit auslösen, scheinen eher persönlicher Natur zu sein und verweisen tendenziell auf feindliche Beziehungen. Das gilt nicht für die Formen der sog. ‚positiven' bzw. ‚medialen' Besessenheit, die zu den festen Bestandteilen eines Festes oder Heilrituals zählt und der Divination dient (s. reader, 135). Dabei wird der Betroffene durch Trance zum Medium bzw. zur temporären Verkörperung eines Gottes oder einer Göttin, um deren Willen und Absichten bzw. Erklärungen für bestimmte Ereignisse zu verkünden (vgl. Erndl 1996; Brückner 1995, Schömbucher 2006). Der rituellen Herbeiführung von Besessenheitstrancen steht die ‚negative', krankmachende Besessenheit gegenüber. Dabei kann ein Mensch von Dämonen in Besitz genommen werden, die dann seinen Körper zur Erfüllung ihrer oft verderblichen und verdorbenen Emotionen und Wünsche benutzen. Recht häufig benutzt eine feindliche Person aus dem Umfeld des Opfers ‚schwarze Magie' oder andere Formen des Schadenszaubers, um Neid, Missgunst oder auch schlichte Böswilligkeit auszuleben bzw. Rache für Missachtung und andere Fehlbehandlung zu nehmen. Die davon betroffenen Personen zeigen dann verschiedene Krankheitssymptome, oftmals Anzeichen von Verrücktheit und Wahnsinn, die sich z.B. in Wutausbrüchen und obszönen Beschimpfungen, aber auch in Depressionen und katatonen Zuständen usw. äußern (Basu 2008). Bereits die klassische Literatur umfasst Symptomkataloge, die dazu dienen, den Schuldigen zu identifizieren und entsprechende therapeutische Maßnahmen zu ergreifen (Smith, F.M. 2006, 471–578). Sie umfassen nicht allein Heilmittel wie Kräuter und andere Medizin, sondern auch die Rezitation von *mantra*s (rituellen Anrufungsformeln; s.u. III.9). Hilft das alles nichts, so suchen viele Betroffenen Hilfe bei religiösen Institutionen wie Tempeln, Heiligenschreinen oder Heiligen und religiösen Lehrern, denen eine Heilfähigkeit nachgesagt wird. Der Aufenthalt dort dient der Diagnose und Therapie der Besessenheit. Die Auswahl des geeigneten Ortes oder der geeigneten Person folgt dabei nicht der ‚Religionszugehörigkeit', sondern richtet sich nach deren Heilkraft. Deshalb suchen z.B. Hindus, Muslime, oder Parsis gleichermaßen muslimische Heiligengräber (*dargah*) oder hinduistische Tempel auf, um dort Heilung zu erfahren.

Zahlreiche ethnographische Studien belegen die Bedeutung von Besessenheit als Kommunikationsform mit den Götter und anderen mächtigen Wesen. Aus religiöser Perspektive zentral ist dabei die Dimension der ‚Verkörperung' bzw. ‚Personifizierung' von Göttern, Ahnengeistern oder auch dämonischen Wesen im Medium. Bei divinatorischen Besessenheitsritualen spielen Textperformanzen eine besonders wichtige Rolle (vgl. Brückner 1995, Schömbucher 2006). Die verschiedenen Formen von Besessenheit sind nicht auf lokale Praktiken und Konzepte beschränkt. Das ‚Ergriffen-Werden' durch einen Gott spielt auch in den älteren Texten des Hinduismus eine wichtige Rolle und wird zur Erklärung ekstatischer Zustände ebenso herangezogen wie bei der Deutung von transformativen Erfahrungen während bestimmter Initiationsrituale (Smith, F.M. 2006 passim).

9. Mantra

Zu den ältesten Konzepten und Praktiken indischer Religionen gehört die Verwendung und vielfältige Deutung von *mantras*, d.h. Formeln zur Anrufung bzw. Vergegenwärtigung göttlicher Mächte (s. die Beiträge in Alper 1986). Die folgenden Übersetzungen und Definitionen des Wortes verweisen auf das recht breite Bedeutungsspektrum: Opferspruch, prayer, liturgical formula, incantation, sacred sentence, Zauberwort (vgl. Gonda 1963, 249). Die Bedeutungsfülle zeigt die Kontextabhängigkeit der Verwendung von *mantras*, die nicht allein in Ritualen, sondern auch in asketischen Praktiken, bei der hingebungsvollen Gottesverehrung oder in bestimmten lebensweltlichen Situationen, z.B. bei Gefahr, eingesetzt werden. Die dem *mantra* zugesprochene Wirksamkeit basiert auf der in ihm gebündelten ‚Macht' (*śakti*) und ‚Wahrheit' (*satya*). Von daher sind *mantras* nicht nur sprachliche Äußerungen, sondern machtvolle, auf der Realität und Wahrheit ritueller Sprache bzw. der in den *mantras* genannten Gottheiten basierende Eingriffe in die Wirklichkeit. Die besondere Qualität von *mantras* erfordert eine Einweisung in ihren Gebrauch und deshalb ist die *mantra*-Praxis zumeist an Initiationsrituale geknüpft (s.u. V.3).

In den ältesten Quellen werden als *mantra* Passagen aus den hymnischen Preisungen des Veda bezeichnet, die während des Opfers von den brahmanischen Priestern rezitiert bzw. gesungen werden. *Mantra*-Texte und deren Verwendung beim Ritual gehören zum Wissen der brahmanischen Priester, das exklusiv von ihnen tradiert wird. Beim Ritual dienen *mantras* der Anrufung der Gottheit, die damit zum Opfer geladen wird. Zugleich markieren sie Beginn und Ende einer Ritualhandlung, wenn z.B. jeder Opferguss während eines Opfers vom Aussprechen der entsprechenden Formel begleitet wird. Von besonderer Deutung ist dabei die Silbe *Oṃ*, die im Allgemeinen am Anfang und Ende von Ritualhandlungen rezitiert wird, da sie als ‚Essenz des vedischen Wissens' gilt. Auch in den späteren Traditionen werden *mantras* aus dem Veda verwendet, neben solchen aus Texten, die für die jeweilige Gemeinschaft kanonisch sind. Ein *mantra* kann aus ganzen Verszeilen bestehen, wie z.B. der folgende an den Gott Kṛṣṇa: „*Oṃ*, du hast gesiegt, o Lotusäugiger, Verehrung sei Dir, der du das All entfaltest, Verehrung sei dir, o Löwenmähniger, du mächtiger Puruṣa, der du in

Vorzeiten geboren bist.“[20] Sie können aber auch aus nur ein oder zwei monosyllabischen Lauten mit einer Verehrungsformel bestehen, wie z.B. die folgende Formel, in der eine spezifische Form des Gottes Śiva angerufen wird: *Oṃ hriṃ namaḥ*. Dem *mantra* wird ein ihm immanenter, kontextloser Wahrheitsgehalt zugesprochen, dessen Entfaltung an Praxis und Realisation, d.h. an Meditation, Singen oder Rezitieren gebunden ist. Dazu können auch bestimmte Formen der Verschriftlichung gehören, wie die Tätowierung, Brandmarkung oder das Bemalen des Körpers mit dem *mantra*-Text.

Nicht allein zur Unterscheidung der einzelnen Ritualtraditionen und Priestergruppen in Tempeln, sondern auch für die Identität der Anhänger einer religiösen Tradition des Hinduismus ist die Verwendung von *mantra*-Texten von großer Bedeutung. Die *mantra*-Praxis ist nicht zuletzt deshalb ein so zentrales Bestimmungsmerkmal religiöser Gemeinschaften des Hinduismus, weil sie auf verschiedenen Ebenen des religiösen Weges auftritt. Besonders bedeutsam erscheint zum einen die Verwendung von *mantra*s in den von der Gemeinschaft durchgeführten Ritualen im Tempel oder an anderen Kultorten. Zum anderen sind sie Bestandteil des religiösen Lebens und begleiten meditative eben so wie devotionale Praktiken, etwa wenn deren lautes Singen zum Ausdruck der Liebe zum Gott wird. Das Praktizieren eines *mantra* ist in der Regel nur erfolgreich, wenn man dazu autorisiert ist. Die Autorisierung erfolgt durch die Initiation bei einem Lehrer (*guru*, *ācārya*). Dabei wird der *mantra* dem Adepten durch einen Lehrer übergeben, der in einem ununterbrochenen Traditionsstammbaum von Schüler und Lehrer (*guruparamparā*) steht und damit Teil einer Lehrergenealogie ist, die idealerweise bis auf den Religionsstifter zurückgeht (s.u. V.3). Man wird durch die Initiation befähigt, mit Hilfe des *mantra* einen Zustand der Konzentration zu erreichen, der die Visualisierung der Gottheit des *mantra* ermöglicht. Dieses Konzept geht auf die Verwendung von *mantra*s im Rahmen von Meditationsformen zurück, die auch im Yoga zum Einsatz kommen. Im Yoga hat ein *mantra* die Funktion, die Gottheit bzw. die kosmische Kraft zu evozieren, auf die sich die meditative Praxis richtet.

20 *oṃ jitaṃ te puṇḍarikākṣa namas te viśvabhavane namas te 'stu hṛṣikeśa mahapuruṣa pūrvaja.*

Im Gegensatz zur rituellen Verwendung, in der es darum geht, die Gottheit zum Genuss der Opfergabe einzuladen, geht es in den Yogatraditionen darum, der Einladung durch die während der Meditation visualisierte bzw. durch die *mantra*-Praxis evozierte Gottheit zu widerstehen und auf die Genüsse zu verzichten, die einem in den göttlichen Regionen zuteil werden können. Der Yogin sucht die endgültige Erlösung und nicht den Aufenthalt in einer Götterwelt, weil letzteres nur bedeutet, dass er mehr mit seinen Begierden als mit seinem Erlösungswunsch verbunden ist. Die im *mantra* bezeichnete Gottheit erscheint dem Yogin als Resultat seiner erfolgreichen Praxis und fordert ihn auf, ihre Sphäre zu bewohnen. Widersteht der Yogin, so gewinnt er Macht über die Gottheit, er erobert (*jaya*) sich die mit ihr verbundene kosmische Region und gewinnt so nach und nach die ihr zugeschriebenen übernatürlichen Kräfte (*siddhi*). Der Erwerb solcher Kräfte ist eher in den tantrischen Formen des Yoga ein erstrebenswertes Ziel (s. o. II.5.2). Einen *mantra* zu meistern, bedeutet die in ihm enthaltene Macht zu realisieren und ist Zeichen des Erfolgs der durch den Yoga zu erreichenden Selbstbeherrschung (s. u. VI.5.6). Dieses Prinzip gilt auch für die *mantra*-Praxis in den zahlreichen monotheistischen Traditionen des Hinduismus, in denen die Sehnsucht nach der Nähe zu Gott oder zur Göttin die treibende Kraft des religiösen Handelns ist. Der Erwerb der Macht des *mantra* basiert zumeist auf einer asketischen Lebensweise.

Die Kraft des *mantra* wird in den theologischen Texten der verschiedenen Religionsgemeinschaften damit erklärt, dass die von Gott oder Göttin veranlasste Weltschöpfung mit der Emanation verschiedener Stufen der Sprache einhergeht. Die Präsenz der Schaffenskraft (*śakti*) des Gottes oder der Göttin ist auch immer eine Präsenz von Sprache bzw. von Lauten und Klängen. Die Ausdifferenzierung der Schaffenskraft erfolgt in bestimmten Konstellationen von Laut-Energien, die sich in *mantra*s kristallisieren und wiederum göttliche Energie im Kosmos manifestieren: die sog. *mantraśakti*, die im *mantra* enthaltene Macht. Deshalb dient die Praktizierung des *mantra* – z. B. durch meditative Rezitation – dazu, sich die Kraft des *mantra* (*mantraśakti*) anzueignen. Die im *mantra* enthaltenen Worte und Laute werden sprachphilosophisch als Wirklichkeit *sui generis* gedeutet, nicht etwa als Instrumente zur Bezeichnung von Dingen und Personen. Ein *mantra* ist vielmehr das Bezeichnete selbst (s. Padoux 1990). Die Kongruenz von

Name und Benanntem wird durch die Praktizierung des *mantra* aktiviert und ist dabei auf die Emanation göttlicher Schaffenskraft in Formen verschiedener Gottheiten und Bereiche des Kosmos bezogen. Entsprechend gibt es verschiedene *mantra*-Formen für niedere und höhere Gottheiten, für eher interessegebundene, d.h. welthaltige rituelle Absichten und für erlösungsorientierte meditative Praktiken. In vielen *bhakti*-Traditionen resultiert die Rezitation von *mantra*s in einer Erfahrung des ‚Ergriffen-Werdens' durch die göttliche Macht, die mit dem *mantra* evoziert wurde. Auf diesen ekstatischen Zustand soll man sich durch regelmäßige Murmelrezitationen (*japa*) und vergegenwärtigende Meditationen (*smaraṇa*) vorbereiten. Zahlreiche *bhakti*-Traditionen lehren das regelmäßige, numerisch festgelegte Murmeln (z.B. 108mal) des *mantra* mit Hilfe einer *mālā*, einer Art Rosenkranzkette, die das Zählen unterstützt. Ganz besonders wichtig ist die Rezitation von *mantra*s in der Todesstunde, wodurch ein erlösendes Sterben unterstützt wird (s.u. VI.2).

Teil IV. Soziale Dimensionen des Hinduismus

1. Relevanz des Kastensystems für die religiöse Praxis

Die Antwort auf die Frage, worauf die Zugehörigkeit zu einer religiösen Gemeinschaft basiert, erscheint im Falle des Hinduismus aufgrund der mit seiner Definition verbundenen Schwierigkeiten besonders komplex. Als eine recht handhabbare Antwort auf die Frage nach der Religionszugehörigkeit und somit danach, wer ein Hindu ist bzw. wodurch jemand ein Hindu wird, erscheint deshalb die These des französischen Soziologen L. Dumont, wonach sich die Zugehörigkeit zum Hinduismus aus der Geburt in die Kastengesellschaft ergibt (Dumont 1966). Das Kastensystem ist durch religiöse Werte strukturiert, da der soziale Status des Einzelnen nach dem Grad seiner rituellen ‚Reinheit' bestimmt wird und damit durch seine Eignung für die Durchführung von Ritualen. Der soziale Status ist an rituelle Rechte gekoppelt und damit stehen soziale Existenz und religiöse Identität in einer so engen Verbindung, dass sich die Frage nach einer spezifischen ‚Religionszugehörigkeit' des Einzelnen von selbst beantwortet, weil sie ja schon durch den sozialen Status abgedeckt ist. Demnach ist Hinduismus ein von Brahmanen dominierter Ritualismus, der einerseits durch die soziale Hierarchie des Kastensystems gestützt wird und andererseits dazu dient, die sozialen Hierarchien zu bestätigen und zu spiegeln. Nach Dumont bietet allein die Lehre von der Entsagung (*saṃnyāsa*) und ein auf die Erlösung gerichtetes Leben dem Individuum eine Möglichkeit zur Verwirklichung seiner religiösen Ziele. Das bedeutet jedoch für den Einzelnen, Familie und Gesellschaft verlassen zu müssen und deshalb den ‚sozialen Tod'. Innerhalb der Gesellschaft sei deshalb für die Verwirklichung individueller Religiosität kein Platz (Dumont 1960). Diese strukturalistische Sicht auf den Hinduismus erfasst zwar einen wichtigen Aspekt der Verbindung von Hinduismus und Kastensystem, indem die soziale Festschreibung ritueller Rechte im Rahmen einer Hierarchie von ‚Reinheit' als eine entscheidende Komponente der religiösen Identität von Hindus hervorgehoben wird. Jedoch wird dabei die in den brahmanischen Texten formulierte Sichtweise in einseitiger Weise zur Norm erhoben und der pluralistische und stark ausdifferenzierte Charakter nicht allein der religiösen Traditionen, sondern auch der jeweiligen Sozialstruktur nicht genügend berücksichtigt. Zwar geht es oft um Kastenhierarchien, aber sie sind regional und lokal ganz unterschiedlich konstituiert und oftmals umkämpft (Quigley 1993). Weiterhin ist festzuhalten, dass nicht nur die in den einzelnen hinduistischen Traditionen formulierten Erlösungslehren mit einer Aufhebung oder Relativierung des Kastenstatus einhergehen, sondern auch zahlreiche *bhakti*-Traditionen die Verwirklichung religiöser Ziele unabhängig von Kaste und Geschlecht anbieten, ohne dass ‚Weltentsagung' dafür die Vorbedingung ist. Schließlich steht dem Einzelnen auch unabhängig von Kastenzugehörigkeit oder Mitgliedschaft in einer religiösen Gemeinschaft ein breites Spektrum individueller religiöser Praktiken offen. Eine wichtige Rolle spielt hier die individuelle Verehrung von ‚Herzensgottheiten' (*iṣṭadevatā*, s.o. III.1.1). Der Hinduismus umfasst somit verschiedene Formen und Ebenen individueller Religiosität. Diese werden nicht allein durch den Kastenstatus bestimmt, sondern richten sich auch nach den unterschiedlichen Lebenssituationen, in denen der Einzelne sich vorfindet oder die er aufsucht. Vor allem in Lebenskrisen werden Erklärungen und Lösungen dort gesucht, wo man sie zu finden meint (s.o. III.8).

Gleichwohl stellt der normative und rituelle Rahmen der traditionellen Kastengesellschaft den primären Referenzrahmen dar, mit dem der Einzelne zunächst einmal konfrontiert ist. Der begegnet ihm nicht allein in Form des sozialen Status seiner Geburtsfamilie, sondern auch in Gestalt der für ihn vorgesehenen Lebenszyklusrituale (*saṃskāra*), welche die verschiedenen Lebensphasen begleiten und die damit verbundenen sozialen Rollen und rituellen Pflichten verleihen. Die Geburt innerhalb der indischen Kastengesellschaft ist nach traditioneller Auffassung die Voraussetzung für den Erwerb ritueller Rechte und Pflichten (*adhikāra*), die zugleich soziales Prestige verleihen. Ein wichtiger

Teil der religiösen Identität von Hindus beruht auf dem Zugang zu diesen rituellen Rechten und Pflichten. Deshalb liegt ein Grund für die Attraktivität der unterschiedlichen religiösen Gemeinschaften (*sampradāya*) darin, dass sie eigene Initiationen (sog. *dīkṣā*) anbieten, die dem Initiierten zusätzliche bzw. alternative Rechte und Positionen verleihen und manchmal sogar die Belastung durch das *karman* reduzieren oder auch aufheben (s. u. V.3).

Die religiöse Bewertung der Geburt folgt nicht allein der Werteskala ritueller ‚Reinheit', sondern richtet sich auch nach der Lehre von *karman* und Wiedergeburt. Nach Ansicht der brahmanischen Tradition verweist die Geburt in diese oder jene soziale Schicht auf die positive oder negative Qualität früherer Leben, auf das *karman.* Das gegenwärtige Leben ist einerseits Resultat der Verdienste, die man erworben oder auch nicht erworben hat, andererseits eröffnen ein der Pflichterfüllung gewidmetes Leben und das Bemühen um spirituelles Weiterkommen die Chance auf eine bessere Geburt im nächsten Leben. Deshalb soll der Einzelne das Beste aus seinen Möglichkeiten machen oder, sollte er keine haben, sich in die selbst produzierte Lage fügen. So lautet zumindest eine bedeutende theologisch-philosophische Interpretation (Halbfass 1975, 2000), die jedoch keineswegs so populär zu sein scheint, wie es die Texttradition nahe legt. Die wenigsten Hindus lassen sich dadurch davon abhalten, gegen das ‚Schicksal' zu kämpfen oder es im Streben nach sozialem Aufstieg zu verbessern. Auch wird die *karman*-Lehre nicht automatisch als Erklärung für persönliches Unglück oder als Rechtfertigung für soziale Diskriminierung akzeptiert (s. o. III.8; s. u. IV.3).[1]

2. Kaste und das Konzept des *dharma*

Die anhaltende Bedeutung der Kastenidentität beruht nicht zuletzt darauf, dass der Einzelne durch die Geburt in der Kastengesellschaft Anspruch auf die Initiationsriten bzw. Lebenszyklusrituale erhält, die ihm

1 Die von Max Weber (1923, 117–124) betonte ‚Rationalität' der *karman*-Lehre und seine Ansicht, dass sie insbesondere auf die Unterschichten motivierend wirke, wird durch die neuere Forschung widerlegt; s. Deliége 1999, 71 f sowie die Beiträge in Schluchter 1984.

seine soziale und rituelle Identität sichern. Erst durch diese Rituale wird der einzelner Mensch sozial positioniert und zu einer Person, die in zweckdienliche gesellschaftliche Transaktionen eintreten kann. Die Errichtung sozialer Grenzen und Strukturen erfolgt, indem dem Einzelnen ein sozialer Status und damit einhergehende, zunächst unveränderbare Körper- und Kommunikationsgrenzen zugewiesen werden. Veränderung ist nur möglich, indem man seinen Status wieder verliert, wie z.B. durch den Ausschluss aus der Kastengemeinschaft aufgrund eines schweren Vergehens, durch den Eintritt in den Stand der ‚Entsagung' (*saṃnyāsa*) und durch andere Initiationsrituale (*dīkṣā*), wie z.B. in eine religiöse Gemeinschaft. Die Grenzen der Person innerhalb der Kastengesellschaft sind durch den gesellschaftlichen Status der Familie, die damit einhergehenden Lebenszyklusrituale und Regeln ritueller Reinheit sowie durch Verwandtschaftsbeziehungen umschrieben. In der Kombination dieser Elemente wird der Einzelne zum sozialen Gegenüber, sei es als potentieller Ehepartner, sei es als Priester der Familie oder als Friseur.

Die sozialen und rituellen Normen der Kastengesellschaft werden in den klassischen Rechtstexten unter dem Stichwort der ‚Gesetze von Kaste und Lebensphase' behandelt, dem sog. *varṇa-āśrama-dharma.* Demnach bestimmen sich die dem Einzelnen zukommenden sozialen Pflichten und Rechte danach, welcher Kaste (*varṇa*)[2] er zugehört und in welcher Lebensphase (*āśrama*) er sich befindet. Die Aufgaben der einzelnen Kasten ergänzen sich dabei idealtypischerweise organisch, da sie alle voneinander abhängen wie die Teile eines Körpers. Das organische Zusammenspiel aller Teile wird durch die hierarchische Anordnung von vier Kasten repräsentiert, die zugleich die grundlegenden Funktionen der Gesellschaft markieren (s. dazu Smith, B.K. 1994).

Die vier Kasten (*varṇa*):

(1)	Brahmanen:	Priester und Gelehrte
(2)	Kṣatriya:	Krieger, Aristokraten, Landbesitzer
(3)	Vaiśya:	Händler, Geschäftsleute, Handwerker
(4)	Śūdras:	Diener, Knechte, Tagelöhner

2 Das Wort Kaste bzw. engl. *caste* ist vom portugiesischen Wort *casta* abgeleitet, d.h. ‚Gattung', ‚Gruppe von Lebewesen'.

Das Vier-Kasten-Modell erhielt seine mythisch-metaphorische Formulierung in einem der berühmtesten Hymnen des Ṛgveda, dem sog. *puruṣa*-Hymnus (10.90; s. reader, 13 ff). Der Hymnus beschreibt, wie aus der Opferung des kosmischen, männlichen Ur-Körpers, des *puruṣa*, die verschiedenen Sphären des Kosmos, die Jahreszeiten, die Tiere und schließlich auch die vier Kasten entstehen: „Sein Mund war der Brahmane (der Priester); die Krieger wurden seine Arme, die Ackerbauern und Viehzüchter wurden seine Schenkel, die Dienstboten und Tagelöhner entstanden aus seinen Füßen." (10.90.12). Die hier formulierte Körperkosmologie ist für die meisten hinduistischen Traditionen verbindlich geblieben und wird auch in jüngster Zeit von den Verfechtern der Kastenordnung vorgetragen. Die Brahmanen stehen demnach an der Spitze der Hierarchie, gefolgt von den Kṣatriyas und Vaiśyas. Die drei oberen Kasten haben allein das Recht, die vedischen Texte zu studieren und die damit verbundenen rituellen Rechte zu erhalten. Deshalb besteht zwischen den drei oberen Kasten eine Hierarchie relativer Reinheit, die sich in Heiratsmöglichkeiten oder in Kommensalität (Regeln über das gemeinsame Einnehmen eines Mahles) ausdrückt (s. u. IV.4). In den von Brahmanen verfassten Schriften wird deren Spitzenposition auch als eine spirituelle und normative Leitfunktion dargestellt. In der Zuweisung der höchsten Position an die Brahmanen unterscheidet sich, wie Dumont (1966) gezeigt hat, das indische Kastensystem von anderen Formen sozialer Hierarchisierung bzw. Stratifikation, wie etwa der Ständegesellschaft des mittelalterlichen Europa. Das Kastensystem bildet nicht einfach die ökonomischen oder politischen Machtverhältnisse ab, wie etwa im alten Europa, wo die Oberschicht zumeist von der Aristokratie gebildet wurde, die ökonomische, militärische und nicht selten auch religiöse Macht in sich vereinte. Vielmehr wird in Indien die Hierarchie durch den Wert der ‚Reinheit' strukturiert. Deshalb stehen an der Spitze der Hierarchie idealtypischerweise nicht die real Mächtigen – die Aristokraten und Landbesitzer –, sondern die Brahmanen, die Gelehrten und Priester.

Die Brahmanen repräsentieren die höchsten Werte der Gesellschaft und die Verhaltensnormen, die für alle gelten sollten, wie z. B. etwa Wahrhaftigkeit oder Gewaltlosigkeit (s. u. VI.4). Sie sind nicht allein durch ihr Vedastudium im Besitz des rituellen und allen anderen Wissens, sondern sie repräsentieren durch ihre Beschäftigung mit geistigen

Inhalten und religiösen Themen auch eine Relativierung des sozialen Machtstrebens. Das heißt, sie sollten den anderen die eigentlich angeratene Beschränkung des Strebens nach Besitz, Prestige usw. vorleben. Die Brahmanen formulieren auch in den Rechtsstexten die unabänderlichen Regeln des *dharma*, der Ordnung, die die Gesellschaft zusammenhält. Der Begriff *dharma* bezeichnet eines der zentralen Konzepte des Hinduismus. Demnach werden die Existenzmöglichkeiten der Lebewesen und damit auch das Kastensystem als Teil und Ausdruck einer ‚kosmischen Ordnung' gedeutet, der alle Wesen verpflichtet sind. Im *dharma*-Konzept sind folgende Bedeutungsebenen miteinander verschränkt:
1. *dharma* ist der Zusammenhang der Gesetzmäßigkeiten, der die natürliche Lebensgrundlage für alle Wesen gewährleistet. Es ist der regelmäßige Ablauf der Jahreszeiten ebenso wie z.B. die Tatsache, dass Früchte nicht nur essbar, sondern auch wohlschmeckend sind.
2. *dharma* ist der Katalog von Vorschriften und Gesetzen, die jeder seiner sozialen Position gemäß einzuhalten hat, der sog. *svadharma*.
3. *dharma* ist die Rechtsordnung, die aus der Einhaltung aller einzelnen Gesetze entsteht. Es ist traditionellerweise die Aufgabe des Königs, das Recht zu schützen und es, wenn nötig, mittels seiner Strafgewalt (*daṇḍa*) durchzusetzen.

Welche Gesetzesvorschriften der Einzelne zu befolgen hat, richtet sich jedoch nicht nur nach seiner Kaste, sondern auch nach der ‚Lebensphase' (*āśrama*), in der er sich gerade befindet. Die Vorschriften richten sich außerdem nach vier ‚Lebenszielen' bzw. Zwecken (*puruṣārtha*), um deren Verwirklichung sich ein Mensch im Laufe seines Lebens bemühen sollte.

Die vier Ziele des Menschen (*puruṣārtha*)

(1) *dharma*
Erfüllung der sozialen und rituellen Pflichten und die Einhaltung eines bestimmten moralischen Standards in der Lebensführung
(2) *artha*
materielle Sicherung der Familie und Besitzererwerb
(3) *kāma*
die Befriedigung sinnlicher, insbesondere sexueller Bedürfnisse
(4) *mokṣa*
das Streben nach Erlösung

Da diese Lebensziele nicht alle gleichzeitig zu verfolgen sind,[3] ist das Leben idealtypisch in vier Lebensphasen (*āśrama*) eingeteilt.

Die vier Lebensphasen (*āśrama*)

1. *brahmacārin* (Student): Das ist die Studienzeit bei einem Lehrer. Es ist eine Zeit der Enthaltsamkeit, die ganz dem Dienst am Lehrer und der Beschäftigung mit dem Veda gewidmet ist. Die Dauer der Studienzeit hängt von der Kastenzugehörigkeit ab.
2. *gṛhasthin* (Haushälter): Nach dem Studium soll man heiraten und so den Fortbestand der Familie sichern. Das ist die Zeit, um nach Wohlstand (*artha*) und Lusterfüllung (*kāma*) zu streben.
3. *vānaprasthā* (Waldeinsiedler): Nach der Erfüllung der Pflichten als Haushälter kann man seinen Besitz seinen Nachkommen überlassen und sich zusammen mit dem Ehepartner in eine Waldeinsiedelei oder ein religiöses Zentrum zurückziehen. Man kümmert sich angesichts des fortsschreitenden Alters um das spirituelle Heil.
4. *saṃnyāsin* (einer, der allem entsagt): In dieser Phase bricht man den Kontakt mit der Familie völlig ab und bereitet sich mit asketischen Praktiken auf den Tod und evtl. auch auf die Erlösung vor.

Diese Aufteilung der zu befolgenden Normen nach Lebensphasen zeugt nicht allein von dem Bemühen, die Ansprüche der sozialen Existenz mit denen der religiösen Heilssuche zu vermitteln. Es zeigt sich hier auch ein gewisser Pragmatismus, der die Verfasser der Rechtstexte auch sonst auszeichnet, wenn unterschiedliche Werte miteinander vermittelt werden müssen. Vor allem im öffentlichen Raum kommt die kastenspezifische Aufteilung und Klassifikation ritueller Rechte und Aufgaben zur Anwendung. Jeder muss die vorgeschriebenen rituellen Aufgaben erfüllen, die er nicht einfach aufgeben oder gegen andere austauschen kann. Religionsausübung im Kontext der einem aufgrund der Kaste zukommenden rituellen Rechte und Pflichten (*svadharma*) bedeutet für den Einzelnen eine Einschränkung seiner Wahlmöglichkei-

3 Insbesondere das Streben nach Erlösung steht im Widerspruch etwa zum Streben nach Reichtum (*artha*) und Lust (*kāma*). Das zeigt, dass es sich in diesem Modell um einen Versuch handelt, die überkommenen Werte der sozialen und rituellen Lebens mit neuen Ideen von Erlösung und Befreiung zu vermitteln; s. dazu Olivelle 1993.

ten. Als Mitglied einer unterkastigen Gärtnerfamilie liefert einer z.B. die Blüten für die Rituale, niemals wird er aber das Recht haben, die Blüten auch dem Gott oder der Göttin im Tempel als Priester darzubringen. Er kann sich auch nicht einfach entscheiden, Priester zu werden, weil er dazu nämlich als Brahmane geboren sein muss. Durch die Erfüllung der Pflichten erwirbt man religiöse Verdienste, d.h. man erfüllt seinen *dharma* und erwirbt sich dadurch gute Chancen für das Nachleben.

Von den Initiationsritualen und deshalb von den sozialen Interaktionen der oberen Kasten ausgeschlossen sind demgegenüber diejenigen, die keine ‚zweite Geburt' erhalten haben und von daher rituell und sozial relativ unrein sind. Das betrifft vor allem die Śūdras, die am unteren Ende der sozialen Hierarchie stehen. Dennoch gehören sie noch zur Kastengesellschaft, indem sie als relativ Unreine mit der Unreinheit der höheren Statusgruppen befasst sind. Beide Gruppen, die reinen und die unreinen Kasten stehen in geregelten und oft vererbbaren Dienstleistungsbeziehungen (s.u. IV.4).

Inwieweit das Kastensystem insgesamt auf einer religiös fundierten Wertehierarchie beruht und als ‚Sozialsystem des Hinduismus' angesehen werden kann, war und ist nicht nur in der Forschung, sondern auch in der indischen Tradition durchaus umstritten (vgl. Quigley 1993, Halbfass 1975). Vor allem das Kriterium der Geburt wurde immer wieder von indischen Gelehrten angegriffen, die stattdessen das tatsächliche Verhalten bzw. die Qualitäten des Einzelnen zum Maßstab des sozialen Status erheben wollten. Einen besonderen Diskussionspunkt stellt weiterhin der Status der Brahmanen dar, die den traditionellen Rechtstexten zufolge an der Spitze der sozialen Hierarchie stehen und besondere Privilegien genießen. Hier geht es um die Frage, ob nicht der König als Schützer der sozio-kosmischen Ordnung und aufgrund seiner ökonomischen Ressourcen den höchsten Rang bekleide (s. Quigley 1993, Burghart 1978a). Schließlich muss auch darauf hingewiesen werden, dass die traditionelle Lehre von den vier Kasten ein idealtypisches Modell darstellt und sich z.B. in der Realität eines Dorfes (nach wie vor die Siedlungsform für die Mehrheit der Hindus) nur selten eine ‚Vier-Kasten-Gesellschaft' findet, sondern vielmehr eine Vielzahl von sozialen Gruppen, die als *jāti*, Geburtsgruppe oder auch ‚Subkaste', bezeichnet werden. Die Mehrzahl der Hindus identifiziert sich zumeist im

Hinweis auf ihre ‚Geburtsgruppe' (*jāti*) sowie auf ihre Herkunftsregion. Trotz aller Kritik am Kastensystem und der offiziellen Abschaffung der ‚Unberührbarkeit' in der indischen Verfassung, ist das Bewusstsein vieler Hindus auch in der Moderne von der Kastenidentität geprägt, wie man anhand der Heiratsannoncen sehen kann, die regelmäßig in indischen Tageszeitungen oder auch im Internet erscheinen.

3. ‚Unberührbarkeit'

Das Fortleben der mit dem Kastensystem verbundenen Hierarchien, Werte und ökonomischen Interessen sowie der daraus resultierenden Diskriminierung und Ausgrenzung zeigt sich in der Lage der ‚Unberührbaren' vielleicht besonders deutlich. Ganz am Rande der Gesellschaft leben die sog. ‚unberührbaren' Gruppen, die all das repräsentieren bzw. bearbeiten, was die Kastengesellschaft ausgrenzen muss, um ihre Werte der Reinheit aufrechterhalten zu können. Sie sind es, die traditionellerweise Fäkalien, Müll, die Überreste verstorbener Tiere wie z. B. Fell und Haut oder auch Leichen entsorgen, aber auch die Felder bestellen. Auch in anderen Gesellschaften gibt es Gruppen, die ausgegrenzt werden und für all die unangenehmen Tätigkeiten herangezogen werden, die in einer arbeitsteilige Gesellschaft, die genügend Ressourcen zu verwalten versteht, ausgelagert werden können. Deshalb sieht z. B. G. Berreman in Indien Formen der Diskriminierung und Ausbeutung am Werk, die mit dem Rassismus von Apartheid-Systemen vergleichbar sind. Demgegenüber sieht L. Dumont die Eigenart von ‚Unberührbarkeit' im Rahmen der Kastengesellschaft darin, dass sie den Gegenpol zur ‚Reinheit' des Brahmanen darstellt und von daher das Ausgegrenzte holistisch integriert sei.[4] Unberührbarkeit sei Teil der Kastenhierarchie und somit gehören ‚Unberührbaren' zur Gesellschaft, auch wenn sie daraus ausgegrenzt werden. Diese These wird insofern

4 Holistisch bedeutet, dass der Einzelne seine Lebensorientierung aus seiner Position in der Gesamtordnung der Gesellschaft und aus den Beziehungen zu anderen sozialen Gruppen bezieht und nicht dadurch, was er als Individuum leistet oder darstellt. Siehe dazu die Diskussion dieser verschiedenen Positionen bei Deliége 1999, 27–59.

in ethnographischen Studien bestätigt, als sie auf die Allgegenwärtigkeit von ‚Unberührbaren‘ als festes Element dörflicher oder urbaner Kastenhierarchien hinweisen. Weiterhin erscheinen ‚Unberührbare‘ nicht als eine homogene Gruppe, sondern zerfallen in verschiedene Statusgruppen (*jāti*), die miteinander nicht immer solidarisch sind. Dennoch erfahren fast alle die diversen Formen von Diskriminierung, die die Deutung Dumonts in Frage stellen. Es gelten für sie Tabus, die oft nicht auf Konzepte ‚ritueller Reinheit‘ zurückzuführen sind.

Das in der indischen Verfassung festgeschriebene Verbot von Praktiken der ‚Unberührbarkeit‘ hat die Diskriminierung nicht beseitigt. Nach wie vor wird ‚Unberührbaren‘ die Benutzung des Dorfbrunnens oder das freie Betreten des Dorfes verweigert. Sie müssen in der Regel in eigenen Siedlungen außerhalb des Dorfes leben und sind von den meisten Dorffesten ausgeschlossen. Außerdem gelten für sie diskriminierende Kleidervorschriften, die wohl weniger aus ‚Reinheitsgeboten‘ resultieren, sondern eher als Ausdruck ihrer Unterdrückung durch die höheren Kasten anzusehen sind (s. dazu Deliége 1999, 89–115). Auch die Unberührbaren selbst teilen kaum die Sicht der höheren Kasten auf ihre ‚Unreinheit‘ und entwerfen ihre eigenen Erklärungen dafür, warum sie sich in ihrer misslichen Lage vorfinden. Dabei spielen brahmanische Konzepte wie etwa die Lehre vom *karman* keine Rolle.[5] Abgesehen davon, dass nur wenige Unberührbare überhaupt von dieser Lehre wissen, werden sie ihr gegenwärtiges Leben kaum als gerechte Strafe für Missetaten in einem Vorleben ansehen. Vielmehr zirkulieren unter den Unberührbaren verschiedene Mythen und Legenden, die von einem fatalen Fehler oder einem Betrug berichten, der zum Niedergang der vormals respektierten und den anderen Mitgliedern der Gesellschaft gleichgestellten Vorfahren führte (s. Deliége 1999, 71–88). Dabei wird zwar der eigene Status im System beklagt und als ungerecht angesehen, das System als solches wird jedoch selten kritisiert. Im Mittelpunkt der Kritik an der Statuszuweisung steht dabei auch immer wieder die Kopplung von Geburt, Status und der damit verbundenen Erwerbstätigkeit. Die Entkopplung von Status und Berufstätigkeit ist

5 S. u. VI.1. Max Weber war der Meinung, dass auch die Berührbaren die ethische Rationalität der *karman*-Lehre verinnerlicht haben (vgl. Weber 1923, 117ff und die Kritik bei Deliége 1999, 30ff).

auch heute noch ein zentrales Anliegen im politischen Kampf für mehr Rechte. Trotz der offiziellen Abschaffung der ‚Unberührbarkeit' in der indischen Verfassung und der Einführung diverser Quotenregelungen besteht das System weiterhin.

Im Zuge der Debatten um die Reformierung des Hinduismus im 19. und 20. Jh. wurde die ‚Unberührbarkeit' immer wieder thematisiert, und es formierten sich verschiedene politische Bewegungen, die die Befreiung der ‚Unberührbaren' forderten. Eine wichtige Bewegung dieser Zeit ist der sog. Ād Dharma bzw. Ādi-Hinduismus, die sich zu Beginn des 20. Jh. in Nordindien bildete. Dabei wird eine Interpretation der Frühgeschichte des Hinduismus entworfen, wonach die Unberührbaren die ursprünglichen Herrscher in Indien gewesen sind, die dann durch die einwandernden Āryas versklavt und aus dem arischen Kastensystem ausgeschlossen wurden. Die Verbindung von sozialem Status und der Festlegung auf bestimmte Berufe oder Lohnarbeiten sei der ursprünglichen indischen Religion fremd. Da sie sich als Nachfahren der indischen Ur-Bevölkerungen ansehen, bezeichnen sich Unberührbare in manchen Teilen Indiens als Ādi-Hindus, als ‚Ur-Hindus'. Der ‚Ur-Hinduismus' (Ādi-Hinduismus) betont die Werte der *bhakti*, der Gottesliebe, die allen Menschen gleichermaßen den Zugang zum ‚Höchsten' bzw. zu Gott eröffnet. Weder Rituale noch das Studium heiliger Texte ersetzen die für das Erreichen der Befreiung und der Nähe zu Gott notwendige Selbsterkenntnis und die ‚Realisierung des unsterblichen, göttlichen Selbst' (*ātma-anubhav*).[6] Aufgrund der Zersplitterung der Unberührbaren in zahlreiche *jāti*s (Statusgruppen) war und ist das Mobilisierungspotential dieser Bewegungen begrenzt.

Der vielleicht berühmteste Führer der Unberührbaren, Bimrao R. Ambedkar (1891–1956) war nicht nur einer der schärfsten Kritiker des Kastensystems und des Hinduismus, sondern rief die Unberührbaren auch zur Konversion zum Buddhismus auf (Jaffrelot 2005). Bekannt wurde er durch die Auseinandersetzung mit Gandhi über die Frage, ob Unberührbare eigene Quoten bei den Wahlen erhalten sollten. Ambedkar lehnte die von Gandhi propagierte Bezeichnung der Unberührbaren als ‚Harijan' (Geschöpfe Gottes) als Euphemismus ab. Die politi-

6 Für den Aufschwung der *bhakti*-Religiosität unter Unberührbaren zu Beginn den 20. Jh. s. Gooptu 1993 und Lamb 2002.

schen Aktivisten unter den Unberührbaren bezeichnen sich heute zumeist als ‚Dalits' (wörtl.: weggeworfen; unterdrückt). Die Antidiskriminierungskampagnen haben zwar den Unberührbaren neue Erwerbsfelder und gewisse Aufstiegschancen eröffnet, sie werden jedoch vor allem im ländlichen Raum weiterhin von oberen Kasten diskriminiert. In der Amtssprache des indischen Staates werden ‚Unberührbare' in der Regel als ‚scheduled castes' (SC) bezeichnet. Quotenregelungen und andere staatliche Fördermaßnahmen sollen Auswege aus Armut und Benachteiligung eröffnen (Mahar 1972; Deliége 1999).

4. Rein und unrein

Nicht allein soziale, sondern auch religiöse Praktiken sind im Hinduismus stark mit Ideen von Reinheit und Unreinheit verbunden, wie das Phänomen der ‚Unberührbarkeit' zeigt. Die Ausübung ritueller Rechte ist an bestimmte Grade ritueller Un/Reinheit geknüpft, die auch den sozialen Status der Akteure bestimmen. Die Implikationen der Konzepte von Un/Reinheit werden in der Dharmaśāstra-Literatur dargelegt und damit in den Bereich des *dharma*, der Regeln und Normen für die richtige Lebensführung eingerückt. In den Texten werden vor allem die Verunreinigung durch bestimmte Substanzen (wie etwa Essensreste, Blut, Speichel etc.), Ereignisse (z. B. Tod, Geburt) oder durch Gesetzesverstöße behandelt. Das Spektrum von auf Reinheit bzw. Reinigung zielenden Praktiken ist noch weitaus größer und schließt asketische Traditionen ein.[7] In letzteren geht es zumeist darum, sich von der Unreinheit der körperlichen Existenz zu befreien (wie etwa im Yoga) oder Unreines zum Instrument der religiösen Praxis zu erheben (wie etwa in bestimmten Formen des Tantrismus, s. o. II.5.5.3).

Die durch entsprechende Lebenszyklusrituale (*saṃskāra*) verliehenen sozialen und rituellen Pflichten und Rechte bestimmen den sozialen Status des Einzelnen. Dabei gilt, dass derjenige in der sozialen Hierarchie am höchsten steht, der die meisten rituelle Rechte besitzt – und

7 Siehe dazu aus einer soziologischen Perspektive Dumont und Pocock 1959 sowie Olivelle 2005, 217–235 und Malinar 2008 für eine Analyse hinduistischer Rechtstexte und religiöser Kontexte.

das sind in der Regel die Brahmanen. Sie repräsentieren das Höchstmaß ritueller Reinheit, nicht allein deshalb, weil sie immer rein wären, sondern auch wegen der ihnen zukommenden Reinigungsfähigkeit. Ihnen obliegt die Aufgabe, Substanzen, aber auch Akteure für Rituale und andere Aufgaben zu reinigen und damit geeignet zu machen. Das Thema Un/Reinheit ist daher eng mit Fragen der Eignung und Befähigung für bestimmte Aufgaben verbunden. Durch Beachtung der Reinheitsregeln wird soziale und rituelle Funktionstüchtigkeit abgesichert bzw. wiederhergestellt. In den hinduistischen Rechtstexten werden Situationen, Personen und Gegenstände ausgewiesen, die verunreinigen und Reinigungsmittel empfohlen. Es geht dabei nicht um Reinheit als abstrakte Größe oder moralischer Wert; vielmehr bedeutet ‚Reinheit' die Eignung bzw. Verwendbarkeit einer Sache oder Person für bestimmte (rituelle) Zwecke. Umgekehrt meint ‚Unreinheit', dass jemand für eine Aufgabe ungeeignet ist und sie deshalb nicht ausführen darf. Daher spielen Reinigungsmittel (*pavitra*) eine wichtige Rolle, um Ritualutensilien und alle am Opfer beteiligten Akteure rituell rein zu machen. Das kann durch Waschungen, den Einsatz von rituellen Formeln (*mantra*) oder reinigenden Substanzen wie bestimmten Gräsern erfolgen. Darum gehen der eigentlichen Ritualhandlung bestimmte Riten voraus, die die Verunreinigungen des menschlichen Körpers beseitigen und so die rituelle Begegnung mit den Göttern ermöglichen. Das Grundprinzip ritueller Reinheit als einer im Rahmen des Rituals notwendigen Transformation des Körpers findet Ausdruck in der Formel: „Selbst zum Gott geworden, opfert er den Göttern".[8]

Brahmanen repräsentieren nicht zuletzt die Normen ritueller Reinheit, weil sie in besonderem Maße in der Lage sind, Unreines zu absorbieren bzw. zu reinigen. Bestimmte Reinheitsgrade und Reinigungsfunktionen werden jedoch allen Mitgliedern der Kastengesellschaft zugeschrieben. Dabei gilt: Je größer die Reichweite des rituellen Reinigungspotenzials, d.h. je größer die Fähigkeit zur Transformation des Unreinen, desto höher der Status. Man bezieht also den sozialen Status nicht allein aus einem festgelegten ‚Reinheitsgrad', sondern auch aus den zugewiesenen Reinigungsaufgaben und -instrumenten. Deshalb können auch Gruppen wie Friseure oder Wäscher, die aufgrund ihres

8 Siehe Dviveda 1992.

Kontakts mit den unreinen Substanzen anderer (Haare bzw. der Schmutz der Wäsche) als relativ unrein gelten, im Rahmen eines Rituals eine reine, weil reinigende Aufgabe erfüllen. Reinigungen ermöglichen den Übergang zwischen weltlich-alltäglichen (*laukika*) und außeralltäglichen (*alaukika*) Situationen, und zwar in beide Richtungen. Die Macht und Unverzichtbarkeit der Brahmanen gründet sich vor allem darauf, dass sie die Übergänge zwischen beiden Bereichen regulieren und etwa für die ‚Reinheit' eines Tempels sorgen. Als Priester an vielen Tempeln wahren sie die ‚Reinheit' der im Schreinraum residierenden Gottheit, z.B. durch Darbietung der geeigneten, d.h. ‚reinen' Opfergaben, durch korrekte Rezitation der heiligen Texte, aber auch durch Ausschluss von ‚Unreinem', wie etwa durch das Verbot, im Tempel Schuhe und Ledergürtel zu tragen oder indem ‚Unberührbaren' oder Nicht-Hindus der Zutritt zum Tempel verweigert wird. Der Ausschluss der Unberührbaren vom Tempelbesuch führt immer wieder zu heftigen Auseinandersetzungen und Rechtsstreitigkeiten. Trotz der offiziellen Abschaffung von ‚Unberührbarkeit' sieht die Praxis in vielen Tempeln immer noch anders aus und nicht selten werden die brahmanischen Interessen durchgesetzt.

Je nach Maßgabe der religiösen Tradition oder des Rechtslehrbuchs, auf das man sich bezieht, sind spezielle Reinigungsprozeduren für die Durchführung von Ritualen vorgeschrieben. Weitere Reinigungsvorschriften gelten für die Beseitigung ‚unreiner' Substanzen (insbesondere körperproduzierter wie Schweiß, Urin, Blut usw.) sowie bei temporärer ritueller Verunreinigung etwa bei Tod oder Geburt. Der Begriff *aśauca* (auch: *āśauca*) bezeichnet den Zustand einer temporären Verunreinigung, und *śauca* den Prozess, der zur Wiederherstellung der Reinheit (*śuddhi*) führt. Der Umgang mit dieser Form von Un/Reinheit ist durch ihren temporären und prozessualen Charakter bestimmt. Deshalb sind z.B. die Phase vor der morgendlichen Toilette oder die Zeit der Menstruation, Zustände der Verunreinigung durch abzuführenden Körperschmutz und machen bestimmte Reinigungsmaßnahmen notwendig. Erst dadurch wird die soziale bzw. rituelle Funktionstüchtigkeit erworben. Neben körpereigenen Substanzen lösen auch bestimmte, außergewöhnlich Ereignisse ‚Unreinheit' aus und führen zum zeitweiligen Verlust der rituellen und sozialen Funktionstüchtigkeit. Tod und Geburt gelten als Auslöser solcher Unreinheitsphasen, da sie zum einen durch Zuwachs oder Verlust eine Störung bzw. Veränderung der Familienstruktur bewirken, zum anderen, weil sie bei den Verwandten ‚unreine', d.h. Bindung signalisierende Gefühle (Freude, Leid) auslösen. Im Unterschied zum Tod wird eine Geburt als ‚auspiziöses', Glück verheißendes Ereignis angesehen und die Unreinheit bezieht sich vor allem auf die dabei freigesetzten unreinen Substanzen wie Blut oder Schleim. Zwar gilt auch der verstorbene Körper als ‚unrein', aber es geht auch um die dadurch ausgelöste Disfunktionalität der Familie. In beiden Fällen wird diese Periode der Unreinheit durch entsprechende Lebenszyklusrituale (*saṃskāra*) begleitet, die eine reinigende Funktion haben und zudem dazu dienen, die soziale Ordnungsstruktur zu bestätigen (s. u. IV.5). Die Unreinheit setzt im Todesfall für die Familienangehörigen ein und macht sie für alle anderen ‚unberührbar' (*aspṛśya*), d.h. für soziale Interaktionen ungeeignet. Ähnliches gilt für die Eltern bei der Geburt eines Kindes. Die Verunreinigungsphase dauert je nach Kaste unterschiedlich lange. Dabei gilt generell die Regel: Je höher der Status, desto kürzer die Verunreinigung.[9] Der Wiedereintritt in die normale Funktionstüchtigkeit wird durch weitere Reinigungsmaßnahmen, wie z.B. ein rituelles Bad oder einen Haarschnitt markiert. Ein spezieller Fall von *āśauca* ist die Menstruation (*rajasvalā*), da sie Eigenschaften von beiden Formen der ‚temporären Verunreinigung' aufweist. Während sie zum einen zum Komplex der reinigenden Abfuhr von überflüssigen Körpersubstanzen gehört, teilt sie auf der anderen Seite bestimmte Aspekte der zuletzt erörterten Verunreinigung, weil die Frau während ihrer Periode ‚unberührbar' und von sozialen und rituellen Aktivitäten ausgeschlossen ist. Zugleich erscheint die Menstruation als eine konstitutive Verunreinigungsphase, die Frauen von vornherein von bestimmten Ämtern ausschließt (z.B. vom Priesteramt). Andererseits signalisiert sie positiv die Regeneration ihrer Fruchtbarkeit und bestimmt ihren sozialen Status.

Innerhalb des Kastensystems verlaufen soziale Interaktionen auf der Grundlage von Reinheits- und Reinigungsvorschriften. Dabei orientiert man sich an den auf rituellen und asketischen Reinheitskonzepten basierenden Wertungen, mit deren Hilfe den sozialen Gruppen unter-

9 „Ein Priester ist rein nach zehn Tagen, ein König nach zwölf, ein Erwerbstätiger nach fünfzehn und ein Diener nach einem Monat." *Manusmṛti* 5.84.

schiedliche Grade von Un/Reinheit zugeschrieben werden. Die permanente Zuschreibung von ‚Unreinheit' ist ein charakteristisches und berüchtigtes Merkmal des Kastensystems, da dadurch der Kontakt mit ‚unreinen' Substanzen als ein Wesensmerkmal derjenigen gedeutet wird, die diesen Kontakt haben. Friseure, Wäscher oder auch Ärzte kommen in Kontakt mit den ‚unreinen' Substanzen ihrer Klientel und stehen daher in der sozialen Hierarchie auf einer relativ niedrigen Stufe. Dasselbe gilt für Unberührbare, deren Aufgabe es ist, Kadaver oder Fäkalien zu beseitigen. Umgekehrt führt eine Tätigkeit, die solche Kontakte nicht oder nur selten beinhaltet, zur Zuschreibung eines höheren Reinheitsstatus, so etwa bei den Händlern, die sich zwar durch den Kontakt mit allen möglichen Materialien und Menschen verunreinigen können, aber eben nicht mit absolut Unreinem umgehen. Sowohl Händler als auch Aristokraten haben aufgrund der ihnen zustehenden Lebenszyklusrituale (*saṃskāra*; s. u. IV.5) einen relativ reinen rituellen Status. Deshalb stellt es für einen Brahmanen nicht unbedingt eine Verunreinigung dar, wenn er am Hof eines Fürsten speist. Umgekehrt nehmen die oberen Kasten am liebsten einen Brahmanen zum Koch, da er die Nahrung am ehesten vor Verunreinigung schützen bzw. ‚reine' Nahrung kochen kann.

Neben den rituellen Aspekten kommt der Einfluss der Konzepte von Un/Reinheit auch noch auf einer anderen Ebene sozialer Interaktionen zum Tragen, und zwar in Bezug auf die Regeln der Kommensalität, d.h. der Annahme bzw. des gemeinsamen Verzehrs von Speisen (s. Mayer 1996). Nicht jeder darf oder sollte mit jedem essen. Die Kommensalitätsregeln markieren die durch die Werte rein-unrein geregelten Beziehungen zwischen den Kasten im Alltag vielleicht auf besonders deutliche Weise. Statusunterschiede werden dadurch ausgedrückt, ob jemand Speise annimmt, die im Haushalt einer anderen Kaste zubereitet wurde, oder ob man Wasser aus einem von verschiedenen Kasten genutzten Brunnen holt. Dabei wird nochmals unterschieden, ob die Speise in Wasser (*kacca*) oder in Öl (*pakka*) gekocht wurde. Nimmt jemand Speise von Angehörigen einer anderen Kaste an, so anerkennt er deren höheren, ‚reineren' und den eigenen niederen, ‚unreineren' Status. Lehnt eine Kaste die Speise einer anderen jedoch ab, so reklamiert sie einen höheren Rang. Weitere Regeln setzen ein, wenn Mitglieder zweier verschiedener Kasten sich zu einem gemeinsamen Mahl zusammenfinden. Oftmals werden die Gruppen in verschiedenen Sitzreihen (*paṅgat, paṅkti*) zusammengesetzt, wobei die beiden Kasten durch einen gewissen Abstand getrennt werden können. Vor allem Brahmanen können gekochtes Essen nicht immer annehmen, wenn es von einem Koch einer niederen Kaste zubereitet wurde und nehmen stattdessen die ungekochten Zutaten an. Was innerhalb des Dorfes strikt beachtet werden mag, muss in anderen Zusammenhängen aber nicht immer befolgt werden. So gelten auf Reisen oder beim Aufenthalt in anderen sozialen Sphären diese Regeln weniger streng und etwaige Verunreinigungsrisiken werden eher pragmatisch durch kleine Reinigungsrituale gehandhabt.

Neben den genannten Aspekten des Themas Un/Reinheit im Hinduismus gibt es noch weitere wichtige Komponenten, die wahrscheinlich aus den asketischen Traditionen stammen. Durch sie erhält ‚Reinheit' eine neue religiöse bzw. spirituelle Dimension und ist auf metaphysische Konzepte bezogen, wie etwa die prinzipielle ‚Unreinheit' der Welt und des Körpers oder die ‚Reinheit' des unsterblichen ‚Selbst', das im Körper gefangen ist. Diese Deutung des ‚reinen' Lebens beinhaltet eine möglichst weitgehende Beseitigung der ‚Unreinheit', die der körperlichen Existenz als solcher zukommt. Reinheit bezieht sich hierbei auf eine anzustrebende Klarheit des Bewusstseins sowie auf die Herstellung eines Körpers, der für die Erkenntnis des ihm innewohnenden ‚unsterblichen Selbst' (*ātman*) geeignet ist. Durch asketische oder auch meditative Reinigungen wird der Körper zu einem in seinem Eigenleben reduzierten Vehikel für das Erreichen der befreienden Erkenntnis des ‚unsterblichen Selbst'. Das Selbst ist zwar seinem Wesen (*svarūpa*) nach rein (*śuddha*), befindet sich jedoch durch den Kontakt mit dem Körper im Zustand einer Verunreinigung (*aśuddhi*), die das Selbst zwar nicht wirklich tangiert, aber doch von der Realisierung seiner wahren Identität abhält. Je stärker die Bindung an den Körper und seine Bedürfnisse, desto verschmutzender wirken die Gefühle, Wünsche, Erinnerungen oder Ideen, die den Einzelnen an seinen Körper und damit an die irdische Welt binden. Solche Bindungen sind unrein, weil sie von der Erkenntnis des lichthaften, reinen ‚Selbst' ablenken. Diese Form der Verschmutzung kann nur beseitigt werden, wenn man die Faktoren, die die Bindung an den Körper überhaupt erst hervorrufen, ausmerzt. Das Yogasūtra (2.3) z.B. rückt die folgenden fünf grundlegenden Makel der körperlichen Existenz (*kleśa*) in den Mittelpunkt asketischer Reinigungsbemühungen: Unwissenheit, Egoismus, Leidenschaft, Hass, und Liebe zum Leben. Die Unwissenheit ist dabei das zentrale Element, weil dadurch die wahre Beschaffenheit einer Sache verkannt wird. Deshalb, so lautet die Festellung im Yogasūtra, sieht man „in Dingen, die ihrem Wesen nach vergänglich, unrein (*aśuci*) und leidvoll sind, Unvergängliches, Reines (*śuci*) und Freudvolles." Die Praktiken des Yoga zielen darauf, den Irrtum zu beseitigen.

Die asketischen Konzepte finden Eingang in die unter Hindus recht weit verbreitete Vorstellung, dass man sich generell um einen Lebensstil bemühen soll, der der Entfaltung der Selbst-Erkenntnis bzw. der Gotterkenntnis am zuträglichsten ist. In diesem Zusammenhang wird die erwünschte Haltung oft mit dem Wort *sattva* bzw. *sāttvika* bezeichnet, das das ganze Spektrum ‚reiner' Substanzen oder auch Verhaltensweisen umschreibt.[10] Dazu gehört z.B. eine *sattva*-Diät, d.h. vegetarische Nahrung bzw. die Vermeidung ‚erhitzender' Nahrungsmittel wie Zwiebeln oder Knoblauch, oder die Lektüre ‚*sattva*-artiger', z.B. liturgischer oder philosophischer Texte, der Umgang mit den richtigen Menschen oder der Abbau egoistischer oder gewalttätiger Tendenzen. *Sattva* impliziert die Kontaktvermeidung mit Verunreinigendem auf allen Ebenen und markiert die Orientierung an asketischen Konzepten wie z.B. der Aufforderung der Leidvermeidung. Dabei kommt der Nahrung bzw. der Diät eine besonders wichtige Rolle zu, weil sie nicht allein soziale Beziehungen markiert, sondern auch die Fähigkeit des Einzelnen zu einem religiösen Leben beeinflusst. Vegetarismus, Reinlichkeit, Bescheidenheit, Zufriedenheit mit begrenzten Ressourcen sind daher bis heute anerkannte Werte und Praktiken, die das spirituelle Fortkommen unterstützen.

10 *Sattva* ist eine der drei ‚Naturkräfte' (*guṇa*), die nach der Philosophie des Sāṃkhya alles Leben in der Welt prägen und bei den Lebewesen unterschiedliche Dispositionen bewirken (s.u. VI.5.5).

5. Lebenszyklusrituale (*saṃskāra*)

Der soziale Status innerhalb der Kastengesellschaft und die damit einhergehenden rituellen Rechte werden durch Initiations- bzw. Lebenszyklusrituale, die *saṃskāras* erworben. Erst dadurch wird der Einzelne zur sozialen Person, d.h. zu einem zweckdienlichen und sich in bestimmten Grenzen befindenden ‚Anderen', mit dem man in soziale Beziehungen eintreten kann. Die *saṃskāras* werden allgemein als ‚Lebenszyklusrituale' betrachtet, die den Einzelnen durch die verschiedenen Phasen des Lebens und die damit einhergehenden sozialen Rollen begleiten. In den autoritativen Texten werden *saṃkāras* als ‚Perfektionierungen' definiert, die der Beseitigung von Makeln und dem Erwerb von neuen Qualitäten dienen und eine existentielle Dimension haben (Smith, B.K. 1986). Erst durch diese Rituale erhält ein Mensch seine soziale und rituelle Identität, die seine gesellschaftlichen Beziehungen in hohem Maße bestimmt. Zugleich betonen die Rituale die gesellschaftlichen und religiösen Werte, denen der Einzelne in den einzelnen Lebensphasen besonders verpflichtet sein sollte.

Die ältesten Quellen für die Lebenszyklusrituale sind die zur vedischen Literatur zählenden ‚Merksätze über die häuslichen Rituale' (Gṛhyasūtra, älteste Texte ca. 300 v.Chr.) sowie die ausführlicheren Darstellungen in den Dharmaśāstras und Purāṇas. Letztere dienen auch heute noch als Grundlage für populäre Darstellungen in Handbüchern für den Hausgebrauch, die in den Regionalsprachen abgefasst sind. Die Lebenszyklusrituale werden in der Regel vom brahmanischen Haus- bzw. Familienpriester durchgeführt und unterstellen einen zentralen Bereich religiöser Identitätsstiftung dem brahmanischen Spezialistentum. Diese Rituale werden nämlich durchgängig mit Hilfe vedischer Opferformeln (*mantra*) und Symbole durchgeführt. Die mit dem Vollzug der Rituale einhergehenden Normen und Werte der Kastengesellschaft und des *dharma* werden nicht zu Unrecht als brahmanische oder hinduistische Orthodoxie bzw. Orthopraxie angesprochen. Die Verleihung eines rituell-sozialen Status durch Lebenszyklusrituale bildet für die meisten Hindus einen gemeinsamen Nenner, der – ungeachtet aller Unterschiede – eine Zusammengehörigkeit stiftet. Daneben haben Hindus die Möglichkeit zu weiteren, spirituellen Initiationen (sog. *dīkṣā*), die ihnen als Anhänger der einen oder anderen religiösen Gemeinschaft (*sampradāya*) verliehen werden (s.u. V.3). Die Ritualtexte beschreiben zwischen zwölf und 48 *saṃskāras*, wobei in späteren Ritualkompendien und auch in den meisten modernen Handbüchern vornehmlich eine Gruppe von 16 Ritualen behandelt wird. Besonders wichtig sind nach wie vor das Hochzeitsritual und die Totenriten, gefolgt von Initiationsriten während der Pubertät. Auch die anderen Rituale werden heute noch durchgeführt, wenn auch abgewandelt und nicht selten abgekürzt.[11]

Der Prozess der Stiftung einer sozialen Identität und damit der Lebensweg des neu zur Welt kommenden Menschen beginnen nicht erst mit der Geburt, sondern bereits bei der Zeugung. Deshalb beginnt die Sequenz der Initiationsrituale mit vorgeburtlichen Ritualen; es folgen Geburts- und Kleinkindrituale, Pubertätsriten sowie Hochzeits- und Totenritus.[12]

Übersicht über die 16 Lebenszyklusrituale (*saṃskāra*):

1.	*garbhādhāna*	Zeugungsritus
2.	*puṃsavana*	Ritual für einen männlichen Fötus
3.	*sīmāntonnayana*	Ziehen des Haarscheitels bei der werdenden Mutter
4.	*jātakarman*	Geburtsritual (geheimer Name durch den Vater usw.)
5.	*nāmakaraṇa*	Namensgebung
6.	*niṣkramaṇa*	Erstmaliges Verlassen des Hauses und Erblicken der Sonne
7.	*annaprāśana*	Erster Verzehr fester Nahrung
8.	*cūḍākaraṇa*	Erster Haarschnitt
9.	*karṇavedha*	Durchstechen eines Ohrläppchens
10.	*vidyārambha*	Beginn des Lernens
11.	*upanayana*	für die Jungen der drei oberen Kasten: Initiation in den Status eines Schülers (Opferschnur)

11 Konservativere Reformbewegungen, wie z.B. der Ārya Samāj, bemühen sich um die Einhaltung möglichst aller dieser Rituale und bieten deren Durchführung nach Maßgabe eines eigens verfassten Ritualhandbuchs für die Mitglieder an.

12 Für eine detaillierte Beschreibung der einzelnen Lebenszyklusrituale s. Pandey 1969, Michaels 1998, 85–175 und McGee 2004.

12.	*vedārambha*	Beginn des Vedastudiums
13.	*keśānta*	Erste Rasur
14.	*samāvartana*	Ende des Studiums bei einem Lehrer
15.	*vivāha*	Hochzeit
16.	*antyeṣṭi*	Totenritual, Verbrennung auf dem Scheiterhaufen

Der Zusammenhang zwischen Initiationsritualen und den Wertvorstellungen der brahmanisch dominierten Kastengesellschaft zeigt sich in der Betonung der Regeln der Kaste, von Konzepten von Reinheit und Unreinheit und der damit einhergehenden Privilegierung von Männern gegenüber Frauen sowie der oberen drei Kasten gegenüber den niederen Kasten (*śūdras*) und den ‚Unberührbaren'. Die Initiationsrituale unterscheiden sich erstens nach Geschlecht, d.h. für Männer und Frauen gibt es unterschiedliche Rituale; und zweitens werden die Rituale für die einzelnen Kasten unterschiedlich bzw. auch gar nicht durchgeführt. Solche Unterschiede in der Durchführung der Rituale werden dadurch markiert, dass bei Niedrigkastigen und Frauen die ‚reinen', nur den Männern der drei oberen Kasten vorbehaltenen, vedischen *mantra*s nicht verwendet werden dürfen. Bei ihnen werden die *saṃskāra*s mit *mantra*s aus den Purāṇas durchgeführt und damit aus Texten, die ohnehin allen sozialen Schichten zugänglich sind.[13]

Die vorgeburtlichen Rituale dienen dazu, den günstigsten Zeitpunkt für die Zeugung zu wählen und die bestmöglichsten Bedingungen für ein ‚verkörperungsbereites' Selbst (*jīva*) zu schaffen (s.u. VI.2). Deshalb soll der *garbhādhāna*-Ritus die fruchtbare Verbindung von männlichem Samen und weiblichem Blut fördern, indem vorzugsweise am vierten Tag nach der Menstruation – von bestimmten Diätvorkehrungen und der Rezitation vedischer *mantra*s begleitet – der Geschlechtsverkehr vollzogen werden soll. Die dabei rezitierten *mantra*s betonen die Komplementarität von Mann und Frau durch deren Identifikation mit Himmel und Erde. Wird ein Sohn gewünscht, so soll das Ritual an geraden

13 Die Initiationsrituale variieren jedoch auch nach Region und Sozialstruktur. So bilden sich etwa im Umfeld der Interaktionen zwischen stammesreligiösen und hinduistischen Lebenswelten eigene rituelle Praktiken aus; s. Otten 2007 (und reader, 115–122).

Tagen durchgeführt werden, wobei Voll- und Neumond zu vermeiden sind. Da nach traditioneller Auffassung die Kontinuität der Familie und der Ahnenverehrung durch den Sohn gewährleistet wird, ist ihm bei der Zeugung der Vorrang zu geben. Allerdings werden auch rituelle Vorkehrungen empfohlen, um die Zeugung einer Tochter zu unterstützen, wofür ungerade Tage als besonders geeignet gelten. Aufgrund der großen Bedeutung des Sohnes für den Familienzusammenhalt ist im vierten Schwangerschaftsmonat eine weitere Zeremonie vorgesehen, die das sich nun ausbildende Geschlecht des Fötus beeinflussen soll. Während des Rituals der ‚Sicherung eines Jungen' (*puṃsavana*) nimmt die Schwangere bestimmte Substanzen zu sich, was von entsprechenden *mantra*s begleitet wird. Ganz der werdenden Mutter gewidmet ist das Ritual des ‚Haarscheitelns' (*sīmantonnayana*), das den sicheren Verlauf der letzten Schwangerschaftsmonate gewährleisten soll. Es wird empfohlen, sich nunmehr auf das Wohlergehen der Schwangeren zu konzentrieren und ihr keine Wünsche zu verweigern. Sie soll sich ausruhen sowie unterhalten und verwöhnt werden. Auch der Ehemann soll alles Schädigende vermeiden und z. B. nicht mehr auf Reisen gehen. Diese Rituale werden heute nur noch selten in vollem Umfang befolgt und manchmal abgekürzt bzw. in andere Rituale integriert.

Die verschiedenen Rituale im Säuglings- bzw. Kleinkindalter dienen der Reinigung von der Unreinheit des Geburtsprozesses sowie dem Schutz bzw. der Förderung des Wohlergehens. Durch sie werden weitere Komponenten der sozialen Identität erzeugt. Das erste dieser Rituale, das *jātakarman*, findet unmittelbar nach der Geburt statt. Der Vater flüstert dem Kind verschiedene *mantra*s ins Ohr, gibt ihm einen geheimen Namen und wünscht sein Wohlergehen. Am elften oder zwölften Tag findet dann die Zeremonie der Namensgebung statt (*nāmakaraṇa*), die zumeist mit der Erstellung des Horoskops für das Kind einhergeht, da es Anhaltspunkte für Glück bzw. Unglück verheißende Faktoren liefert. Solche Faktoren und damit das so wichtige Konzept der ‚Auspiziosität' (*śubha*) sind auch bei der Namensgebung zu beachten (s. o. III.4). Die Manuale geben Hilfestellungen bei der Auswahl der Namen, die nach Kaste variieren und vor allem positive Assoziationen wecken sollen. Namen von Gottheiten, Sternkonstellationen, wünschenswerten Eigenschaften, aber auch von Verwandten sind von daher besonders beliebt. Nach ungefähr vier Monaten ist es Zeit, das Kind zum ersten

Mal nach draußen zu bringen und es dem Sonnenlicht auszusetzen, was ebenso rituell begleitet wird wie das Abstillen bzw. der Moment, in dem das Kind das erste Mal feste Nahrung zu sich nimmt. Der erste Haarschnitt bzw. die Tonsur wird als ein Ritual vollzogen, das Unreinheit beseitigt und dem Kind Kraft verleiht. Die Kindheitsrituale werden abgeschlossen mit dem rituellen Durchstechen des Ohrläppchens – rechts bei Jungen, links bei Mädchen – was die Bereitschaft des Kindes zum Lernen fördern soll.

Danach kann die Erziehungsphase bei einem Lehrer beginnen, die traditionellerweise für die Jungen ein mehrjähriges Studium bei einem brahmanischen Gelehrten beinhaltet. Damit treten die jungen Männer der oberen drei Kasten zugleich in die Lebensphase des ‚Studenten' ein (*brahmacārya*, s. o. IV.2), die sie mit der Ritualpraxis, den heiligen Texten sowie den Normen und Regeln des richtigen Verhaltens in der Kastengesellschaft vertraut macht. Die Studienzeit variiert je nach Kaste und dauert für die Brahmanen am längsten. Sie beinhaltet die Durchführung des *upanayana*-Rituals, währenddessen dem Studenten die Insignien seines neuen Status als potentieller Opferherr und Haushälter verliehen werden. Das Ritual beinhaltet den Erwerb ritueller Rechte und Pflichten (*adhikāra*), die dann nach der Heirat das weitere Leben des Einzelnen in der Lebensphase als ‚Haushälter' (*gṛhasthin*) bestimmen. Deshalb wird die Initiation durch den Lehrer auch als ‚zweite Geburt' bezeichnet. Sie ist traditionellerweise nur männlichen Jugendlichen der oberen drei Kasten vorbehalten, die dadurch ihren sozialen Status als ‚Zweimalgeborene' (*dvija*) besiegeln. Zeichen dieses Statuserwerbs ist die Verleihung der Opferschnur und bei Brahmanen vor allem der *gāyatrī*, eines Verses aus dem Savitṛ-Hymnus (*Ṛgveda* 3.62.10), der täglich rezitiert werden sollte. Die männlichen Mitglieder der drei oberen Kasten sind somit allesamt anhand der Opferschnur (*yajñopavīta*) zu erkennen, die sie diagonal über ihrem Oberkörper tragen. Der rituelle Anlass bestimmt, wie die Schnur getragen wird. In der Regel wird sie über der linken Schulter getragen, so dass sie den Oberkörper nach rechts kreuzt. Bei Unglück verheißenden Ritualen bzw. solchen, die mit temporärer Unreinheit behaftet sind, wie etwa beim Totenritual, wird die Richtung gewechselt, indem die Schnur über der rechten Schulter hängt. Zugleich zeigen Material und Knotung dieser aus drei Fäden bestehenden Schnur an, ob einer ein Brahmane, Kṣatriya oder Vaiśya ist. Da der Erwerb der rituellen Rechte in einem Kontinuum mit den anderen Lebenszyklusritualen steht und man nur durch die Geburt in eine entsprechende Kaste zur Initiation zugelassen wird, sind alle, die diese Voraussetzung nicht erfüllen, von dieser Dimension der religiösen Praxis des Hinduismus ausgeschlossen. Die Verwendung vedischer *mantras* ist für Frauen und Niedrigkastige nicht vorgesehen. Für beide Gruppen ist eine Art Kurzinitiation während des Hochzeitsrituals vorgesehen. Die Hochzeit stellt vor allem für die Frauen das zentrale Lebenszyklusritual dar, weil sie dadurch ihren sozialen Status und die damit einhergehenden rituellen Rechte erwerben.

In Hinsicht auf die Lebenszyklusrituale und insbesondere die *upanayana*-Zeremonie trifft zu, dass eine Konversion zum Hinduismus nicht möglich ist, wenn damit der Erwerb der Opferschnur und der damit einhergehenden rituellen Rechte gemeint ist. Traditionellerweise war es so, dass ein Mann dadurch zum einen das Recht erhält, die heiligen Texte zu studieren; zum anderen darf er nun ein Hausfeuer anlegen, aus dem man dann das Feuer für alle weiteren Rituale entnimmt bis hin zum Feuer, mit dem beim Totenritual der Scheiterhaufen entzündet wird. Dieses Recht wird aber erst zur Realität, wenn er heiratet, da er für die meisten Opfer seine Ehefrau braucht. Erst nach der Heirat ist er ein vollwertiges Mitglied der Gesellschaft. Das *upanayana*-Ritual und das damit verbundene Studium vedischer Texte und der vedischen Wissenschaften (*vedāṅga*)[14] sind für Brahmanen von besonderer Bedeutung, weil es die Grundlage ihres Lebenserwerbs bildet. Dadurch erhalten sie – zumindest theoretisch – eine Ausbildung, die sie zu Lehrern und religiösen Spezialisten für die ganze Gesellschaft werden lässt. Eine Ausbildungsphase in den traditionellen Wissenschaften findet heute in der Regel, wenn überhaupt, nur sehr abgekürzt statt, da Bildung sich eben in den modernen Bildungsinstitutionen wie Schulen und Universitäten abspielt. Dennoch werden im Vorfeld der Durchführung des Ritus des *upanayana*, der nach wie vor eine der Voraussetzungen für eine Heirat darstellt, die jungen Männer in den Grundzügen des Ritualvollzugs und des Sanskrit unterwiesen.

Die Hochzeit dient der Stabilisierung der sozialen Identität des Einzelnen und eröffnet den Raum zur Verwirklichung der sozialen Aufga-

14 Dazu zählen u. a. Grammatik, Astrologie bzw. Astronomie etc.

ben und einiger der empfohlenen ‚Lebensziele' (*puruṣārtha*). Stabilität und Wohlergehen der Großfamilie stehen im Zentrum der Eheschließung und nicht die Neigungen und Gefühle der zukünftigen Ehepartner. Bis heute überwiegen deshalb von den Eltern arrangierte Ehen die ‚Liebesheiraten' bei weitem.[15] Die Heirat wird als eine Allianzbeziehung angesehen, die dazu dient, soziale und ökonomische Beziehungen zwischen Kasten bzw. Familiengruppen zu begründen oder zu festigen. Allianzbeziehungen zwischen Familien werden z. T. über mehrere Generationen durch Heiratsarrangements untermauert. Die Heirat dient dazu, den Status der Familie in der Kastenhierarchie zu bestätigen, wenn nicht zu verbessern. Deshalb ist das Arrangieren einer Hochzeit von den Regeln der Kastenhierarchie ebenso geprägt wie von den allgemeinen Regeln der Verwandtschaft, die im Rahmen eines bestimmten verwandtschaftlichen Klassifikationssystems geeignete und ungeeignete Ehepartner festlegen. Die klassischen Rechtstexte liefern die Grundregeln für eine Eheschließung mit Blick auf die Kastenhierarchie. Demnach sollte eine Ehe am besten zwischen Partnern aus derselben Kaste geschlossen werden (Endogamie). Dabei sind noch zusätzliche Regeln zu beachten: Ehen zwischen Angehörigen desselben Familien-Klans (*sagotra*) und innerhalb desselben Ahnenstammbaums (*sapiṇḍa*) sind verboten. Während es erlaubt ist, dass ein Mann eine Frau aus einer niederen Kaste heiratet (*anuloma*), ist es hingegen unerwünscht, wenn eine Frau einen Mann aus einer Kaste heiratet, die unter ihrer eigenen steht (*pratiloma*). Da es sich vor allem in Nordindien in der Regel um eine patrilineare Verwandtschaftsstruktur handelt, wird die Heirat als ‚Geben' oder ‚Nehmen' einer Frau interpretiert. Wird die Hochzeit als ‚Geben' einer Frau in die Familie des Ehemanns angesehen, so kommt es nicht selten zur Aushandlung eines Brautpreises (Skt.: *śulka*), der den Verlust eines Familienmitglieds und damit einer Arbeitskraft in der Familie der Braut ausgleichen soll. Diese Situation wird sowohl in klassischen Texten erwähnt als auch in ethnogra-

15 Die Idee der freien Wahl der Ehepartner ist auch im Westen eine späte Entwicklung gewesen, die mit dem gewandelten Bedingungsrahmen der Moderne zusammenhängt. Die Idee ‚romantischer Liebe' war in der Vormoderne, in Indien wie in Europa, demgegenüber oftmals mit außerehelichen Beziehungen verbunden und dementsprechend mit Topoi wie Gefahr, Schmerz und Sehnsucht besetzt.

phischen Forschungen beschrieben (s. Basu 2004, 255ff). Dominant erscheint die Deutung der Eheschließung als das Aufnehmen eines zusätzlichen Familienmitglieds, womit die Übernahme der ökonomischen und sozialen Verantwortung für die Frau einhergeht. Daher ist in diesem Falle eine Mitgift vorgesehen, die das Risiko für die Familie des Bräutigams ausgleichen und zugleich der Braut eine gewisse ökonomische Absicherung bieten soll, da sie einen Teil als ihren Privatbesitz behalten darf. Die Mitgift bedeutet nicht selten für ärmere Familien oder für solche mit vielen Töchtern den wirtschaftlichen Ruin. In jüngster Zeit häufen sich Berichte darüber, dass es bei manchen Eheschließungen nur noch um die Mitgift geht. So kommt es sogar zu Fällen von ‚Mitgiftmorden', wobei junge Ehefrauen kurz nach der Hochzeit einem ‚Küchenunfall' zum Opfer fallen, was dem Witwer die Möglichkeit eröffnet, erneut zu heiraten. Obwohl Mitgiftzahlungen mittlerweile gesetzlich verboten sind, beeinflussen die Regeln und Formen der Statuswahrung nach wie vor zahlreiche Hochzeitsarrangements.

Ist es aufgrund der o.g. Kriterien zur Auswahl der Ehepartner gekommen, so wird in der Regel deren ‚Verträglichkeit' als Individuen u.a. durch Vergleich der Horoskope überprüft. Fällt der Vergleich zufrieden stellend aus, kann das eigentliche Hochzeitsritual durchgeführt werden. Dieses beginnt mit einer Verlobungszeremonie, die entweder lange vor der Hochzeit oder unmittelbar davor durchgeführt werden kann. Das Hochzeitsritual nimmt seinen Anfang mit einem Opferritual am Feueraltar, der auf einem eigenen Ritualplatz am Elternhaus der Braut eingerichtet wird und zugleich die Einrichtung des Hausfeuers des Ehepaars signalisiert. Der Bräutigam sitzt auf einem Podest in der Nähe des Altars, während die Braut herbeigeführt wird und neben ihm Platz nimmt. Dann wird die Braut im zuvor astrologisch bestimmten, ‚Glück verheißenden' Moment dem Bräutigam übergeben und der Brautvater legt die Hände des Brautpaares ineinander. Der Bräutigam rezitiert den *mantra*:

> „Ich bin der Himmel, du bist die Erde, ich bin der Gesang, du die Strophe. Komm, wir wollen uns also heiraten und Kinder zeugen! Wir wollen einander lieb, gefallend, frohen Sinnes, hundert Herbste leben!"[16]

16 *Āśvalāyana Gṛhyasūtra* 1.5; vgl. Geldner 1928, 61f.

Das Opferfeuer wird entzündet und diverse Opfergaben werden ihm übergeben. Daraufhin wird das Opferfeuer mehrmals vom Brautpaar umwandelt. Im Anschluss daran werden die ‚sieben Schritte' (*saptapadī*) vollzogen, die die Eheschließung formell als unauflösbaren Bund besiegeln. Dabei schreitet die Braut – vom Bräutigam begleitet – mit dem rechten Fuß voran nacheinander auf sieben Reishaufen, wobei ein Hymnus rezitiert wird, der jeden Schritt mit einem Wunsch nach Wohlergehen und Erfolg verbindet. Dieser Teil des Rituals beinhaltet heutzutage ein Element, das in den klassischen Texten nicht erwähnt wird: die Verleihung einer ‚Glück verheißenden Schnur' (*maṅgalasūtra*) an die Ehefrau, die der Gatte ihr um den Hals legt. Die Ausführung variiert je nach Kastenstatus, ökonomischen Möglichkeiten und Region und zeigt ihren Status als Ehefrau an. Die Schnur kann, ähnlich wie die Opferschnur der Männer, aus Baumwolle bestehen, aber auch eine Goldkette sein. Nach weiteren verschiedenen Riten wird dann ein großes Festessen veranstaltet. Danach reist das Ehepaar in das Haus des Ehemannes – ein Element des Hochzeitsrituals, das verschiedene Zeremonien beinhaltet, die oft stark von der Region geprägt sind. Schließlich wird das Ehepaar für den letztendlichen Vollzug der Ehe allein gelassen. Die Hochzeitsnacht beinhaltet idealtypischerweise dann auch die Durchführung des ersten vorgeburtlichen Rituals für die Zeugung von Nachwuchs (s. o.).

Für Männer und Frauen ist die Hochzeit (*vivāha*) das zentrale Lebenszyklusritual, das sie in den ‚Haushälterstatus' erhebt und damit auf die Übernahme der Verantwortung für die Familie sowie auf die Aufrechterhaltung der gesellschaftlichen Normen (*dharma*) verpflichtet. Es beginnt damit auch die Lebensphase, in der man den Lebenszielen ‚materieller Wohlstand' (*artha*) und ‚Lusterfüllung' (*kāma*; 4.2) nachgehen soll – und zwar immer auf der Grundlage von Gesetz und Ordnung. Da der Haushalt und die mit ihm verbundenen Erwerbsstrukturen zugleich das ökonomische Zentrum für die übrige Gesellschaft darstellen, wird die Lebensphase des ‚Haushälterdaseins' in den traditionellen Texten besonders gepriesen. Das hat seinen Grund darin, dass alle, die sich in einer anderen Lebensphase befinden – wie etwa Studenten – oder überhaupt eine andere Lebensform gewählt haben – wie z. B. die Asketen – von den Zuwendungen der Haushälter abhängen. Das Eheleben erfüllt sich in der Prosperität der Familie und in den Nachkommen. Nach traditioneller Vorstellung erfolgen der Generationenwechsel und damit die Ablösung der Eltern von ihrer Verantwortung, wenn die ersten Enkelkinder geboren sind. Es wird empfohlen, dass sich die Eltern zurückziehen und den Haushalt dem ältesten Sohn übergeben. Der Sohn wird damit für seine Eltern verantwortlich. Der Rückzug in die Waldeinsiedelei – ein beliebter Topos der altindischen Literatur – erfolgt heute eher selten, und es ist durchaus fraglich, ob dies in der Vergangenheit anders war. Dennoch ist die Beschäftigung mit philosophischen und theologischen Inhalten oder auch eine Übersiedlung in ein religiöses Zentrum oder ein Kloster eine durchaus praktizierte Alternative zum Leben im Altenteil im Haus der Kinder. Im fortgeschrittenen Alter wird in jedem Fall eine bewusste Beschäftigung mit dem nahenden Tod empfohlen, etwa im Rahmen einer Pilgerreise oder durch den völligen Rückzug aus der Familie.

Ganz entscheidend für das Nachtodschicksal des Einzelnen und für die Kontinuität der Familie ist die Durchführung des letzten *saṃskāra*s, des Totenrituals (*antyeṣṭi*). Das letzte Lebenszyklusritual dient der Überführung des Verstorbenen in seinen neuen Status als Ahne und beinhaltet dessen Inkorporierung in den Familienstammbaum. Die korrekte rituelle Versorgung ist hier besonders wichtig, damit aus dem Verstorbenen nicht ein feindlicher, unbefriedeter Totengeist (*preta*, *bhūta*) wird, der die Lebenden in der einen oder anderen Weise heimsucht (vgl. Sprockhoff 1980). Das Totenritual dauert in der Regel mehrere Tage, wobei die Verbrennung der Leiche auf dem Scheiterhaufen das zentrale Element bildet. Der Verstorbene wird in Vorbereitung auf die Verbrennung gewaschen, gesalbt und dann in ein unbenutztes, weißes Tuch gehüllt. Die Leiche wird auf eine Bahre gelegt und in einer Trauerprozession, die vom ältesten Sohn angeführt werden sollte, zum Verbrennungsplatz gebracht. Dort wird von den Totenpriestern der Scheiterhaufen auf einer Nord-Süd-Achse errichtet, da sich das Totenreich im Süden befindet. Zumeist werden nun alle verbliebenen Besitztümer, vor allem Schmuck und andere Kleidung entfernt. Manchmal werden dem Toten auch Edelsteine und Goldstücke in den Mund gelegt, um seine Passage ins Ahnenreich zu erleichtern. Der Sohn entzündet dann den Scheiterhaufen mit dem Hausfeuer des Verstorbenen und spaltet nach einiger Zeit den Schädel des Toten, damit sein ‚Selbst' den Körper verlassen kann. Dazu werden Verse aus den Totenhymnen des *Ṛgveda* rezitiert:

Zieh hin, zieh hin auf den alten Pfaden, auf denen unsere Vorfahren hingegangen sind. Beide Könige, die sich der Seligkeit erfreuen den Yama und den Gott Varuṇa wirst du schauen. Komm dort im höchsten Himmel mit den Vätern, mit Yama zusammen, mit deinen Opfern und guten Werken. Alles Fehlerhafte zurücklassend kehre zu deinem Hause [zum Ahnenopfer] zurück, nimm einen Leib an, in Schönheit erstrahlend.[17]

Später wird die Totenasche aufgesammelt, um entweder in einer Urne begraben oder in einen Fluss gestreut zu werden (über die Bedeutung der Gaṅgā als Totenfluss s. o. III.1.5). Am zwölften Tag nach dem Tod wird dem Verstorbenen die Ahnenspende dargereicht, die ihn mit den Vorfahren der Familie vereinen soll (*sapiṇḍīkaraṇa*) und schließlich seinen Statuswechsel vollendet. Damit erhält der Verstorbene das Anrecht auf die jährlich durchzuführenden Ahnenopfer (*śrāddha* bzw. *piṇḍa*), die zumeist aus der Spende von Reisklößchen und Wasser sowie einer Bewirtung von Brahmanen besteht. Das Totenritual verdeutlich nochmals eine wichtige Dimension aller Lebenszyklusrituale: die Einbettung der individuellen Existenz in eine sozio-kosmische Ordnung, die das Wohlergehen und den Status des Einzelnen sowohl in der diesseitigen als auch in der jenseitigen Welt sichert.[18]

In der traditionellen Gesellschaft war somit der Lebensweg durch die sozialen und rituellen Implikationen der Lebenszyklusrituale im Prinzip vorgezeichnet, aber auch abgesichert. Die Erfüllung des individuellen Lebens wurde in erster Linie in der Übernahme der einem zukommenden sozialen Aufgaben angesiedelt. Eine Verwirklichung des Einzelnen im Sinne eines modernen Individualismus war nicht vorgesehen (s. Dumont 1960). Allerdings boten sich immer auch Alternativen zum vorgezeichneten Lebensweg, z. B. durch die Mitgliedschaft in religiösen Gemeinschaften oder auch durch die Wahl eines Asketenlebens. Letzteres war in der Sequenz der vier ‚Lebensphasen' (*āśrama*; s. o. IV.2) im Anschluss an das Haushälterdasein vorgesehen, weil dadurch der Familienzusammenhalt und die soziale Funktionsfähigkeit des Einzelnen nicht mehr bedroht wurden. Dennoch gab es auch die Möglichkeit, gleich nach der Studienzeit das Asketenleben zu wählen und gar nicht erst zu heiraten. Zwar wurde das nicht gerade gerne gese-

17 *Ṛgveda* 10.14.7–8; zit. nach Geldner 1928, 69. Siehe auch Caland 1896.
18 Für eine ethnographische Studie dieser Konzepte und Praktiken s. Parry 1994.

hen, war aber der Aufnahme des Asketenlebens während der Ehe in jedem Falle vorzuziehen. Ein solcher ‚Ausstieg' käme nämlich einer Scheidung gleich, die im hinduistischen Recht in der Regel nicht vorgesehen ist. Ethnographische Forschungen zeigen jedoch, dass solche Trennungen unter gewissen Umständen durchaus akzeptiert werden können, wenn damit die Aufnahme eines respektablen religiös-asketischen Lebens durch einen der Ehepartner verbunden ist (Basu 2004, 292–310, s. reader, 150–161).

6. Status von Frauen, Geschlechterbeziehungen

Das Bild vom Status und der Rolle der Frau im Hinduismus erscheint oft so widersprüchlich und mehrdeutig wie die Religion selbst. Die Einlassungen über die notwendige Unterwerfung der Frauen in der klassischen Rechtsliteratur scheinen mit der Anpreisung ihrer Macht (*śakti*) sowie der weit verbreiteten Göttinnenverehrung nicht recht zusammen zu passen. Philologische Analysen der Quellen kommen oft zu anderen Ergebnissen als ethnologische Studien. Es bleibt festzuhalten, dass die altindische Literatur ebenso wenig ein klarer Spiegel vergangener Zeiten ist wie ethnographische Forschungen ein komplettes Bild der zeitgenössischen Situation liefern können. Obwohl die von Brahmanen verfassten Rechtstexte ein idealtypisches Bild von den Grundlagen und Strukturen einer funktionierenden Gesellschaft entwerfen, das nicht unbedingt so in der Realität existiert haben muss, repräsentieren sie dennoch eine weiterverbreitete Wertestruktur und generell akzeptierte Einschätzungen über das Verhältnis zwischen den Geschlechtern insbesondere in der Ehe. Auch hier ist bei näherer Betrachtung die Positionierung der Frau ähnlich komplex wie es ethnologische Forschungen nahelegen. Die Interpretation der Stellung der Frau in den hinduistischen Rechtstexten bezieht sich vor allem auf die Ehefrauen der oberen Kasten, die Frauen in den unteren Kasten hatten eine größere ökonomische Unabhängigkeit bzw. Verantwortung und waren weniger Restriktionen ausgesetzt. Allerdings entwerfen auch die Rechtstexte ein differenziertes Bild der ökonomischen Situation von Frauen, indem ihnen nicht allein Besitz von Geld und Schmuck, sondern auch von Grundstücken zugeschrieben wird und sie auch im Erbrecht Berücksichtigung finden (s. Olivelle 2005, 247–260).

Die wohl bekannteste Stellungnahme zur Position der Frau in der Kastengesellschaft findet sich im Gesetzbuch des Manu (*Manusmṛti* 9.2–3; s. reader 64f). Es wird hier den Männern empfohlen, ihre Frauen niemals unabhängig (*svatantra*) handeln zu lassen. Vielmehr soll sie in der Kindheit ihrem Vater, dann ihrem Ehemann und schließlich ihrem Sohn unterstellt sein. Freiheit und Unabhängigkeit führen, so Manu, bei Frauen aufgrund ihres Hangs zur Sinnlichkeit für sie und für die Familie ins Verderben. Den Frauen wird weiterhin eine besondere Emotionalität zugeschrieben, die sich in Wankelmut und sexueller Unersättlichkeit zeigt und unbedingt kontrolliert und eingegrenzt werden muss. Die andere Seite der besonderen weiblichen Energie (*śakti*) sind eine außerordentliche Leidensfähigkeit und die Fähigkeit zu selbstloser Liebe. Nach Ansicht der traditionellen Autoritäten ist die Ehe die beste Möglichkeit zur Kontrolle bzw. Entfaltung weiblicher Qualitäten bzw. der den Frauen zugeschriebenen, spezifisch ‚weiblichen Existenzweise' (*strībhāva*; s. Leslie 1986).

Deshalb sind ihre Einbindung in den Familienkontext und vor allem ihre eheliche Treue für die Wahrung eines ‚reinen' Familienstammbaums unerlässlich. Dementsprechend steht im selben Kapitel ein Passus, in dem die Vorzüge einer wohlbehüteten und respektierten Ehefrau angepriesen werden. Ihre Anwesenheit im Haus des Ehemanns verheißt Glück und Kindersegen und lässt sie der Göttin Śrī-Lakṣmī gleichkommen. Damit wird das Idealbild der Ehefrau umrissen, das im Konzept der *pativratā* – der Frau, deren Observanzen dem Ehegatten gelten – seine paradigmatische Formulierung findet (Mallison 1979). Da ihr Status und ihr persönliches Heil auch in der Jenseitswelt vom Erfolg und den Qualitäten ihres Ehemanns abhängen, soll sie alles dafür tun, ihn zu unterstützen und voran zu bringen. Der Dienst am Gatten bringt das größte Verdienst für die Ehefrau und eröffnet ihr die Möglichkeit, asketische Kraft zu sammeln, die auch die Voraussetzung für ihre Erlösung darstellt, in jedem Fall aber dafür, mit dem Ehemann gemeinsam in die Ahnenwelt einzugehen. Die religiöse Literatur kennt unzählige Geschichten und Legenden, in denen die rettenden, oft heldenmutigen Taten von Ehefrauen geschildert werden, die oft genug den Mann vor dem Schlimmsten bewahren.

Der soziale und rechtliche Status einer Frau wird somit in erster Linie im Kontext der Ehe und damit in der Lebensphase des ‚Haushälterdaseins' angesiedelt. Dem entspricht, dass in der Sequenz der Lebenszyklusrituale (s. o. IV.5) für Mädchen keine Studienzeit beim Lehrer und auch kein *upanayana*-Ritual vorgesehen ist, das ihr eigenständige rituelle Pflichten und Rechte verleiht. Das Äquivalent dazu ist für eine Frau vielmehr die Heirat. Erst dadurch wird sie zum Vollmitglied der Gesellschaft und erhält ihre endgültige genealogische und soziale Verankerung. Eine unverheiratete Frau wird in den Rechtstexten einem Śūdra gleichgestellt, also auf dem niedrigsten Status angesiedelt, weil sie erst durch die Ehe ihre ‚zweite Geburt' erlangt. Für diese Einschätzung ist es unerheblich, ob sie in einer Brahmanenfamilie oder als Prinzessin geboren wurde. Denn nach den Regeln der patriarchalischen und vor allem in Nordindien patrilinearen Gesellschaft erfolgen Statuszuweisung und Genealogie durch die männliche Linie. Der Aufenthalt einer Tochter in ihrer Geburtsfamilie ist ein rein temporärer, da sie den Familienstammbaum nicht fortsetzen wird. Im Gegenteil – mit der Heirat wird sie Mitglied der neuen Familie, die von nun an ihre Verwandtschaftsgruppe darstellt und ihren Status bestimmt. Ihre Herkunftsfamilie zählt dann nicht mehr als ihre Verwandtschaft. Das zeigt, dass die Idee der ‚Blutsverwandtschaft' bei der Bestimmung von Verwandtschaftsverhältnissen nur eine untergeordnete Rolle spielt.

Die Frau heiratet vollständig in den neuen Familienklan ein, der zumeist in Form eines Mehrgenerationenhaushalts (*joint family*) zusammenlebt, der nach dem Prinzip der Seniorität organisiert ist. Ihre Position in der neuen Familie richtet sich somit auch danach, ob sie den ältesten oder einen jüngeren Sohn geheiratet hat. Ist ihr Ehegatte der älteste Sohn, so hat sie gegenüber seinen jüngeren Brüdern eine gewisse Autorität. Ist sie jedoch mit dem jüngsten Sohn verheiratet, so kommt ihr ein untergeordneter Status zu. In jedem Fall untersteht sie der Autorität der Schwiegermutter vollkommen und übernimmt oft die schwerste Hausarbeit. Die jungen ehelichen Beziehungen dürfen für Andere nicht sichtbar werden, zur Schau getragene Intimität ist verpönt. Selbst Gespräche zwischen Verheirateten in Gegenwart anderer, besonders älterer Familienmitglieder gelten als ungehörig und werden unterbunden. Erst mit der Geburt von Kindern, insbesondere Söhnen, erhöht sich die Stellung einer Frau im ehelichen Haushalt. Als Mutter von Söhnen gewinnt sie mit zunehmendem Alter an Autorität und Einfluss, der schließlich in ihrer unumschränkten Herrschaft über den Haushalt, ihre Söhne und dann auch ihre Schwiegertöchter gipfeln kann. Im Alter hat sie ebenso wie ihr Ehegatte Anspruch auf die Unterstützung der Söhne. Zweideutiger ist ihr Status als Witwe, da sie nun von ihren ehelichen Pflichten freigesetzt ist und damit ihren Status verliert. Auch die ökonomische Situation der Familie bestimmt ihr Schicksal und nicht selten wird die Witwe zur Asketin, die sich mit anderen Witwen an Pilgerorten ansiedelt und dann von den Almosen der Pilger oder den Zuwendungen religiöser Institutionen lebt. Oft verbringen die Witwen die ihnen verbleibende Zeit im Haushalt der Familie. Äußerst selten kommt das vor, was im Westen zu einer der bekanntesten religiösen Praktiken des Hinduismus zählt: die Witwenverbrennung. Britische Kolonialbeamte und christliche Missionare erhoben im 19. Jh. diese Praxis zum Signum einer abergläubischen und Frauen verachtenden Religion. Demnach sei jede fromme Hindu-Witwe dazu aufgefordert, sich zusammen mit dem Ehemann auf dessen Scheiterhaufen verbrennen zu lassen. Obwohl die von den Briten als ‚Sati' bezeichnete Praxis gelegentlich in der epischen Literatur beschrieben und in religiösen Texten als eine Form des asketischen Freitods gelobt wird, scheint sie vor allem in aristokratischen Kreisen eine Option gewesen zu sein. Vor allem im Fall einer Niederlage oder beim Tod des Herrschers wird z. B. in mittelalterlichen Texten berichtet, dass die Frauen und auch andere Mitglieder des Hofstaats es vorzogen, den Freitod im Feuer zu suchen, als vom Feind gefangen genommen und versklavt zu werden. Ein solcher ritueller Freitod gereicht der Familie ebenso zum Ruhm wie ein Heldentod auf dem Schlachtfeld. Frauen, die auf diese Weise starben und zuweilen auch heute noch sterben, werden als Göttinnen bzw. deren Inkarnationen angesehen und ihnen werden – ähnlich wie den Kriegerhelden – Gedenksteine und Schreine gewidmet (vgl. Mani 1998; und die Beiträge in Hawley 1994).

Durch die Heirat erhält die Frau auch ihre soziale und rituelle Verortung, die ihr durch den Status des Ehemannes zukommt. Sie unterhält das Hausfeuer und nimmt an allen Ritualen teil. In vielen Fällen wurde das traditionelle Hausfeuer, das der Durchführung der vorgeschriebenen Opfergüsse (*homa*; *agnihotra*) diente, durch den Hausschrein abgelöst und hat die Rolle des zentralen familieninternen Ritualplatzes

Abb. 9: Frauen bei den Vorbereitungen für ein Vollmondritual.

eingenommen. Der Hausschrein versammelt die von den Familienmitgliedern verehrten Gottheiten. Oft vollziehen die Ehefrauen die täglichen Verehrungen im Rahmen der *pūjā*. Sie waschen, baden und speisen die Götter, die meist in Form von Bildern, kleinen Bronzen und auch größeren Skulpturen im Hausschrein präsent sind. Bei der Durchführung der Hausrituale sind die Frauen gleichgestellt, während sie in öffentlichen Tempeln nur selten eine Priesterrolle bekleiden. Das liegt zum einen darin begründet, dass sie kein rituelles Initiationsritual (*upanayana*, s. o.) erhalten haben und auch nicht in den heiligen Texten unterrichtet wurden, zum anderen durch ihre temporäre Unreinheit aufgrund der Menstruation, was auch eine Unterbrechung der Ritualtätigkeit bedeuten würde. Aufgrund der ihr im traditionellen Verständnis obliegenden Rolle als *pativratā*, als Hüterin der Familie und Förderin des guten *karman* des Ehegatten, werden bestimmte religiöse Praktiken besonders häufig von Frauen durchgeführt (vgl. Beiträge in Leslie 1991). Neben einigen, häufig lokal und regional begrenzten Festen, wie etwa dem Fest für den Tulsībaum (Pintchman 2005) oder Menstruationsfesten für Flussgöttinnen (Apffel-Marglin 2007), sind vor allem Observanzen, sog. *vrata*s, beliebt und weit verbreitet. Bei einem *vrata* handelt es sich um eine mehrtägige Verpflichtung zur Verehrung einer bestimmten Gottheit, um dadurch die Erfüllung eines Herzenswunsches zu bewirken, der zumeist das Wohlergehen der Familie betrifft. Oft werden solche Observanzen in kleinen Gruppen und von den Frauen in Eigenregie durchgeführt (s. Beiträge in Leslie 1991; Hauser 2004). Sie beinhalten – neben verschiedenen *pūjā*-Ritualen – Fasten, Nachtwachen, Singen von Preisliedern sowie das Erzählen bzw. Lesen der mit dem *vrata* verbundenen Geschichte (*vratakathā*). Solche Geschichten wurden bereits in der älteren Sanskritliteratur zum Thema *vrata* gesammelt und sind heute in den verschiedenen Regionalsprachen und fast überall in den Bazaren in Form kleiner Heftchen erhältlich. Trotz der Abhängigkeit der rituellen Pflichten vom Status des Ehegatten, haben auch Frauen, ebenso wie Männer, daneben zahlreiche andere Möglichkeiten der religiösen Verwirklichung, z. B. als Anhängerin einer der verschiedenen religiösen Gemeinschaften (*sampradāya*) oder als Asketin. Wie männliche Asketen auch, können Asketinnen die Rolle einer charismatischen Lehrerin und spirituellen Führerin einnehmen. Einige von ihnen gelten als ‚lebende Göttinnen' und verkörpern die Macht der Göttin (*śakti*). Sie betreiben auch ihre eigenen religiösen Institutionen und werden von ihrer Anhängerschaft verehrt (s. Ojha 1981; Basu 2004; s. reader, 152–161).

Teil V. Institutionen und organisatorische Strukturen

Ein charakteristisches Merkmal des Hinduismus ist, dass er aufgrund seiner Diversität nicht durch eine zentrale Instanz repräsentiert wird. Der religiöse Pluralismus des Hinduismus führt zu polyzentrischen Organisationsstrukturen. Gemeinsamkeiten zwischen den verschiedenen Glaubensrichtungen stiften die verschiedenen, auf einen Haupttempel ausgerichteten sakralen Zentren, gemeinsame Feste und Pilgerreisen, die Sorge um die korrekte Durchführung der (Lebenszyklus-) Rituale und eine damit einhergehende soziale Positionierung als Kaste bzw. Statusgruppe (*jāti*), der Bezug auf den Veda und Konzepte von *dharma* (die sozio-kosmische Ordnung), *karman* oder Erlösung. Weiterhin bilden für viele Hindus die Sprache, die sozialen Kontexte und die religiöse Kultur ihrer Herkunftsregion einen wichtigen, oft primären Bezugsrahmen bei der Ausübung ihrer Religion. Die Abwesenheit einer zentralen Organisation oder einer alle Hindus repräsentierenden Instanz[1] bedeutet jedoch nicht, dass der Hinduismus eine Religion ohne Institutionen ist. Vielmehr gibt es verschiedene Institutionen mit jeweils eigenen Organisationsstrukturen. Dazu zählen Tempel und Klöster sowie die verschiedenen religiösen Gemeinschaften und asketischen Orden mit ihren Lehrern (*guru*, *ācārya*).

1 Zu modernen, oft mit hindu-nationalistischen Interessen einhergehenden Bemühungen zur Schaffung einer solchen Institution – etwa in Form der Vishva Hindu Parishad (VHP) – s.o. II.8.1 und Jaffrelot 1995. Die etwa von Weber oder Dumont vorgetragene Idee, dass das Kastensystem die zentrale Institution des Hinduismus sei (s.o. IV.1), ist nicht nur umstritten, sondern trägt auch der polyzentrischen, pluralistischen Struktur der verschiedenen religiösen Gemeinschaften und lokalen Kulten nicht genügend Rechnung.

1. Der Tempel als Institution

Die hinduistischen Tempel bilden nicht nur die Fixpunkte in der hinduistischen Sakralgeographie und Orte religiöser Praxis (s.o. III.2; III.6), sondern auch bedeutende ökonomische und soziale Zentren. Tempelökonomie und Tempelverwaltung werden im Folgenden anhand eines relativ gut erforschten Beispiels erläutert, des Jagannātha-Tempels in Puri (Orissa).[2] Anhand der Verwaltung und Organisation des Tempels werden die gesellschaftlichen Bezüge und insbesondere auch die politischen und ökonomischen Machtverhältnisse zwischen weltlichen Eliten und der Priesterschaft erkennbar. Da sich die Macht eines Tempels und seiner Patrone nicht zuletzt am Ausmaß der rituellen Versorgung des im Tempel residierenden Gottes zeigt, hängt sein Unterhalt in erster Linie vom Landbesitz ab. Der Gott bzw. der Tempel wird durch Landschenkungen entweder vonseiten des Regionalfürsten oder reicher Geschäftsleute zum Großgrundbesitzer, dessen Besitz vom Tempelpersonal verwaltet wird (s. Sontheimer 1964). Die Landschenkungen waren in der Regel steuerfrei und umfassten nicht allein Felder und Wälder, sondern auch Dörfer mitsamt Dorfbewohnern, die zur Arbeit für den Tempel verpflichtet wurden. Obwohl die Schenkungen an den Tempel oder den Gott gerichtet waren, wurden sie *de facto* von den brahmanischen Priestern verwaltet bzw. von den Brahmanen, die in den ihnen überlassenen Dörfern wohnen (s. Kulke 1985; reader, 126 ff).

Die sehr umfangreiche Personalliste des Jagannātha-Tempels zeigt, dass der Tempel einer der größten zentralen Arbeitgeber in der traditionellen indischen Agrargesellschaft war. Dabei sind vor allem drei Arbeitsbereiche zu unterscheiden: (1) die Verwaltung und Bearbeitung des Landbesitzes, (2) die Tempelpriesterschaft und die Organisation des Kultes und (3) die Tempelküche mit den Zulieferbetrieben. In Puri wurden und werden diese Aufgaben vornehmlich unter drei Kasten aufgeteilt: Zum einen die Brahmanen und andere Priestergruppen, die das alltägliche Tempelritual vollziehen und organisieren. Hinzukommen die Tempelschreiber, die über die Einhaltung der rituellen Aktivitäten wachen und über die eingehenden Spenden Buch führen. Die an-

2 Siehe dazu Rösel 1980, Eschmann/Kulke/Tripathi 1978; für eine Studie des Minakshi-Tempels in Madurai s. Fuller 1984.

fallenden handwerklichen Arbeiten und Dienstleistungen werden von den Tempelangestellten aus den unteren Kasten durchgeführt. Das Tempelpersonal ist heute in ca. 200 verschiedene Gruppen unterteilt, die insgesamt 118 Dienstleistungen im Tempel verrichten (vgl. Rösel 1980, 28–85). Dazu gehören Ämter wie das des ‚ersten Tempeldieners', das vom Mahārāja von Puri bekleidet wird und mit besonderen rituellen Rechten und Pflichten verbunden ist, wie etwa das Fegen des Tempelwagens des Gottes beim jährlichen Wagenfest. Er steht an der Spitze der Tempeldiener, ist aber nicht für den täglichen Ablauf der Rituale zuständig. Das fällt vielmehr in den Verantwortungsbereich verschiedener Priestergruppen. Zum Tempelpersonal gehören weiterhin Schneider, Beleuchter, Wächter, Musikanten, Gärtner, Schreiber, Köche usw. Die oberen und meist permanent angestellten Tempelpriester werden mit Anteilen an der Ritualspeise und durch Geschenke entlohnt. Alle anderen Tempelpriester können sich Anrechte auf bestimmte rituelle Vollzüge und das damit verbundene Einkommen erwerben. Auch sie erhalten Anteile an der Speise sowie Kleidung oder Geld.

Der Landbesitz des Gottes wurde entweder von den sog. Brahmanendörfern oder von den einem Tempel angegliederten Klöstern, sog. *maṭhas*, verwaltet (s. u. V.2). Die Schenkung des Tempellandes sicherte den verwaltenden Brahmanen ein steuerfreies Einkommen auch über einen möglichen Regierungswechsel hinaus. Die Steuerprivilegien beinhalteten u. a. das Nutzungsrecht für alle natürlichen Vorkommen, von Jagdtieren bis hin zu Schürfrechten, die Ausübung der Strafgewalt gegenüber Kriminellen, die Besteuerung von Straßen sowie Zollrechte. Eine weitere wichtige Schenkungspraxis betraf den Tempelschmuck bzw. den Tempelschatz, der nicht unerheblich zur ökonomischen Unabhängigkeit und Macht der Priesterschaft beigetragen hat. Schließlich war ein Tempel – vor allem wenn er zum überregionalen Pilgerort wurde – eine wichtige Einnahmequelle für das Fürstentum, da in der Regel eine Pilgersteuer erhoben wurde.

Der hinduistische Tempel ist auch eine Arena für die Demonstration von Reichtum und sozialem Prestige seiner Patrone und Sponsoren. In diesem Zusammenhang ist festzuhalten, dass das Tempelvermögen einschließlich des Grundbesitzes oder auch nur die Opfergaben während der Rituale, die nicht selten auch Geldspenden zur Entlohnung der Priester beinhalteten, durch die Hände der zumeist brahmanischen

Priester flossen. Außerdem waren die rituellen Rechte und Pflichten (*adhikāra*) in vielen Fällen erblich. Das führte zu einem z.T. doch recht erheblichen Reichtum brahmanischer Familien und zu einer Konzentration von Macht und Kontrolle über den Tempel, die auch zu Missbrauch, Veruntreuung und Zweckentfremdung der Ressourcen führte. Es gibt Hinweise auf Rechtsstreitigkeit und Konflikte bereits in den älteren Quellen, in denen die überaus wichtige Frage, wer eigentlich der Besitzer eines Tempels sei, ausführlich diskutiert wird (Sontheimer 1964). Besonders offenkundig wurden die Missstände während der Kolonialherrschaft, als sich die einheimische Elite mit modernen, bürgerlichen Rechtsprechungsverfahren konfrontiert sah. Gerichtsverfahren um Rechte und Besitzansprüche in Bezug auf religiöse Institutionen nahmen sprunghaft zu. Sie führten meistens zu einer erheblichen Einschränkung der Funktionsfähigkeit und damit der Attraktivität von Tempeln. Mit der indischen Unabhängigkeit im Jahre 1947 und dem bekundeten Willen der damaligen Regierung unter Nehru, Indien zu einem modernen, säkularen Staat zu machen, versuchte man auch das Verhältnis zwischen den religiösen Institutionen der Hindus und dem modernen Staat zu regeln. Zu diesem Zweck wurde zu Beginn der 50er Jahre ein Gesetz über religiöse Stiftungen, der sog. *Hindu Religious Endowment Act*, verabschiedet (vgl. Derrett 1996). Während der Regierung von Indira Gandhi erfolgte im Jahre 1976 schließlich die völlige Enteignung der Klöster und Tempel, was ihnen oft die Existenzgrundlage entzog und zum Verfall vieler Anlagen führte.

Nach dem *Hindu Religious Endowment Act* fallen alle religiösen Institutionen von ‚öffentlichem Interesse' – seien es Tempel oder Klöster – unter staatliche Verwaltung. Damit hat der Staat *de jure* die alte, aber nunmehr oft auf die reine Kontrollfunktion reduzierte Rolle des Patrons übernommen, ohne damit unbedingt einen spezifisch religiösen Auftrag zu verbinden. Die Kontrollfunktion wird regional und lokal von der *Religious Endowment Commission* ausgeübt. Das ist eine Behörde, der jeweils pro Distrikt ein *Commissioner* vorsteht, der die einzelnen Institutionen einer Art Verwaltungsrat, dem *Executive Board* unterstellt, dem ein *Executive Trustee* vorsteht. Der *Executive Trustee* ist dafür verantwortlich, dass im Tempel oder im Kloster alles mit rechten Dingen zugeht. Die religiöse Institution wird verpflichtet, über ihre Einnahmen und Ausgaben Buch zu führen. Sie darf z.B. keinen Besitz ohne die Zustimmung des *Commissioner*s veräußern oder erwerben. Zugleich ist der Tempel bzw. das Kloster zu einer jährlichen Abgabe verpflichtet, die aus einem bestimmten Prozentanteil an den Einnahmen besteht. Die Behörde ist weiterhin der erste Adressat für Rechtsstreitigkeiten aller Art, die z.T. in einem eigenen in der Behörde vorhandenen Gerichtsraum entschieden werden. Nicht selten durchläuft ein Streit mehrere Instanzen und zieht sich über Jahre hin. Viele neu gegründete religiöse Institutionen versuchen, sich der staatlichen Kontrolle zu entziehen, indem sie einen *private trust* gründen, der als Besitzer des Tempels oder Klosters eingetragen wird. Dadurch wird der Tempel zu einer halb-öffentlichen Institution, die Laienanhänger und Sponsoren zulässt, ihre genauen Besitzverhältnisse aber nicht offenzulegen braucht. Ebenso unabhängig ist ein *private trust* in Bezug auf die interne Organisationsstruktur, etwa bei der Anstellung von Priestern oder der Einsetzung des Präsidenten des *trust.* Diese Struktur eröffnet auch den neuen Sponsoren in der Moderne, der indischen Unternehmer- und Händlerschicht sowie der neuen Mittelschicht, ein weites Betätigungsfeld für die öffentliche Darstellung ihrer religiösen Interessen und der dafür eingesetzten ökonomischen Ressourcen. Das bezeugen auch die zahlreichen Steintafeln, die in Fußböden oder Tempelwänden eingelassen sind und die Sponsoren namentlich nennen. Zudem gibt es zahlreiche, oft in Familienbesitz befindliche ‚private' Tempel, die von Abgabepflicht und staatlicher Einflussnahme ausgenommen sind. Einige religiöse Gemeinschaften reagieren auf die Interventionen des Staates damit, dass sie vor dem Gesetz nicht länger als ‚Hindus' gelten möchten (s. Smith, B.K. 1993).

2. Klöster und religiöse Zentren (*maṭha, āśrama*)

Wichtige religiöse Institutionen sind weiterhin die *maṭha*s und *āśrama*s (dt.: Ashram), die zumeist von einer bestimmten religiösen Gemeinschaft getragen werden oder auch als Residenz eines bedeutenden Lehrers dienen.[3] Die Rekonstruktion der Geschichte der beiden Institutio-

3 Zu klösterlichen Institutitonen s. die Beiträge in Creel/Narayanan 1990; zu Einzeltraditionen s. Cenkner 1983; Briggs 1973; Malinar 2007a.

Abb. 10: Vorsteher eines Klosters der Caitanya-Tradition mit Stirnzeichen.

nen weist noch zahlreiche Lücken auf und vor allem die Anfänge liegen im Dunkeln. Auch ist der Unterschied zwischen beiden nicht immer eindeutig zu bestimmen, selbst wenn heutzutage mit beiden Worten ähnliche Institutionen bezeichnet werden können. Es scheint, dass die buddhistischen Klöster ein Vorbild bei der Schaffung größerer religiöser Zentren auch bei anderen Gemeinschaften gewesen sind. Eine größere Ausbreitung hinduistischer Klöster und die Errichtung größerer Anlagen sind erst ab dem 8. Jh. zu verzeichnen. Eine weitere Intensivierung der Bautätigkeit ist dann nochmals ab dem 13. Jh. im Rahmen der verschiedenen Asketenorden und *bhakti-sampradāya*s zu verzeichnen. Mit dem Wort *āśrama* wird in den älteren Texten eine Einsiedelei im Wald bzw. in der Einöde bezeichnet, in der ein Einsiedler, Weiser oder Gelehrter lebt.[4] Das bedeutet in erster Linie, dass jemand sich aus sei-

4 Diese Bedeutung des Wortes *āśrama* ist von der Bedeutung ‚Lebensphase' in den Texten über den *dharma* zu unterscheiden (s. o. IV.2). Inwieweit der Aufenthalt in einer Waldeinsiedelei mit der Lebensphase des ‚Waldeinsiedlers' verbunden war

ner Rolle als Haushälter zurückgezogen hat und nicht länger im Dorf oder einer Stadt wohnt. Damit geht nicht unbedingt die Weihe zum Asketen bzw. die ‚Entsagung' (*saṃnyāsa*) einher, vielmehr kann er weiterhin mit seiner Ehefrau leben und führt die täglichen Rituale durch. Dennoch ist sein Leben vor allem ein religiöses und es geht oft darum, sich auf die Erlösung und den Tod vorzubereiten. Die altindische Literatur beschreibt die *āśrama*s auch als Orte der Belehrung bzw. als Haine und Oasen in der Wildnis, die insbesondere Königen und Reisenden Schutz und Versorgung bieten.

Im Unterschied dazu bezeichnet ein *maṭha* in den ältesten Texten die Hütte bzw. den Aufenthaltsort eines Asketen in der Nähe eines Schreines oder Tempels der von ihm verehrten Gottheit. Für den *maṭha* ist die Verbindung mit einem Tempel anscheinend von jeher charakteristisch. Diese Kombination trifft heutzutage auch für die meisten *āśrama*s zu. In den meisten Klöstern befindet sich ein Tempel bzw. ein Schrein, in dem die Gottheiten nach der für die Gemeinschaft verbindlichen Ritualtradition verehrt werden. In vielen Regionen Indiens geht die Errichtung von größeren Tempelanlagen und Sakralstädten mit der Ansiedlung verschiedener religiöser Gemeinschaften in z. T. recht stattlichen Klöstern unter der Patronage des lokalen oder regionalen Herrschers einher. Aber auch andere Stifter treten hervor, wie reiche Geschäftsleute und Händler. Wie die Tempel wurden auch die Klöster durch Landschenkungen im Umland der Tempelstadt oder des dynastischen Zentrums abgesichert. Das Kloster wurde in der Regel von einem Oberhaupt, dem *mahanta*, geleitet, der zugleich die religiöse Gemeinschaft, die das Kloster unterhielt, vor Ort repräsentierte. Ihm oblagen nicht allein die gesamte Verwaltung, sondern auch alle rituellen Ämter, insbesondere das Recht, neue Mitglieder zu initiieren. Auch war er für die Unterweisung der Mönche und Laienanhänger zuständig und sollte deshalb eine Ausbildung in den Texten der Tradition erhalten haben. Er bestimmte seinen Nachfolger. Das Oberhaupt des Klosters wurde traditionellerweise auch als Verwalter und damit erster Nutznießer des Landbesitzes eingesetzt. Damit ging z. T. auch der Erwerb von rituellen Rechten im Großtempel einher. Die Oberhäupter der Klöster traten ne-

und ob solche Einsiedeleien überhaupt existierten, ist für die ältere Zeit ungesichert.

ben die regulären Tempelpriester und spielten eine wichtige Rolle in der nicht selten konfliktträchtigen Beziehung zwischen König und Tempelpriesterschaft. Im Gegenzug musste das Kloster eine Geschenkverpflichtung gegenüber dem Tempel übernehmen, d.h. es musste dem Gott bzw. dem Tempel einen bestimmten Anteil der erwirtschafteten Güter überlassen. Als Ergänzung dazu lebten die Klöster auch von Spenden der Laienanhängerschaft. Die Klöster dienten den Laien nicht nur auf religiöser Ebene durch Unterweisung oder rituelle Dienste, sondern stellten ihnen auch Unterkunftsmöglichkeiten während einer Pilgerreise. Daran hat sich auch heute nichts geändert.

*Maṭha*s und *āśrama*s ermöglichen ihren Bewohnern und Besuchern, sich entweder ganz der religiösen Lehre zu widmen oder sich in ihr unterrichten zu lassen. Obwohl in den meisten Fällen eine solche Institution von denen verwaltet und betrieben wird, die permanent dort wohnen, steht sie auch Laien oder Interessierten offen. Zumeist beinhaltet die Aufnahme in ein Kloster die Initiation in die Gemeinschaft, die es unterhält. Aber nicht immer sind alle Bewohner oder auch nur das Oberhaupt des Klosters Asketen. Es gibt zahlreiche Institutionen, in denen ‚Haushälter' die wichtigsten Positionen innerhalb der Gemeinschaft innehaben. Zugleich stehen die Klöster in Kontakt mit der sie umgebenden Gesellschaft, indem sie etwa medizinische Hilfe anbieten oder auch die Speisung von Armen und Kranken. Über weite Strecken der Geschichte des Hinduismus stellten die Klöster auch einen wichtigen Wirtschaftsfaktor dar, indem sie Kredite gaben und am Handel beteiligt waren. Eine besondere Rolle kam hier den sog. ‚kriegerischen Asketenorden' zu, den sog. Nāgas (wörtl. ‚Nackte'), die Waffen trugen und im Kriegsfall auch rekrutiert wurden. Ihre Institutionen heißen *akhāṛā*, (Übungsplatz; Arena), was ihren Charakter als Trainingsstätte betont. Sie stellten die Schutztruppe der asketischen Gemeinschaften dar und üben eine besonders auf der Erwerb körperlicher Kraft und außergewöhnlicher Macht zielende Askese (Ghurye 1953, Pinch 2006). Ihren wohl bekanntesten Auftritt haben die Nāga-Asketen während des alle drei Jahre stattfindenden Kumbhamelā-Festes am Zusammenfluss der heiligen Flüsse Gaṅgā und Yamunā in Prayāga (Allahabad). Während des Festes treffen sich die Asketenorden aus ganz Indien, um in einem Glück verheißenden Moment ein Bad in der Gaṅgā zu nehmen. Sie marschieren mit ihren Standarten (*dhvaja*) in ein riesiges Zeltlager ein und nutzen die Gelegenheit, um organisatorische Fragen zu klären.

In der Gegenwart haben sich die Patronage- und Finanzierungsverhältnisse gewandelt. Nicht länger werden die Klöster in erster Linie von Königen oder reichen Grundbesitzern ins Leben gerufen oder finanziell unterstützt. Vielmehr unterstützen die im Zuge der Moderne entstandene obere und untere Mittelschicht sowie Politiker und einflussreiche Regierungs- und Verwaltungsbeamte den Erhalt oder auch die Neugründung von Klöstern. Ihr Einfluss reicht bis in die Gestaltung der religiösen Praxis. Neu gegründete Klöster bilden fast immer einen *trust* und entziehen sich somit von vornherein den rechtlichen Vorschriften des *Hindu Religious Endowments Act* (s.o.), da der *trust* unter die Regeln des Körperschaftsrechts fällt. Die rechtliche Situation ist eine keineswegs zu unterschätzende Dimension des sozialen Kontextes, in dem die Klöster agieren und versuchen, ihre Unabhängigkeit zu wahren.

3. Sampradāya, panth: Religiöse Gemeinschaft, Überlieferungstradition

Für die Institutionalisierung und Organisation hinduistischer Traditionen spielen die *sampradāya*s bzw. *panth*s, die verschiedenen religiösen Gemeinschaften mit ihren Klöstern und Tempeln, eine wichtige Rolle (Mc Leod 1978; Babb 2004). Diese Gemeinschaften werden oft als ‚Sekten' klassifiziert. Der Begriff ‚Sekte' kann jedoch Missverständnisse hervorrufen, wenn er nicht näher bestimmt wird. In einer religionssoziologischen Perspektive versteht man unter Sekte erstens die Abspaltung einer Gruppe von einer die Orthodoxie repräsentierenden Zentralinstanz, wie z.B. der katholischen Kirche. Da eine solche kirchliche bzw. zentralisierende Struktur aber im Falle des Hinduismus nicht vorliegt, ist das Merkmal der ‚Abspaltung' nicht primär. Gleichwohl markieren die Normen der Kastengesellschaft und der brahmanischen Ritualtradition eine gewisse, wiederum lokal und regional unterschiedlich ausgeprägte Orthodoxie bzw. Orthopraxie, mit der sich die meisten religiösen Gemeinschaften auseinandersetzen und der gegenüber sie sich in unterschiedlicher Weise positionieren. Die zweite Deutung des Begriffs ‚Sekte' geht auf Max Weber zurück, der darunter eine Bewegung versteht, die auf eine Neuverkündung bzw. Erneuerung der ursprünglichen religiösen Offenbarung zielt. Deshalb werden die etablierten Strukturen und Würdenträger kritisiert, wie z.B. bei den evangelikalen Bewegungen im 19. Jh. Die Gründung einer solchen Gruppe ist oft mit dem Auftreten eines charismatischen Religionsstifters verbunden. Hier gibt es in der Tat gewisse Parallelen zu einigen religiösen Gemeinschaften im Hinduismus. Die im Folgenden zu erörternden spezifischen Merkmale der *sampradāya*s werden aber mit dem Begriff ‚Sekte' nicht angemessen erfasst, weshalb sie besser als ‚Überlieferungsgemeinschaft religiöser Tradition' bzw. als ‚religiöse Gemeinschaft' zu bezeichnen sind. Angesichts des originären Pluralismus von religiösen Traditionen im Hinduismus wird mit dem Begriff ‚Sekte' der Bezug zu einer ‚Mehrheitsreligion' suggeriert, die schwer zu greifen ist. Zwar bildet die Sphäre der im Rahmen der Lebenszyklusrituale erworbenen rituellen Rechte einen wichtigen Kontext; das steht jedoch zumeist nicht im Widerspruch zur Mitgliedschaft in einer religiösen Gemeinschaft.

Religiöse und vor allem asketische Gemeinschaften sind relativ alt (s.o. II.5.3 Pāśupatas, Kāpālikas). An einen Tempelkult angeschlossene Lehr- und Schultraditionen viṣṇuitischer, śivaitischer und śāktistischer Ausrichtung sind spätestens ab dem 8. bzw. 9. Jh. n. Chr. nachweisbar. Erst ab dem 13. Jh. – und somit nach dem Beginn der muslimischen Herrschaft in Indien – kommt es zu einer regelrechten Hochkonjunktur und es entstehen zahlreiche neue *sampradāya*s. Das führte zu einem weiteren Pluralisierungsschub religiöser Traditionen. Für viele Hindus spielt sich das religiöse Leben im Rahmen solcher Gemeinschaften ab. Die meisten Gemeinschaften tragen den Namen ihres Stifters, manchmal auch ihrer Herkunftsregion. So nennen sich z.B. die Anhänger des Religionstifters Caitanya Madhva-Gaureśvar (Gaureśvar ist ein anderer Name für Caitanya) Sampradāya bzw. Gauḍīya- (d.h. Bengalisch) Sampradāya, die des Vallabha, Vallabha-Sampradāya usw. Jede Gemeinschaft hat neben den allgemein anerkannten sakralen Orten und Pilgerzentren ihre eigene Sakralgeographie und damit ihre eigenen Pilgerrouten und Feste. Wichtig sind dabei die Geburts- und Sterbeorte des religiösen Stifters und bedeutender Lehrpersönlichkeiten, der *guru*s der Tradition.

Die *sampradāya*s führen sich meistens auf eine charismatische Stifterpersönlichkeit zurück, deren Lehre von den Anhängern überliefert und praktiziert wird.[5] In den meisten Fällen ist ein *sampradāya* als ein Netzwerk verschiedener religiöser Institutionen organisiert und lokalisiert, zumeist in *maṭhas* und *āśramas*. Sie haben jeweils ihre sakralen Zentren, aber nicht immer eine die gesamte Gemeinschaft repräsentierende Zentralinstitution. Das hat seine Ursache auch darin, dass die *sampradāyas* oft in verschiedene Lehrfamilien (*parivāras*) oder Gruppen unterteilt sind. Religionsgeschichtlich betrachtet spiegelt die Familienunterteilung die Tatsache wider, dass der Religionsstifter verschiedene Schüler und Gefährten oder auch Verwandte besaß, die ihm nachfolgten und seine Lehre weitergaben. Es kommt dabei zu mehr oder weniger signifikanten theologischen Differenzen. Die religiösen Institutionen gehören in der Regel auch der einen oder anderen Lehrfamilie an. Die Initiation in eine religiöse Gemeinschaft folgt der Überlieferungslinie des Lehrers, der die Initiation durchführt. Dadurch wird das neue Mitglied in die möglichst ununterbrochene Lehrer-Schüler-Genealogie (*guruparamparā*) aufgenommen, durch die sowohl die Autorität als auch die Authentizität der Überlieferung gewährleistet wird (s. Steinmann 1986).

Die Aufnahme in eine religiöse Überlieferungsgemeinschaft steht in vielen Fällen allen offen, ungeachtet der Kaste oder des Geschlechts.[6] Die Mitgliedschaft wird durch entsprechende Initiationsrituale (*dīkṣā*) begründet. Durch sie erhält das Mitglied der Gemeinschaft zusätzlich zu den rituellen Rechten, die es durch die Lebenszyklusrituale erhalten hat (s. o. IV.5), eine spezifische religiöse Identität. Für diejenigen, die aufgrund ihres sozialen Status von bestimmten Lebenszyklusritualen ausgeschlossen sind, stellt die *dīkṣā* oftmals die primäre religiöse Weihe dar. Die meisten *sampradāyas* unterscheiden verschiedene Initiationsstufen. Zumeist besteht die erste Initiation darin, dass man zum Laienanhänger der Tradition wird. Andere Initiationsstufen dienen dann dazu, den Adepten zum Vollmitglied der Gemeinschaft zu machen und das heißt, dass der *sampradāya* zum Zentrum und Hauptbetätigungs-

5 Zur Formierung und Organisationsstruktur von *sampradāyas* s. Burghart 1978, Babb 1987; Williams 2001; Malinar 2007a.

6 Allerdings finden ‚Unberührbare' in einigen *sampradāyas* keine Aufnahme, wie etwa bei den Svāmi Nārāyaṇas. Restriktionen gelten auch innerhalb des auf Śaṅkara zurückgehenden Daśanāmī-Sampradāya.

feld seines Lebens wird. Oft, aber durchaus nicht immer, beinhaltet das auch die Aufnahme eines asketischen Lebens bzw. den Eintritt in ein Kloster. Der *sampradāya* als Institution ermöglicht dem Einzelnen, die verschiedenen Ebenen religiöser Praxis und Identität in einer gemeinschaftsorientierten Weise zu realisieren.

Die Weihe zum Laienanhänger bedeutet in vielen Fällen, dass man mit den besonderen Merkmalen der religiösen Gemeinschaft ausgestattet wird, die z. T. die Zugehörigkeit zu ihr auch für die Außenwelt markieren: Dazu gehören u. a. die Kleidung, Körperbemalungen bzw. auch manchmal Brandmarkungen und ein neuer Name. Für die Identität der Anhänger einer religiösen Tradition ist weiterhin die Verwendung von *mantra*-Texten von zentraler Bedeutung. Es handelt sich dabei um Formeln zur Anrufung göttlicher Mächte (s. o. III.9). *Mantra*s sind auf fast allen Ebenen der religiösen Praxis anzutreffen. Sie dienen nicht nur beim Tempelritual dazu, die Gottheiten anzurufen und die einzelnen religiösen Handlungen zu begleiten, sondern sie sind auch Gegenstand meditativer Praktiken des Einzelnen, z. B. bei der sog. Murmelrezitation, dem *japa* oder beim täglichen Auftragen von *mantra*s auf den Körper mit Sandelpaste oder auch durch Tätowierung. Als Erkennungsmerkmal dient weiterhin der *tilaka*, das Stirnzeichen. Typisch z. B. für Anhänger viṣṇuitischer Gemeinschaften sind zwei oder drei unterschiedlich geformte vertikale Linien, für die Śivaiten drei horizontal verlaufende Linien, die in beiden Fällen mit anderen Formen kombiniert werden können. Weiterhin trägt man eine *mālā*, eine Halskette, die zur Murmelrezitation verwendet wird. Der *mantra* ist für die Stiftung der persönlichen Identität von größter Bedeutung, was sich bei den verschiedenen Initiationsstufen zeigt, die in der Regel mit der Verleihung von *mantra*s einhergehen: Bei der ersten, oft als *mantra*-Weihe (*mantradikṣā*) bezeichneten Initiation zum Laienanhänger wird der Adept in die *mantra*s initiiert, deren Rezitation er mit den anderen Angehörigen der Gruppe teilt. Darüber hinaus verleiht der Lehrer (*guru, ācārya*) dem Adepten bei höheren Initiationsstufen einen individuellen *mantra*, der geheim gehalten werden muss. Das setzt den Schüler in eine unersetzbare und exklusive Beziehung zum Lehrer, der damit zum gottgleichen Repräsentanten des Erlösungsweges wird und alle Verehrung verdient (Steinmann 1986).

Mit der Verleihung dieser beiden Arten von *mantra*s werden zugleich die beiden Seiten der religiösen Identität des Adepten abgedeckt: Seine Bezogenheit auf die religiöse Gemeinschaft und sein persönlicher Heilsweg. Die *mantras* unterscheiden sich von den vedischen *mantras*, die die Mitglieder der drei oberen Kasten während des *upanayana*-Rituals erhalten. Die *mantras* der *sampradāyas* entstammen in der Regel den späteren Texttraditionen, die in der Gemeinschaft als kanonisch gelten. Sie heißen deshalb *tāntrika* oder *sampradāyika mantra*, d.h. *mantras* aus einem Tantratext bzw. aus dem *sampradāya*. Die Bezeichnungen verweisen auf einen weiteren entscheidenden Aspekt der Identität der einzelnen religiösen Gemeinschaften: die als kanonisch geltenden Texte. Zwar respektieren viele Gemeinschaften den Veda bzw. die Upaniṣaden als heilige Offenbarungstexte. Innerhalb der Lehrtradition sind zumeist folgende Texte bzw. Textgattungen wichtiger:

(1) Offenbarungstexte (*āgama*, *tantra*, *saṃhitā*) oder philosophisch-theologische Grundlagentexte (z.B. *Brahmasūtra*, *Bhagavadgītā*).

(2) Ritualhandbücher (*paddhati*).

(3) Episch-purāṇische Texte.

(4) Hagiographien (*carita*), d.h. Werke, die das Leben des Stifters oder einer anderen bedeutenden Persönlichkeit der religiösen Gemeinschaft beschreiben.

(5) Kommentare (*bhāṣya*) zu den kanonischen Texten, selbständige theologische oder philosophische Abhandlungen sowie religiöse Dichtungen, die von den Lehrern des *sampradāya* verfasst werden.

Oft ordnen sich die Gemeinschaften in den Kontext der kanonischen Schriften und Ritualtexte der viṣṇuitischen, kṛṣṇaitischen, śivaitischen oder śāktistischen Tradition ein und akzeptieren diese Texte als Grundlage für die Durchführung der Rituale und ihrer theologischen und philosophischen Deutungen (s. Malinar 2009). Die dezentralisierte Organisationsstruktur, die überhaupt für die hinduistische Religion charakteristisch ist, besteht auch auf der Ebene der religiösen Gemeinschaften. Sie ermöglichte religionsgeschichtlich betrachtet die Vielfalt und die Ausbreitung dieser Gemeinschaften auf dem indischen Subkontinent, sorgte aber auch für deren Fragmentierung.

Einige hinduistische Überlieferungsgemeinschaften (sampradāya)

Asketenorden:

Daśānamī-Sampradāya	Die 10 Asketenorden in der Nachfolge des Śaṅkara Unterschieden nach Namen: Giri, Sarasvati etc.
Nāth-Sampradāya	Tantrisch-yogischer Asketenorden in der Nachfolge von Gorakhnāth
Pāśupatas	Śīvaitischer Asketenorden

Bhakti-Traditionen:

Gauḍīya-Vaiṣṇavas	Kṛṣṇaitische Tradition in der Nachfolge des Caitanya
Kabīrpanth	Gemeinschaft in der Nachfolge des Dichter-Heiligen Kabīr
Liṅgāyats/Vīraśaivas	Śivaitische Tradition in der Nachfolge des Basava
Mādhva-Sampradāya	Viṣṇuitische Tradition in der Nachfolge Madhvas
Puṣṭimārg	Kṛṣṇaitische Tradition in der Nachfolge des Vallabha
Rāmānandi-Sampradāya	Tradition der Rāma-Verehrung in der Nachfolge Rāmānandas
Svāmī Nārāyaṇās	Viṣṇuitische Tradition in der Nachfolge des Svāmī Nārāyaṇa

Teil VI. Konzepte

1. Körper, unsterbliches Selbst (*ātman*), *karman*

Nach Ansicht vieler Hindus dient der Körper als Residenz für das ‚unsterbliche Selbst' (*ātman*), das sich so lange im *saṃsāra*, im Kreislauf von Geburt und Tod bewegt, bis seine wahre Identität erkannt und es endgültig vom Körper befreit wird. Die Tatsache der Verkörperung zeigt deshalb an, dass das Selbst die Erlösung noch nicht erreicht hat. Das dauert in der Regel auch recht lange und beinhaltet zumeist einen ganz der Erlösung gewidmeten Lebensstil, zumindest aber eine bewusste Auseinandersetzung mit Tod und Sterben. Das Durchwandern verschiedener Körper erfolgt nach Maßgabe der Qualität der in den früheren Existenzen begangenen Taten, des sog. *karman*. Erst wenn das ‚Selbst' von allen Bindungen an den Körper und die Welt frei ist und kein neues *karman* entsteht, wird Erlösung (*mukti*, *mokṣa*) möglich. Das Ziel aller religiösen Praxis besteht somit darin, die leidvolle, durch das *karman* bewirkte Verbindung zwischen Selbst und Körper zu beenden, indem man das Selbst von der körperlichen Existenz befreit und in das ‚Absolute' eingeht.[1] Ist das ‚unsterbliche Selbst' verkörpert, so wird als es eine Einheit stiftende, geistige Dimension beschrieben, die es überhaupt erst erlaubt, Erfahrungen zu machen und Bewusstsein zu entwickeln. Es ist im Körper als sog. Seher (*draṣṭṛ*) bzw. Zeuge (*sākṣin*) präsent, und ermöglicht, sich überhaupt seines eigenen Denkens, Fühlens und Handelns bewusst zu werden (s. reader, 23 ff). Durch die Anwesenheit des Selbst wird der Körper erst lebendig; verlässt es den Körper, so stirbt er.

1 Dieses Konzept wird zuerst in den Upaniṣaden sowie in den Epen und Purāṇas entworfen (s. o. II.3.1).

Die Tatsache der Verkörperung bedeutet somit, dass das Selbst sein wahres Wesen noch nicht erkannt hat. Das Nicht-Erkennen resultiert aus einer ‚anfangslosen' Neigung zur körperlichen Existenz z.B. aufgrund des *karman*, oder aus einer irrtümlichen Identifikation mit dem Körper (s. die Beiträge in O'Flaherty 1980; Halbfass 2000). Zugleich kann an der Beschaffenheit des Körpers abgelesen werden, wie nahe das verkörperte Selbst der Erlösung bereits gekommen ist. Dabei gilt die Regel: Je näher man der Selbst- bzw. Gott-Erkenntnis gekommen ist, desto besser ist der gegenwärtige Körper, das heißt, desto geeigneter ist er für die religiöse Praxis. Umgekehrt verweist die Defektivität des Körpers und der mit ihm begangenen Taten auf die Defektivität des verkörperten Bewusstseins. Daher ist z.B. ein menschlicher Körper besser als ein tierischer, auch wenn beiden ein ‚Selbst' innewohnt (s. Malinar 1998). Beim Menschen sind nämlich die Erkenntnisvermögen höher entwickelt als bei Tieren, wie z.B. die Fähigkeit zu sprechen. Der individuelle Körper zeigt die Qualität der in einem bzw. in mehreren Leben vollzogenen Handlungen an, in ihn ist die Frucht aller Taten, das *karman* eingeschrieben. *Karman* entsteht, weil sich das Selbst durch die Vorstellung von einem ‚Ich' in die Welt verstrickt und sich deshalb mit seinen Taten identifiziert. *Karman* meint den Zusammenhang von Wünschen, Handlungen und Ergebnissen der Handlungen, der das Selbst an den Körper und den Körper an eine ebenfalls vom *karman* geprägte Welt bindet. Die Tendenz aller Handlungen zusammengenommen bestimmt schließlich die Verfassung, die Disposition (*svabhāva*) des verkörperten Selbst im gegenwärtigen Leben und zum Zeitpunkt des Todes. Das Selbst wird in Form eines subtilen Leibes von seinen Werken in eine neue Existenz begleitet. Das vom Einzelnen im Laufe eines Lebens produzierte *karman* bestimmt die nächste Geburt, d.h. das Selbst führt im gegenwärtigen Leben ‚Gepäck' aus der Vergangenheit mit sich. Das Gepäck ist aber auch eine ‚Ausrüstung' für das neue Leben. Ein neugeborenes Lebewesen ist daher kein unbeschriebenes Blatt, sondern mit einer ihm eigenen ‚Natur' ausgestattet, die es nicht ohne weiteres überschreiten oder verändern kann.

Dennoch ist *karman* kein Schicksal im Sinne eines Determinismus, das den Einzelnen passiv in seiner Lage gefangen hält. Auch wird dadurch nicht die Bedeutung der gegenwärtigen, individuellen Existenz relativiert. Vielmehr soll man das Beste daraus machen und im gegenwärtigen Leben soweit wie möglich vorankommen. Da man das jetzige Leben nutzen soll, um auf dem Weg zur Erlösung weiterzukommen, ist es wichtig, dass man sich um die bestmögliche körperliche Verfassung bemüht und sich nicht durch eine falsche Lebensführung selbst behindert. Dieses Konzept resultiert durch seine Zukunftsorientierung, d.h. die damit einhergehende Aufforderung, sich und seine Chancen immer mehr zu verbessern, in einem Prinzip der Selbstverantwortung für das eigene Leben, das das gesamte hinduistische Denken prägt. Prägnant wird das im *Mahābhārata* wie folgt zusammengefasst (12.174.14): „Selbst hat man seine Leiden bestimmt, selbst hat man seine Freuden bestimmt; von dem Augenblick an, dass man im Mutterleib liegt, genießt man die Frucht dessen, was man im früheren Leben tat." (s. reader 29,83 ff).

Aufgrund des *karman* ist das unsterbliche Selbst (*ātman*) als ein ‚individualisiertes' Selbst (*jīva-ātman*) im Körper anwesend. Solange die wahre Identität nicht erkannt wird, erhält das Selbst bei jeder neuen Geburt einen seinem *karman* entsprechenden Körper und verbleibt im Kreislauf der Wiedergeburten. Die möglichen Verkörperungen umfassen nicht allein menschliche Körper. Vielmehr schließt der ‚Kreislauf von Geburt und Tod' (*saṃsāra*) auch den Aufenthalt in anderen Regionen des Kosmos ein, wie z.B. in einem gottähnlichen Körper in einer der Himmelswelten oder ein Leben im Körper eines Tieres. Allerdings dient die Annahme solcher nicht-menschlicher Körper und der Aufenthalt in einer der Himmels- oder Höllenwelten allein dazu, die Folgen der guten und schlechten Taten zu genießen bzw. zu erleiden. Der Aufenthalt in einer Himmelswelt ist der Lohn für die erworbenen Verdienste (*puṇya*), während ein Leben als Tier als eine ‚Strafexistenz' gilt, in der Sünden (*pāpa*) aller Art abgegolten werden. Ist das *karman* aufgebraucht, so kehrt das Selbst in der Regel wieder in einen menschlichen Körper zurück. Da bei den meisten Menschen das *karman* ‚gemischt' ist, d.h. Gutes und Schlechtes aufweist, erfahren sie im Nachleben sowohl Strafen als auch Belohnungen. Überwiegen die Verdienste, so wird erst die Strafe abgegolten und dann folgt ein Aufenthalt in einer Himmelswelt, von wo aus dann eine Geburt in einer ‚guten' Familie erfolgt. Folgt der himmlischen Existenz ein Aufenthalt in einer Höllenwelt oder einer anderen Strafexistenz, so hat das Schlechte überwogen und die Ausgangsbedingungen im neuen Menschenkörper sind nicht optimal. Keine der durch *karman* bewirkten Existenzformen ist ewig und ebenso wenig sind es die verschiedenen Himmelswelten und Höllenregionen. Alle sind Teil der geschaffenen Welt und haben keine transzendente Qualität. Dasselbe gilt für den Aufenthalt in ihnen. Die Vorstellung z. B. einer ‚ewigen Verdammnis' ist dem Hinduismus ebenso fremd wie die Idee eines apokalyptischen Weltendes.[2] Eine Geburt als Mensch ist demnach ein in vielen Texten gepriesenes Gut, denn sie bietet eine Chance zu Verdiensterwerb und spirituellem Fortkommen, die nicht ungenutzt bleiben darf. So heißt es etwa: „Ohne einen (Menschen-) Leib erreicht niemand des Menschen höchstes Ziel; deshalb soll man seinen Leib wie einen Schatz hüten und gute Werke damit vollbringen."[3]

2. Geburt und Tod

Die Lehren vom *karman* und von der Erlösung des unsterblichen Selbst prägen auch die Vorstellungen über Geburt und Tod sowie in bestimmten Fällen auch von Krankheit. Nach einer für viele Hindus akzeptablen Deutung entsteht ein lebendiger Körper, wenn sich die unsterbliche ‚Seele', das sog. ‚Selbst' (*ātman*) mit einem spezifischen Aggregat aus Naturelementen verbindet, sich ‚verkörpert'. Die meisten hinduistischen Traditionen folgen bei der näheren Erklärung dieser Vorgänge einem in der philosophischen Schule des Sāṃkhya entwickelten Konzept von Natur und Materie (s. u. VI.5.5). Demnach wird jeder Körper von der selbsttätigen Natur, der sog. *prakṛti* produziert und trägt die Merkmale der drei ‚Naturkräfte' (*guṇa*), die alle körperliche Existenz prägen.[4] Die Natur wird durch die Präsenz eines zur Verkörperung tendierenden, d. h. mit *karman* ausgestatteten ‚Selbst' zur Produktion eines Körpers angeregt, der der Verfassung das Selbst entspricht. Ein Individuum besteht aus maximal 23 Grundelementen, die sich zu ei-

2 Allerdings gibt es in einzelnen religiösen Traditionen die Vorstellung, dass nicht alle verkörperten Seelen die Erlösung erreichen können.

3 Pretakalpa des Garuḍapurāṇa 16.17; (siehe auch reader, 86 ff).

4 Die Lehre von den ‚drei *guṇas*' beinhaltet ein Klassifikationsschema für alle möglichen Phänomene und Lebensbereiche, das sehr oft zum Einsatz kommt (s. u. VI.5.5.; Davis 1976).

nem Körper zusammenfügen. Die Grundelemente sind für alle Körper identisch, aber unterschiedlich ausgeprägt. Das zur Verkörperung bereite ‚Selbst' ist von einem feinstofflichen Leib (*liṅgaśarīra*) begleitet, mit dem es in den von den Eltern produzierten grobstofflichen Leib einzieht. Nach Angaben in klassischen Texten der indischen Medizin (Āyurveda) ist das der Fall, wenn der Embryo ein Herz entwickelt, das als Sitz des ‚Selbst' gilt. Das geschieht, nach traditioneller Auffassung, in der zwölften Schwangerschaftswoche. Ein zur Inkarnation bereites Selbst wird gemäß seiner Befindlichkeit von den Eigenschaften der Eltern angezogen. Daher wird eine pränatale Einflussnahme auf das zu zeugende ‚Gefäß' und damit auf das zur Inkarnation im Mutterkörper einzuladende Selbst in den hinduistischen Traditionen empfohlen. Dazu dienen etwa diätetische Maßnahmen oder auch die rituelle Begleitung des Geschlechtsaktes (s. o. Lebenszyklusrituale IV.5). Je besser das Gefäß, desto wahrscheinlicher ist es, dass sich ein spirituell fortgeschrittenes bzw. von gutem *karman* begleitetes Selbst darin verkörpert. Abtreibung bedeutet deshalb, einem ‚Selbst' den Körper zu verweigern bzw. wegzunehmen. Bei einer Fehlgeburt verhält es sich genau umgekehrt: hier hat das ‚Selbst' den Embryo vorzeitig wieder verlassen oder ist gar nicht erst in ihn eingezogen. Daraus folgt, dass im Hinduismus eine Abtreibung generell als schwere Sünde bzw. als ‚Mord' gilt; es sei denn das Leben der Mutter steht auf dem Spiel.[5]

Wächst der Embryo heran, so entsteht ein Körper, der zum inkarnierten Selbst passt. Das bedeutet auch, dass sich in jedem Körper ein Selbst aufhält. Mit dieser Konzeption unterscheidet sich der Hinduismus von anderen religiösen Traditionen, die nur dem Menschen eine ‚Seele' zugestehen. Dennoch gilt der menschliche Körper unstrittig als der beste. Weiterhin ist festzuhalten, dass der Körper kein Selbstzweck ist. Vielmehr dient er als Instrument und Vehikel zum Erreichen der

5 Im modernen Indien unterliegt Abtreibung jedoch keiner strafrechtlichen Verfolgung und wird oft aus ökonomischen Zwängen durchgeführt. Zu einer regelrechten Explosion der Abtreibungszahlen führte die Einführung der pränatalen Diagnostik und Geschlechtsbestimmung. Das hatte zur Folge, dass inzwischen so viele weibliche Föten in Indien getötet wurden und werden, dass der Anteil der Frauen an der Bevölkerung in den letzten Jahrzehnten kontinuierlich gesunken ist. Seit 1994 gibt es ein gesetzliches Verbot der Abtreibung auf Grund von Geschlechtsselektion, was jedoch an der Lage nicht viel geändert hat.

Zwecke des ihm innewohnenden Selbst. Diese beinhalten zum einen die Möglichkeit der Erfahrung der Welt, zum anderen die letztendliche Befreiung von der körperlichen Existenz. Das heißt, der Körper ist nur so lange von Nutzen, wie er Erfahrungen ermöglicht. Deshalb soll alles getan werden, um das Wohlergehen und die Funktionstüchtigkeit des Körpers zu erhalten. Lebenserhaltung ist Pflicht, es sei denn, man ist der Erfahrung der Welt müde und fühlt den Tod nahen.

Das Selbst ‚reist' durch die Körper und deshalb ist es wichtig, einen Körper auch loswerden zu können. Tod und Sterben sind notwendige Bestandteile dieser Reise, und das Sterben des Körpers verhindern zu wollen gilt als problematisches Unterfangen. Dadurch wird womöglich ein Selbst an einen Körper gebunden, den es verlassen möchte. Das spielt bei der Behandlung von unheilbaren Krankheiten oder auch in der Auseinandersetzung mit biomedizinischen Fragen eine große Rolle. In jedem Fall ist die Vorbereitung auf ein bewusstes, aber gewaltfreies Sterben angeraten. Selbstmord gilt als schwere Verfehlung. Anzustreben ist vielmehr ein bewusstes Sterben, das einen idealen, d.h. erlösenden Tod ermöglicht. Daher werden in den hinduistischen Texten verschiedene Todesarten beschrieben, wobei dem Denken und Verhalten in der Todesstunde sowie der rituellen Begleitung des Verstorbenen ein besonderes Gewicht beigemessen wird (s. reader, 83–86). Nach dem Tod eröffnen sich für den Verstorbenen grundsätzlich zwei verschiedene Möglichkeiten: zum einen die Wiedergeburt bzw. das Erreichen des Ahnenstatus, zum anderen die endgültige Befreiung aus dem Kreislauf von Geburt und Tod. Der Tod hat für den Verstorbenen nicht nur individuelle, sondern auch soziale und rituelle Dimensionen. So geht es für die Familie um die rituelle Wahrung der Kontinuität, indem der Verstorbene in den Ahnenstatus überführt wird (s.o. IV.5). Dieser Aspekt ist insbesondere mit der vedischen Ritualtradition verbunden und mit der Vorstellung, dass der irdische Körper des Verstorbenen dem Totengott Yama als Opfergabe überreicht wird. Deshalb ist es nicht möglich, seinen Körper in die Jenseitswelt mitzunehmen. Im Gegenzug erhält der Verstorbene einen neuen, durch seine Opfer bzw. sein *karman* bewirkten himmlischen Körper, mit dem er durch die verschiedenen kosmischen Regionen reist und schließlich die auf dem Mond befindliche Ahnenwelt erreicht.

In der Literatur der Purāṇas wird eine detaillierte Kosmographie entworfen (s. o. III.7), die nicht allein die verschiedenen Kontinente auf der Erde und vor allem Indien umfasst, sondern auch Himmelsregionen und Höllenwelten, in denen die Verstorbenen die Folgen des *karman* erfahren. Dabei spielt der Totengott Yama eine wichtige Rolle, und zwar als Dharmarāja, als ‚König Dharma', der über die guten und schlechten Taten eines jeden Menschen Buch führt und sich in der Todesstunde am Lager des Sterbenden einfindet (s. reader, 83–86). Der Todesstunde kommt eine besondere Bedeutung zu, da sie zum einen als Moment der Wahrheit gilt, weil der Sterbende mit sich und seinen Bindungen an das Leben konfrontiert wird; sein *karman* beginnt sich zu sammeln. Zum anderen bietet die Todesstunde die Möglichkeit, das Richtige zu tun und so ein angenehmes Nachleben oder sogar die Erlösung zu erlangen. Sehr hilfreich ist es z. B. sich an eine Erlösung verheißende Gottheit zu erinnern, indem man den entsprechenden *mantra*, die Anrufungsformel spricht. Empfohlen wird auch der Tod an einem heiligen Fluss oder einem die Erlösung sichernden Pilgerort, da der Gott oder die Göttin dort dem Sterbenden persönlich den *mantra* ins Ohr flüstert und ihm damit seine göttliche Gnade erweist (s. Eck 1982). Alles das dient dazu, dem ‚unsterblichen Selbst' den Auszug aus dem Körper zu erleichtern und ihm dadurch die Möglichkeit zu eröffnen, die Bindungen an das gegenwärtige Leben aufzugeben und in eine neue und womöglich bessere Existenzform überzugehen.

Widerstand gegen den nahenden Tod, Klagen und Schimpfen sind nicht nur nutzlos, sondern zeigen das Ausmaß der Anhaftung aufgrund des *karman* an. Die Anhaftung an das Leben zeigt sich in den Sehnsüchten, Ängsten oder auch Reueempfindungen, die einen Sterbenden hindern, den Körper loszulassen und befreit zu sterben. Dieses Szenario wird in den Texten als abschreckendes Beispiel geschildert, dem die Forderung gegenübergestellt wird, sich in der Todesstunde vielmehr darauf zu konzentrieren, wohin die Reise gehen soll. Dabei gilt das Prinzip, das in der *Bhagavadgītā* wie folgt formuliert wird: „An welche Existenzform sich einer dann erinnert, wenn er am Ende den Körper verlässt, zu eben der gelangt er."[6] Deshalb wird insbesondere die asketische Form des Sterbens, der Tod des Yogin als Ideal gepriesen (vgl.

6 *Bhagavadgītā* 8.6. Für eine umfassende Darstellung der Relevanz der Todesstunde s. Edgerton 1926–27.

Schreiner 1988, s. reader, 137–148). Ein Yogin hat alle Bindungen hinter sich gelassen und sieht dem Auszug des Selbst aus dem Körper gelassen entgegen. So heißt es: „Wer die Erschütterung, die bei der Befreiung [des Selbst] aus dem Körper einsetzt und die durch Begehren und Zorn entsteht, zu ertragen vermag, der ist ein Yogin, der ist ein glücklicher Mensch."[7] Allerdings ist nicht immer die Erlösung das Ziel, für viele ist das Erlangen einer Himmelswelt nicht weniger erstrebenswert. Zwar beschäftigen sich die verschiedenen Texte des Hinduismus mit dem guten und frommen Leben, aber es wird auch immer daran erinnert, sich nicht zu spät mit dem Tod zu beschäftigen und sich aufs Sterben vorzubereiten.[8]

3. Endgültige Befreiung bzw. Erlösung (*mukti, mokṣa*)

Das Ende aller Verstrickungen in die Welt und damit aller Leiden ist erreicht, wenn das unsterbliche Selbst, der *ātman* nicht mehr in den Kreislauf von Geburt und Tod zurückkehrt. Das geschieht, wenn seine wahre, unsterbliche und leidfreie Gestalt erkannt wurde und es in seinem wahren Sein existiert. Hinduistische Konzepte von Erlösung beinhalten in erster Linie die Idee der ‚Befreiung' bzw. der ‚Loslösung' – beides Begriffe, die den Sanskritworten *mukti* und *mokṣa* eher entsprechen als das eher christlich geprägte Wort ‚Erlösung'. Die ‚Befreiung' beinhaltet zwei Aspekte: zum einen die Befreiung vom *karman* und somit von weiteren Wiedergeburten und zum anderen die Befreiung bzw. Freisetzung in das wahre Sein. Es besteht zwischen den verschiedenen theologischen und philosophischen Schulen eine gewisse Einigkeit darüber, dass die endgültige Befreiung erst nach dem Tode erreicht werden kann (*videhamukti*). Der Tod und das richtige Sterben spielen daher eine große Rolle. Darüberhinaus wurde in einigen Traditionen das

7 *Bhagavadgītā* 5.23; s. reader, 46–51. Über unterschiedliche Sterbesituationen s. Malinar 2005.

8 In den älteren Rechtstexten wird als eine mögliche Todesart die sog. ‚Große Ausfahrt' beschrieben, die einer unternehmen soll, der zum Sterben bereit ist. In diesem Fall soll man immer gen Norden, Richtung Himalaya wandern, bis man in den Schnee sinkt und stirbt. Das berühmteste Beispiel für diese Praxis ist die Schilderung des Todes der Helden des *Mahābhārata*.

Konzept der ‚Erlösung zu Lebzeiten' (*jīvanmukti*) entwickelt. Demnach kann bereits zu Lebzeiten das Ende des *karman* erreicht werden, wenn die wahre Identität des Selbst erkannt wurde (s. die Beiträge in Fort/Mumme 1996). Die zum Erreichen der Erlösung empfohlenen Wege (*mārga*) und Praktiken (*sādhana*) richten sich danach, wie das Wesen des ‚Selbst' und der Zustand seiner Befreiung theologisch und philosophisch definiert werden. Ganz grundsätzlich können monotheistische von monistischen Deutungen des Selbst unterschieden werden. Die monistische Deutung wird insbesondere in der Tradition des Advaita-Vedānta vertreten, die sich auf den Philosophen Śaṅkara zurückführt (s.u. VI.5.2) und insbesondere im modernen Hinduismus großen Einfluss gewonnen hat. Demnach besteht Erlösung im Eingehen des Selbst, des *ātman* in ein unpersönliches, allumfassendes ‚Sein', das sog. *brahman*, worin alle Unterschiede verschwinden wie „die Flüsse im Ozean" (s. reader 30f). Das Selbst geht in das *brahman* ein, das als das in Wahrheit ‚seiende' (*sat*), als reines Bewusstsein (*cit*) und als glückselig (*ānanda*) beschrieben wird. Das ist als die sog. ‚Identitätslehre' bzw. ‚Identität von *ātman* und *brahman*' bekannt geworden, wonach das in einem Körper residierende ‚Einzel-Selbst' (*ātman*) mit dem ‚Selbst des Alls', dem höchsten Seienden, dem *brahman* identisch ist.

In den meisten theologischen Deutungen gilt das verkörperte Selbst als ein Teil des ‚höchsten Selbst', d.h. des Gottes oder der Göttin, die dem Einzelnen die Erlösung verheißt. Die Teilhabe des Selbst am göttlichen Sein wird ganz unterschiedlich gedeutet und entsprechend breit ist das Spektrum der Erlösungskonzepte. Während in einigen Traditionen die Erlösung als Erreichen der paradiesischen Himmelswelt des geliebten Gottes oder der Göttin beschrieben wird, lehren andere das völlige Eingehen des Selbst in das göttliche Sein. In anderen Traditionen bleibt das Selbst zwar vom Gott getrennt, erreicht aber einen gottgleichen Seinsstatus. Erlösung beim geliebten Gott oder bei der Göttin beinhaltet oft den Genuss des ewigen, Glückseligkeit verleihenden Anblicks Gottes sowie die Möglichkeit, ihn für immer mit Gottesdienst und Lobpreisungen zu verehren.

Somit werden in den verschiedenen Erlösungswegen und den damit einhergehenden Praktiken jeweils die charakteristischen Aspekte des Selbst und seiner Beziehung zum höchsten Sein betont. Ist das Selbst in erster Linie durch sein absolutes Bewusstsein gekennzeichnet, dann werden Praktiken gelehrt, die eben die erlösende Erkenntnis fördern. Geht es eher um die Auslotung des dem Selbst zukommenden Vermögens zur Gottesliebe, so stehen Praktiken der meditativen Visualisierung bzw. der Anrufung Gottes im Mittelpunkt. Ganz generell lässt sich festhalten, dass im Hinduismus drei verschiedene Wege (*mārga*) zur Erlösung gelehrt werden: die Wege der Erkenntnis (*jñāna*), des (rituellen) Handelns (*karma*) und der Gottesliebe (*bhakti*). Es muss jedoch darauf hingewiesen werden, dass die Wege in den einzelnen Traditionen unterschiedlich gewichtet werden. Grundsätzlich handelt es sich dabei um Optionen, die für den praktizierenden Hindu und für die scholastische Interpretation ganz unterschiedliche Konsequenzen haben. So wird in einigen Traditionen, wie dem Yoga, ein mit Askese und Entsagung verbundener Erlösungsweg über den Weg des Handelns, d.h. die Erfüllung der sozialen und rituellen Pflichten gestellt. Anderen Gemeinschaften gilt die Entfaltung der Liebe zum Gott (*bhakti*) als das wichtigste Ziel religiöser Praxis. Dann gibt es wiederum Gruppen, die die Erkenntnis des höchsten Seins ins Zentrum ihrer Lehre stellen und deshalb Gottesliebe oder rituelles Handeln als weniger nützlich erachten, wie etwa in den monistischen Schulen. Weitere Konzepte von Befreiung wurden in den sechs philosophischen Schulen des Hinduismus entwickelt. Dazu zählt auch das in den philosophischen Schulen des Sāṃkhya und des Vaiśeṣika entwickelte Konzept, wonach das Selbst im Zustand der endgültigen Befreiung in ‚seiner wahren Gestalt' (*svarūpa*) erscheint, d.h. alterslos, todlos, kummerlos, und in dieser Weise allein und befreit fortbesteht (s.u. VI.5.4–5). Alle Erlösungswege beinhalten eigene Regeln und Verhaltensvorschriften, die den Erfolg der religiösen Praxis sichern. Diese Gebote überschneiden sich z.T. mit den generellen Regeln für das ‚rechte Leben', die in vielen hinduistischen Traditionen befolgt werden.

4. Moralische Verhaltensregeln

Moralische Verhaltensregeln und die allgemeinen Regeln des Zusammenlebens werden im Hinduismus zumeist unter dem Begriff *dharma* verhandelt. Die Diskussion des *dharma*-Konzepts in Bezug auf das Kastensystem hat gezeigt, dass in den Lehrwerken über die sozialen Normen kastenspezifische Verhaltensvorschriften entworfen werden, die nach Lebensphase und den ‚Lebenszielen' (*puruṣārtha*) variieren (s.o. IV.2). Es gibt darüberhinaus allgemeine Verhaltensregeln, die für alle in jeder Situation den Maßstab für das richtige Verhalten (*sadācāra*) setzen. Solche Gebote werden als ‚allgemeine Gesetze' (*sāmānya-* oder *sadhāraṇa-dharma*) bezeichnet und z.B. im Gesetzbuch des Manu wie folgt formuliert: „Gewaltlosigkeit (*ahiṃsā*), Wahrhaftigkeit, Verzicht auf unrechtmäßige Aneignung fremder Besitztümer, Reinlichkeit und Zügelung der Sinnesvermögen. So lautet zusammengefasst der Regelkatalog, der die Lebensführung in allen sozialen Schichten bestimmen soll." (*Manusmṛti* 10.63). Dieser Katalog umreißt die verschiedenen Aspekte ‚richtigen' Verhaltens recht deutlich. Er umfasst zum einen, was in westlichen Kontexten als ‚moralische' Regeln bezeichnet werden würde, wie etwa Wahrheitsliebe sowie Verbot von Gewalt und Diebstahl, und zum anderen Anweisungen, die den Lebensstil betreffen, wie etwa ‚Reinlichkeit' (*śauca*). Letzteres verweist auf die für das soziale Leben so zentralen Vorstellungen von Un/Reinheit (s.o. IV.4). Baden und Waschen sind nicht der persönlichen Hygiene überlassen, sondern sind Teil eines kollektiven Lebensstils und oft die Voraussetzung für soziale Interaktionen. Sie sind von daher Pflicht. Ähnliches gilt für das Gebot der Mäßigung, wodurch exzessiver Hedonismus oder Maßlosigkeiten aller Art eingeschränkt werden sollen. Zugleich verweist das Gebot auch auf eine generelle Orientierung des ‚richtigen Lebens' an asketischen Werten bzw. an Konzepten der Erlösung. Dazu gehören auch die Verhaltensweisen, die mit dem Begriff *sattva* zusammengefasst werden. Damit wird ein ‚reiner' Lebensstil beschrieben, der dem Einzelnen die Konzentration auf Erkenntnisziele und spirituelle Werte ermöglicht, wie er etwa durch Vegetarismus, Lektüre religiöser Texte usw. signalisiert wird. Mahatma Gandhis oft kommentierte Entscheidung zur Enthaltsamkeit gegenüber seiner Ehefrau basiert ebenso auf diesem Prinzip wie sein Hinweis, dass ein religiöses Leben keine Freizeitbeschäftigung ist. Allgemein gilt, dass eine Konzentration auf die ‚höheren Ziele' erst dann ernst genommen wird, wenn der Einzelne zeigt, dass er die allgemeinen Verhaltensregeln befolgen kann und z.B. aufrichtig ist, keine Tiere quält oder die Regeln der Reinlichkeit praktiziert. Es soll eine Übereinstimmung zwischen Wissen und Handeln herrschen: Die nur äußerliche Unterdrückung von Wünschen ist falsch, wenn man sich gleichzeitig in seinem Denken andauernd mit ihnen beschäftigt. Die Stufenleiter der Praxis im Yoga zeigt z.B., dass die Befolgung solcher allgemeiner Observanzen nicht nur der Ausgangspunkt aller Bemühungen ist, sondern sie auch auf jeder höheren Stufe befolgt werden müssen. Zu der immer wieder in der abendländischen Tradition aufgeworfenen Frage, ob ein Morallehrer selbst nach seinen moralischen Prinzipien leben muss, gibt z.B. Gandhi eine eindeutige Antwort: „Um die Bedeutung eines (moralischen) Lehrtextes zu verstehen, muß man eine sehr ausgeprägte moralische Sensibilität und Erfahrung in der Praktizierung seiner Anweisungen besitzen."[9]

Nur die Zügelung eines egoistischen, mit der Verwirklichung von Wünschen und Interessen beschäftigten Denkens führt zur richtigen Praxis. Das ist im Kern auch eine der wichtigsten Lehren der *Bhagavadgītā*, dem *karmayoga*, der Lehre von der Selbstbeherrschung im Handeln. Sie beinhaltet zwei Aspekte: Zum einen soll man die einem zukommenden Aufgaben und Pflichten erfüllen, um damit die Weltordnung zu erhalten. Die Sorge um den Erhalt der Welt (*lokasaṃgraha*) ersetzt die Orientierung an den eigenen Wünschen. Zum anderen wird diese Haltung als Verehrung des Gottes gedeutet, der die Welt geschaffen und damit die Erlösung der Lebewesen ermöglicht hat (s. reader, 51 ff; Malinar 2007). Gerade aufgrund der Verbindung zwischen moralischen Regeln und Lebensstil gelten die o.g. allgemeinen Regeln für Hindus auf allen Ebenen ihrer Religion und ihres Lebens.

Ein vielleicht besonders wichtiges Prinzip ist die *ahiṃsā*, die Gewaltlosigkeit bzw. Gewaltvermeidung. Dieses Gebot wird im modernen Hinduismus vor allem von Mahatma Gandhi und seinem ‚gewaltlosen Widerstand‘[10] gegen die britische Kolonialherrschaft repräsentiert. Die *ahiṃsā* ist zum einen auf die Lehre vom *karman* bezogen, wonach Gewalt zu besonders negativen Belastungen im nächsten Leben führt; zum anderen mit der Lehre, dass allen Lebewesen – auch Tieren und Pflanzen – ein ‚unsterbliches Selbst‘ innewohnt; wie verdunkelt und

9 M.K. Gandhi 1970, Collected Works, Bd.38, New Delhi, 316 (Übersetzg. AM).

10 Gandhi war jedoch nicht allein von der indischen Tradition beeinflusst, sondern auch von der englischen Suffragetten-Bewegung, die er während seines Aufenthalts in London erlebte, als die Frauen mit zivilem Ungehorsam und gewaltfrei das Wahlrecht erstritten.

unmerklich es auch sein mag. Deshalb soll man anderen Lebewesen so wenig Leid wie möglich zuzufügen und auf Gewalt verzichten. Allerdings gilt das Prinzip der Leidvermeidung auch für einen selbst und beinhaltet deshalb die Sorge um sich. Die zum Erhalt des eigenen Lebens notwendige Nahrungsaufnahme beinhaltet die Tötung bzw. den Verzehr anderer Lebewesen bzw. ihrer Überreste. Daher kann das Prinzip der Leidvermeidung in der Regel nicht völlig konsequent befolgt werden. Nur im Jainismus wird das Gebot konsequent umgesetzt, was zur Folge hat, dass der rituelle Hungertod des jainistischen Mönchs als Ideal gilt.[11] Zwar ist der Vegetarismus wünschenswert, aber keine Lösung für die dem Leben innewohnende Gewalt, da auch die Elemente und Pflanzen als lebendig gelten und das Pflügen der Erde oder die Ernte als tendenziell gewaltsame Eingriffe in anderes Leben angesehen werden (s. reader, 61 ff). Das Ritual bzw. das Opfer bietet eine Arena, um diese lebensnotwendige Gewalt, wenn auch nicht zu vermeiden, so doch anzuerkennen. Das erfolgt bereits im vedischen Opfer, in dem ein ‚Befriedungsritus' (*śāntikarman*) vorgesehen ist, in welchem das Opfertier um Vergebung bzw. Einwilligung in die eigene Tötung gebeten wird. Ähnliche Vorstellungen begleiten auch die Durchführung von Ritualen vor dem ersten Pflügen oder beim Fällen von Bäumen. Das Bewusstsein der wechselseitigen Abhängigkeit aller Lebewesen und der Tatsache, dass das eigene Leben auf dem Verzehr bzw. der Nutzung von Tieren, Pflanzen und den Elementen gegründet ist, wird in den Ritualen immer wieder vergegenwärtigt und anerkannt. Deshalb soll man Leiden nicht vermehren, weder durch übermäßigen Konsum noch durch Willkür und Grausamkeit.

Wie bereits erwähnt, gilt das Prinzip des Verzichts auf Schädigung und Gewalt auch für einen selbst, vor allem dann, wenn das eigene Leben auf dem Spiel steht oder etwa das Mitgefühl für andere einen selbst in den Ruin treibt. Das eigene Leben soll in jedem Fall gerettet und geschützt werden, weshalb auch Verstöße gegen andere Gebote dadurch gerechtfertigt werden können. Es setzen dann die Regeln für Ausnahmesituationen ein, die z. B. einem vegetarisch lebenden Menschen erlauben, bei Lebensgefahr Fleisch zu essen oder die Reinheitsgebote zu

11 Im Buddhismus ist Mönchen der Verzehr von Fleisch erlaubt, wenn das Tier nicht eigens für sie getötet wurde.

missachten. Diese Konstellation beeinflusst auch die Auslegung des Prinzips der Leidvermeidung bei Krankheit. Hier soll man auf alle verfügbaren medizinischen und andere Hilfsmittel zurückgreifen. Das erklärt auch die Aufgeschlossenheit gegenüber modernen medizinischen Möglichkeiten. Andererseits soll man die Endlichkeit des Lebens aber auch akzeptieren und nicht in den natürlichen Sterbeprozess eingreifen.

5. Die sechs philosophischen Schulen (*ṣaḍdarśana*)

Mit dem Begriff *ṣaḍdarśana* (die ‚sechs philosophischen Schulen') wird heute üblicherweise die Gruppe der indischen philosophischen Schulen bezeichnet, die man der brahmanisch-hinduistischen Tradition zuordnet und damit von buddhistischen und jainistischen Lehrtraditionen abgrenzt. Mit Ausnahme der Schule des Sāṃkhya basiert jede Schule auf einem sog. *sūtra*-Text, in dem die Doktrin in Form knapper Lehrsätze formuliert wird. Der Text reguliert einerseits die Inhalte der Lehre, öffnet sie aber zugleich für diskursive Erklärung entweder durch persönliche Unterweisung durch einen Lehrer oder in Form von Kommentaren und Subkommentaren. Im Laufe der Geschichte der einzelnen Schulen wurden immer wieder eigenständige Werke verfasst, die entweder ein spezifisches Thema behandeln oder die Lehrinhalte in neuer Form systematieren.

Die sechs Schulen werden zumeist in Zweiergruppen zusammengefasst, um eine philosophische Affinität zu signalisieren.[12] Im Gegensatz zu Buddhismus und Jainismus akzeptieren die sechs Schulen die Autorität der vedischen Texttradition entweder als Grundlage ihrer Lehre oder zumindest als ein ‚Mittel der Erkenntnis' (*pramāṇa*), auch wenn damit eine Relativierung ihrer Gültigkeit einhergehen mag, wie etwa im Sāṃkhya. Ihre Zusammenfassung unter dem Namen *ṣaḍdarśana* scheint eine spätere Entwicklung gewesen zu sein, die womöglich erst in moderneren Doxographien bzw. philosophiegeschichtlichen Werken einsetzt. In älteren Doxographien erscheint das Wort manchmal im Titel, wie z. B. im *Ṣaḍdarśanasamuccaya* (8. Jh.) des jainistischen Lehrers

12 In manchen Darstellungen werden deshalb Mīmāṃsā und Vedānta, Nyāya und Vaiśeṣika, sowie Sāṃkhya und Yoga zusammen behandelt.

Haribhadra, der – neben Buddhismus und Jainismus – nur vier der sechs brahmanischen Schulen behandelt. Auch der buddhistische Philosoph Bhāvaviveka (ca. 5. Jh.) diskutiert in seinem Werk *Madhyāmakahṛdayakārikā* sechs Schulen, jedoch auch nur vier brahmanische. Im 10. Jh. erörtert der Nyāyaphilosoph Jayantabhaṭṭa ebenfalls sechs Schulen, ohne z. B. Yoga oder Vedānta darin einzuschließen. Bekannte spätere Doxographien umfassen in der Regel weitaus mehr Lehrtraditionen, wie etwa in Mādhavas einflussreicher ‚Darstellung aller Schulen' (*Sarvadarśanasaṃgraha*; 15. Jh.), in der 14 philosophische und theologische Positionen abgehandelt werden. Diese werden in einer Stufenleiter angeordnet, die mit materialistischen Positionen beginnt, die wenig zur befreienden Erkenntnis beitragen, und mit der Darstellung des Advaita-Vedānta als der ‚höchsten' Philosophie endet.

5.1 Mīmāṃsā

Die Mīmāṃsā (Untersuchung bzw. Auslegung) – auch Pūrvamīmāṃsā genannt – beschäftigt sich vor allem mit der Auslegung und sprachphilosophischen Analyse der ältesten vedischen Ritualtexte (deshalb auch *pūrva*, früher). Der autoritative Lehrtext der Schule ist das *Mīmāṃsāsūtra* des Jaimini (ca. 2. Jh. v. Chr. bis 2. Jh. n. Chr.) mitsamt dem Kommentar von Śabara (ca. 4.–5. Jh. n. Chr.). Das vedische Ritual wird auf Grundlage seiner sprachlichen Formulierungen analysiert und insbesondere die Frage nach dem Zusammenhang zwischen Sprache und (kausalem) Handeln bzw. zwischen Wort und Ding sprachphilosophisch erörtert. Bei den beiden wichtigsten späteren Vertretern der Schule im 7. Jh. – Kumārila Bhaṭṭa und Prabhākara Miśra – tritt die Frage nach sprachlicher Sinnstiftung in den Vordergrund. Auf den philosophischen Lehren von der Selbstevidenz sprachlich formulierter Wahrheit basiert auch die These von der ‚Autorlosigkeit' (*apauruṣeyatva*) der vedischen Überlieferung. Die Lehre von der zeitlosen, ewig präsenten Wahrheit und Wirkkraft des Veda und des mit ihm verbundenen Opfers, übte einen großen Einfluss auch auf andere philosophisch-theologische Schulen aus. Die Ziele und Inhalte der vedischen Ritualtradition – hier unter dem Begriff *dharma* behandelt – blieben so in der philosophischen Debatte präsent. Das Opfer wurde ebenfalls als ein aus sich selbst wirkendes Zusammenspiel aller an ihm beteiligten Akteure gedeutet. Den Göttern kommt dabei nur eine relative Bedeutung zu und auch die Idee eines höchsten und einzigen Gottes, der alles lenkt, spielt keine Rolle. Wichtig ist allein die Aktivierung und Realisierung der in den vedischen Texten und im vedischen Opfer wirkenden Wahrheit (vgl. Clooney 1990). Dabei wurde von den Vertretern der Mīmāṃsā die Durchführung ritueller Handlungen, des *karman*, als der wahre Weg zum Erreichen des Himmels empfohlen. Nicht die Erlösung des ‚Selbst' durch Erkenntnis oder Yoga steht im Vordergrund, sondern ein glückliches Nachleben in einer Himmelswelt (*svarga*), das durch die gesammelte Wirkung aller Rituale (sog. *apūrva*) erlangt wird.

5.2 Vedānta

Der Vedānta (Ende des Veda) bzw. die Uttaramīmāṃsā (Untersuchung der jüngeren vedischen Texte) begründet die philosophische Lehre ebenfalls aus der Autorität der vedischen Literatur, in diesem Fall aber aus den Upaniṣaden. In den Upaniṣaden stehen weniger die Durchführung von Ritualen als die Erkenntnis des unsterblichen Selbst (*ātman*) im Mittelpunkt sowie die Analyse seines Verhältnisses zum allein seienden, die Welt manifestierenden Absoluten, dem *brahman*, im Mittelpunkt. Neben den Upaniṣaden zählen die *Bhagavadgītā* und das dem Bādarāyaṇa zugeschriebene *Brahmasūtra* (ca. 2. Jh. v. Chr. bis 2. Jh. n. Chr.) zu den kanonischen Texten. Die Schule weist ein großes Spektrum von Autoren auf, die die philosophischen Grundprobleme recht unterschiedlich auslegen. Deshalb unterscheidet man z. B. den Advaita-Vedānta des Śaṅkara (monistische Lehre) vom Dvaita-Vedānta des Madhva (dualistische Lehre). Als ältester Text, der dem Advaita-Vedānta zugerechnet werden kann, gelten die ‚Lehrverse des Gauḍapāda', die *Gauḍapādakārikā* (ca. 6. Jh. n. Chr.). Dazu existiert ein Kommentar, der wahrscheinlich von Śaṅkara stammt, der Gauḍapāda als ‚Lehrer seines Lehrers' bezeichnet. Ein Zeitgenosse des Śaṅkara war Maṇḍana Miśra, der in seinem Traktat *Brahmasiddhi* eine eigene Deutung des Advaita vorlegt.

Besonders einflussreich war und ist die Lehre des Śaṅkara (trad. Datierung 788–820 n. Chr. oder ca. 100 Jahre früher Ende des 7. Jh.), so dass mit Vedānta oft seine Lehre bzw. die sich an ihn anschließende Tradition gemeint ist. Zentrales Anliegen ist die Erkenntnis des *brahman*, des absoluten Seienden, das die Einheit bzw. die Nicht-Dualität (*a-dvaita*) der Welt begründet (s. Halbfass 1991; Rambachan 2006). Das *brahman* ist reines Sein (*sat*) und reines Bewusstsein (*cit*). Später wird weiterhin die ‚Glückseligkeit' (*ānanda*) als Bestimmung des *brahman* genannt, was aber bei Śaṅkara noch keine große Rolle spielt. Die Vielfalt der Erscheinungen der Welt ist nur eine Illusion, denn sie ist ein Produkt der *māyā*, der Schaffenskraft bzw. Zaubermacht. Aufgrund der Unwissenheit (*avidyā*) des individuellen ‚Selbst' (*jīva-ātman*) über sein wahres Sein kann sich diese Macht voll entfalten und der Mensch verstrickt sich in eine trügerische Welt. Wird das *brahman* als die alleinige Realität erkannt bzw. erfahren (*anubhava*), so schwindet alle Dualität. Da über das *brahman* in einem eigentlichen Sinne (*paramārtha*) nichts ausgesagt werden kann und alles Sprechen nur den Konventionen des Alltags folgt (*vyavahāra*), geht es darum, den Sinn der autoritativen Texte zu realisieren. Das gilt vor allem für die sog. ‚großen Worte' (*mahāvākya*) der Upaniṣaden, die Śaṅkara ins Zentrum der Erlösungsbemühungen stellt. Dazu zählt z.B. der Satz aus der Bṛhadāraṇyaka-Upaniṣad (1.4.10): *ahaṃ brahmāsmi* (Ich bin *brahman*), der nach Śaṅkara die Nicht-Getrenntheit des scheinbar individuellen ‚Selbst' mit dem einzig realen *brahman* ausdrückt. Erlösung kann nicht durch Handlungen bewirkt werden, sondern ist Erkenntnis der Einheit. Die Lehre hat die Ausbildung der theologischen Traditionen der verschiedenen *bhakti*-Schulen maßgeblich beeinflusst. Der Advaita-Vedānta zählt zu den bedeutendsten philosophischen Traditionen des Hinduismus, die in der Moderne eine neue Blüte erlebt (s.o. II.6.2, II.7.3; s. reader 101–104).

5.3 Nyāya

In der Schule des Nyāya (Regel, Logik) ist der Name Programm, weil man sich hier vor allem mit den gültigen Erkenntnismitteln (*pramāṇa*) und den Regeln für das richtige Argumentieren und Debattieren beschäftigt. Durch das Beachten der Regeln für die Begründung der eigenen Ansichten erlangt man Einsicht in die wahre Beschaffenheit der

Dinge (*tattvajñāna*), die letztlich dazu dienen soll, sich von den negativen Konsequenzen falscher Erkenntnis (*mithyajñāna*) zu befreien und für das unsterbliche Selbst (*ātman*) das Heil (*niḥśreyas*) zu erlangen. Letzteres wird möglich, wenn alle falsche Erkenntnis und das damit verbundene Streben nach irdischem Glück beseitigt wurden. Das *Nyāyasūtra* des Gautama bzw. Akṣapāda (ca. 100–200 n.Chr.) ist der Ausgangspunkt einer reichen Kommentarliteratur, wie z.B. Pakṣilasvāmins *Nyāyabhāsya* (5.–6.Jh. n.Chr.). In dieser Schule bemüht man sich auch um eine rationale Begründung des Monotheismus, die sich in Gottesbeweisen und in der Betonung der besonderen Bedeutung offenbarter Texte niederschlägt (vgl. Jacobi 1926). In Udayanas Abhandlung *Ātmatattvaviveka* wird die Autorität des Veda anderen Systemen gegenüber verteidigt, indem Gott als ihr Urheber angesehen wird, der die Veden zusammen mit der Welt geschaffen hat. Der Gott (*īśvara*) sorgt auch für das Wirken des Prinzips des *karman*, der Auswirkung früherer Taten im gegenwärtigen Leben. Die im Nyāya gelehrten Prinzipien des Seins stimmen weitgehend mit denen überein, die in der Vaiśeṣika-Philosophie gelehrt werden.

5.4 Vaiśeṣika

Die Schule des Vaiśesika (Unterschiedenheit) zeigt ein ausgeprägtes Interesse an ontologischen und kosmologischen Fragestellungen und analysiert das Seiende im Hinblick auf seine unverzichtbaren und elementaren Bestandteile (*padārtha*). Demnach besteht die Welt aus Substanzen (*dravya*; die Elemente usw.) und Attributen (*guṇa*), die in mehr oder weniger unauflösbaren (logischen) Verbindungen die Welt konstituieren (vgl. Halbfass 1992). Hinzukommen Faktoren wie etwa die ‚Besonderheit' der Dinge (*viśeṣa*), die sie überhaupt erst in ihrer Singularität und Partikularität erkennbar macht. Der älteste Lehrtext der Schule ist das *Vaiśeṣikasūtra* des Kaṇāda (ca. 100 n.Chr.). Als noch bedeutender gelten jedoch Praśastapādas *Padārthadharmasaṃgraha* (ca. 6.Jh.) und die zu diesem Werk verfassten Kommentare. In diesen Werken wird die Beschaffenheit der Welt aus den Verbindungen zwischen Substanzen und Eigenschaften erklärt. Zu den ewigen Substanzen gehört neben den Elementen, Raum und Zeit auch das unsterbliche Selbst (*ātman*). Letzteres ist mit verschiedenen Eigenschaften – wie Bewusstsein, Leidempfinden usw. – ausgestattet und geht mit den anderen Substanzen in der Welt (Zeit, Raum usw.) solange wechselnde Verbindungen ein, bis es seine wahre Beschaffenheit erkannt hat. Dann kann das Selbst losgelöst von allen Attributen als ewige Substanz fortbestehen, die weder Bewusstsein noch Empfindungen besitzt und sich nur numerisch bzw. durch seine ‚Besonderheit' von einem anderen Selbst unterscheidet. Dem fortgeschrittenen Asketen wird die Fähigkeit zur unmittelbare Wahrnehmung der einzelnen Substanzen zugeschrieben und insbesondere die Beobachtung des Selbst. Andere philosophische Schulen kritisierten die Vorstellung, dass Erlösung des unsterblichen Selbst darin besteht, als eine attributlose Substanz zu existieren. Das sei, wie wenn man danach strebe, sich in einen empfindungslosen Stein zu verwandeln. Wie im Nyāya wird in der späteren Schultradition des Vaiśeṣika ein Gott als Schöpfer der Welt akzeptiert.

5.5 Sāṃkhya

Die Philosophie der Sāṃkhya hat auf die verschiedenen theologischen Schulen des Hinduismus einen großen Einfluss ausgeübt, insbesondere durch die in ihr entwickelte Kosmologie, nach der das Entstehen und die Beschaffenheit der Welt auf 25 sog. *tattva* (Konstituenten des Seienden) zurückgeführt werden können.[13] Das Wort *sāṃkhya* bedeutet ‚Aufzählung', d.h. es stehen Verständnis und Interpretation der 25 *tattvas* im Zentrum der Lehre von der erlösenden Erkenntnis (*viveka*). Der älteste, jedoch verlorene, Lehrtext der Schule, das *Ṣaṣṭitantra*, war kein *sūtra*-Text und auch die älteste autoritative Darstellung in Īśvarakṛṣṇas *Sāṃkhyakārikā* (ca. 4. Jh. n. Chr.) ist ein Verstext. Letzterer wurde zum häufig kommentierten Grundtext der Schule.

Nach der Lehre des Sāṃkhya stehen sich von jeher zwei Konstituenten des Seins (*tattva*) gegenüber, die von keiner weiteren Instanz abhängen. Sie bilden die ersten beiden *tattvas*; sie gelten als ewig und von

13 Aus diesem Grund und wegen der Bedeutung der Lehre von den drei *guṇas* wird diese Schule hier etwas ausführlicher dargestellt. Siehe auch Larson 1979.

keiner höheren Ursache abhängig. Ihr Zusammenkommen (*saṃyoga*) ist die Voraussetzung für die Weltentstehung. Das erste Prinzip ist der *puruṣa* (Geist, erkennende Wesenheit), dessen spezifisches Merkmal ‚Bewusstheit' ist. Er ist aber unfähig zu handeln oder etwas zu erschaffen. Das ist allein der zweiten Sphäre möglich, der *prakṛti*, der selbsttätigen Natur und Materie. Sie ist die Ursache der sichtbaren Welt und zugleich der Stoff, aus dem die Dinge sind. Allerdings hat sie kein Bewusstsein ihrer selbst. Sie besteht aus drei Naturkräften, den sog. *guṇa*s, durch deren Wechselwirkung die sichtbare Welt bzw. ein Körper entsteht, sobald der *puruṣa* sich aufgrund seines *karman* mit der Natur verbindet. Dann manifestiert die Natur in einer feststehenden Abfolge die restlichen 23 Seinskonstituenten. Die Selbstentfaltung der *prakṛti* schreitet vom Unsichtbaren ins Sichtbare und vom Feinstofflichen ins Grobstoffliche fort. Sie endet mit dem Entstehen der fünf Elemente, die sich zum sichtbaren Körper zusammenschließen. Beim Entstehen der Welt spielen die drei Naturkräfte – die *guṇa*s – die Hauptrolle und deren Eigenschaften prägen alles Leben in der Welt.

Die drei Wirkkräfte der Natur (*guṇa*)

1. *sattva*	Klarheit, Licht, Reinheit, Ruhe, Güte
2. *rajas*	Aktivität, Leidenschaft, Staub, Dynamik, Unruhe
3. *tamas*	Dumpfheit, Dunkelheit, Trägheit, Lethargie, Unklarheit

Wie bei der Auffächerung der Übersetzungsmöglichkeiten ersichtlich wird, umfasst das Bedeutungsspektrum der drei *guṇa*s sowohl Naturphänomene, wie Licht, Staub oder Dunkelheit, als auch körperlich-mentale Dispositionen von Lebewesen wie Klarheit, Unruhe oder Trägheit. Jedes körperlich existierende Wesen ist durch ein bestimmtes Mischungsverhältnis der Naturkräfte geprägt, das den *svabhāva*, die ‚einem zugehörende Existenzweise' bestimmt. Alles in der Welt kann deshalb mit Hilfe der drei *guṇa*s klassifiziert werden, die das Wirkpotenzial bzw. die Eigenarten eines Lebewesens oder anderer Phänomene beschreiben. Ein Beispiel dafür ist die folgende Klassifikation von Göttern, Menschen und Tieren aus dem Gesetzbuch des Manu:

„Wisse, dass Ruhe (*sattva*), Aktivitätsdrang (*rajas*) und Dumpfheit (*tamas*) die drei Grundeigenschaften des verkörperten Bewusstseins sind.

[...] Wenn eine dieser Eigenschaften in einem Körper gänzlich dominiert, dann ist auch das verkörperte Selbst durch diese Eigenschaft besonders ausgezeichnet. Ruhe hat die Form des Wissens, Dumpfheit die Form der Dummheit, Aktivitätsdrang die Form von Liebe und Hass. Diejenigen, die von Ruhe geprägt sind, erlangen den Status der Götter, diejenigen, die von Aktivitätsdrang erfüllt sind, werden Menschen, und diejenigen, die von Dumpfheit beherrscht werden, sinken in die Welt der Tiere hinab." (*Manusmṛti* 12.24ff.)

Ähnliche Klassifikationen finden sich für die Kasten, Nahrungsmittel, Typen von Askese und Opfertätigkeit usw. Für den Erwerb der erlösenden Erkenntnis ist eine Orientierung an den mit der Naturkraft *sattva* verbundenen Werten und Praktiken am besten (s.o. IV.4). Dieses Klassifikationsschema hat Eingang nicht nur in die verschiedenen Texttraditionen, sondern auch in den Alltag gefunden und stellt eines der wichtigsten Deutungsmuster in hinduistischen Traditionen dar (s. Davis 1976).

Die Manifestation der anderen Seinskonstituenten (*tattva*) geht in folgenden Stufen vor sich: Ist der Kontakt zwischen Bewusstheit (*puruṣa*) und Natur (*prakṛti*) hergestellt, so produziert die Natur einen Körper, der dem *karman* des *puruṣa* entspricht. Je näher das Bewusstseinsprinzip der erlösenden Erkenntnis gekommen ist, desto *sattva*-artiger wird der Körper, d.h. desto geeigneter für Erkenntnisprozesse. Als erstes Produkt und Bestandteil des Körpers entsteht die *buddhi*, die Urteilskraft bzw. das Unterscheidungsvermögen. Es ist die Grundlage für die gesamte geistige und körperliche Disposition eines Lebewesens, weil sich hier die Qualität des früheren Lebens zuerst zeigt. Dementsprechend weist die *buddhi* verschiedene Grunddispositionen auf, wie Rechtschaffenheit, Erkenntnisdurst oder umgekehrt geistiges Desinteresse usw. Eine dieser Dispositionen prägt das Selbstverständnis des Einzelnen und charakterisiert auch das als nächstes produzierte Organ, den sog. ‚Ich-Macher' bzw. die ‚Silbe „Ich"' (*ahaṃkāra*). Es handelt sich dabei um ein feinstoffliches Organ, das die Vorstellung eines Ich produziert und alle Handlungen, Vorstellungen und Erfahrungen auf sich bezieht. Wie alle anderen Bestandteile des Körpers auch, ist es von einer der drei Naturkräfte besonders geprägt. Ist in einem ‚Ich' z.B. die Naturkraft *rajas* dominant, so wird es vor allem von dem Bedürfnis nach Genuss und Wunscherfüllung umhergetrieben. Entsprechend sind auch die nächsten Seinselemente, das Denkvermögen sowie die fünf Sinnes- und die fünf Tatvermögen in erster Linie mit der Verwirklichung von Wünschen und der Steigerung seiner Glücksmöglichkeiten beschäftigt. Parallel dazu werden die Elementbereiche geschaffen, aus denen sich dann die grobstofflichen Sinnesorgane bilden. Die Sinnesvermögen sind dabei jeweils einem elementaren Bereich zugeordnet, der ihrer feinstofflichen Struktur entspricht. So ist das Gehör auf den feinstofflichen Elementbereich des Klangs bezogen. Das Ohr ist die grobstoffliche Ausbildung des Gehörs und der Raum ist der Elementbereich von Tönen und Klängen. Das Ich-Bewusstsein ist sowohl ein kosmologischer Schnittpunkt als auch ein Schnittpunkt für die individuelle Existenz: Ohne ein Ich könnte sich die Welt nicht weiter entfalten. Die Erlösung kann aber auch nicht erreicht werden, ohne das ‚Ich' hinter sich zu lassen. Der Weg zur Erlösung besteht daher in einer Inversion, d.h. in der Umkehrung des Stufenweges der Emanation der *tattva*s: Das Sichtbare wird in das Unsichtbare resorbiert und man gelangt von den grobstofflichen in die feinstofflichen Bereiche. Das führt letztlich zur endgültigen Trennung des Bewusstseins von der Natur, wonach beide in ihrer jeweiligen Seinsweise fortbestehen.

Die Lehre von der Manifestation der Welt durch die *prakrti*, die Kosmologie der 25 *tattva*s und das Klassifikationsschema der drei *guṇa*s wurden von zahlreichen hinduistischen Traditionen übernommen. Dabei werden sie in den theologischen Lehren dem höchsten göttlichen Bewusstsein und Willen untergeordnet, das die Weltschöpfung veranlasst. Das Einzelbewusstsein (*puruṣa*) wird oft als Teil Gottes oder der Göttin gedeutet. Zudem werden weitere Prinzipien in die Kosmologie eingeführt, die von Schule zu Schule variieren. Die Grundprinzipien der Kosmologie werden auch in der Tradition des Yoga akzeptiert, allerdings sind damit z.T. andere Erlösungskonzepte verbunden und eine stärkere Analyse der Erkenntnisprozesse, in welche die Praxis des Yoga eingreift.

5.6 Yoga

Die Schule des Yoga (‚Anschirrung', ‚Verbindung') ist mit dem Sāṃkhya durch die weitgehende Übernahme ihres kosmologischen

Modells verbunden.[14] Obwohl der Yoga in seiner ältesten Form vor allem eine meditativ-asketische Praxis war und auch später blieb,[15] erhielt er durch das dem Patañjali zugeschriebene *Yogasūtra* (ca. 4.–5. Jh.) und die nachfolgende Kommentarliteratur eine philosophische Ausarbeitung vor allem hinsichtlich der Theorie des Bewusstseins (*citta*) und seiner Zustände. Die Analyse der Bewusstseinszustände und deren meditative Beseitigung dient letztendlich der Befreiung des unsterblichen ‚Seher-Bewusstseins' (*drāṣṭā*), das ähnlich wie der *puruṣa* des Sāṃkhya beschrieben wird.

Yoga als Lebensweise bedeutet die Einübung der Anschirrung und Beherrschung der natürlichen Selbsttätigkeit der Sinnesvermögen und der verschiedenen geistigen Organe. Entsprechend lautet die berühmte Definition zu Beginn des *Yogasūtra*: „Yoga ist das Anhalten aller Bewusstseinstätigkeit" (*cittavṛttinirodha*). Aufgrund des Eigenlebens des Körpers und der Zuneigung, die die Sinnesvermögen zu den Sinnesobjekten hegen, ist der Yoga ein langer und mühsamer Weg. Im Yogasūtra des Patañjali werden verschiedene Yogapraktiken gelehrt, darunter auch der sog. ‚achtgliedrige Yoga' (*aṣṭāṅga-yoga*), der sich aus folgenden Elementen der Praxis aufbaut:

1. Gebote (*yama*): Gewaltlosigkeit, Wahrhaftigkeit, Verzicht auf Diebstahl, sexuelle Enthaltsamkeit, Besitzlosigkeit.
2. Prinzipen der Lebensführung, Observanzen (*niyama*): Reinlichkeit, Genügsamkeit, Rezitation heiliger Texte, Verehrung eines Gottes.
3. Einübung bestimmter Körperhaltungen (*āsana*).
4. Beherrschung der Atemwinde (*prāṇāyāma*).
5. Zurückziehen der Sinnesvermögen von den Sinnesbereichen (*pratyāhāra*).
6. Festlegung des Denkens auf einen Bereich (*dhāraṇā*).
7. Meditation über den festgelegten Bereich (*dhyāna*).
8. Völliges Versenken des Denkens in den Gegenstand, Stillstand der Denk- und Vorstellungstätigkeit (*samādhi*).

14 Allerdings lehrt der Yoga nicht drei verschiedenen Bewusstseinsorgane, sondern nur eines, das *citta*.

15 Siehe dazu Schreiner 1988 (s. reader, 137 ff), Eliade 1980; Whicher/Carpenter 2003.

Gelingt die Einübung, so führt der Yogin nach und nach die einzelnen grobstofflichen Bereiche an ihren feinstofflichen Ursprung zurück. Auch das unsterbliche Selbst kehrt in seinen überindividuellen Ursprung zurück. In einem Yogatext aus der *Bhagavadgītā* wird die erlösende Erkenntnis wie folgt beschrieben (s. auch reader, 48 ff): „Einer, der sich selbst an den Yoga angeschirrt hat und überall das Gleiche sieht, der erblickt das Selbst, das in allen Wesen weilt, und alle Wesen in dem Selbst." (6.29) Für den erfolgreichen Yogin heben sich alle sozialen und individuellen Unterschiede auf: Er sieht das Gleiche in einem Brahmanen, einer Kuh, einem Hund oder einem Hundekocher. Wer das unsterbliche Selbst befreien und erfahren möchte, muss sich in der Tat selbst auflösen, und er gelangt dorthin, wo, wie es heißt, noch nicht einmal die Götter mehr eine Spur von ihm erkennen. In Traditionen des sog. theistischen Yoga besteht die Erlösung zumeist darin, dass das unsterbliche Selbst in Gott eingeht bzw. die höchste Sphäre göttlichen Seins erreicht.

5.7 Zur Bedeutung philosophischer Lehren

Eine immer wieder aufgeworfene Frage ist, wie sich Religion und Philosophie im Hinduismus zueinander verhalten. Hintergrund dieser Frage ist zum einen die Debatte um den Hinduismus als einer Religion (s. o. I.2–3), zum anderen der Zweifel daran, ob die indische Philosophie überhaupt als ‚Philosophie' bezeichnet werden kann. Der Zweifel wird u. a. damit begründet, dass philosophische Argumentation in Indien immer zweckgebunden sei und sich vor allem nicht aus der Bindung an religiöse Inhalte und theologische Konzepte befreit habe.[16] Trotz der Anwendung philosophischer Argumente auf religiöse Inhalte werden in der indischen Tradition beide Ebenen der Auseinandersetzung und der Reflexion voneinander getrennt, da sie unterschiedlichen Referenzrahmen und Kommunikationssituationen angehören. Dabei werden logisches Argumentieren und die Legitimation der eigenen Lehre von einer nicht durch diskursive Mittel kommunizierten Erfahrung von Transzendenz unterschieden. Fast alle bekannten religiösen Gemeinschaften (*sampradāya*) des Hinduismus vertreten auch eine

16 Zu dieser Debatte s. Halbfass 1981; Malinar 2006.

philosophische Lehre, die sie ihren Mitgliedern vermitteln und anderen Traditionen gegenüber behaupten. Orte der Selbstbehauptung sind nicht allein Texte, sondern auch öffentliche Disputationen bzw. ritualisierte Streitgespräche (sog. *śāstrārthas*), in denen Anhänger einzelner Lehren ein philosophisches Problem diskutieren. Dabei spielen die Lehrer und Oberhäupter (*ācārya*) der verschiedenen religiösen Gemeinschaften eine große Rolle. Als Repräsentanten einer möglichst ununterbrochenen Überlieferungstradition (*paramparā*) sollten sie auch deren philosophische Lehre vertreten und gegenüber anderen verteidigen können. Die Fähigkeit zur argumentativen Darlegung der Lehre anhand der autoritativen Texte gehört zu den wichtigsten Fähigkeiten, die die Reputation eines Lehrers begründen. Deshalb hängt der Status einer religiösen Gemeinschaft nicht zuletzt von der Qualität und Produktivität ihrer Lehrer ab. Kann eine religiöse Gemeinschaft, die einen kanonischen Text für sich beansprucht, z.B. keine Kommentartradition nachweisen, so können sich die anderen Gemeinschaften weigern, sie als Lehrtradition überhaupt anzuerkennen (s. Clementin-Ojha 2001).

Die in einer religiösen Gemeinschaft vertretene philosophische Lehre wird entweder in Form eines Kommentars oder in einer eigenständigen Abhandlung argumentativ dargelegt. Eine solche Lehre wird zumeist als *vāda* oder *siddhānta* bezeichnet, d.h. ‚philosophischer Lehrsatz' bzw. ‚bewiesene Lehre'. So werden in philosophischen Diskussionen die verschiedenen *vāda*s angeführt, wie z.B. der sog. *sat-kārya-vāda*, ‚die Lehre, dass die Wirkung bereits vor ihrem Erscheinen in der Ursache vorhanden ist', d.h. die Wirkung als eine Modifikation der Ursache gilt. Solche Kausalitätstheoreme spielen insbesondere bei Erklärungen für das Entstehen der Welt eine große Rolle. Entsprechend gibt es zwei Referenzebenen für eine religiöse Gemeinschaft: Bezieht man sich auf den Kontext religiöser Praktiken, so verwendet man die zumeist mit dem Stifternamen der religiösen Gemeinschaft verbundene Bezeichnung (s.o. V.3). Geht es um bestimmte philosophische Lehrsätze, dann wird dieselbe Gruppe mit Bezug auf die von ihnen vertretene philosophische Lehre (*vāda*) identifiziert. So sind die Anhänger einer der zehn verschiedenen Gemeinschaften, die sich auf den Philosophen Śaṅkara (ca. 8. Jh.) zurückführen, unter dem Namen ihrer Überlieferungstradition, d.h. als Daśanāmī-Sampradāya bekannt. Bei der Darlegung ihrer philosophischen Position beziehen sie sich auf den sog. *advaita-vāda*, die monistische Lehre des Advaita-Vedānta, wonach es nur ein einziges, namen- und formloses Seiendes (*brahman*) gibt. Die Trennung zwischen philosophischen Positionen und religiösen Lehren wird weiterhin auch daran erkennbar, dass verschiedene religiöse Gemeinschaften durchaus einzelne philosophische Lehrsätze miteinander teilen können, ohne dass sie deshalb derselben religiösen Gemeinschaft angehören müssen. So kann sowohl ein Anhänger des Gottes Viṣṇu als auch ein Anhänger des Gottes Śiva davon überzeugt sein, dass Gott von der von ihm geschaffenen Welt ebenso prinzipiell getrennt ist wie die Ursache von der Wirkung. Beide können einen philosophischen Dualismus vertreten und doch bei ganz unterschiedlichen Göttern ihr Seelenheil suchen. Eine philosophische Lehre ist nicht zwangsläufig an eine bestimmte religiöse Praxis oder Doktrin gebunden. Deshalb führten die philosophischen Schulen auch ein Eigenleben und wurden nicht nur über Jahrhunderte bewahrt, sondern auch weiterentwickelt. Angesichts der langen Tradition des religiösen Pluralismus in Indien bei gleichzeitiger Konkurrenz um Anhängerschaft und Patronage, gehört die von religiösen Bindungen unabhängige Auseinandersetzung mit grundlegenden philosophischen Fragestellungen zum fest etablierten Repertoire wertgeschätzter Kommunikationsformen.[17]

6. Das Verhältnis zu anderen Religionen

Die Vielfalt religiöser Traditionen und Religionsformen des Hinduismus führt zur Bildung verschiedener religiöser Gemeinschaften und unterschiedlicher, kontextgebundener Ebenen religiöser Praxis, die nicht in eine zentrale Institution oder Organisationsform eingebunden sind. Der religiöse Pluralismus geht mit einer Pluralität religiöser Gemeinschaften einher, die auch sozial verankert sind. Die soziale Verankerung zeigt sich nicht allein in Schreinen, Tempeln, Klöstern oder Fes-

17 Bekanntschaft mit solchen, nicht konfessionsgebundenen philosophischen Diskursen machte auch manch christlicher Missionar, der mit seinen theologischen Anliegen von gelehrten Hindus durch Theologie-Verweigerung nicht selten in eine gewisse Ratlosigkeit getrieben wurde. Auf religiöse Anliegen wurde mit logischen Widerlegungsstrategien reagiert; s. Young 1981.

ten, sondern auch darin, dass religiöse Gemeinschaften im sozialen Feld oft kastenähnliche Strukturen ausbilden bzw. wie eine Kaste wahrgenommen werden. Wie ein anderer Beruf oder eine andere Sprache eben ‚Andere' sowohl innerhalb als auch außerhalb des eigenen sozialen Umfelds charakterisiert, mit denen man mehr oder weniger zu tun hat, so sind andere Götter in erster Linie die Götter der ‚Anderen'. Eine Auseinandersetzung erfolgt, sobald man mit ihnen Kontakt hat und kooperiert oder konkurriert. Im Unterschied zur Rangordnung im Rahmen der Kastenhierarchie gibt es jedoch keine hierarchische Klassifizierung der verschiedenen Religionen, die allgemein akzeptiert wird. Von daher bilden religiöse Gemeinschaften koexistierende, mehr oder weniger miteinander interagierende Segmente. Religiöser Pluralismus und Toleranz im Hinduismus können somit auch als Resultate eines Prozesses der ‚Segmentierung'[18] religiöser Gemeinschaften und Kulte beschrieben werden. Neugründungen von Gemeinschaften und Aufspaltungen innerhalb bestehender Gruppen führen nämlich meistens zur Bildung von einzelnen Segmenten und zu einem Nebeneinander von Gemeinschaften, ohne dass sie einer hierarchischen oder zentralisierenden Struktur untergeordnet werden.

Die Ausbreitung oder Ansiedlung religiöser Gruppen hängt sowohl von ihrer sozialen Verankerung ab, als auch von der Patronage bzw. dem Schutz durch die politisch Mächtigen. Deshalb ist die Konkurrenz zwischen den verschiedenen Gruppen dann am heftigsten, wenn es um die Sicherung königlicher Patronage oder anderer Sponsoren geht. Dabei geht es nicht immer friedlich zu, wie die gewalttätigen Auseinandersetzungen zeigen, die es im Laufe der Religionsgeschichte z.B. zwischen Hindus und Buddhisten, Hindus und Jainas, aber auch zwischen verschiedenen hinduistischen Gruppen immer wieder gab. Dennoch resultierte der vor allem für die Brahmanen bedrohliche Aufstieg neuer Religionen letztlich zu einem weitgehend friedlichen, wenn auch von intellektueller und ökonomischer Konkurrenz geprägten Zusammenleben. Der originäre Pluralismus religiöser Traditionen des Hinduismus und dessen dezentralisierte Struktur scheinen religiöse Gewaltkampagnen, wie sie aus der Geschichte anderer Religionen bekannt sind, weit-

18 Zu ‚Segmentierung' als Begriff der Kulturanthropologie s. Sahlins 1968; im Bereich des Hinduismus s. Burghart 1978, Malinar 2007a.

gehend verhindert zu haben. Ein wichtiger Faktor in dieser pluralistischen, zu Koexistenz und Segmentierung tendierenden Konstellation ist der König bzw. das Selbstverständnis der Machteliten. Es gehört zu den traditionellen Aufgaben des Königs, für alle Bewohner seines Landes zu sorgen und den verschiedenen Gruppen und Religionen Schutz und eine angemessene Patronage zu gewähren, solange sie die allgemeinen Gesetze beachten und die sozialen Hierarchien nicht antasten. Ein Beispiel dafür ist die Aufnahme der im Zuge der Ausbreitung des Islam im 9. Jh. aus Persien vertriebenen Anhänger des Zoroastrismus, der alt-iranischen Religion des Zarathustra, die heute in Indien als Parsis bezeichnet werden. Der König von Gujarat erlaubte ihnen, sich in seinem Reich anzusiedeln und ihre Religion zu praktizieren, jedoch unter der Bedingung, dass sie keine Propaganda für ihren Glauben machten und unter sich blieben. Damit wurden die Parsis im Prinzip in eine endogame Kaste verwandelt, deren Heiratsmöglichkeiten eben auch auf ihre Mitglieder beschränkt sind. Sie zählen heute zu einer der reichsten und kulturell aktivsten religiösen Gemeinschaften Indiens. Eine vergleichbare Situation entwickelte sich für die syrischen Christen, die sich in Südindien ansiedelten und heute eine hoch angesehene Kaste bilden. Die Transformation in eine Kaste bzw. die Ausbildung eines Kastensystems *sui generis* ist ein immer wieder bemerktes Zeichen für die Assimilation von sich in Indien ansiedelnden Religionen (s. Bayly 1989).[19]

Etwas anders gestaltet sich die Geschichte der Beziehung zu Religionen, die im Zuge von Eroberungskriegen nach Indien kamen, Land und Leute unterwarfen, eigene Herrschaftsformen errichteten und sich dabei stark an ihrer religiösen Identität orientierten. Obwohl auch Kriege zwischen Hindu-Königen mit Zerstörungen und Plünderungen von Tempeln und anderen religiösen Einrichtungen einhergehen konnten, waren die Zerstörungen von hinduistischen Tempeln durch die frühen muslimischen Eroberer in Nordindien oder durch die katholischen Portugiesen in Goa auch von der Wahrnehmung der Inder bzw. Hindus als ‚Ungläubige' bzw. ‚Heiden' geprägt.[20] Die Zerstörung von

19 Das gilt auch für den Islam und das Christentum; insbesondere in der katholischen Kirche wurden Kastenunterschiede reproduziert; s. Forrester 1980.

20 Für die Wahrnehmung von Muslimen unter dem altindischen Topos des Dämonen s. Talbot 1995 und Chattopadhyaya 1998.

Tempeln schien auch als ein erster Schritt zur Ausbreitung der ‚wahren' christlichen oder islamischen Religion. Das wurde auch dadurch demonstriert, dass an der Stelle von Tempeln oder auf deren Fundamenten Moscheen bzw. Kirchen errichtet wurden. Die andere Ebene der Auseinandersetzung mit den in Indien gelebten Religionen bestand in Missionierung und Konversion. Auf Seiten des Islam spielten dabei vor allem die umherwandernden Sufi-Heiligen eine bedeutende Rolle. Sie repräsentierten einen mystischen, von der Liebe zu Gott geprägten Islam, der auch für Hindus eine Attraktivität besaß, was zu verschiedenen Formen des religiösen Synkretismus führte und auch die Herausbildung einer indo-persischen Kultur befördert hat (s. Schimmel 1983). Insbesondere die Gräber (*dargah*) der muslimischen Heiligen (*pīr*) stellen bis heute religiöse Zentren dar, die Anhängern aller Religionen offen stehen und auch von Hindus oder Parsis aufgesucht werden. Solche Synkretismen und religiöse Praktiken, die sich nicht in den etablierten bzw. orthodoxen Kultzentren des Tempels oder der Moschee abspielten, waren den religiösen Führern auf beiden Seiten oft ein Dorn im Auge. Der Islam wurde in seiner nunmehr über eintausend Jahre währenden Präsenz in Indien ebenso von der indischen bzw. hinduistischen Kultur und Religion beeinflusst wie umgekehrt. Einen geschichtlichen Einschnitt stellt die britische Kolonialherrschaft dar, die nicht allein zur Herausbildung eines neuartigen Bewusstseins von ‚Religion' als Identität stiftender Faktor führte, sondern eine Religionspolitik hervorrief, die mit zur Teilung Indiens beitrug (s.o. II.8). Im Zuge des Erstarkens eines religiösen Nationalismus und Fundamentalismus sowohl bei Hindus als auch bei Muslimen wurden Gräben zwischen den Religionen aufgerissen, die immer wieder in Gewalt mündeten. Von hinduistischer Seite werden solche Gewaltausbrüche zumeist als eine Reaktion auf Angriffe gegen Hindus oder hinduistische Werte angesehen. Dazu zählen die Kuhschlachtung oder Versuche, insbesondere Unterkastige und ‚Unberührbare' zum Islam zu bekehren.

Das 19. Jh. markiert auch einen Einschnitt in der Geschichte und Wahrnehmung des Christentums in Indien, das – im Gegensatz zum Islam – zuvor nur eine marginale Rolle in bestimmten Regionen Indiens spielte. Im Zuge der Kolonialherrschaft konnten christliche Missionare erstmals mit Billigung der Regierung in ganz Indien Missionsstationen errichten, Krankenhäuser und Schulen bauen. Die Bekehrung der Hindus war in beiden Kirchen das erklärte Ziel. Die erste Zielgruppe von Konversionsversuchen waren die oberen Schichten, insbesondere die Brahmanen, weil man hoffte, dass sich dann der Rest der Hindus ebenso verhalten würde wie ihre Priester und Gelehrten. Einer der ersten Schritte war deshalb die Übersetzung der Bibel ins Sanskrit und die Suche nach der intellektuellen Auseinandersetzung mit den Brahmanen (Young 1981). Letztere zeigten sich den Debatten nicht nur gewachsen, sondern sahen sich nicht selten als Sieger daraus hervorgehen. In jedem Fall konnten nur wenige von ihnen von der Überlegenheit des christlichen Glaubens überzeugt werden. Die christlichen Theologen boten nichts an, was die Brahmanen nicht schon zu kennen glaubten. Besonders kritisiert wurden die Christen auch dafür, dass sie ihre heiligen Texte und Lehren auf der Straße verkündeten und dabei die Hindus verunglimpften. Die Figur des ‚Straßenpredigers' wurde zum Signum einer christlichen Aufdringlichkeit, die die Respektabilität des Christentums insgesamt in Frage stellte (s. reader, 98 ff). Wenig kultiviert erschien den Brahmanen weiterhin der Konsum ‚unreiner' Substanzen wie Wein während der Messe sowie die Vorstellung einer Kommunion mit dem ‚Leib Christi'. Angesichts des weitgehenden Scheiterns der Missionierung in der indischen Oberschicht wandten sich die Konversionsbemühungen in der Folge stärker den Unterschichten und den ‚Unberührbaren' zu, denen die christliche Botschaft auch als eine Möglichkeit verkündet wurde, sich von der Unterdrückung durch die Kastenhindus zu befreien. Hier konnten die christlichen Kirchen größere Erfolge verzeichnen, und vor allem der indische Bundesstaat Kerala weist einen hohen Anteil an indischen Christen auf. Zu einem Streitpunkt zwischen Christen und Hindus wurden Missionierungen bei den ‚Unberührbaren' und bei der ‚Stammesbevölkerung' (Ādivāsis), die teilweise auch zu gewalttätigen Ausschreitungen gegen Christen führten. Im Zuge des politischen Aufstiegs des Hindu-Fundamentalismus verabschiedeten einige indische Bundesstaaten ein Gesetz, das Konvertierungen verbietet.

Die Geschichte des Hinduismus ist nicht nur eine Geschichte der Ausdifferenzierung seiner religiösen Traditionen, sondern auch der beständigen Konfrontation mit religiösen Praktiken und Lehren, die nicht mit den eigenen kongruieren. Aber man teilte oft einen gemeinsamen sozialen und kulturellen Kontext bzw. schuf ihn im Laufe des

Zusammenlebens.[21] Hinduismus, Buddhismus und Jainismus teilten z.B. in ihren Anfängen nicht nur bestimmte kulturelle und geschichtliche Zusammenhänge, sondern auch gewisse Konzepte und Institutionen. Die indischen Religionen haben dabei unterschiedliche Formen der Auseinandersetzung und des Zusammenlebens entwickelt, die über weite Teile der Religionsgeschichte einen friedlichen Charakter hatten. Zum gelebten religiösen Pluralismus gehören nicht nur die Ausbildung kastenähnlicher Strukturen und manchmal auch gemeinsam begangene Feste, sondern auch bestimmte Kommunikations- bzw. Diskussionsformen. Diese zeigen sich z.B. in der Struktur philosophisch-theologischer Texte, die in der Regel in Form einer Debatte mit verschiedenen Gegnern abgefasst sind. Die Opponenten müssen erst widerlegt werden, bevor die eigene Lehre als erwiesen erachtet werden kann (s.o. VI.5.7). Der Hinduismus kann auf eine lange Tradition der öffentlichen Debatte zurückblicken. In den meisten Fällen wurden solche Debatten auf Einladung eines Königs am Hofe geführt und brachten Vertreter der verschiedenen Religionen zusammen. Bereits die Upaniṣaden enthalten Schilderungen solcher intellektueller Wettbewerbe, in denen Brahmanen am Hofe eines Königs ihr Wissen messen. Auch die Hagiographien (*carita*) berühmter Lehrer berichten von solchen Debatten, die z.T. die Form eines Ordals annahmen, wenn etwa Diskutanten die Wahrheit ihrer Lehre ‚experimentell' nachweisen wollten und von Bergen sprangen oder ihre Hand in Schlangenkörbe hielten – eine Form des Nachweises, die meistens tödlich endete und nur die Überlegenheit des besseren Argumentes unterstrich. Auch wenn die literarischen Schilderungen sicherlich fiktive Elemente enthalten, gibt es zahlreiche historische Belege für solche Debatten. Am berühmtesten ist vielleicht die vom Mogul-Kaiser Akbar einberufene ‚Religionskonferenz', die letztlich in der Verkündung einer neuen Akbar-Religion mündete, die jedoch folgenlos blieb. Weiterhin wird dem Kaiser ein starkes Interesse, wenn nicht eine direkte Förderung der sog. Nāga-Asketen bzw. Krieger-Asketen nachgesagt (Pinch 2006, 28–58). Den direkten Bezug solcher Auseinandersetzungen zu Patronageverhältnissen belegt ein anderes Beispiel, und zwar die Auseinandersetzung zwischen

21 Das gilt auch für das Verhältnis zwischen Hindus und Muslimen, s. dazu z.B. Gottschalk 2001; Ballard 1999.

verschiedenen viṣṇuitischen Traditionen am Hofe von Ram Singh II. von Jaipur in der Mitte des 19. Jh., wonach eine Gruppe Jaipur verlassen musste (vgl. Clementin-Ojha 2001).

Es ist kaum zu bezweifeln, dass solche Debatten nicht auf der Grundlage einer Reflexion über unterschiedliche Glaubensinhalte und religiöse Praktiken geführt wurden.[22] Dabei wird zur Bezeichnung der einzelnen Lehrtraditionen recht häufig der Begriff *dharma* verwendet; so wird ‚Buddhismus' als *bauddha dharma* (Lehre des Buddha) angesprochen, śivaitische Lehren als *śaiva dharma* usw. Das Wort *dharma* wird bereits in älteren Texten nicht nur im Sinne der sozio-kosmischen Ordnung gebraucht (s. o. IV.2), sondern auch zur Bezeichnung unterschiedlicher Lehren und der damit einhergehenden Praktiken und Lebensweisen. Andere Worte für philosophische Lehren und Doktrinen sind *vāda* und *darśana*. Die Präsenz anderer Lehren verstärkte die Bemühungen um den argumentativen Nachweis der Richtigkeit der eigenen Position. Das hat sich auch in der Abfassung von Doxographien niedergeschlagen, in denen die verschiedenen Lehrmeinungen nacheinander abgehandelt werden, um dann mit der besten Lehre zu enden. Die hierarchische Anordnung von Schulen von ‚unten nach oben' ist weit verbreitet und erlaubt die Anerkennung und Integration des anderen bei gleichzeitiger Bewertung. Diese Form der Auseinandersetzung wurde insbesondere von den Philosophen des Advaita-Vedānta gepflegt, die dadurch andere Lehren als Stufen auf dem Weg zur wahren Erkenntnis ausweisen und damit auch relativieren konnten. Es ist eine Argumentationsfigur, die sich insbesondere im modernen Advaita einer besonderen Beliebtheit erfreut und dabei als Zeichen der genuinen ‚Toleranz' des hinduistischen Denkens interpretiert wird (s. o. II.7.3). Allerdings unterscheidet sich diese Form der Toleranz von der gelebten Koexistenz der Religionen im Alltag, da sie mit einem dezidierten Wahrheitsanspruch und der Bewertung anderer Positionen einhergeht. Entsprechend wurde von einigen Forschern jene Form der Toleranz als

22 Dieser Zweifel wird gelegentlich von denen geäußert, die die Anwendbarkeit der Begriffe ‚Religion' und ‚Philosophie' auf Kulturen außerhalb der USA und Europas bestreiten (vgl. Aufsätze in Llewllyn 2005). Obwohl es kein Pendant zu diesen ‚Großbegriffen' im Sanskrit gibt, bedeutet das nicht, dass nicht ein anderes Begriffsrepertoire erlaubt, religiöse und doktrinäre Positionen anzusprechen und zu unterscheiden (vgl. Halbfass 1981; Malinar 2006).

eine Strategie der abwertenden Inklusion des ‚Fremden' als eine niedere bzw. unvollkommene Form des ‚Eigenen' angesehen.[23] Wie auch immer diese Form der Auseinandersetzung mit religiösem Pluralismus gedeutet wird – es bleibt festzuhalten, dass sie eher Koexistenz und Nebeneinander befördert als zur Exklusion und Verfolgung des ‚Anderen' führt. Sowohl in Bezug auf die sozialen Interaktionsformen als auch auf der Ebene der intellektuellen Auseinandersetzung ist im Hinduismus ein in vielerlei Hinsicht einzigartiger und beachtenswerter Umgang mit religiösem Pluralismus möglich geworden.

7. Migration und Diaspora

Der Kontakt mit anderen Kulturen und Religionen spielte sich für Hindus nicht allein auf dem Indischen Subkontinent ab. Bereits für die ältesten Epochen der indischen Kulturgeschichte konnten weitreichende Handelskontakte zur Arabischen Halbinsel und in den Mittelmeerraum nachgewiesen werden. Enge Handels- und Kulturkontakte bestanden auch mit Zentralasien sowie mit China und anderen Länder Süd- und Südostasiens. Erst in späterer Zeit kommt es zu Migrationsbewegungen von Hindus in diese Länder und damit zu einer weitgehend friedlichen Ausbreitung indischer Kultur und Religion vor allem in Indonesien, Burma und Kambodscha, wo die Tempelanlagen von Borobudur (Java, 9. Jh.) und Angkor Vat (Kambodscha, ab dem 9. Jh.) zu den besonders beeindruckenden Zeugnissen des kulturellen Austauschs zählen. Dabei spielten nicht nur Händler eine große Rolle, sondern auch brahmanische Priester und Gelehrte, die bedeutende Werke der Sanskritliteratur, insbesondere die Epen, aber auch die Rechtsliteratur mit sich brachten und sich als Berater der Landesfürsten etablierten (Kulke/Rothermund 2006, 195–206). Lehnworte aus dem Sanskrit und Tamil finden sich auch heute noch in den Landessprachen, und allein in Indonesien lebt mit über 3,5 Millionen Menschen eine der größ-

23 Diese Form der ‚Toleranz' wurde vom Indologen Paul Hacker als eine ‚spezifisch indische Denkform' angesehen und mit dem Begriff ‚Inklusivismus' belegt. Diese Deutung hat sich jedoch nicht allgemein durchsetzen können; s. die Beiträge in Oberhammer 1983.

ten Hindu-Gemeinschaften außerhalb Indiens. Wie auf Sri Lanka auch, stammen hier viele Hindus ursprünglich aus Südindien, vor allem aus Tamilnadu. Signifikante Migrationsbewegungen sind im Zuge der britischen Kolonialherrschaft und dann nach der indischen Unabhängigkeit zu beobachten, die zur Bildung von hinduistischen Diaspora-Gemeinschaften in ganz anderen Regionen der Welt führen.[24]

Nach der Abschaffung der Sklaverei und dem damit verbundenen Verlust billiger Arbeitskräfte rekrutierten die britischen Kolonialherren tausende von Indern als ‚Kontrakt-Arbeiter' (sog. *indentured labourers*) für ihre anderen Kolonien, vor allem auf die karibischen Inseln (z.B. Trinidad) und nach Afrika (Südafrika, Kenia, Mauritius usw.). Für eine kostenlose Schiffspassage wurden die Arbeiter für viele Jahre zu besitzlosen Leibeigenen der Plantagenbesitzer. Nach Ablauf des Vertrags blieben viele von ihnen in der neuen Heimat. Im Gegensatz zur ‚Kasten'- bzw. ‚Familienmigration' wohlhabender Händler in früheren Zeiten, fanden sich nun Hindus aus ganz unterschiedlichen Regionen und Schichten als eine Gruppe wieder und entwickelten ihre eigenen Formen von Hinduismus. Erst im Zuge der Unabhängigkeitsbewegung in Indien und in den Kolonien kamen Prediger und Brahmanen aus Indien in diese Regionen und brachten Sanskrittexte und ‚traditionelle' Vorstellungen mit. Das führte zu neuen Formen des religiösen Bewusstseins, aber auch zu einer Entwicklung einer gemeinsamen Identität als Hindus ungeachtet aller Differenzen. Auch in der Gegenwart gibt es eine Arbeitsmigration, die Hindus vor allem in die Golfstaaten führt, um im dortigen Dienstleistungssektor zu arbeiten. Schätzungen zufolge leben inzwischen über drei Millionen Hindus als ‚Gastarbeiter' und tragen zum Lebensunterhalt der in Indien zurückgelassenen Familien bei.

Ähnliche Entwicklungen hin zu einer gemeinsamen, die sozialen und religiösen Differenzen überspannenden Identität lassen sich auch nach dem Zweiten Weltkrieg beobachten. Wirtschaftliche Gründe, aber auch die Suche nach besseren Ausbildungsmöglichkeiten bewogen nicht wenige Hindus, vor allem aus der Oberschicht, in die USA, Kanada oder nach Großbritannien auszuwandern. Dort absolvierten sie ein Studium oder eine andere Ausbildung und nahmen dann als hochqua-

24 Siehe dazu im Einzelnen Vertovec 2000.

lifizierte Einwanderer oft auch die Staatsbürgerschaft des neuen Heimatlandes an. Sie versuchten meistens, die Verbindung nach Indien zu erhalten, indem sie etwa Ehepartner oder auch Priester in Indien auswählten und in die neue Heimat brachten. Ihre ökonomischen Ressourcen erlauben ihnen auch, nach Indien zu reisen oder dortige Organisationen, wie etwa die Vishva Hindu Parishad (VHP, s.o. II.8.1) zu unterstützen. Besonders die Traditionen der *bhakti* und die Ideen des Advaita-Vedānta, aber auch hindu-nationalistische Ideen erweisen sich als einigendes Band in der Diaspora-Situation. Oft signalisiert die Errichtung eines größeren Tempels die Ankunft in der neuen Heimat, aber auch das Festhalten an der eigenen Tradition. Das gilt auch für Hindus, die als politische Flüchtlinge in den Westen kamen, wie etwa die Inder, die aus Uganda und Tanzania vertrieben wurden und in Großbritannien eine neue Heimat fanden. Auch die Mehrheit der über 60.000 Hindus in Deutschland sind Flüchtlinge, und zwar vor allem Tamilen, die dem Bürgerkrieg in Sri Lanka entkommen konnten. Sie haben sich inzwischen ihr eigenes kulturelles und religiöses Zentrum mit dem Bau eines großen Tempels im nordrhein-westfälischen Hamm-Uentrop geschaffen, der 2002 eingeweiht wurde. Die jährlich stattfindende, immer reicher ausgestattete Festprozession zu Ehren der den Tempel bewohnenden Göttin Kāmākṣī (Tamil: Kāmāṭci) zieht inzwischen Besucher auch aus anderen Stadtteilen und Regionen an.[25]

Ähnlich wie über weite Strecken der Religionsgeschichte des Hinduismus in Indien lässt sich auch in Bezug auf die Geschichte seiner Ausbreitung in anderen Ländern festhalten, dass friedlicher Kontakt und Kommunikationsformen mit dem Fremden das Festhalten an der eigenen Praxis einander nicht ausschließen. Was dabei jeweils als das ‚Eigene' und als ‚Tradition' angesehen wird, ist in den Diaspora-Gemeinschaften ähnlich vielfältig und individuell wie die Formen des Hinduismus, die in der indischen Moderne präsent und lebendig sind. Inwieweit die modernen Tendenzen zu einer stärkeren Vereinheitlichung zu einem Verlust der Vielfalt führen, ist eine der Fragen, die die Zukunft des Hinduismus mit bestimmen werden.

25 Siehe dazu die Beiträge in Baumann/Luchesi/Wilke 2003.

Karte

Bedeutende Städte und Sakrale Zentren in Indien

Zeittafel

2600–1900 v. Chr.	Industal-Kulturen
ab ca. 1500	Vedische Stämme wandern nach Nordwestindien
1200–1000	Ṛg-Veda (Hymnen in Sanskrit)
700–500	älteste Upaniṣaden
ca. 500	Mahavīra Jina (Begründer des Jainismus)
um 500	Buddha Śākyamuni
325	Alexander der Große von Candragupta Maurya aus Indien verdrängt
268–233	König Aśoka; Ausbreitung der Schrift in Indien
ab ca. 400 v. Chr.	*Mahābhārata* und *Rāmāyaṇa* als mündliche Traditionen
200 v. Chr.-100 n. Chr.	*Bhagavadgītā*
200 v. Chr.-200 n. Chr.	*Manusmṛti*
ca. 2. Jh. n. Chr.	*Harivaṃśa* (Leben des Gottes Krishna)
2.–4. Jh. n. Chr.	*Pāśupatasūtrā* mit dem Kommentar des Kauṇḍīnya (śivaitisch)
300–400	*Mahābhārata* und *Rāmāyaṇa* als Textkorpus
320–497	Gupta-Dynastie
ca. 4. Jh.	*Sāṃkhyakārikā* des Īśvarakṛṣṇa (Sāṃkhyaphilosophie)
ca. 400–450	*Yogasūtra* des Patañjali
4.–5. Jh.	*Devīmāhātmya* (Preisung der Göttin Durgā)
ca. 4. Jh.	*Vaikhānasaśrauta-* und *smārta-sūtras* (viṣṇuitisch)
6.–7. Jh.	Āḻvārs (Dichter; südindischer Viṣṇuismus)
7.–9. Jh.	Nāyanārs (Dichter, südindischer Śivaismus)
606–647	König Harṣa; nordindisches Großreich
8. Jh.	Śaṅkara (Philosoph; monistischer Vedānta)
9. Jh.	*Bhāgavatapurāṇa* (Kṛṣṇaismus)
	Hinduistische Bauwerke in Südostasien (Borobudur auf Java)
ca. 900–950	Rāmakaṇṭha (Philosoph; Śaivasiddhānta)
ca. 975–1025	Abhinavagupta (Philosoph; Kashmirischer Śivaismus)

1000–1027	Mahmud von Ghazni verwüstet in mehreren Raubzügen Nordindien
10.–11. Jh.	Kanonisierung der tamilischen *bhakti*-Dichtung
1017–1137	Rāmānuja (Philosoph; Śrī-Vaiṣṇavas)
12. Jh.	Śrīkaṇṭha (Philosoph; Śaivasiddhānta)
1106–1167	Basava (Begründer der śivaitischen Liṅgāyat-Tradition)
1192	Schlacht bei Tarain: Muhammad Ghuri besiegt Hindu-Heer unter Pṛthivīrāja
um 1200	Gorakhnāth begründet den Asketenorden des Nāth-Sampradāya
1206	Gründung des Delhi-Sultanats
1238–1317	Madhva (Philosoph des dualistischen Vedānta)
um 1250	Bau des Sonnentempels in Konarak (Orissa)
1275–1296 (?)	Jñāneśvara (Kommentiert *Bhagavadgītā* in Marathi; Vārkarī Sampradāya)
1270–1360	Nāmdev (*bhakti*-Dichter Maharastra; Vārkarī Sampradāya)
1293	Marco Polo erreicht Indien
13. Jh.	Meykaṇṭatevar (Philosoph; tamilischer Śaivasiddhānta)
1346	Gründung des Reiches von Vijayanagara
1352	Verwendung des Wortes ‚Hindu' in der Inschrift eines hinduistischen Herrschers (Andhra Pradesh)
1450–1526	Lodi-Dynastie
1469–1538	Guru Nanak (Begründer des Sikhismus)
1479–1531	Vallabhācārya (*bhakti* Theologie; Kṛṣṇaismus)
1486–1533	Caitanya (*bhakti* Theologie; Kṛṣṇaismus)
1498	Vasco da Gama landet in Südindien
um 1500	Kabīr (Dichter-Heiliger)
ca. 1500–1565	Mīrā Bāī (*bhakti*-Dichterin; Kṛṣṇaismus)
	Surdās (*bhakti*-Dichter; Kṛṣṇaismus)
1502–1552	Hita Harivaṃśa (*bhakti*; Rādhāvallabha-Sampradāya)
1510	Eroberung Goas durch die Portugiesen
1526	Beginn der Mogul-Dynastie
1548–1600	Eknāth (*bhakti*-Dichter Maharastra; Vārkarī Sampradāya)
1556–1605	Kaiser Akbar; konsolidiert die Mogul-Herrschaft und verfolgt eine tolerante Religionspolitik

um 1574	Abfassung des *Rāmcaritmanas* von Tulsidās (Hindi-Version des *Rāmāyaṇa*)
1598–1649	Tukarām (*bhakti*-Dichter Maharastra; Vārkarī-Sampradāya)
1600	Gründung der East-India-Company
1627–1658	Shah Jahan: Höhepunkt der Mogul-Herrschaft; Bau des Taj Mahal in Agra
1630–1680	Shivaji Bhonsle (Marathen-Führer)
1658–1707	Aurangzeb (letzter mächtiger Mogul-Kaiser)
1757	Briten besiegen den Herrscher von Bengalen in der Schlacht von Plassey
1772–1833	Ram Mohan Roy (Vedānta; Brahmo Samāj)
1781–1830	Svāmī Sahajānanda (Begründer des Svāmī Nārāyaṇa Sampradāya)
1785	*Bhagavadgītā* erstmals in Englische übersetzt
1786	Entdeckung der ‚Indo-Europäischen Sprachfamilie' (William Jones)
1816	Ram Mohan Roy verwendet den Begriff ‚Hinduism'
	Entdeckung der ‚Dravidischen Sprachfamilie' (Francis W. Ellis)
	Erster Lehrstuhl für Sanskrit in Deutschland (A. W. Schlegel)
1818–1878	Shiv Dayal Singh, ‚Svāmī Mahārāj' (Begründer der Radhasoamis)
1824–1883	Dayānanda Sarasvatī (Gründer des Ārya Samāj)
1828	Gründung des Brahmo Samāj
1829	Gesetzliches Verbot der Witwenverbrennung (*sati*)
1835	Einführung des englischen Bildungssystems in Indien; Englisch ersetzt Persisch als Amtssprache
1836–1886	Rāmakṛṣṇa *(bhakti* Heiliger; Bengalen)
1848–1906	Ravi Varma, Maler; Begründer mythologischer Ölmalerei und des Öldrucks in Indien
1854	Gründung der ersten Kunstakademien in Kolkatta und Madras (Chennai)
1857	Rebellion indischer Soldaten gegen die britische Herrschaft (Mutiny)
1858	Indien wird britische Kronkolonie; Königin Victoria ‚Empress of India'
1861	Imperial Legislative Council mit indischen Mitgliedern von der Kolonialregierung eingerichtet

1861–1941	Rabindranath Tagore (Bengalischer Dichter und Nobelpreisträger)
1863–1902	Swami Vivekananda (Vedānta; Gründer der Rāmakṛṣṇa Mission)
1869–1948	Mohandas Karamchand (‚Mahatma') Gandhi
1872–1950	Aurobindo Ghose (Integraler Yoga)
1875	Gründung des Ārya Samāj
1876–1969	Dādā Lekhrāj (Begründer der Brahma Kumāris)
1878–1950	Ramana Maharshi (Vedānta)
1885	Gründung der Kongresspartei (*Indian National Congress*)
1888–1975	Sarvepalli Radhakrishnan (Neo-Advaita-Deutung des Hinduismus)
1891–1956	Bimrao Ramji Ambedkar; Begründer der ‚Dalit'-Bewegung gegen die Diskriminierung der ‚Unberührbaren'
1893	‚World Parliament of Religions' in Chicago (Vivekananda als ein Vertreter des Hinduismus)
1908	Beginn der Schallplattenproduktion in Indien
1913	Dadasaheb Phalke (1870–1944) dreht den ersten indischen Spielfilm *Rāja Hariścandra* mit einem mythologischen Thema
	Nobelpreis für Literatur an Rabindranath Tagore
1917–2008	Mahesh Maharshi (Begründer von TM ‚Tranzendentale Meditation')
1924	Entdeckung der Industal-Kultur
1925	Gründung des RSS (*Rāṣṭrīya Svayaṃsevaksaṅgh*; Hindu Nationalismus) durch Keshav Baliram Hedgewar (1889–1940)
1926	V. D. Sarvarkar (1883–1966) prägt den Begriff ‚Hindutva'
	Gründung der Gītā Press in Gorakhpur und erste Ausgabe der religiösen Zeitschrift *Kalyāṇ*
1936	Gründung von Kalakshetra als Ausbildungszentrum für indischen Tanz
	B. R. Ambedkar veröffentlicht seine Kritik des Kastensystems *Annihilation of Caste*
1937	Muslim Personal Law (Sharia) Application Act
1940	Satya Sai Baba (geb. 1926) akzeptiert die ersten Anhänger in Puttaparthi (Andhra Pradesh)

1947	Indien erhält die Unabhängigkeit, Nehru wird Premierminister
1948	Ermordung Mahatma Gandhis durch ein Mitglied der hindu-nationalistischen Organisation RSS
1950	26. Januar: Inkrafttreten der Indischen Verfassung (u. a. Abschaffung der ‚Unberührbarkeit')
1952	*Hindu Religious Endowment Act* (unterstellt öffentliche Tempel der staatlichen Verwaltung)
1955	*Hindu Marriage Act* unterstellt Ehen für Hindus dem Zivilrecht
1956	Indische Bundesstaaten werden nach Sprachgrenzen neu aufgeteilt
1959	Einführung des Fernsehens in Indien
1961	Gesetzliches Verbot der Brautmitgift (*Dowry Prohibition Act*)
1964	Tod Nehrus
	Gründung der Vishva Hindu Parishad
1966	Bhaktivedanta Prabhupad gründet in New York ISKCON (International Society for Krishna Consciousness)
	Indira Gandhi (1917–1984) wird erstmals Premierministerin
1967	Erste Ausgabe der Comic-Reihe *Amar Chitra Katha*
1970	Bhagvan Shri Rajneesh (‚Osho'; 1931–1990) gründet Neo-Saṃnyāsi Bewegung mit Ashram in Poona
1975–1977	‚Emergency Rule' von Indira Gandhi; Einschränkung der Bürgerrechte
1976	Verfassungszusatz definiert die Indische Union als ‚säkularen' und ‚sozialistischen' Staat
ab 1981	*Rāmāyaṇa* und *Mahābhārata* werden als TV-Serien ausgestrahlt
1984	Ermordung Indira Gandhis im Zuge des Konflikts mit militanten Sikhs um die Unabhängigkeit des Punjab
1986	*The Muslim Women (Protection of Rights on Divorce) Act* (bekräftigt islamisches Recht in Reaktion auf den säkularen Richterspruch im Fall Shah Bano)
1992	Zerstörung der Babri Moschee in Ayodhya durch Hindu-Nationalisten

1996–2003	Hindu-Nationalistische Bharata Janta Party stellt die Regierung
2005	Gesetzliche Gleichstellung von Hindu-Frauen im Erbrecht (*Hindu Succession Act*)

Mondkalender und wichtige Feste

Chaitra (März–April)

Holī (Vollmond): Farben- und Frühlingsfest, oft auch zu Ehren von Viṣṇu bzw. Kṛṣṇa
Rāmanavamī (9. der hellen Monatshälfte): Geburtstag des Rāma

Vaiśakha (April–Mai)
Buddhajayantī (Vollmond): Geburtstag des Buddha

Jyaiṣṭha (Mai–Juni)
Śitalāṣṭamī (8. der hellen Hälfte): Geburtstag der Göttin Śitalā

Āṣāḍha (Juni–Juli)
Ratha Yatra (2.–4. der hellen Hälfte): Wagenfest zu Ehren des Gottes Jagannātha
Gurupūrṇimā (Vollmond): Verehrung des Lehrers

Śravaṇa (Juli–August)
Nāga Pañcamī (5. der hellen Hälfte): Fest zu Ehren der Schlangengottheiten
Rakṣa Bandhana (Vollmond): Umbinden eines Armbands zum Schutz vor Unheil und Gefahr, meistens von der Schwester an den Bruder

Bhadra (August–September)
Gaṇeśa Caturthī (4. der dunklen Hälfte): Geburtstag des Gottes Gaṇeśa
Kṛṣṇa Janmāṣṭamī (8. der dunklen Hälfte): Geburtstag des Gottes Kṛṣṇa

Aśvina (September–Oktober)
Durgāpūjā (1.–9. der hellen Hälfte) auch Navarātrī: neun bzw. zehn Tage (Dassehra, Dassahra) dauerndes Fest zu Ehren der Göttin Durgā, die einst den Büffeldämonen tötete und so die Welt rettete

Vijayadaśamī (10. der hellen Hälfte): Fest zum Sieg des Rāma über den Dämonenkönig
Lakṣmīpūjā (Neumond): Verehrung von Śrī-Lakṣmī

Kārttika (Oktober–November)
Divālī (5. der hellen Hälfte): Lichterfest zu Ehren von Lakṣmī; für die Händler: Beginn des neuen Rechnungsjahres
Kālīpūjā (Neumond): Verehrung der Göttin Kālī
Rāsayātrā (10.–15. der hellen Hälfte): Fest zu Erinnerung an Kṛṣṇas Taten in Vraja

Mārgaśīrṣa (November–Dezember)

Pauṣa (Dezember–Januar)

Māgha (Januar–Februar)
Makara Saṃkranti und Poṅgal (Eintritt der Sonne in das Zeichen Steinbock). Fest der Wintersonnenwende, Poṅgal-Fest in Südindien: Beginn des tamilischen Neuen Jahres, gefeiert durch Büffel- und Viehverehrung

Phalguṇa (Februar–März)
Śivarātrī (13.–14. der dunklen Hälfte), ‚dem Śiva gehörende Nacht'; Fest mit Nachtwachen und Fasten
Holikā (Vollmond): Symbolischer Verbrennung der Dämonin Holikā; Frühlingsfest
Kumbha Mela. ca. alle 3 Jahre. ‚Topf-Fest'. Größtes hinduistisches Badefest, urspr. Aussaatfest. Vor allem an vier heiligen Fluss-Orten gefeiert: Allahabad, Haridvar, Ujjain und Nasik

Glossar

ācārya	Lehrer; oft auch Oberhaupt einer Überlieferungstradition, der alle Initiationen verleiht
adhikāra	rituelle Pflichten und Rechte; durch Initiationsrituale erworben
ahiṃsā	Gewaltverzicht, Leidvermeidung
ārya	‚Edler', ‚Gastfreund'; Angehöriger eines vedischen Klans
āśrama	1. ‚Lebensstufe'; bestimmt die Rechte und Pflichten des Einzelnen (wie Studienzeit, Haushältertum etc.); 2. ‚Einsiedelei'; Wohnsitz eines Asketen oder religiösen Lehrers
asura	‚Gegengott'; Dämon; oft Gegenspieler der Götter in der Mythologie
ātman	‚Selbst'; untersterblich, leidlos und glückselig; residiert aufgrund seines *karman* bzw. seiner Unwissenheit in einem Körper
avatāra	‚Herabkunft'; Verkörperung eines Gottes oder einer Göttin in der Welt zu einem bestimmten Anlass (Dämonenbekämpfung, Unterstützung für seine Anhänger etc.)
bhakti	‚Liebe'; ‚Loyalität' zu Gott bzw. zur Göttin
bhūta	Geist bzw. Dämon
brahman	1. ‚Wahrheitsformulierung', Bezeichnung für das im Veda überlieferte rituelle Wissen und die in der wahren Sprache begründete Effektivität des Opfers; 2. der Entstehungsgrund der Welt, das absolute Sein
Brahmane	Priester, Gelehrte, Überlieferer des Veda; höchste Kaste
Dalit	wörtl.: ‚Weggeworfener'; moderne Bezeichnung für ‚Unberührbare'
darśana	1. philosophische ‚Sicht'; Lehrtradition; 2. Vision bzw. Erscheinen eines Gottes; 3. visuelle Kontaktaufnahme mit der Gottheit im Tempel
deva	‚Himmlischer'; ‚Gott'; vor allem für vedische Götter verwendet bzw. für solche mit spezifischen rituellen Zuständigkeiten; gelten oft als Teil der geschaffenen Welt
dharma	‚Weltordnung, Gesetz, Norm'; auch: Lehre, Religion

dīkṣā	‚rituelle Weihe' (für ein vedisches Opfer); ‚Initiation' in eine religiöse Gemeinschaft
guṇa	Begriff aus der Sāṃkhya-Philosophie; ‚Wirkkraft' der Natur; auch: Eigenschaft; es werden drei solcher Wirkkräfte unterschieden, die ein Lebewesen oder eine Sache charakterisieren
guruparamparā	Lehrtradition der ununterbrochenen Überlieferung vom Lehrer zum Schüler
iṣṭadevatā	‚Wunsch- oder Herzensgottheit', die ein Hindu ins Zentrum seiner persönlichen religiösen Praxis stellt
japa	Murmelrezitation heiliger Texte und Ritualformeln
jāti	wörtl.: ‚Gattung', durch Geburt erworbene ‚Statusgruppe'; auch: Subkaste
jīva	Bezeichnung für das im Körper inkarnierte ‚Selbst' (*ātman*)
kathā	Aufführung klassischer Mythen und Epen durch Rezitatoren, Sänger bzw. Schauspieler; oft musikalisch begleitet
Kṣatriya	Angehöriger der Krieger- bzw. Adelsschicht; zweithöchste Kaste
kuladeva	(fem.: *kuladevī*) Gott oder Göttin eines Klans oder einer Großfamilie
māhātmya	‚Preisung'; literarisches Genre; Lobpreisung einer Person, eines Ortes oder Textes
maṇḍala	1. ‚Liederkreis'; Bezeichnung für die Bücher des Ṛgveda; 2. Kosmisches Diagramm, das die Präsenz des göttlichen Seins durch geometrische Formen anzeigt und die Meditation unterstützt
mandira	hinduistischer Tempel
maṭha	Kloster
māyā	‚Zaubermacht'; in der Vedānta-Philosophie: Bezeichnung für die illusionäre Schaffenskraft, die alle Erscheinungen produziert und dadurch deren Einheit im absoluten Sein verdeckt
mleccha	‚Barbar', ‚Ausländer'; Bezeichnung für soziale Gruppen, die nicht der vedischen Ritualtradition bzw. den Dharmaśāstra folgen
mokṣa, mukti	‚Befreiung' (auch: Erlösung); Deutung variiert in den verschiedenen Traditionen: Befreiung des verkörperten Selbst vom Körper und seinen Leiden; Freisetzung des wahren Seinszustands des Selbst als unsterblich, leidlos bzw. Ein-

	gehen in das höchste, absolute Sein (*brahman*), Erreichen der Identität mit Gott oder der ewigen Nähe zu Gott usw.
nirguṇa	‚keine Attribute besitzend'; Bezeichnung für Traditionen, in denen Gott als namen- und eigenschaftslos beschrieben wird
Paṇḍā	Pilgerpriester
pañjī	Fest- und Ritualkalender, der jährlich neu berechnet wird (auch *pañcāṅg*)
panth	s. *sampradāya*
Purāṇa	Textgattung, in der Mythologie, Rituale und Theologie einzelner Götter und heiliger Orte dargestellt werden
prakṛti	Natur, Materie; Begriff aus der Sāṃkhya-Philosophie
prasāda	‚Segensgabe'; Gunsterweis einer Gottheit nach der Verehrung
pūjā	Verehrung einer Gottheit mit verschiedenen Gaben (Speise etc.)
puruṣa	wörtl.: ‚Mann'; 1. Bezeichung für den kosmischen Urmenschen; 2. Bewusstheit; erkennendes Prinzip in der Sāṃkhya-Philosophie
puruṣārtha	‚Ziele des Menschen'; insgesamt vier: Erfüllung der sozialen Pflichten, Genuß, Wohlstand und Erlösung
ṛṣi	‚Seher', ‚Weiser'; Dichter der vedischen Hymnen; auch: Verfasser autoritativer Texte
sādhu	Wanderasket
saguṇa	‚mit Attributen ausgestattet'; Bezeichnung für Traditionen, in denen das Höchste Sein Eigenschaften besitzt
śakti	‚Schaffenskraft'; Vermögen (‚power'); oft Bezeichnung für die Göttin bzw. die weibliche Schaffenskraft
saṃnyāsa	‚Vollständiges Niederlegen aller rituellen und sozialen Pflichten'; Entsagung; vierte und letzte Lebensstufe (⇒ *āśrama*), die der Vorbereitung auf die Erlösung dient
sampradāya	‚Überlieferungsgemeinschaft religiöser Tradition'
saṃskāra	Lebenszyklus-Ritual
smṛti	‚das Erinnerte'; Bezeichnung für autoritative, auf einen Verfasser zurückgehende Texte; dazu gehören Dharmaśāstras, *Mahābhārata*, *Rāmāyaṇa* und die Purāṇas
śruti	‚das Gehörte'; Bezeichnung für als ‚direkte Offenbarung' geltende, mündlich überlieferte vedische Literatur (die vier Veden, Brāhmaṇas, Āraṇyakas, Upaniṣaden)
śubha	‚Glück verheißend'; der für ein Ritual oder eine andere Tätigkeit günstige Zeitpunkt

Śūdra	Angehöriger der vierten, untersten Kaste; Diener, Arbeiter
tapas	‚asketische Übung'; ‚Glut' und Kraft, die aus asketischer Kasteiung entsteht; auch: aus Leiderfahrung entstehende Macht
tīrtha	heiliger Badeplatz; Pilgerort
triloka	‚Drei-Welt'; Himmel, Erde und Zwischenraum zwischen beiden
trimūrti	‚drei Formen'; Bezeichnung für die von den Göttern Brahmā, Viṣṇu und Śiva repräsentierten Funktionen von Weltschöpfung, Welterhalt und Weltuntergang
yajña	‚vedisches Opfer' (oft auch im Sinne von ‚Tieropfer')
Vedānta	1. Bezeichung für die Upaniṣaden; 2. Philosophische Schule, die ihre Lehre auf Grundlage der Vedānta-Texte (Upaniṣaden) darlegt
Veda	‚Wissen'; Name der ältesten Sanskrittexte und der in ihnen überlieferten vedischen Religion.
Vaiśya	Händler, Kaufleute, Landwirte; dritthöchste Kaste
varṇa	‚Farbe'; ‚Kaste'; Bezeichnung für die sozialen Schichten in der idealtypischen Klassifikation der Kastenhierarchie
vrata	‚Observanz'; 1. Regeln der Lebensführung von Asketen; 2. vor allem unter Frauen populäre Praxis von Fasten, Nachtwache, Gottesdienst zur Erfüllung bestimmter Wünsche

Literatur zu den einzelnen Kapiteln

Teil I

Hinduismus-Begriff und Gesamtdarstellungen: Ballard 1999; Biardeau 1994; Flood 1996; Gonda 1960; Halbfass 1981; King 1999; Llewllyn 2005 (Hg.); Michaels 1998; Mittal/Thursby 2004 (Hg.); Sontheimer/Kulke 2001 (Hg.).

Ab 2009 erscheint die mehrbändige „Encyclopedia of Hinduism“ (Jacobsen/Basu/Malinar/Narayanan (Hg.), Leiden.

Teil II

Geschichte: Gesamtdarstellungen: Kulke/Rothermund 2006 sowie die Einzeldarstellung in der Reihe „Cambridge History of India“, Cambridge. Für Einzeldarstellungen zur Geschichte der indischen Literatur s. die Reihe „History of Indian Literature“, Wiesbaden.

Veda und Upaniṣaden: Edgerton 1929; Erdosy 1995 (Hg.); Falk 1986; Heesterman 1985; Malamoud 1996; Oberlies 1998; Oldenberg 1917; Rau 1957; Smith, B.K. 1998; Thieme 1952; Trautmann 2005 (Hg.); Witzel 1997.

Epos und Purāṇa: Bailey 1995; Brockington 1998; Fitzgerald 2006; Malinar 2007; Olivelle 2006 (Hg.); Rocher 1986.

Tantrismus: Brooks 1990; Colas 1986; Goudriaan/Gupta 1981; Padoux 1990; Rastelli 1999; Sanderson 1988; Unbescheid 1980; White 1996; 2003.

Regionalreiche und Bhakti-Bewegungen: Barz 1992; Callewaert/Snell 1994 (Hg.); Hardy 1983; Kulke 1975; Lorenzen 1994 (Hg.); Pinch 2006; Schomer/Mc Leod 1987 (Hg.); Richards 1993; Sharma 1987; Vaudeville 1974.

19. Jh. und Moderner Hinduismus: Andersen/Damle 1987; Babb 1987; Babb/Wadley 1995 (Hg.); Guha-Thakurta 1992; Jaffrelot 1996; Jones 1976; Mani 1998; Malinar 1995; Metcalf 1994; Sarkar 1983.

Teil III

Götter und Göttinnen: Bailey 1983; Coburn 1992; Dhal 1978; Erndl 1993; Gonda 1970; Hawley/Wulff 1996 (Hg.), Keilhauer/Keilhauer 1983; Kinsley 1990; McDermott/Kripal 2003 (Hg.); v. Stietencron 1983.

Tempel, religiöse Praxis, Raum und Zeit: ALPER 1986; BASU 2004; BRUBAKER 1987; BRÜCKNER 1995; BÜHNEMANN 1988; ECK 1981; FULLER 2004; KIRFEL 1920; MADAN 1987; MALINAR 2007 (Hg.); MICHELL 1979; POUGH 1983; SMITH, F. M. 2006; TRIPATHI 2004.

Teil IV

Kastensystem, Lebenszyklusrituale: DAVIS 1976; DELIÉGE 1999; DUMONT 1972; KANE 1968–75; LAMB 2002; LESLIE 1991 (Hg.); MALINAR 2008; MAYER 1996; MCGEE 2004; PANDEY 1969; PARRY 1994; QUIGLEY 1993; SMITH, B.K. 1986.

Teil V

Institutionen: BABB 2004; BURGHART 1983; CREEL/NARAYANAN 1990 (Hg.); DERRETT 1996; RÖSEL 1980; SONTHEIMER 1964; STEINMANN 1986.

Teil VI

Karman, Erlösung: FORT/MUMME 1996 (Hg.), HALBFASS 2000; O'FLAHERTY 1980 (Hg.).

Philosophie: CLOONEY 1990; ELIADE 1985; FRAUWALLNER 1965; HALBFASS 1992; JACOBI 1923; LARSON 1979; MALINAR 2006; RAMBACHAN 2006.

Einzeldarstellungen zu den philosophischen Schulen in der Reihe: „Encyclopedia of Indian Philosophies", Princeton.

Verhältnis zu anderen Religionen: BAYLY 1989; FORRESTER 1980; GOTTSCHALK 2001; PANDEY 1993 (Hg.), SCHIMMEL 1983; TALBOT 1995; VERTOVEC 2000; YOUNG 1981.

Literatur

AMBEDKAR, B. R., What Congress and Gandhi have done to the Untouchables, Bombay, 1945.

ALPER, H. (Hg.), Understanding mantras, Albany, 1986.

ANDERSEN, W. K./DAMLE S. D., The brotherhood in saffron. The Rashtriya Swayamsevak Sangh and Hindu revivalism, New Delhi, 1987.

APFFEL-MARGLIN, F., Types of Sexual Union and their Implicit Meanings, in: J. S. Hawley/D. M. Wulff (Hg.), The divine consort. Rādhā and the goddesses of India, Berkeley, 1982, 298–315.

–, Rhythms of Life: Ritual Time and Historical Time, in: A. Malinar (Hg.), Time in India. Concepts and Practices, New Delhi, 2007, 99–122.

BABB, L. A., Redemptive Encounters. Three Modern Styles in the Hindu Tradition, Berkeley, 1987.

–, Sects and Indian Religions, in: V. Das (Hg.), Handbook of Indian Sociology, Oxford, 2004, 223–241.

BABB, L. A./WADLEY, S. S. (Hg.), Media and Transformation of Religion in South Asia, Philadelphia, 1995.

BAILEY, G. M., The Mythology of Brahman, New Delhi, 1983.

–, Materials for the Study of Ancient Indian Ideologies: pravṛtti and nivṛtti, Torino, 1985.

BAIRD, R. D., On defining „Hinduism“ as a Religious and Legal Category, in: R. D. Baird (Hg.), Religion and Law in Independent India, Delhi, 1993, 41–58.

BAKKER, H., Ayodhya, Groningen, 1986.

BALLARD, R. D., Panth, Kismet, Dharma te Qaum: Continuity and Change in Four Dimensions of Punjabi Religion, in: P. Singh/S. S. Thandi (Hg.), Punjabi Identity in a Global Context, Oxford, 1999, 7–37.

BARZ, R., The Bhakti Sect of Vallabhācārya, Delhi, 1992.

BASU, H., Von Barden und Königen. Ethnologische Studien zur Göttin und zum Gedächtnis in Kacch (Indien), Frankfurt a.M., 2004.

–, „Schmutzige Methoden“: Geisteskrank durch Besessenheit und schwarze Magie in Gujarat/Indien, in: A. Malinar/M. Vöhler (Hg.), Un/Reinheit: Konzepte und Erfahrungsmodi im Kulturvergleich, München, 2009, 47–66.

Baumann. M./Luchesi, B./Wilke, A. (Hg.), Tempel und Tamilen in zweiter Heimat. Hindus aus Sri Lanka im deutschsprachigen und skandinavischen Raum, Würzburg, 2003.

Bayly, S., Saints, Goddesses and Kings. Muslims and Christians in South Indian Society, 1700–1900, Cambridge, 1989.

Beck, B. E. F., Colour and Heat in South Indian Ritual, in: Man 4, 1969, 553–572.

Biardeau, M., Hinduism: The Anthropology of a Civilization, Delhi, 1994.

Bhardwaj, S. M., Hindu Places of Pilgrimage in India: A study in Cultural Geography, Berkeley, 1973.

Briggs, G. W., Gorakhnāth and Kānphaṭa Yogīs, Delhi, 1973.

Brockington, J. L., The Sanskrit Epics, Leiden, 1998.

Bronkhorst, J., Greater Magadha. Studies in the Culture of Early India, Leiden, 2007.

Brooks, D. R., The Secret of the Three Cities. An Introduction to Hindu Śākta Tantrism, Chicago, London, 1990.

Brown, C. M., Purāṇa as Scripture: From Sound to Image of the Holy Word in the Hindu Tradition, in: History of Religions 26, 1986, 68–86.

Brubaker, R. L., The Untamed Goddesses of Village India, in: C. Olson (Hg.), The Book of the Goddess: Past and Present, New York, 1987, 145–160.

Brückner, H., Fürstliche Feste: Texte und Rituale der Tulu-Volksreligion, Wiesbaden, 1995.

Bühnemann, G., Pūjā. A study in Smārta Ritual, Wien, 1988.

–, Maṇḍalas and Yantras in the Hindu Traditions, Leiden, 2003.

van Buitenen, J. A. B., The Bhagavadgītā in the Mahābhārata. Text and Translation, Chicago, 1981.

Burghart, R., The Founding of the Ramanandi sect, in: Ethnohistory 25, 1978, 121–139.

–, Hierarchical Models of the Hindu Social System, in: Man 13, 1978, 519–536.

–, Renunciation in the Religious Traditions of South Asia, in: Man 18, 1983, 635–653.

Caland, W., Die Altindischen Todten- und Bestattungsgebräuche, Amsterdam, 1896.

Callewaert, W./Snell, R. (Hg.), According to Tradition: Hagiographical Writing in India, Wiesbaden, 1994.

Carman, J. B./Marglin F. A. (Hg.), Purity and Auspiciousness in Indian Society, Leiden, 1985.

CENKNER, W., A Tradition of Teachers: Śaṅkara and the Jagadguru today, Delhi, 1983.

CHATTOPADHYAYA, B., The Making of Early Medieval India, Delhi, 1994.

–, Representing the Other? Sanskrit Sources and the Muslims (eighth to fourteenth Century), New Delhi, 1998.

CLEMENTIN-OJHA, C., A Mid-nineteenth-century Controversy over Religious Authority, in: V. Dalmia/A. Malinar/C. Fuechsle 2001 (Hg.), Charisma and Canon: Essays on the Religious History of the Indian Subcontinent, Oxford, New Delhi, 2001, 183–204.

CLOONEY, F., Thinking Ritually: Rediscovering the Pūrva Mīmāṃsā of Jaimini, Vienna, 1990.

COBURN, T.B., Encountering the Goddess. A Translation of the Devi-Mahatmya and a Study of its Interpretation, Delhi, 1992.

COLAS, G., Viṣṇu, ses images et ses feux: les métamorphoses du dieu chez les Vaikhānasa, Paris, 1986.

–, The Competing Hermeneutics of Image Worship in Hinduism (Fifth to Eleventh Century AD), in: P. Granoff/K. Shinohara (Hg.), Images in Asian Religions: Texts and Contexts, Vancouver, 1996, 149–176.

COURTRIGHT, P.B., Gaṇeśa. Lord of Obstacles, Lord of Beginnings, New York, 1985.

CREEL, A.B./NARAYANAN, V. (Hg.), Monastic life in the Christian and Hindu Traditions, New York, 1990.

DALMIA, V./MALINAR, A./FUECHSLE, C. 2001 (Hg.), Charisma and Canon: Essays on the Religious History of the Indian Subcontinent, Oxford, New Delhi, 1990.

DAVIS, M., A Philosophy of Hindu Rank from Rural West Bengal, in: Journal of Asian Studies 36, 1976, 5–24.

DELIÉGE, R., The Untouchables of India, Oxford, 1999.

DERNE, S., Market Forces at Work: Religious Themes in Commercial Hindi Films, in: L.A. Babb/S.S. Wadley (Hg.), Media and Transformation of Religion in South Asia, Philadelphia, 1997, 191–216.

DERRETT, J.D., The Reform of Hindu Religious Endowments, in: D.E. Smith (Hg.), South Asian Politics and Religion, Princeton, 1996, 311–336.

DHAL, U.N., Goddess Lakshmi: Origin and Development, New Delhi, 1978.

DIMOCK, E., The Place of the Hidden Moon, Erotic Mysticism in the Vaiṣṇava-sahajiyā cult of Bengal, Chicago, 1966.

DUMONT, L./POCOCK, D., Pure and Impure, in: Contributions to Indian Sociology 3, 1959, 9–39.

DUMONT, L., World Renunciation in Indian Religions, in: Contributions to Indian Sociology 4, 1960, 33–62.

–, Homo Hierarchicus: The Caste System and its Implications, London, 1972.

DVIVEDA, V., Having become a God, he should sacrifice to the Gods, in: T. Goudriaan (Hg.), Ritual and Speculation in Early Tantrism. Studies in honor of Andre Padoux, New York, 1992, 121–138.

ECK, D., Darśan. Seeing the Divine Image in India, Chambersburg, 1981.

–, India's tīrthas: Crossings in Sacred Geography, in: History of Religions 20, 1981a, 232–244.

–, Benares: City of Light, New York, 1982.

EDGERTON, F., The Upaniṣads: What do they seek and why?, in: Journal of the American Oriental Society 49, 1929, 97–121.

EICHINGER FERRO-LUZZI, G., The Polythetic-Prototype Approach to Hinduism, in: G. Sontheimer/H. Kulke (Hg.), Hinduism Reconsidered, New Delhi, 2001, 294–304.

ELIADE, M., Yoga: Unsterblichkeit und Freiheit, Frankfurt a.M., 1985.

ENTWISTLE, A.W., Braj: Centre of Krishna Pilgrimage, Groningen, 1987.

ERDOSY, G. (Hg.), The Indo-Aryans of Ancient South Asia: Language, Material Culture and Ethnicity, Berlin, 1995.

ERNDL, K.M., Victory to the Mother. The Hindu Goddess of Northwest India in Myth, Ritual and Symbol, New York, 1993.

–, Śerāṅvālī. The Mother who Possesses, in: J.S. Hawley/D.M. Wulff (Hg.), Devī: Goddesses of India, Berkeley, 1996, 173–194.

ESCHMANN, A., Hinduization of Tribal Deities in Orissa: The Śakta and Śaiva Typology, in: A. Eschmann/H. Kulke/G.C. Tripathi (Hg.), The Cult of Jagannath and the Regional Traditions of Orissa, New Delhi, 1978, 79–97.

FALK, H., Vedisch *upaniṣad*, in: Zeitschrift der Deutschen Morgenländischen Gesellschaft 136, 1986, 80–97.

–, Soma I and II, in: Bulletin of the School of Oriental and African Studies 52, 1989, 77–90.

FELDHAUS, A., Water and Womanhood. Religious Meanings of Rivers in Maharashtra, New York, 1995.

FISCHER, K., Erotik und Askese in Kult und Kunst der Inder, Köln, 1979.

FITZGERALD, J. L., Negotiating the Shape of "Scripture": New Perspectives on the Development and Growth of the Mahābhārata between the Empires, in: P. Olivelle (Hg.), Between the Empires, Oxford, 2006, 257–286.

FITZGERALD, T., Problems with "Religion" as a Category for Understanding Hinduism, in: J.E. Llewllyn (Hg.), Defining Hinduism. A Reader, London, 2005, 171–202.

FLOOD, G., An Introduction to Hinduism, Cambridge, 1996.

FORRESTER, D.B., Caste and Christianity. Attitudes and Policies on Caste of Anglo-Saxon Protestant Mission in India, London, 1980.

FORT, A.O./MUMME, P.Y. (Hg.), Living Liberation in Hindu Thought, Albany, 1996.

FRAUWALLNER, E., Geschichte der indischen Philosophie. Bd. 1, Salzburg, 1965.

FRIEDMANN, Y., Medieval Muslim Views of Indian Religions, in: Journal of the American Oriental Society 95, 1975, 214–221.

FULLER, C.J./LOGAN, P., The Navaratri Festival in Madurai, in: Bulletin of the School of Oriental and African Studies 48, 1985, 79–105.

FULLER, C.J., Servants of the Goddess: The Priests of a South Indian Temple, Cambridge, 1984.

–, The Camphor Flame: Popular Hinduism and Society in India, Princeton, 2004 (revised edition).

GANDHI, M.K., Hind Swaraj and Other Writings, edited by Anthony J. Parel, Cambridge, 1997.

GELDNER, K.F., Vedismus und Brahmanismus, Tübingen, 1928.

GENGNAGEL, J., Māyā, Puruṣa, Śiva. Die dualistische Tradition des Śivaismus nach Aghoraśivācārya Tattvaprakāśavṛtti, Wiesbaden, 1996.

GHURYE, G.S., Indian Sadhus, Bombay, 1964.

GLASENAPP, H. v., Heilige Stätten Indiens: die Wallfahrtsorte der Hindus, Jainas und Buddhisten, ihre Legenden und ihr Kultus, München, 1928.

GONDA, J., Die Religionen Indiens, Band 1: Veda und älterer Hinduismus, Stuttgart, 1960.

–, The Indian *mantra*, in: Oriens 16, 1963, 244–297.

–, Viṣṇuism and Śaivism. A Comparison, London, 1970.

GOOPTU, N., Caste and Labour: Untouchable Movements in Urban Uttar Pradesh in the Early Twentieth Century, in: P. Robb (Hg.), Dalit Movements and the Meanings of Labour in India, Oxford, 1993, 277–298.

GORDEN, S., The Marathas, 1600–1818, Cambridge, 1994.

GOTTSCHALK, P., Beyond Hindu and Muslim: Multiple Identity in Narratives from Village India, New Delhi, 2001.

GOUDRIAAN, T./GUPTA, S., Hindu Tantric and Śākta Literature, Wiesbaden, 1981.

GRANOFF, P., Heaven on Earth: Temples and Temple Cities of Medieval India, in: D. van der Meij (Hg.), India and Beyond. Aspects of Literature, Meaning, Ritual and Thought. Essays in Honour of Frits Staal, Leiden, 1997, 170–193.

GROSS, R., Hindu Asceticism. A Study of the sadhus of North India, Berkeley, 1979.

GUHA-THAKURTA, T., Making of a new „Indian“ Art: Artists, Aesthetics and Nationalism in Bengal, c. 1850–1920, Cambridge, 1992.

GUPTA, S./GOMBRICH, R., Kings, Power and the Goddess, in: South Asia Research 6, 1986, 123–138.

HABERMAN, D., Acting as a Way to Salvation: A study of Rāgānugā Bhakti Sādhana, New York, 1988.

HALBFASS, W., Zur Theorie der Kastenordnung in der indischen Philosophie, in: Nachrichten der Akademie der Wissenschaften in Göttingen. Phil.-Hist. Kl., Nr. 9, 1975, 276–316.

–, Indien und Europa. Perspektiven ihrer geistigen Begegnung, Basel, Stuttgart, 1981.

–, Tradition and Reflection. Explorations in Indian Thought, Albany, 1991.

–, On Being and What there is. Classical Vaiśeṣika and the History of Indian Ontology, Albany, 1992.

–, Practical Vedānta, in: V. Dalmia/H.v. Stietencron (Hg.), Representing Hinduism. The Construction of Religious Traditions and National Identity, New Delhi, 1995, 211–223.

–, Karma und Wiedergeburt im indischen Denken, Kreuzlingen, 2000.

HARA, M., Pāśupata Studies, Vienna, 2002.

HARDY, F., Viraha-bhakti: the Early History of Kṛṣṇa Devotion in South India, Delhi, 1983.

HARLAN, L., Battles, Brides, and Sacrifice: Rajput Kuldevis in Rajasthan, in: A. Hiltebeitel/K. M. Erndl (Hg.), Is the Goddess a Feminist? The Politics of South Asian Goddesses, New York, 2000.

HAUSER, B., Creating Performative Texts: The Introduction of Maṅgaḷā Pūjā in Southern Orissa, in: A. Malinar/J. Beltz/H. Frese (Hg.), Text and Context in the History, Literature and Religion of Orissa, 2004, 203–238.

HAWLEY, J. S.. (Hg.), Sati: the Blessing and the Course, New York, 1994.

–, The Saints Subdued: Domestic Virtue and National Integration in Amar Chitra Katha, in: L. A. Babb/S. S. Wadley (Hg.), Media and Transformation of Religion in South Asia, Philadelphia, 1997, 107–136.

HAWLEY, J. S./D. M. WULFF (Hg.), Devī: Goddesses of India, Berkeley, 1996.

HEIDEMANN, F., Akka Bakka. Religion, Politik und duale Souveränität der Badaga in den Nilgiri Süd-Indiens, Münster, 2006.

HEESTERMAN, J. C., The Inner Conflict of Tradition: Essays in Indian Ritual, Kingship, and Society, Chicago, 1985.

HESS, L., Rejecting Sita: Indian Responses to the Ideal Man's Cruel Treatment of his Ideal Wife, in: Journal of the American Academy of Religion 67, 1999, 1–32.

HILTEBEITEL, A./ERNDL, K.M. (Hg.), Is the Goddess a Feminist? The Politics of South Asian Goddesses, New York, 2000.

HORSTMANN, M., Towards a Universal Dharma: Kalyāṇ and the Tracts of the Gītā Press, in: V. Dalmia/H. v. Stietencron (Hg.), Representing Hinduism. The Construction of Religious Traditions and National Identity, New Delhi, 1995, 294–305.

INGALLS, D.H.H., Cynics and Pāśupatas: The Seeking of Dishonor, in: Harvard Theological Review 55, 1962, 281–298.

JACOBI, H., Die Entwicklung der Gottesidee bei den Indern und deren Beweise für das Dasein Gottes, Bonn, 1923.

JAFFRELOT, C., The Hindu Nationalist Movement and Indian Politics, 1925 to 1990. Strategies of Identity-Building, Implantation and Mobilisation (with special Reference to Central India), London, 1996.

–, The Vishva Hindu Parishad: A Nationalist but Mimetic Attempt at Federating the Hindu Sects, in: V. Dalmia/A. Malinar/M. Christoph (Hg.), Charisma and Canon: Essays on the Religious History of the Indian Subcontinent, Oxford, New Delhi, 2001, 388–412.

–, Dr. Ambedkar and Untouchability. Fighting the Indian Caste System, New York, 2005.

JAMISON, S., Roles for Women in Vedic Śrauta Ritual, in: A. Sharma (Hg.), Goddesses and Women in the Indic Religious Traditions, Leiden, 2005, 1–17.

JONES, K.W., Arya Dharm: Hindu Consciousness in 19th century Punjab, Berkeley, 1976.

–, Religious Identity and the Indian Census, in: G.N. Barrier (Hg.), The Census in British India: New Perspectives, New Delhi, 1981, 73–102.

KANE, P.V., History of Dharmaśāstra: Ancient and Medieval, Religious and Civil Law. 5 Bd., Poona, 1968–75.

KEILHAUER, A./KEILHAUER P., Die Bildsprache des Hinduismus. Die indische Götterwelt und ihre Symbolik, Köln, 1983.

KING, R., Orientalism and Religion: Postcolonial Theory, India and the Mystic East, London, 1999.

KINSLEY, D., Indische Göttinnen. Weibliche Gottheiten im Hinduismus, Frankfurt/M., 1990.

KIRFEL, W., Die Kosmographie der Inder nach den Quellen dargestellt, Bonn, Leipzig, 1920.

KULKE, H., Cidambaramāhātmya: Untersuchung der religionsgeschichtlichen und historischen Hintergründe für die Entstehung der Tradition einer südindischen Tempelstadt, Wiesbaden, 1970.

–, Jagannatha-Kult und Gajapati-Königtum. Ein Beitrag zur religiösen Legitimation mittelalterlicher Herrscher in Indien, Heidelberg, 1975.

–, Die Frühmittelalterlichen Regionalreiche: Ihre Struktur und Rolle im Prozess der staatlichen Entwicklung Indiens, in: H Kulke/D. Rothermund (Hg.), Regionale Traditionen in Südasien, Wiesbaden, 1985, 77–114.

–, Tribal Deities at Princely Courts: The Feudatory Rajas of Central Orissa and their Tutelary Deities, in: S. Mahapatra (Hg.), The Realm of the Sacred: Verbal Symbolism and Ritual Structures, ed. S. Mahapatra, Calcutta, 1992, 56–78.

Kulke, H./Rothermund, D., Geschichte Indiens. Von der Induskultur bis heute, München, 2006.

Lamb, R., Rapt in the Name: The Ramnamis, Ramnam, and Untouchable Religion in Central India, Albany, 2002.

Larson, G. J., Classical Sāṃkhya. An Interpretation of its History and Meaning, Delhi, 1979.

Leopold, J., The Aryan Theory of Race in India, 1870–1920: Nationalist and Internationalist Visions, in: The Indian Economic and Social History Review 7, 1970, 271–297.

Leslie, J., Strīsvabhāva: The Inherent Nature of Women, in: N. J. Allen et al. (Hg.), Oxford University Papers on India, Bd. 1, Oxford, 1986, 28–58.

– (Hg.), Roles and Rituals for Hindu Women, London, 1991.

Llewllyn, J. E. (Hg.), Defining Hinduism. A Reader, London, 2005.

Lommel, H., Wiedergeburt aus embryonalem Zustand in der Symbolik des altindischen Rituals, in: C. Hentze (Hg.), Tod, Auferstehung, Weltordnung, Zürich, 1955, 107–130.

Lorenzen, D. N., The Kapalikas and Kalamukhas, Two lost Shaiva sects, New Delhi, 1972.

–, (Hg.), Bhakti Religion in North India: Community Identity and Political Action, Albany, 1994.

–, Praises to a Formless God. Nirguṇī Texts from North India, New York, 1996.

–, Who invented Hinduism? In: J. E. Llewllyn (Hg.), Defining Hinduism. A Reader, London, 2005, 52–80.

Ludden, D., Making India Hindu: Religion, Community and the Politics of Democracy in India, New Delhi, 2005.

Lüders, H., Varuṇa und das ṛta. Aus dem Nachlaß herausgegeben von Ludwig Alsdorf, Göttingen, 1959.

Lutgendorf, P., My Hanmuan is Bigger than yours, in: History of Religions 34, 1994, 211–245.

Madan, T. N., Non-Renunciation. Themes and Interpretations of Hindu Culture, Oxford, 1987.

Mahar, J. M. (Hg.), The Untouchable in Contemporary India, Tucson, 1972.

MALAMOUD, C. 1996, Cooking the World: Ritual and Thought in Ancient India, Delhi.

MALINAR, A., The Bhagavadgītā in the Mahābhārata TV-serial: Domestic Drama and Dharmic Solutions, in: V. Dalmia/H. v. Stietencron (Hg.), Representing Hinduism. The Construction of Religious Traditions and National Identity, New Delhi, 1995, 442–467.

–, Wechselseitige Abhängigkeiten und die Hierarchie der Körper. Zum Verhältnis zwischen Tieren und Menschen in hinduistischen Traditionen nach der episch-purāṇischen Literatur, in: P. Münch (Hg.), Tiere und Menschen. Zu Geschichte und Aktualität einer prekären Beziehung, Paderborn, 1998, 147–177.

–, Wiederverkörperung oder Abschied vom Ich: Der Tod und sein Jenseits in der altindischen Literatur, in: J. Assmann/G. Trauzettel (Hg.), Tod, Jenseits und Identität. Perspektiven einer Kulturwissenschaftlichen Thanatologie, Freiburg, 2001, 764–798.

–, „Philosophische Argumentation“ und „religiöse Praxis“ im Hinduismus, in: A. Koch (Hg.), Watchtower Religionswissenschaft: Themen, Aspekte und Kontroversen zwischen Religionswissenschaft und Philosophie, Marburg, 2006, 67–80.

–, The Bhagavadgītā: Doctrines and Contexts, Cambridge, 2007.

– (Hg.), Time in India: Concepts and Practices, New Delhi, 2007.

– Genealogies and Centres: Communities of the Caitanya Tradition in Orissa, in: G. Pfeffer (Hg.), Periphery and Centre, Studies in Orissan History, Religion and Anthropology, New Delhi, 2007a, 27–58.

– Reinigung und Transformation von „Unreinem“ im Hinduismus, in: A. Malinar/M. Vöhler (Hg.), Un/Reinheit: Konzepte und Erfahrungsmodi im Kulturvergleich, München, 2009, 21–45.

–, Vom „Kanon-Fundus“ zum „variablen Kanon“: Über den Status religiöser Texte im Hinduismus, in: M. Deeg/O. Freiberger (Hg.), Kanon und Kanonbildung in asiatischen Religionen, Wien, 2009a.

MALLEBREIN, C. (Hg.), Die anderen Götter – Volks- und Stammesbronzen aus Indien, Heidelberg, 1993.

MALLISON, F., A Note of Holiness allowed to Women: Pativratā and Satī, in: Sternbach Felicitation Volume, Bd. 2, Lucknow, 1979, 200–203.

MANI, L., Contentious Traditions: the Debate on Sati in Colonial India, Berkeley, 1998.

MARCUS, S., On Cassette rather than Live: Religious Music in India Today, in: L. A. Babb/S. S. Wadley (Hg.), Media and Transformation of Religion in South Asia, Philadelphia, 1997, 167–188.

MAYER, A., Caste in an Indian Village: Change and Continuity 1954–1992, in: C. J. Fuller (Hg.), Caste Today, Oxford, 1996, 32–64.

McDaniel, J., Folk Vaishnavism and the Ṭhākur Pañcāyat. Life and Status among Village Krishna Statues, in: G.L. Beck (Hg.), Alternative Krishnas. Regional and Vernacular Variations on a Hindu Deity, Albany, 2005, 33–41.

McDermott, R. F./Kripal, J.J. (Hg.), Encountering Kālī in the Margins, at the Center, in the West, Berkeley, 2003.

McGee, M., Saṃskāra, in: S. Mittal/G. Thursby (Hg.), The Hindu World, London, 2004, 332–356.

McKean, L., Bhārat Mātā. Mother India and her Militant Matriots, in: J.S. Hawley/D.M. Wulff (Hg.), Devī: Goddesses of India, Berkeley, 1996, 250–280.

McLeod, W.H., On the Word panth: a Problem of Terminology and Definition, in: Contributions to Indian Sociology (NS) 12, 1978, 287–295.

Metcalf, T.R., Ideologies of the Raj, Cambridge, 1994.

Michaels, A./Vogelsanger, C./Wilke, A. (Hg.), Wild Goddesses in India and Nepal, Bern, 1996.

Michaels, A., Der Hinduismus. Geschichte und Gegenwart, München, 1998.

de Michelis, E., A History of Modern Yoga: Patanjali and Western Esotericism, London, 2004.

Michell, G., Der Hindu-Tempel. Bauformen und Bedeutung, Köln, 1979.

Mittal, S./Thursby, G. (Hg.), The Hindu World, London, 2004.

Müller, F.M., Vorlesungen über den Ursprung und die Entwicklung der Religion mit besonderer Rücksicht auf die Religionen des alten Indiens, Strassburg, 1880.

Müller, H.-P., Die Rāmakrishna-Bewegung: Studien zu ihrer Entstehung, Verbreitung und Gestaltung, Gütersloh, 1986.

Needham, R., Polythetic Classification: Convergence and Consequence, in: Man 10, 1975, 349–369.

Novetzke, Ch. L., A Family Affair: Krishna comes to Paṇḍarpūr and makes himself at Home, in: G. L. Beck (Hg.), Alternative Krishnas. Regional and Vernacular Variations on a Hindu Deity, Albany, 2005, 113–138.

Oberhammer, G. (Hg.), Inklusivismus. Eine indische Denkform, Wien, 1983.

– (Hg.), Vedism and Hinduism, Vienna, 1997.

Oberlies, T. Die Śvetāśvatara-Upaniṣad: Eine Studie ihrer Gotteslehre, in: Wiener Zeitschrift für die Kunde Südasiens 23, 1988, 35–62.

–, Die Religion des Rig-Veda. Das religiöse System des Rig-Veda, Wien, 1998.

O'Connell, J.T., The Word „Hindu“ in Gaudiya Vaisnava Texts, in: Journal of the American Oriental Society 93, 1973, 340–344.

O'Flaherty, W. D., Asceticism and Eroticism in the Mythology of Śiva, London, 1973.
– (Hg.), Karma and Rebirth in Classical Indian Traditions, Berkeley, 1980.
Ojha, C., Feminine Asceticism in Hinduism: Its Tradition and Present Condition, in: Man in India 61, 1981, 254–286.
Oldenberg, H., Die Religion des Veda, Stuttgart, Berlin, 1917.
Olivelle, P., The Āśrama System: History and Hermeneutics of a Religious Institution, New York, 1993.
–, The Upanisads. A new Translation, Oxford, 1996.
–, Language, Texts, and Society. Explorations in Ancient Indian Culture and Religion, Firenze, 2005.
– (Hg.), Between the Empires. Society in India 300 BCE to 400 CE, Oxford, 2006.
Otten, T., Cosmic Time and its Influence on Rona Girls and Women, in: A. Malinar (Hg.), Time in India. Concepts and Practices, New Delhi, 2007, 137–156.
Padoux, A., Vāc. The Concept of the Word in selected Hindu Tantras, New York, 1990.
Pandey, G. (Hg.), Hindus and Others: The Question of Identity in India Today, Delhi, 1993.
Pandey, R. B., Hindu Saṃskāras: Socio-Religious Study of Hindu Sacraments, Delhi, 1969.
Parry, J., Death in Benares, Cambridge, 1994.
Pinch, W. R., Warrior ascetics and Indian empires, 1500–2000, Cambridge, 2006.
Pintchman, T., The Rise of the Goddess in the Hindu Tradition, Albany, 1994.
–, Domesticating Krishna: Friendship, Marriage, and Women's Experience in a Hindu Women's Ritual Tradition, in: G. L. Beck (Hg.), Alternative Krishnas. Regional and Vernacular Variations on a Hindu Deity, Albany, 2005, 43–63.
Pocock, D., Mind Body and Wealth. A Study of Belief and Practice in an Indian Village, Oxford, 1973.
Pough, J. F., Into the Almanach: Time, Meaning and Action in North Indian Society, in: Contributions to Indian Sociology 17, 1983, 27–49.
Quigley, D., The Interpretation of Caste, Oxford, 1993.
Radice, W. (Hg.), Swami Vivekananda and the Modernization of Hinduism, Delhi, Oxford, 1998.
Ramanujan, A. K., Speaking of Śiva, Baltimore, 1973.

RAMBACHAN, A., The Advaita Worldview. God, World, and Humanity, Albany, 2006.

RASTELLI, M., Philosophisch-theologische Grundanschauungen der Jayākhyasaṃhitā. Mit einer Darstellung des täglichen Rituals, Wien, 1999.

RAU, W., Staat und Gesellschaft im alten Indien. Nach den Brāhmaṇa Texten dargestellt, Wiesbaden, 1957.

RICHARDS, J., The Mughal Empire, Cambridge, 1993.

ROCHER, L., The Purānas, Wiesbaden, 1986.

RÖSEL, J., Der Palast des Herrn der Welt: Entstehungsgeschichte und Organisation der indischen Tempel- und Pilgerstadt Puri, München, 1980.

ROTHERMUND, D., Gandhi. Biographie eines politischen Revolutionärs, München, 1989.

SANDERSON, A., Śaivism and the Tantric Traditions, in: S. Sutherland et al. (Hg.), The World's Religions: The Religions of Asia, London, 1988, 660–704.

SARKAR, T. (Hg.), Women and the Hindu Right: a Collection of Essays, Delhi, 1995.

SARKAR, S., Modern India 1885–1947, Delhi, 1983.

SAVARKAR, V.D., Hindutva: Who is a Hindu, Bombay, 1996.

SCHIMMEL, A., Der Islam im Indischen Subkontinent, Darmstadt, 1983.

SCHLUCHTER, W. (Hg.), Max Webers Studie über Hinduismus und Buddhismus. Interpretation und Kritik, Frankfurt a.M., 1984.

SCHOMER, K./MC LEOD, W.H. (Hg.), The Sants. Studies in a Devotional Tradition of India, Delhi, 1987.

SCHÖMBUCHER, E., Wo Götter durch Menschen sprechen. Besessenheit in Indien, Berlin, 2006.

SCHREINER, P., Yoga – Lebenshilfe oder Sterbetechnik?, in: Umwelt und Gesundheit 3–4, 1988, 12–18.

– (Hg.), Studien zum Nārāyaṇīya, Wiesbaden, 1997.

SCHWARTZBERG, J. (Hg.), A Historical Atlas of South Asia, Oxford, 1992.

SHARMA, K., Bhakti and the Bhakti Movement. A New Perspective. A Study in the History of Ideas, New Delhi, 1987.

SIRCAR, D.C., The Śākta Pīṭhas, Delhi, 1973.

SMITH, B.K., Ritual, Knowledge, and Being: Initiation and Veda Study in Ancient India, in: Numen 33, 1986, 65–89.

–, Exorcising the Transcendent: Strategies for Defining Hinduism and Religion, in: History of Religions 27, 1987, 32–55.

–, How not to be a Hindu: The Case of the Ramakrishna Mission, in: R.D. Baird (Hg.), Religion and Law in Independent India, New Delhi, 1993, 333–350.

–, Classifying the Universe. The Ancient Indian varṇa System and the Origins of Caste, New York, Oxford, 1994.
–, Reflections on Resemblance, Ritual and Religion, Delhi, 1998.
–, Questioning Authority: Constructions and Deconstructions of Hinduism, in: J.E. Llewllyn (Hg.), Defining Hinduism. A Reader, London, 2005.
SMITH, F.M., The Self Possessed. Deity and Spirit Possession in South Asian Literature and Civilization, New York, 2006.
SMITH, H.D., Impact of ‚God Posters' on Hindus and their Devotional Traditions, in: L.A. Babb/S.S. Wadley (Hg.), Media and Transformation of Religion in South Asia, Philadelphia, 1995, 24–50.
SONTHEIMER, G.D., Religious Endowments in India: the Juristic Personality of Hindu Deities, in: Zeitschrift für Vergleichende Rechtswissenschaft 67, 1964, 45–100.
–, *Cāturvarṇya, bhakti* und der Aufstieg von Volkskulturen in Maharashtra: Religionsgeschichtliche Skizze einer Region, in: H. Kulke/D. Rothermund (Hg.), Regionale Traditionen in Südasien, Wiesbaden, 1985, 129–148.
–, The *vana* and the *kṣetra*: the Tribal Origins of some Famous Cults, in: G.C. Tripathi/H. Kulke (Hg.), Religions and Society in Eastern India, Eschmann Memorial Lectures, Delhi, 1994, 117–164.
SONTHEIMER, G.D./KULKE, H. (Hg.), Hinduism Reconsidered, New Delhi, 2001.
SPROCKHOFF, J.F., Die feindlichen Toten und der befriedende Tote. Die Überwindung von Leben und Tod in der Entsagung, in: G. Stephenson (Hg.), Leben und Tod in den Religionen. Symbol und Wirklichkeit, Darmstadt, 1980, 263–284.
SRINIVAS, M.N., Religion and Society among the Coorgs of South India, Oxford, 1952.
STAAL, F. 1963, Sanskrit and Sanskritization, in: Journal of Asian Studies 22, 1952, 261–275.
STEINMANN, R.M., Guru-Śiṣya-Sambandha. Das Meister-Schüler-Verhältnis im traditionellen und modernen Hinduismus, Wiesbaden, 1986.
STIETENCRON, H. VON, Gaṅgā und Yamunā: Zur symbolischen Bedeutung zweier Flußgöttinnen an indischen Tempeln, Wiesbaden, 1972.
–, Die Göttin Durgā Mahiṣāsuramardinī, in: Visible Religion 2, 1983, 118–166.
–, Kalkulierter Religionsverfall: Das Kaliyuga in Indien, in: H. Zinser (Hg.), Der Untergang von Religionen, Berlin, 1986,135–150.
–, Hinduism: On the Proper Use of a Deceptive Term, in: G.D. Sontheimer/H. Kulke (Hg.) Hinduism Reconsidered, Delhi, 2001, 32–53.

–, Time for Ritual: The Pañjīs of Puri and Jajpur, in: A. Malinar (Hg.), Time in India. Concepts and Practices, New Delhi, 2007, 123–136.

Talbot, C., Inscribing the Other, Inscribing the Self: Hindu-Muslim Identities in Pre-Colonial India, in: Comparative Studies in Society and History 37, 1995, 692–722.

Thieme, P., Brahman, in: Zeitschrift der Deutschen Morgenländischen Gesellschaft 102, 1952, 91–129.

–, The ‚Aryan' Gods of the Mitanni Treaties, in: Journal of the American Oriental Society 80, 1960, 301–17.

Trautmann, T.R. (Hg.), The Aryan Debate, Oxford, 2005.

Tripathi, G.C., Communication with God: the Daily Puja Ceremony in the Jagannatha Temple, Delhi, 2004.

Unbescheid, G., Kānphaṭā. Untersuchungen zu Kult, Mythologie und Geschichte Śivaitischer Tantriker in Nepal, Wiesbaden, 1980.

Underhill, M.M., The Hindu Religious Year, New Delhi, 1991.

Vaudeville, C., Kabir, Oxford, 1974.

van der Veer, P., Gods on Earth: The Management of Religious Experience and Identity in a North Indian Pilgrimage Centre, London, 1988.

–, Imperial Encounters: Religion and Modernity in India and Britain, Princeton, 2001.

Vertovec, S., The Hindu Diaspora. Comparative Patterns, London, 2000.

Weber, M., Gesammelte Aufsätze zur Religionssoziologie II. Hinduismus und Buddhismus, Tübingen, 1923.

Weber-Brosamer, W., Annam. Untersuchungen zur Bedeutung des Essens und der Speise im vedischen Ritual, Rheinfelden, 1988.

White, D.G., The alchemical body: Siddha Traditions in Medieval India, Chicago, 1996.

–, The Kiss of the Yogini. "Tantric Sex" in its South Asian Context, Chicago, 2003.

White, D.G. (Hg.), Tantra in Practice, Princeton, 2003.

Williams, R.B., An Introduction to Swaminarayan Hinduism, Cambridge, 2001.

Witzel, M., The Development of the Vedic Canon and its Schools: The Social and Political Milieu, in: M. Witzel (Hg.), Inside the Texts, beyond the texts: New Approaches to the Study of the Vedas, Cambridge, M.A., 1997, 257–345.

–, Vedas and Upaniṣads, in: G. Flood (Hg.), The Blackwell Companion to Hinduism, London, 2005, 68–98.

Whicher, I./Carpenter, D. (Hg.), Yoga. The Indian Tradition, London, 2003.

Young, R. F., Resistant Hinduism. Sanskrit Sources on Anti-Christian Apologetics in Early Nineteenth-Century India, Vienna, 1981.

Zelliot, E., A Medieval Encounter between Hindu and Muslim: Eknath's Drama-Poem Hindu-Turk Samvad, in: F. Clothey (Hg.), Images of Man: Religion and Historical Process in South Asia, 1982.

Abbildungsverzeichnis

Register